第十四卷
CUFE Law Review
Vol.14

中财法律评论

中央财经大学法学院 / 主办

陈怡文 / 主编

图书在版编目（CIP）数据

中财法律评论.第十四卷/陈怡文主编.--北京：当代中国出版社，2022.8
ISBN 978-7-5154-1202-3

Ⅰ.①中… Ⅱ.①陈… Ⅲ.①法律—文集 Ⅳ.
①D9-53

中国版本图书馆CIP数据核字（2022）第132416号

出 版 人	冀祥德
责任编辑	刘文科　刘　照
责任校对	贾云华
印刷监制	刘艳平
装帧设计	马　帅　鲁　娟
出版发行	当代中国出版社
地　　址	北京市地安门西大街旌勇里8号
网　　址	http://www.ddzg.net
邮政编码	100009
编 辑 部	（010）66572744
市 场 部	（010）66572281　66572157
印　　刷	北京中科印刷有限公司
开　　本	720毫米×1020毫米　1/16
印　　张	23.5　印张　2　插页　380千字
版　　次	2022年8月第1版
印　　次	2022年8月第1次印刷
定　　价	88.00元

版权所有，翻版必究；如有印装质量问题，请拨打（010）66572159联系出版部调换。

《中财法律评论(第十四卷)》编辑委员会

学术顾问委员会(以拼音为序)

曹富国　陈华彬　杜　颖　郭　华　李邦友　林剑锋　沈建峰
宋志红　王克玉　吴　韬　邢会强　尹　飞　曾筱清

指导教师　缪因知

主　　编　陈怡文

副 主 编　古　雪　李嘉宁

编　　辑　李铖瑜　蔺锦波　马文洁　郭淑媛　马　越　沙　桐
　　　　　　颜　韵　包少卿　孔昕曈　李　晨　苗　萍　王伟龙
　　　　　　肖滢滢　张小萌　张晓彤

目 录 / contents

主题研讨：《民法典》之适用

《民法典》合同编典型合同类推规则的检视与思考
　　马育红　肖振宇 / 3

论《民法典》中"家庭日常生活需要"界定
　　陈可伊 / 31

主题研讨：证券虚假陈述责任之厘清

债券虚假陈述中证券服务机构民事责任厘定
　　尹鑫鹏 / 53

何为"误导"：证券市场误导性陈述之识别
　　苗　萍 / 73

学理新解

系统内不兼容行为的反垄断法分析
　　——以必需设施理论为视角
　　于东正 / 95

权利标的视角下财产性利益盗窃的理论建构
　　王郁茗 / 120

民法视域中"个人信息权"的证成路径和性质认定
　　江卓臻 / 150

实务纵深	基层司法治理实践图景：司法下乡、能动司法 　　与线上司法 　　　　丰怡凯 / 179 过失型食品、药品监管渎职罪的入罪边界与 　　司法适用 　　　　周树超 / 198
佳译专苑	合规时代的公司治理　肖恩·格里菲斯著 　　　　薛前强　高　尚译 / 225 大数据价格歧视：美国反垄断监管模式刍议 　　　　拉姆西·伍德考克著　梅　鑫　丁粮柯译 / 291 转向国际贸易和投资的地缘经济秩序 　　　　安西娅·罗伯茨等著　刘　禹　王　茜译 / 343

主题研讨：
《民法典》之适用

《民法典》合同编典型合同类推规则的检视与思考*

马育红 肖振宇**

摘　要：《民法典》合同编第二分编对《合同法》（已废止）及其司法解释中的类推规则进行了继承、改革和创新。若以"法无正条而援引比附"作为判定类推规则的标准，典型合同中共有19条类推规则。从规范内容上看，第二分编的类推规则可被分为具体规则类推、典型合同类推、类型合同类推与无名合同类推四类；从规则来源上看，第二分编的类推规则可被分为直接继承型、修改型和新设型三类，修改型又可被分为实质性修改型和非实质性修改型，新设型又可被分为因旧法修改而新设和因新法而新设。第二分编中的类推规则所指向的规范内容，大部分因被援引法律的规范事实构成和欲解决案件的具体事实间具有高度的相似性而具有类推适用的合理性，但也有部分本处于法定可类推适用范围的法律规范，因具体案件事实的特殊构造，不具有被类推适用的可能性。

关键词：类推规则；直接继承型类推规则；修改型类推规则；新设型类推规则

一、类推规则概述、存在的问题及研究说明

民法中的类推规则作为形式理性与实质理性的统一，一直是民事法律规范的重要组成部分。类推适用作为填补法律漏洞的重要方法在司法实践中被广泛运用，盖因其于民法之功能在于减轻法律人在面对同类案件时的证成负担，实

---

* 项目名称：甘肃政法大学重点科研项目《我国智能合同制度之构建》。
** 马育红，甘肃政治大学民商经济法学院，教授；肖振宇，四川省金堂县人民法院栖贤法庭法官助理，硕士。

现个案正义。① 由于民事立法的滞后性与民事活动的复杂性，合理设置类推规则已经成为民事法律更加灵活地规范民事行为的必行之举。2020年5月28日，第十三届全国人民代表大会第三次会议通过了《中华人民共和国民法典》（以下简称《民法典》）亦不例外，其在《民法典》合同编（以下简称合同编）第二分编典型合同中表现得最为突出。若想对类推规则进行研究，要解决的第一个问题便是什么样的规则可以被认定为类推规则。无论是台湾学者杨仁寿对类推规则所下的定义，② 还是屈茂辉教授所持的观点，③ 类推规则在内涵上均应同时满足三个条件：第一，作为法律漏洞的填补方法之一，类推规则适用的前提是法无正条；第二，类推规则适用的合理性是欲解决的法律问题与欲类推适用法律解决的法律问题，在法律事实上具有相似性，并且这种相似性越高越具有援引的合理性；第三，类推适用法律本质上是对某一法条适用范围的扩张，④这也是我国不同于英美各国在司法实践中将补充法律先例作为类推的目的之处。⑤ 除内涵外，类推规则在语言形式上也应满足"法无正条而援引比附"，但不必统一立法语言，不同类推规则在外观上呈现出的不同措辞更多是立法者在制定规则之初，依据欲解决的法律问题与欲类推适用法律解决的法律问题间的同质性程度，对司法裁量权的考量。在笔者看来，相较于直接规定"适用"或者"应当依照"的类推规则，采用"参照""可以"等措辞的规则，多是碍于两类法律问题间的属性差异，而赋予司法实践在具体适用的过程中，以结果的合理性为标准灵活取舍，而其本身仍为类推规则。以此为标准便可对典型合同

---

① 参见张弓长：《中国法官运用类推适用方法的现状剖析与完善建议——以三项重要的合同法制度为例》，载《中国政法大学学报》2018年第6期，第18—36页。

② 杨仁寿在《法学方法论》一书中认为类推适用系就法律未规定之事项比附援引与其性质相类似之规定以为适用。参见杨仁寿：《法学方法论》（第2版），中国政法大学出版社2013年版，第163页。

③ 屈茂辉在《类推适用的私法价值与司法运用》一文中认为所谓类推适用是指在法律存在漏洞、对系争案件无明文规定可予适用时，为了填补法律的漏洞，基于系争案件与相关法律规定的案型的相似性而运用类比推理对类似的规定予以援引适用的法律适用过程。参见屈茂辉：《类推适用的私法价值与司法运用》，载《法学研究》2005年第1期，第3—9页。

④ 参见黄建辉：《法律漏洞·类推适用》，蔚理法律出版社1988年版，第78页。

⑤ 参见郭富青：《论商法类推适用的依据、范围和正当性》，载《甘肃政法学院学报》2012年第5期，第37—50页。

规则中的类推规则进行梳理。

通过表一可知，合同编第二分编共有 19 条类推规则，约占合同编第二分编法条总数的 5%。① 第 796 条、第 806 条第 3 款、第 824 条第 2 款、第 827 条第 1 款、第 808 条和第 918 条第 1 款系《民法典》直接继承《合同法》（已废止）的类推规则；第 646 条、第 647 条、第 656 条、第 851 条第 4 款、第 960 条、第 793 条第 1 款和第 876 条系《民法典》修改旧法而设立的类推规则，除第 793 条第 1 款和第 876 条分别修改自《最高人民法院关于审理建设工程施工合同纠纷案件适用法律问题的解释》（已废止）（以下简称建工合同解释（已废止））和《最高人民法院关于审理技术合同纠纷案件适用法律若干问题的解释（2004）》（以下简称技术合同解释（2004））外，其他 5 条均修改自《合同法》（已废止）。其中第 793 条第 1 款、第 876 条和第 960 条是三处对旧法的实质性修改。第 690 条第 2 款、第 769 条、第 872 条、第 873 条、第 966 条和第 978 条系《民法典》新设的类推规则。

表一　合同编典型合同类推规则表

章节	类推规则条数及占该章节的比例	法条沿革		措辞方式
第 9 章 买卖合同	共 2 条，占比 3.8%②	《民法典》	《合同法》（已废止）	"A 参照 B" → "A 参照适用 B"
		第 646 条	第 174 条	
		第 647 条	第 175 条	
第 10 章 供用电、水、气、热力合同	仅 1 条，占比 11.1%③	《民法典》	《合同法》（已废止）	"A 参照 B" → "A 参照适用 B"
		第 656 条	第 184 条	
第 13 章 保证合同	仅 1 条，占比 4.5%④	《民法典》		"A 参照适用 B"
		第 690 条第 2 款		
第 16 章 保理合同	仅 1 条，占比 17%⑤	《民法典》		"A 适用 B"
		第 769 条		

---

① 合同编第 2 分编法条在《民法典》第 595—978 条，共计 384 条。
② 合同编第 9 章买卖合同法条在第 595—647 条，共计 53 条。
③ 合同编第 10 章供用电、水、气、热力合同法条在第 648—656 条，共计 9 条。
④ 合同编第 13 章保证合同法条在第 681—702 条，共计 19 条。
⑤ 合同编第 16 章保理合同法条在第 761—769 条，共计 9 条。

续表

章节	类推规则条数及占该章节的比例	法条沿革		措辞方式
第18章 建设工程合同	共4条，占比19%①	《民法典》	建工合同解释（已废止）	"当事人请求参照B，应予支持"→"A可以参照B"
		第793条第1款	第2条	
		第808条	第10条	"A适用B"
		第796条	《合同法》（已废止）第287条	"A应当依照B"
		第806条第3款	第287条	"A参照B"
第19章 运输合同	共2条，占比6%②	《民法典》	《合同法》（已废止）	"A适用B"
		第824条第2款	第303条	
		第827条第1款	第306条第1款	
第20章 技术合同	共4条，占比8.9%③	《民法典》	《合同法》（已废止）	"A参照B"→"A参照适用B"
		第851条第4款	第330条	
		第876条	技术合同解释（已废止）	"A可以参照B"→"A参照适用B"
			第46条	
		《民法典》		"A参照适用B"
		第873条		
		第872条		
第22章 仓储合同	仅1条，占比6.7%④	《民法典》	《合同法》（已废止）	"A适用B"
		第918条第1款	第395条	

---

① 合同编第18章建设工程合同法条在第788—808条，共计21条。
② 合同编第19章运输合同法条在第809—842条，共计34条。
③ 合同编第20章技术合同法条在第843—887条，共计45条。
④ 合同编第22章仓储合同法条在第904—918条，共计15条。

主题研讨：《民法典》之适用

续表

章节	类推规则条数及占该章节的比例	法条沿革		措辞方式
第25章 行纪合同	仅1条，占比10.0%①	《民法典》第960条第1款	《合同法》（已废止）第423条	"A适用B"→"A参照适用B"
第26章 中介合同	仅1条，占比16.7%②	《民法典》第966条		"A参照适用B"
第27章 合伙合同	仅1条，占比8.3%③	《民法典》第978条		"A依据B"

在对以上各条款进行分析时可以发现，《民法典》第690条第2款、第793条第1款、第796条、第806条第3款、第824条第2款、第827条第1款、第872条、第873条与第978条，共9条是解决某一具体问题的具体规则类推；第656条、第769条、第808条、第918条、第960条和第966条，共6条是解决某一典型合同问题的典型合同类推；第646条与第647条是解决某一类型合同问题的类型合同类推；第851条第4款与第876条是解决无名合同问题的无名合同类推。

从立法措辞上看，虽然合同编类推规则将《合同法》（已废止）及其司法解释中的立法措辞由"A参照、可以参照或者适用B"改为"A参照适用B"，"当事人请求参照B，应予支持"改为"A可以参照B"，提高了类推规则适用上的灵活性和立法语言的科学性。从现有的类推规则来看，合同编所使用"A依据B""A参照适用B""A适用B""A参照B""A应当依照B"和"A可以参照B"六种立法措辞，多仅为司法实践解决某一问题划定了可被类推适用的法律范围，并没有能够通过对比分析欲解决的法律问题和欲类推适用法律解决的法律问题在事实构成上的相似性，进而为司法实践具体地提供在可被类推适用的法律规范。这就导致目前司法实践在援引类推规则处理法律问题时，仍需审视存在大量的"无效条款"。合同编中不同形式类推规则的立法措辞甚至

---

① 合同编第25章行纪合同法条在第951—960条，共计10条。
② 合同编第26章中介合同法条在第961—966条，共计6条。
③ 合同编第27章合伙合同法条在第967—978条，共计12条。

可以被认为是由于不同法律起草者的不同语言风格导致的，而非是立法者在判断规范事实构成与案件具体事实相似性基础上做出的科学选择。① 合同编中的类推规则更像是民事立法面对复杂民事活动的无奈之举，其存在仅是满足民事立法结构上的科学性，而立法在事实上并未对其实际运用价值抱有期待。为解决这一问题，本文将通过比较欲类推适用的法律规范解决的法律问题与欲解决的法律问题在事实构成上的相似性，逐条分析每一类推规则所规定的法律范围内法律的可适用性，② 对不具有类推适用可能性的规范从潜在被援引的法律范围内剔除，为类推规则立法和司法适用提供更为具体的建议。

行文至此，笔者必须对两件事进行说明：第一，本文仅对《合同法》（已废止）第二分编中的典型合同类推规则、无名合同类推规则和具体规则类推规则进行研究。虽然《民法典》第646条和第647条规定的有偿合同类推规则和互易合同类推规则也极具研究的必要性，但是有偿合同与互易合同是依据合同性质对合同进行的分类，其并非具体（典型）合同种类，与本文的研究对象不符；又因本文篇幅有限，所以对这一问题，将另起论文深度分析；第二，典型合同中下列三种情况亦不再属于本文的研究范围。情况一：《民法典》第602条、第616条、第626条的措辞方式为"适用 B"；第603条、第619条、第627条、第628条、第637条、第674条、第675条、第709条、第721条、第730条、第757条、第782条、第831条、第833条、第858条、第861条、第875条、第889条、第902条、第955条、第963条、第976条的措辞方式类似为"依据本法第……条的规定仍不能确定的，适用下列规定，……"。虽然这两类措辞方式都在形式上符合"法无正条而援引比附"，但从内涵上看，在适用这些规则处理案件时，被类推适用的法条是《民法典》第510条和第511条，这两个法条的立法目的即为填补典型合同漏洞，所以当合同未约定或者约定不明，又无法达成补充协议，且无交易习惯可供适用时，司法机关援引法典第510条和第511条裁判乃断之正条，而非比附适用，在此种情况下未出现类推

---

① O. Palandt, *Kommentarzum burgerlichen Gesetzbuch*, 15. Aufl., 1956, Einl. V, 3. a. 转引自黄建辉：《法律漏洞·类推适用》，蔚理法律出版社1988年版，第78页。

② L. Enneccerus, H. C. Nipperdey, *Allgemeiner Teil des burgerlichen Rechts*, 14. Aufl. 1952, §58 (s. 209) 转引自黄建辉：《法律漏洞·类推适用》，蔚理法律出版社1988年版，第78页。

适用的前提——涵射失败。情况二：《民法典》中大量存在的"法律、行政法规另有规定的依其规定"是一般法与特别法的效力关系，不是类推规则。特别法对某一问题的规定不影响一般法也对其进行规定，并且"另有规定"一词也已经表明此处并非因为法律没有规定而被迫援引特别法的规定，司法机关适用特别法亦是断之正条，也并非比附适用。情况三："当事人另有约定的从其约定"是《民法典》对当事人意思自治的尊重，其与类推规则相差甚远，本文对其也不再赘余。

二、直接继承型类推规则研究

从历史发展的角度来看，每一个新的法律制度均以先前的法律制度为起点和阶梯，这就说明了法律发展的基本途径和形式之一即为法律继承，[1]《民法典》亦不例外，合同编典型合同中直接继承《合同法》（已废止）及其司法解释的类推规则有6处，其中具体规则类推4处，典型合同类推2处。

（一）具体规则类推分析

1. 《民法典》第796条

《民法典》第796条直接继承于《合同法》（已废止）第276条。[2] 虽然关于发包人和监理人权利义务与法律责任的委托监理合同是委托合同的一种，应受委托合同规则规制，但通过对建设部、国家工商行政管理局联合发布的《建设工程委托监理合同（示范文本）》（GF-2000-0202）的研究可知，委托监理合同一般为书面、有偿、固定期限的合同，这使得委托合同规则中有7处规则的规范事实与具体事实不相似，故其不能在处理发包人与监理人权利义务与法律责任问题时被类推适用，即便在可被类推适用的法律规范中也有2条被类推

---

[1] 参见张文显：《继承•移植•改革：法律发展的必由之路》，载《社会科学战线》1995年第2期，第7—9页。

[2] 《民法典》第796条："……发包人与监理人的权利和义务以及法律责任，应当依照本编委托合同以及其他有关法律、行政法规的规定。"《合同法》（已废止）第276条："……发包人与监理人的权利和义务以及法律责任，应当依照本法委托合同以及其他有关法律、行政法规的规定。"

适用的可能性较低。

先看被类推适用可能性较低的法条：鉴于委托监理合同中监理人的工作主要是监督整个工程的质量、进度和成本控制管理等，其一般不涉及与第三人订立合同，故法典第 925 条关于委托人介入权与第 926 条关于委托人对第三人的权利和第三人选择权的规定，被类推适用的可能性不大。

再看不可能被类推适用的法条：第一，因为监理工作对技术性要求较高，监理人在委托事项内应有一定的自主权，以保证工程质量，所以法典第 919 条关于受托人应当按照委托人的指示处理委托事务的规定不应被类推适用。第二，鉴于监理人的职责为监督工程施工中各方面的运行情况，其不必因履行合同而占有委托利益，故第 927 条关于受托人转移利益的规定不应被类推适用。第三，委托监理合同为商事合同，相较于委托合同，其对委托人与受托人的人格依赖度低，其更多强调监理人的技术水平。在有偿的前提下，监理人因不可归于自己原因受到的损失应认定为其经营风险，转为其成本核算，发包人不负赔偿责任，所以第 930 条关于委托人赔偿责任的规定也不具有被类推的可能。第四，委托监理合同的解除不仅影响合同主体的利益，也影响在建工程的监理连续性，可能导致工程质量存在隐患和工程费用核算不清等问题，所以应在确保工程监理顺利交接的前提下解除合同，不应类推适用第 933 条关于委托合同解除的规定，赋予当事人任意解除权。第五，监理的对象为建设工程，除非被监理的工程项目将因其发包人死亡等原因而终止，否则监理属于依性质不宜终止的类型，其根本不涉及第 934 条规定的委托合同终止的情形。第六，委托监理合同属于依性质不应终止的合同类型，监理人应继续履行委托监理合同，直到合同到期，不存在继承人等承受监理事务的情况。即便出现发包人破产等原因导致建设工程停工，也不可轻易类推适用本条，仅能在被监理的工程已经不具有再次开工的可能性时，才可基于被监理对象的消失而类推适用本条，故第 935 条关于受托人继续处理委托事务的规定不具有被类推的可能性。第七，鉴于工程监理内容的复杂性和监理的重要性，若允许发包人经委托人同意转委托第三人监理，将极易导致监理中断、监理标准不一甚至多位监理人推诿扯皮的问题，所以第 931 条关于委托人另行委托他人处理事务的规定适用在此处不具有合理性。

2. 《民法典》第 806 条第 3 款

《民法典》第 806 条第 3 款直接继承于建工合同解释（已废止）第 10 条。①《民法典》第 793 条与建工合同解释（已废止）第 3 条相同，两条均是对建设工程合同无效并且工程验收不合格时工程款支付问题的规定。在合同解除与合同无效相同的合同约束力下，解决经验收不合格的工程款支付问题，规范事实与具体事实一致性较高。但略显遗憾的是，对于合同有效但工程验收不合格时的工程款支付问题，《民法典》并未单设类推规则，而是在《最高人民法院关于审理建设工程施工合同纠纷案件适用法律问题的解释（一）》（以下简称建工合同解释（一））第 19 条中设立援引合同总则第 577 条的规定。在笔者看来，解决合同有效、无效和被解除且验收不合格时如何支付工程款的问题具有同等重要性，所以在未来的法律完善中可有意地将建工合同解释（一）第 19 条上升为法律。

3. 《民法典》第 824 条

《民法典》第 824 条直接继承于《合同法》（已废止）第 303 条。②《民法典》关于货物运输的规定集中在合同编第 19 章第 3 节货运合同中。适用货物运输的有关规定中"有关"二字即表明在货运合同中仅能类推适用与货物毁损、灭失有关的法律规则，并且也只有在具体案件涉及货物毁损、灭失时，规范事实才与具体事实相似。因此货运合同中有 8 处规则被排除适用。这 8 处除第 826 条、第 829 条、第 830 条、第 836 条与第 837 条因其规定的内容与标的物毁损、灭失无关而无法类推适用外，第 827 条托运人的货物包装义务、第 828 条运输危险货物与第 834 条相继运输也因社会实践中旅客物品一般无须包装、旅客无法运输危险物品和客运不存在相继运输的问题而不具有被类推适用的可能性。

---

① 《民法典》第 806 条第 3 款："合同解除后，已经完成的建设工程质量合格的，发包人应当按照约定支付相应的工程价款；已经完成的建设工程质量不合格的，参照本法第七百九十三条的规定处理。"建工合同解释（已废止）第 10 条第 1 款："建设工程施工合同解除后，已经完成的建设工程质量合格的，发包人应当按照约定支付相应的工程价款；已经完成的建设工程质量不合格的，参照本解释第三条规定处理。"

② 《民法典》第 824 条第 2 款："旅客托运的行李毁损、灭失的，适用货物运输的有关规定。"《合同法》（已废止）第 303 条第 2 款："旅客托运的行李毁损、灭失的，适用货物运输的有关规定。"

4.《民法典》第 827 条第 1 款

《民法典》第 827 条第 1 款的立法表述直接继承于《合同法》(已废止) 第 306 条第 1 款,① 但由于《民法典》第 619 条在《合同法》(已废止) 第 156 条的基础上引入了绿色原则,所以此处类推规则相比《合同法》(已废止) 中的母版更具有代际意义。② 托运人的包装义务与出卖人的包装义务事实完全相同,所以对此条类推规则的合理性进行论证并无太大价值,本文不再赘述。

(二) 典型合同类推分析

1.《民法典》第 808 条

《民法典》第 808 条直接继承于《合同法》(已废止) 第 287 条。③ 虽然建设工程施工合同与承揽合同的事实均为 A 按照 B 的要求完成工作,交付工作成果,B 给付报酬,④ 并且该条类推规则经历了《合同法》(已废止) 二十余年的实践,但是仍不能掩盖建设工程施工合同因承揽物特殊性导致的,具体事实构成超出承揽合同预设的规范事实的问题,而且建设工程施工合同规则较承揽合同规则也更为详细具体,这使得承揽合同中可被类推适用的法律规范十分有限。仅因建设施工合同中承包人负有保管、保密的先合同义务,所以可以类推适用第 784 条、第 785 条、第 786 条关于承揽人保管、保密和共同承揽人连带责任的规定。其他规则均不具有被类推适用的合理性,原因如下:第一,由于建设工程规模大,施工主体多、"大包""清包"和"小包"等承包方式复杂,所以一个施工项目极有可能涉及多个原材料提供商,同一供货商也可能多批次提供建筑材料。且在建工实践中对不同的原材料种类也多采取不同的检验方式,不

---

① 《民法典》第 827 条第 1 款:"托运人应当按照约定的方式包装货物。对包装方式没有约定或者约定不明确的,适用本法第六百一十九条的规定。"《合同法》(已废止) 第 306 条第 1 款:"托运人应当按照约定的方式包装货物。对包装方式没有约定或者约定不明确的,适用本法第一百五十六条的规定。"

② 《民法典》第 619 条在复制《合同法》(已废止) 第 156 条的立法措辞的基础上,在"没有通用方式的,应当采取足以保护标的物"的后面增加"且有利于节约资源、保护生态环境的包装方式"。

③ 《民法典》第 808 条:"本章没有规定的,适用承揽合同的有关规定。"《合同法》(已废止) 第 287 条:"……适用承揽合同的有关规定。"

④ 相较于承揽合同,建设工程合同的最大不同就是承揽事项为建设工程,这使得建设工程施工合同的技术性要求更高,商事合同的色彩更浓厚。

同方式所依据的检验标准与所需的检验时间亦不同。以混凝土的检验为例，目前常用的方法就包括试件法①、钻芯法②、回弹法③、后装拔出法④和超声检测⑤等，故要求及时检验并要求原材料提供商更换、补齐或者采取其他补救措施缺乏现实性，所以类推适用第774条、第775条关于承揽人与定做人提供原材料时双方义务的规定不具有可行性；第二，因建设工程规模大，投入多，涉及利益主体复杂，所以不宜类推适用第787条赋予定做人（发包人）任意解除权。

2. 《民法典》第918条

《民法典》第918条直接继承于《合同法》（已废止）第395条。⑥虽然仓储合同作为特殊的保管合同，具备保管合同的特征，但是仓储合同有偿、诺成的特点也使得其在具体案件中表现出的事实更为复杂。通过研究发现，保管合同中有4处规则具有较强的援引可能性，分别为：第一，因仓储合同的有偿性，故第889条关于保管费的规定、第902条关于保管费支付期限的规定和第903条关于保管人留置权的规定可被类推适用，但基于相同原因第889条第2款关于无偿保管的规定将因仓储合同的有偿性而被排除适用；第二，因存储物在一段时期内处于存储人的控制之下，故第891条、第892条、第894条、第895条、第896条、第900条关于保管人妥善保管、亲自保管、使用和许可他人使用、返还保管物及孳息以及通知寄存人（第三人针对保管物提起诉讼或者申请

---

① 施工时把拌制好的混凝土倒入规定的立方体试模内，经振捣成型，按规定的温度及湿度养护28d后，进行试压强度试验，以150mm立方体试件为标准件，100mm和200mm立方体试件按规定的尺寸折算系数进行换算。

② 在有代表性的混凝土结构上用金钢石钻头钻取芯样，经过加工，两端锯切、磨平或补平后，制作成圆柱体进行抗压强度测定。构件龄期不少于14天、强度不低于10MPa的混凝土都可采用钻芯法检测其强度。

③ 通过回弹仪测定混凝土表面硬度，再结合混凝土的碳化深度继而推断其抗压强度。回弹仪测定的回弹值是混凝土表面的硬度，材料的硬度又跟材料的强度有关，从而建立回弹值跟强度的专用测强曲线来推断强度值。

④ 在已硬化的混凝土表面钻孔、磨槽、嵌入锚固件并安装拔出仪进行拔出试验，测定极限拔出力，根据预先建立的拔出力与混凝土强度之间的相关关系检测混凝土强度。

⑤ 利用超声波的众多特性（如反射和衍射），通过观察显示在超声检测仪上的有关超声波的传播变化，来判定混凝土的内部和表面是否存在缺陷，从而在不破坏或不损害被检材料和工件的情况下评估质量。

⑥ 《民法典》第918条："本章没有规定的，适用保管合同的有关规定。"《合同法》（已废止）第395条："本章没有规定的，适用保管合同的有关规定。"

扣押）的义务可被援引；第三，因仓储物多为可被继承物，故第898条继承人的声明义务可以被类推适用；第四，因被仓储的对象可能为种类物，故第901条关于消费保管合同（种类物保管合同）的规定可被类推适用。

三、修改型类推规则研究

除去《民法典》第646条和第647条不予研究外，合同编典型合同中修改《合同法》（已废止）及其司法解释的类推规则有5处，其中具体规则类推规则1处、典型合同类推规则2处以及无名合同类推规则2处。

（一）具体规则类推分析

《民法典》第793条将建工合同解释（已废止）第2条的类推规则由当事人请求类推适用，变更为法院依职权类推适用，① 是《民法典》典型合同修改型类推规则中的实质性修改。这种变化具有两点合理性：一方面，"当事人请求……应予……"是为解决法律适用困境而颁布司法解释的措辞方式，《民法典》将建工合同解释（已废止）第2条上升为法律后，其理应采用法律的措辞方式；另一方面，建工合同解释（已废止）第2条依当事人请求的立法模式对当事人法律素养的要求过高，类推适用作为具有极高专业性的法律适用方法，若以当事人请求作为法院类推适用的前提，将在立法上不利于当事人合法权益的保护。

这里笔者要说明的一点是，虽然第793条表述为"可以参照合同……的约定"而非可以参照合同编的某一或者某些规定，但这并不影响其本质上是对《民法典》第1分编第4章合同履行的类推适用，更具体来讲，是对第509条合同有效时契约履行原则的类推适用。因为从其立法内容上看，第793条立足于建设工程施工完毕并经验收检验合格的事实，欲使用无效合同的约定解决工程款支付问题，在规范事实与具体事实涵射的视角下，第793条的制度内涵本质上就是将无效合同类推有效，而合同对当事人约束力的来源便是第509条。这

---

① 《民法典》第793条第1款："建设工程施工合同无效，但是建设工程经验收合格的，可以参照合同关于工程价款的约定折价补偿承包人。"建工合同解释（已废止）第2条："建设工程施工合同无效，但建设工程经竣工验收合格，承包人请求参照合同约定支付工程价款的，应予支持。"

也解释了为什么类推规则可以类推适用当事人间的约定,毕竟在司法实践中适用第509条就是依据当事人间的约定分配合同责任。

(二) 典型合同类推分析

1.《民法典》第656条

《民法典》第656条将《合同法》(已废止)第184条的类推规则由"参照"修改为"参照适用"。① 此处修改仅是将《合同法》(已废止)第184条省略的动词——"适用"进行了添加,使《民法典》的立法措辞在语法结构上更加完整,并未改变此处类推规则的内涵和外延。虽然供用电、水、气、热力合同因其公益性、计划性、长期性和持续性不同于买卖合同,而成为独立的典型合同,但无论是《民法典》还是《合同法》(已废止),都仅对由供用电、水、气、热力合同独特性导致的特别法律需求在本章中单独立法,而基于买卖合同共性的法律问题均未提及。对于这一法律问题有两条解决途径:第一,在《民法典》第10章供用电、水、气、热力合同中增加一处类推规则:"本章没有规定的,参照适用买卖合同的有关规定";第二,在处理该类问题时通过援引《民法典》第646条有偿合同类推规则类推适用买卖合同的有关规定。

《民法典》第10章的标题虽为供用电、水、气、热力合同,但《民法典》第648条至第655条,共8条均以供用电合同为调整对象,仅在第10章最后一条即第656条中基于合同共性而对供用水、供用气、供用热力合同设立类推规则。非常明显《民法典》第656条并非因法律漏洞而引入的类推适用规则,而是为简化立法而进行的技术处理,② 基于此《民法典》第10章中的关于供用电

---

① 《民法典》第656条:"供用水、供用气、供用热力合同,参照适用供用电合同的有关规定。"《合同法》(已废止)第184条:"供用水、供用气、供用热力合同,参照供用电合同的有关规定。"

② 如果不采用本章的立法技术,因调整对象数量过多,本章立法将非常冗长。以《民法典》第652条为例,若不采用该立法技术本条将变为:[供电人、供水人、供气人和供暖人中断供电、供水、供气和供暖时的通知义务]:供电人、供水人、供气人和供暖人因供电、供水、供气和供暖设施计划检修、临时检修、依法限电、限水、限气和限暖或者用电人、用气人、用水人和采暖人违法用电、用气、用水和采暖等原因,需要中断供电、供水、供气和供暖时,应当按照国家有关规定事先通知用电人、用气人、用水人和采暖人;未事先通知用电人、用气人、用水人和采暖人中断供电、供水、供气和供暖,造成用电人、用气人、用水人和采暖人损失的,应当承担赔偿责任。

合同的法律规则均可被供用水、气、热力合同所援引。这里笔者还要着重强调的一点是，《民法典》之所以保留《合同法》（已废止）中的"参照"一词，而非直接采用"适用"，是因为这四类合同虽具有较高的同质性，但因其合同标的的差异，在司法实践中也存在一定程度的类推困难，故采用"参照适用"可通过赋予一定的司法裁量权，缓解四类合同间的差异，最大化地发挥类推规则的价值。①

2.《民法典》第960条

《民法典》第960条将《合同法》（已废止）第423条的"适用"改为"参照适用"，② 提高了司法实践类推适用法律的裁量权，③ 是《民法典》典型合同修改型类推规则中的又一处实质性修改。尽管有学者认为"参照适用"不同于类推适用，乃是对法律效果的参引，但是将基于形式类似与价值评价而适用法律的新型法律适用方式，④ 看作在类推适用法律中强调价值性的评价标准下得出的结论也未尝不可，毕竟在类推适用法律时也不应完全建立在形式的相似性之上，而更应当立足于法律的价值判断，⑤ 并且将其作为一种创新型类推规则在一定程度上也丰富了类推规则的表达方式。

此外，通过对比委托合同的规范事实和行纪合同的具体事实发现，两者间也存在4处不符之处：第一，因为行纪合同相比委托合同，其"人合"属性低，除法人作为行纪人，其分立合并后由其权利义务继受人继续履行行纪合同外，第936条关于受托人继承人义务的规定不可被类推适用；第二，行纪合同中行纪人以自己的名义与第三人签订合同，不涉及委托合同代理人显名或隐名的问

---

① 参照适用是在出现法律漏洞时，司法机关在类推规则的基础上对比欲解决的法律行为与欲援引法律解决的法律行为的事实而决定是否援引该法律，参照适用的前提为在被援引的法律规范内存在不适合类推适用的法律规则。

② 《民法典》第960条："本章没有规定的，参照适用委托合同的有关规定。"《合同法》（已废止）第423条："本章没有规定的，适用委托合同的有关规定。"

③ 适用是在出现法律漏洞时，司法机关直接依类推规则援引相关法律处理问题，其具有一定的强制力，司法机关缺乏依法律行为的性质排除类推适用一定法律规范的裁量权。

④ 参见张弓长：《〈民法典〉中的"参照适用"》，载《清华法学》2020年第4期，第107—124页。

⑤ 参见钱炜江：《论民事司法中的类推适用》，载《法制与社会发展》2016年第5期，第60—71页。

题，所以第 925 条、第 926 条关于间接代理的规定不能被类推适用；第三，行纪合同为有偿合同，行纪人因不可归责于自己的事由受到的损失属于商业风险，其无权要求委托人赔偿，故第 930 条关于委托人赔偿责任的规定不能被类推适用；第四，行纪人以自己的名义与第三人签订合同并直接履行，如赋予委托人任意撤销权将使得行纪人与第三人的利益长期处于不稳定状态，故第 933 条关于委托人任意解除权的规定不能被类推适用。因为这 4 条委托合同规则不能被类推适用，所以这一立法措辞的变更也使得行纪合同类推规则更具科学性。

（三）无名合同类推分析

1. 《民法典》第 851 条第 4 款

《民法典》第 851 条第 4 款将《合同法》（已废止）第 330 条的"参照"改为"参照适用",① 这种法律措辞在语法上的完善并不会使得《民法典》中，科技成果转化合同可类推适用的技术开发合同规则的范围发生变化。虽然科技成果转化合同与技术开发合同均以智力活动为标的，两者在事实上极具类推适用的合理性，但是二者也有极大的区别。就合同目的而言，由于技术开发合同的目的是研究开发新技术、新产品、新工艺、新品种或者新材料及其系统，其目的为产生科技成果；而科技成果转化合同则是在现存的具有实用价值的科技成果的基础上，为实施转化而订立的合同，该协议的目的为利用科技成果，推动发展。此外，在实践顺序上，技术开发合同为科技成果转化合同的前提，所以在合同编第 20 章第 2 节的 11 个法条中，② 科技成果转化合同仅能对其中的 10 处规则进行援引，并且包括经完善后才可被类推适用的 2 处法律规范。除第 851 条关于技术开发合同的定义不能通用而不谈外，经完善后可被类推适用的法条为第 859 条关于委托开发合同技术成果归属的规定和第 860 条关于合作开发合同技术成果归属的规定。对这两个法条，笔者认为，科技成果转化合同，作为在已有的具有实用性的科技成果的基础上进行的转化活动，除法律另有规定或

---

① 《民法典》第 851 条第 4 款："当事人之间就具有实用价值的科技成果实施转化订立的合同，参照适用技术开发合同的有关规定。"《合同法》（已废止）第 330 条第 4 款："当事人之间就具有产业应用价值的科技成果实施转化订立的合同，参照技术开发合同的规定。"

② 合同编第 20 章第 2 节技术开发合同的法条是第 851 条至第 861 条，共 11 个法条。

者当事人另有约定外，仿照委托发明专利权归属制度，将专利申请权归属转化实施人虽具有合理性，但也存在忽视基础科技成果专利权的嫌疑。两法条应同时类推适用《专利法》第51条，通过强制许可制度同时对两个专利权进行保护和约束。

2.《民法典》第876条

《民法典》第876条将技术合同解释（2004）第46条规定的"可以参照"变更为"参照"，① 并在修改法律措辞的基础上，对欲解决的法律问题和潜在被类推适用的法律规范的范围均进行了修改，是合同编分编类推规则的另一处实质性修改。一方面，"可以参照"与"参照"的变化是类推规则由任意性向强制性的转化。在技术合同解释（2004）第46条的效力下，司法机关在处理相关案件时有权依据法律行为事实构成上的相似性，而具体决定是否类推适用《合同法》（已废止）第18章及其司法解释的法律规范，但在《民法典》第876条的效力下司法机关这一决定权已经丧失，在依据法律行为性质可以类推适用的案件中均应类推适用。

另一方面，欲解决的法律问题与潜在被类推适用的法律规则范围的变化，使得这一强制性规定具有合理性。《民法典》第876条将技术合同解释（2004）第46条"计算机软件开发"删除，仅保留"许可使用和转让"，可见，《民法典》将被类推适用的法律规则范围定位在合同编第20章第3节技术转让合同与技术许可合同，并非如同技术合同解释（2004）将《合同法》（已废止）第18章（《民法典》第20章）整体作为类推适用法律的被选范围，范围的缩小使欲解决的法律问题与欲援引法律规范解决的法律问题在事实构成上的相似度进一步提高，也使得合同编第20章第3节的全部法律规则均可被类推适用，司法机关的是否参照适用法律的决定权已经失去生存空间，对其进行废止符合立法的技术性、实用性和绿色性的要求。

---

① 《民法典》第876条："集成电路布图设计专有权、植物新品种权、计算机软件著作权等其他知识产权的转让和许可，参照适用本节的有关规定。"技术合同解释（2004）第46条："集成电路布图设计、植物新品种许可使用和转让等合同争议，相关行政法规另有规定的，适用其规定；没有规定的，适用合同法总则的规定，并可以参照合同法第十八章和本解释的有关规定处理。计算机软件开发、许可使用和转让等合同争议，著作权法以及其他法律、行政法规另有规定的，依照其规定；没有规定的，适用合同法总则的规定，并可以参照合同法第十八章和本解释的有关规定处理。"

此外，从类推适用的目的上讲，赋予司法机关参照适用法律的决定权缺乏必要性。其实司法机关是否为解决某一法律难题而类推适用法律，取决于某一规则是否可以被适用，而非司法机关主观上是否行权。只要某一法律规则被类推适用解决某一法律难题具有合理性，司法机关就必须对其进行类推适用，以提高司法的公正与效率。对于不适合类推适用的法律规范，其在司法机关的涵射过程中即被排除，对这类法律规则根本不必谈及是否决定适用的问题。由此可见，技术合同解释（已废止）为解决法定的潜在被类推适用的法律范围过大问题，而以"可以参照"赋予司法机关的是否类推适用决定权具有"僵尸"倾向。

最后值得一提的是，《民法典》在通过第876条赋予技术合同解释（2004）第46条中的集成电路布图设计专有权、植物新品种权、计算机软件著作权等其他知识产权的转让和许可等合同类推规则法律地位时，未将原条款中的计算机软件开发类推规则包含在内，而仍将其置于《最高人民法院关于审理技术合同纠纷案件适用法律若干问题的解释（2020修正）》第46条中略显遗憾。并且该条还仅对计算机软件的开发进行了规定，而未提及集成电路布图设计、植物新品种的开发。从实用主义法学的角度来看，知识产权开发、许可使用和转让合同具有同等的重要性，并且集成电路布图设计、植物新品种等其他知识产权也均有缔结开发合同的可能，况且《民法典》用"……等其他知识产权"的表述方式也在一定程度上显示了法典有意扩大此类合同客体的立法目的。

鉴于《民法典》第20章第2节为技术开发合同，所以笔者建议在《民法典》第851条第4款科技成果转化合同类推规则下增加第5款："集成电路布图设计专有权、植物新品种权、计算机软件著作权等其他知识产权的创作与开发的，参照适用技术开发合同的有关规定。"笔者这里要解释一点，《民法典》第851条列举的新技术、新产品、新工艺、新品种、新材料及其系统，并不包括集成电路布图设计、植物新品种、计算机软件等其他知识产权。一方面，同为《民法典》第20章的内容，各类技术合同中的"技术"一词应具有相同的内涵和外延，若该章第2节技术开发合同中的技术可以包含上述知识产权，则各类知识产权的转让与许可适用该章第3节的规定应属本节法条应有之义，此处便不存在法律漏洞，自然该节也没有必要设立类推规则；另一方面，从目前知识产权纠纷的受理数量及类型上看，若立足实用主义的《民法典》以如此笼统的方式确立计算机软件等知识产权开发合同规则，将很难满足实践需要。

四、新设型类推规则研究

合同编第 2 分编典型合同中共有 7 处新设类推规则,其中包括因修改《合同法》(已废止)而新设的 3 条类推规则①和因新法而新设的 4 条类推规则。

(一) 修改新设型类推规则

《民法典》第 872 条是在《合同法》(已废止)第 351 条的基础上修改而来,② 第 873 条是对《合同法》(已废止)第 352 条的修订。③ 通过《合同法》(已废止)第 345 条、第 346 条、第 349 条和第 350 条的立法表述可以发现,《合同法》(已废止)并未对技术转让合同和技术许可合同的合同主体进行区分,并在让与人和受让人的统一称呼下,以《合同法》(已废止)第 351 条和第 352 条统一为两类合同的合同主体设立违约责任。《民法典》在编纂中改良了对技术许可合同主体的称呼。根据第 870 条和 871 条,《民法典》将技术转让合同的主体确

---

① 《民法典》第 626 条买受人价款支付数额和方式类推规则在直接继承型类推规则处与合同漏洞填补规则一同论述,这里不再赘述。

② 《民法典》第 872 条:"许可人未按照约定许可技术的,应当返还部分或者全部使用费,并应当承担违约责任;实施专利或者使用技术秘密超越约定的范围的,违反约定擅自许可第三人实施该项专利或者使用该项技术秘密的,应当停止违约行为,承担违约责任;违反约定的保密义务的,应当承担违约责任。让与人承担违约责任,参照适用前款规定。"《合同法》(已废止)第 351 条:"让与人未按照约定转让技术的,应当返还部分或者全部使用费,并应当承担违约责任;实施专利或者使用技术秘密超越约定的范围的,违反约定擅自许可第三人实施该项专利或者使用该项技术秘密的,应当停止违约行为,承担违约责任;违反约定的保密义务的,应当承担违约责任。"

③ 《民法典》第 873 条"被许可人未按照约定支付使用费的,应当补交使用费并按照约定支付违约金;不补交使用费或者支付违约金的,应当停止实施专利或者使用技术秘密,交还技术资料,承担违约责任;实施专利或者使用技术秘密超越约定的范围的,未经许可人同意擅自许可第三人实施该专利或者使用该技术秘密的,应当停止违约行为,承担违约责任;违反约定的保密义务的,应当承担违约责任。受让人承担违约责任,参照适用前款规定。"《合同法》(已废止)第 352 条:"受让人未按照约定支付使用费的,应当补交使用费并按照约定支付违约金;不补交使用费或者支付违约金的,应当停止实施专利或者使用技术秘密,交还技术资料,承担违约责任;实施专利或者使用技术秘密超越约定的范围的,未经让与人同意擅自许可第三人实施该专利或者使用该技术秘密的,应当停止违约行为,承担违约责任;违反约定的保密义务的,应当承担违约责任。"

定为让与人和受让人,并在尊重实践习惯的基础上确定技术许可合同的主体为许可人和被许可人。这一变化导致《民法典》不能再沿用《合同法》(已废止)的统一立法结构。最为直接的体现就是,直接复制《合同法》(已废止)第351条的《民法典》第872条第1款许可人违约责任的适用范围,不能直接涵盖技术转让合同让与人的违约问题;同样,直接复制《合同法》(已废止)第352条的《民法典》第873条被许可人违约责任的法律规范,亦不能直接规制技术转让合同受让人的违约行为。解决这一问题《民法典》无非存在两种选择:第一,对技术转让合同让与人和受让人的违约责任单独立法;第二,引入类推规则,对技术转让合同主体的违约行为直接类推适用关于技术许可合同主体违约责任的规定。之所以选择后者,是因为:一方面,技术转让合同与技术许可合同的内容极为相似。虽然转让合同是对专利权的让渡,而许可合同仅是一定期限内对使用权的有偿让与——甚至非独占许可还不排除许可人自身使用,但是由于知识产权的虚拟财产属性,尤其是专利权的经济属性,使得其不同于著作权对人身利益的关注,使用专利和技术秘密并获得收益已经成为专利权最主要和最本质的权能,因此两类合同具有类推适用的合理性;另一方面,从《合同法》(已废止)的实施效果上看,两类合同主体的违约类型基本一致,对其进行模式化的规定也符合社会要求。在这一情形下如果还对技术转让合同和技术许可合同主体的违约责任分别立法,将导致严重的立法浪费。所以《民法典》分别在第872条和第873条技术许可合同主体违约责任条款的第2款规定技术转让合同主体的违约责任类推规则,是立法技术进步和法律措辞精准的体现。

(二) 新法新设性类推规则

合同编存在4处因新法而绝对新设的类推规则。这一类类推规则并不像其他规则一样经过《合同法》(已废止)及其司法解释的实践,并通过实践反复检验。对这些类推规则进行分析研究,无论是对法律理论还是司法实践都极具现实意义。

1. 《民法典》第690条第2款

《民法典》第690条第2款[①]是伴随合同编将保证合同吸纳为典型合同而新

---

① 《民法典》第690条第2款:"最高额保证除适用本章规定外,参照适用本法第二编最高额抵押权的有关规定。"

设的关于最高额保证法律适用的类推规则。保证与担保间除因人保与物保的担保方式差异，导致债权人实现债权的方式不同外，两者均为保障债权人债权的从合同。又从《民法典》第 420 条第 1 款①和第 690 条第 1 款的概念性规定中可知，最高额保证作为保证的特殊形式与抵押的特殊形式——最高额抵押的合同内容基本相同，所以论证规范事实与具体事实的相似性并不困难。

《民法典》第 690 条第 2 款最高额保证合同类推规则的亮点在于其独特的三层类推结构和对传统民法理论物债区分原则的突破。

一方面，最高额保证合同可以按顺序类推适用保证合同规定、最高额抵押权规定和一般抵押权规定。首先，《民法典》第 690 条第 2 款前半句"最高额保证除适用本章规定外"是第一层次类推的法律依据。虽然最高额保证合同作为保证合同的一种，具有保证合同的属性，但是笔者认为特殊与一般的同质并不影响对类推规则的判定。在法无正条的情况下，毕竟只有属性上越近似才能保障类推适用后得出的法律结论越正当。并且这一情况在《民法典》中并非个例。以《民法典》第 424 条第 2 款为例，②《民法典》虽然将最高额抵押规定在民法典·物权编（以下简称为物权编）第 17 章抵押权中，将其认定为抵押权的一种，但仍不影响在其最高额抵押权法律规则的最后一条即第 424 条第 2 款规定，最高额抵押权适用一般抵押权的类推规则。但也要注意此处的一般法与特殊法，和《民法典》中的"法律、行政法规另有规定的依其规定"的规定不同，此处是在针对欲解决的法律问题没有规定时，基于最高额保证合同与保证合同的同质性，类推适用法律；而"另有规定"一词就已经表明法律针对某一问题存在而且并非存在唯一的规定，此处不仅不存在涵射失败的前提，还因立法交叉存在法律竞合的问题，这种情况下，特殊优于一般并非类推的结果，而是出于事实与法律更为契合的考量。

最高额保证合同适用保证合同的法律规定也有利于理顺《民法典》保证合同的立法结构。相较最高额保证合同，立法显然更重视对最高额抵押权的规制，

---

① 《民法典》第 420 条第 1 款："为担保债务的履行，债务人或者第三人对一定期间内将要连续发生的债权提供担保财产的，债务人不履行到期债务或者发生当事人约定的实现抵押权的情形，抵押权人有权在最高债权额限度内就该担保财产优先受偿。"

② 《民法典》第 424 条："最高额抵押权除适用本节规定外，适用本章第一节的有关规定。"

《民法典》沿用《物权法》（已废止）第16章抵押权的立法结构，将抵押权分为一般抵押权与最高额抵押权，并对两者分别立法，立法结构完整合理。相较而言，《民法典》对保证合同的立法稍显混乱，虽然合同编也将第13章保证合同分为一般规则与保证责任两节，但是这两者是交叉关系，一般规则与保证责任的划分方式不合理。第一，一般规则作为保证合同领域具有一般意义的规范，其是在保证合同全部法律规范上抽象出来的哲学性内容，其当然包含保证责任部分的法律规范；第二，从逻辑上讲一般也应与特殊相对。通过对总则编第3章法人、第6章民事法律行为、第7章代理、物权编第17章抵押权、合同编第19章运输合同和第20章技术合同的立法结构考察可以发现，合同编第13章在对保证合同一般规则进行规定后，应对特殊保证合同的特殊规则进行规定，而非将立法转向保证责任。基于此，将最高额保证合同适用保证合同的法律规定与最高额抵押权适用一般抵押权法律规定作同样解释，有利于对保证合同立法结构的理解。

其次，《民法典》第690条第2款后半句："……参照适用本法第二编最高额抵押权的有关规定"是第二层次类推规则的法律依据。对于规范事实与具体事实的相似性前文已述，这里不再赘余。

再次，《民法典》第690条第2款后半句和《民法典》第424条后半句"适用本章第一节的有关规定"共同构成了第三层次类推规则的法律依据。这里要注意，《民法典》第424条前半句"最高额抵押权除适用本节规定外"中的"本节"即为物权编第17章第2节最高额抵押权，该句的功能为强调，并非类推规则。并且《民法典》第424条前半句与《民法典》第690条第2款后半句均指向最高额抵押权法律规则，其也不能扩张可被最高额保证合同类推适用法律规范的范围。

最后，《民法典》第690条第2款最高额保证合同类推规则具有顺序性。《民法典》第690条第2款与第424条中"……外，……"的表述，使得最高额保证合同仅能按顺序分别类推适用保证合同规定、最高额抵押权规定和一般抵押权规定，在前的规则不能适用时，才能类推适用在后的规则。所以最高额保证合同类推规则呈现三层结构。

另一方面，最高额保证合同类推适用最高额抵押权和一般抵押权的法律规则打破了物债二分的界限，在大陆法系民法制度的大背景下，它挣脱了请求权作为债权从而身系债权相对性的外部体系束缚，① 引申出最高额保证合同是否属于担保合同，并且债权人依合同享有的要求保证人偿还债权的权利是否属于物权两大问题。

虽然在我国坚持的德国权利类型的担保制度中，担保物权的种类和内容均严格依照物权法定原则，但是《民法典》对美国功能主义担保制度的吸收，也使得本文对第一问题持肯定态度，但对第二问题予以否认。

第一问题，《民法典》第388条已经认可除抵押合同和质押合同外，仍存在其他具有担保功能的合同，最高额保证合同即在此列。虽然最高额保证合同不存在像融资租赁合同、保理合同、保留所有权买卖合同以及让与担保合同一样可供债权人优先受偿的标的物，但是物保与人保的区别，仅影响债权人权利的实现方式，不影响债权人在实现债权时超出主合同——债权债务法律关系主体，从而波及从合同——担保合同的主体利益。换句话说，最高额保证合同不因其不存在特定标的物而不属于其他具有担保功能的合同。

第二问题，纵使最高额保证合同类推适用最高额抵押权和一般抵押权的法律规定，使得债权人依合同享有的权利在形式上契合物权法定原则，但是这一权利仍属于债权，不属于物权。在区分原则下，最高额保证合同具有的担保功能并不必然导致债权人依合同享有的权利为担保物权。债权人缺乏优先受偿的标的物虽不影响最高额保证合同的担保合同归属，但是人保的属性确实对定性债权人依约享有的权利性质起决定性作用。因为在人保的语境下，债权人的权利缺乏物权支配的对象和对世的纽带。在最高额保证中，债权人无法对抵押物优先受偿，其为实现债权只能向保证人主张权利，这导致了两个结果：第一，债权人对保证人是否依其请求还款不具有物权支配力；第二，与物保中可能因物权归属等原因涉及合同外第三人的利益不同，在人保中，债权人对保证人的请求局限在相对关系之中，该权利缺乏物权的对世性。除此之外，债权人依最高额保证合同而享有的权利不符合担保物权的产生逻辑思路。担保物权作为他物权是在所有权弹力性的基础上诞生的，是所有权权能分离的结果，② 是所有权——他物权模式下的产物，因此在最高额保证合同缺乏对物性的前提下，债权

---

① 参见[德]卡尔·拉伦茨：《法学方法论》，陈爱娥译，商务印书馆2003年版，第316页。

② 参见王利明：《物权法》，中国人民大学出版社2015年版，第96页。

人以合同取得的权利注定将缺乏成为担保物权的基础。

2.《民法典》第 769 条

《民法典》第 769 条①是伴随合同编将保理合同认定为典型合同，而引入的保理合同类推适用债权转让法律规范的类推规则。

此处类推规则忽略了保理合同、双务合同的事实构成与债权转让单方事实的差异，在一定程度上导致了保理合同中债权人与保理人法律规范程度的失衡。不可否认在保理合同中债权人的主合同义务就是向保理人转让债权，但是作为双务合同，无论将保理合同的结构看作一个债权让与要素，加上提供融资、提供坏账担保、管账和催收 4 个偶数中的任意一项，② 还是将其结构看作债权让与要素，加上提供融资和提供坏账担保 2 个常数中的任意一个，加上管账和催收 2 个偶数中的任意一项，③ 保理人都应为债权人提供资金融通、应收账款管理或者催收、应收账款债务人付款担保等至少一项合同义务。这就导致债权转让法律规则的抽象事实只与保理合同中的债权人债权转让义务事实相似，而无法涵射保理人的合同履行行为。非常明显，保理合同类推适用债权让与的法律规定仅将欲解决的法律问题与欲类推适用法律解决的法律问题的相似性立足在债权让与行为，而忽视保理合同中保理人的业务行为。这一问题将导致保理合同在类推适用债权让与的规定时，过分倾向对债权人债权让与的规制，而忽视保理人合同瑕疵履行风险。

此外，此处类推规则采用"适用"一词略显绝对化，通过对合同编第 6 章合同的变更与转让中，关于债权让与的法律规则分析可知，保理合同的具体事实有 2 处超出债权转让的规范事实。

第一，债务人类推援引第 549 条关于债权转让时债务人抵销权的规定，主张抵销权时受保理合同权利义务结构的限制。在互负债务的情况下，若债务人的债权先于或者同时与债权人的债权到期，可满足本条第 1 项的规定，债务人可以主张抵销权，但是在有追索权的保理合同中，保理人有权选择债权人和债务人主张债权，若保理人在债务人行使抵销权前向债权人主张债权，债务人的

---

① 《民法典》第 769 条："本章没有规定的，适用本编第六章债权转让的有关规定。"
② 参见李宇：《保理合同立法论》，载《法学》2019 年第 12 期，第 31—50 页。
③ 整理自 2020 年 6 月 17 日华东政法大学第 8 期东方明珠大讲堂《民法典合同编的改革与创新》苏州大学王健法学院院长方新军教授的发言。

抵销权将实质消灭；第二，保理合同中债权人仅能将债权转让给保理人，不能将债务也一并转移，保理人在合同中不负有向债务人履行债权人债务的义务，所以第555条关于合同权利义务一并转让的规定也无法被类推适用。为提高立法准确性建议将《民法典》第769条改为：本章没有规定的，参照适用本编第6章债权转让的有关规定。

3. 《民法典》第966条

《民法典》第966条中介合同类推规则是在将《合同法》（已废止）居间合同更名为中介合同的基础上引入的，类推适用委托合同法律规范的类推规则。中介人按照委托人的要求向委托人提供订立合同的机会及提供订立合同的媒介服务，与委托合同中受托人的权利义务基本相同，所以两类合同具有类推适用的合理性。但由于中介合同独特的佣金给付制度也使得委托合同中有4处不能被类推适用。具体如下：第一，在中介合同中，中介人仅提供订立合同的机会和媒介服务，其不参与合同的磋商和签订，不存在利益转移问题，故第935条关于受托人利益转移义务的规定不能被类推适用；第二，中介合同相较委托合同，"人合"属性低，商事程度高。除法人作为中介人，其分立合并后由其权利义务继受人继续履行中介合同外，第936条关于受托人继承人义务的规定不能被类推适用；第三，中介人仅提供订立合同的机会和媒介服务，并不会以自己的名义签订合同，不存在第925条、第926条规定的间接代理的情形，故这两条不具有被类推适用的可能性；第四，行纪合同为有偿合同，行纪人因不可归责于自己的事由受到的损失属于商业风险，其无权要求委托人赔偿，并且这一损失亦不属于中介活动的必要费用，所以第930条规定的委托人赔偿责任不能被类推适用。

4. 《民法典》第978条

《民法典》第978条合伙剩余财产分配类推规则①是合同编在认定合伙合同为典型合同的基础上新增的类推规则。

合伙合同终止后，合伙财产在支付终止费用和清偿债务后的剩余财产分配

---

① 《民法典》第978条："合伙合同终止后，合伙财产在支付因终止而产生的费用以及清偿合伙债务后有剩余的，依据本法第九百七十二条的规定进行分配。"

主题研讨：《民法典》之适用

问题，之所以可以类推适用《民法典》第 972 条合伙利润分配与亏损分担规则①，是因为合伙剩余财产与合伙利润和亏损均属于归投资人享有的所有者权益，财产属性上的同质性赋予了类推适用的合理性。

所有者权益是所有者对企业资产的剩余索取权，是企业资产扣除债权人利益后由所有者享有的部分，它既可以反映所有者投入资本的增值保值情况，又可以通过计算方式体现债权人权益保护理念。

一方面，合伙合同当事人虽并未建立合伙企业，但是鉴于合伙合同的履行行为与合伙企业的经营行为极具相似性，合伙合同的合伙财产也普遍表现为合伙人投资和合伙合同利润，所以从实质核算的视角，合伙财产就是合伙人对合伙合同享有的所有者权益。

另一方面，虽然在会计核算中只将盈余公积和未分配利润作为所有者权益，在资产负债表和所有者权益变动表中处理，而将利润与亏损通过收入与支出的关系在利润表中呈现，但是这种处理方法并不能掩盖利润作为所有者权益的重要组成部分以及亏损作为盈利的对称，直接影响利润额从而间接影响所有者权益的事实。因为在利润表中：主营业务收入－主营业务成本－主营业务税金及附加+其他业务收入－其他业务支出－营业费用－管理费用－财务费用的计算结果大于 0 则为营业利润，反之为营业亏损；营业利润+补贴收入+营业外收入－营业外支出的计算结果大于 0 为利润总额，反之为亏损总额；主营业务收入－主营业务成本－主营业务税金及附加的计算结果大于 0 为主营业务收入，反之为主营业务亏损；又因为按照《会计准则》盈余公积是在利润的基础上按比例提取，并且某一年度的亏损可在以后的会计年度内抵减；再因为资产负债表和所有者权益变动表中所有者权益=实收资本+资本公积+盈余公积+未分配利润，所以在利润表中计算出的利润额与亏损额将直接影响计算所有者权益总额的各项目的数额，最后影响所有者权益总额。

再一方面，在会计核算中所有者投入、其他综合受益和留存受益等均是所有者权益的组成内容，合伙剩余财产就是合伙合同当事人对合伙合同的投入以

---

① 《民法典》第 972 条："合伙的利润分配和亏损分担，按照合伙合同的约定办理；合伙合同没有约定或者约定不明确的，由合伙人协商决定；协商不成的，由合伙人按照实缴出资比例分配、分担；无法确定出资比例的，由合伙人平均分配、分担。"

及合同履行过程中积累的留存受益,其是当然的所有者权益。至此已经非常明显,此处类推规则欲解决的法律问题与欲类推适用法律解决的法律问题客体相同,两者完全具有援引适用法律的可能性。

尽管此处类推规则显示了极高的立法技术,但是从实用主义的立场与立法统一的角度,本文仍建议将《民法典》第978条合伙剩余财产分配类推规则放置第972条第2款,并将"A依据B"的措辞方式改为"A适用B"。第一,前文已述合伙剩余财产与合伙利润和亏损本质相同,均为合伙人的所有者权益,不存在因具体事实不同而不能被类推适用的情况,将其与其他类推规则统一表述并与合伙利润和亏损一并规定有利于法律的学习与适用;第二,《民法典》第978条为合同编第27章合伙合同的最后一个条文,通过对合同编第9章买卖合同①、第10章供用电、水、气、热力合同②、第16章保理合同③、第18章建设工程合同④、第22章仓储合同⑤、第25章行纪合同⑥与第26章中介合同⑦的类推规则研究可知,章节最后一条的类推规则均是该章所规定的典型合同整体类推适用某一法律的规定,即便第9章与第10章的最后一条并非对本章规定的典型合同设计的类推规则,但也是对某一合同类型整体类推适用某一法律规范进行的规定,由此合伙合同最后一条对合伙剩余财产分配这一具体制度进行类推设计与其他各章的类推规则不相协调。

五、结语

类推规则作为民事法律的重要组成部分,一直在司法实践中发挥重要作用。合理的类推规则是在涵射失败并且具体事实与规范事实具有极高相似性的基础上设立的。基于此,对本文整理如下:

合同编第二分编类型合同中共有19条类推规则,其分布在11个章节之中。

---

① 互易合同类推适用买卖合同类推规则。
② 供用水、气、热力合同类推适用供电合同类推规则。
③ 保理合同类推适用债权让与类推规则。
④ 建设工程合同类推适用承揽合同类推规则。
⑤ 仓储合同类推适用保管合同类推规则。
⑥ 行纪合同类推适用委托合同类推规则。
⑦ 中介合同类推适用委托合同类推规则。

合同编第二分编直接复制《合同法》（已废止）及其司法解释的类推规则共有6处，其中：第796条发包人与监理人权利义务与法律责任不能类推适用委托合同中关于依据委托人指示完成规则任务、受托人利益转移、委托人赔偿责任、任意解除权、受托人继续履行委托事物、委托人另行委托及委托终止的规定，在可以类推适用委托合同中关于委托人的介入权、委托人对第三人的权利及第三人的选择权的规定；纵观第806条和第793条，其缺乏对合同有效时建设工程经检验不合格价款支付问题的涵射；第824条除不能类推适用不涉及旅客托运行李毁损、灭失的规则外，还因社会实践中旅客不能托运危险物品、托运的物品极少包装及不存在相继托运的问题，不能类推适用《民法典》第827、828、834条的规定；第808条建设工程施工合同仅能类推适用承揽合同中关于承揽人保管、保密和共同承揽人连带责任的规定；第827条第1款虽是对《合同法》（已废止）的直接复制，但由于被类推适用法律的创新，使得托运人货物包装义务类推规则体现绿色原则；第918条仓储合同可以类推保管合同中关于保管人妥善、亲自保管、使用，许可他人使用保管物、返还保管物及孳息、通知寄存人、继承人声明义务及消费保管合同的规定。

除去《民法典》第646条和第647条类型合同类推规则不作研究外，合同编第二分编修改《合同法》（已废止）及其司法解释的类推规则共有5处，其中实质性修改有3处，非实质性修改2处。实质性修改为：第793条合同无效时建设工程合格类推规则由当事人模式变更为职权模式；第960条行纪合同类推规则"适用"改为"参照适用"提高了司法机关运用类推规则适用法律的裁量权；第876条其他知识产权的转让和许可类推规则"可以参照"改为"参照"呈现出类推适用法律由任意性向强制性的转化。非实质性修改：第656条供水、气、热力合同类推规则和第851条第4款技术成果转化合同类推规则将"参照"改为"参照适用"均仅是对立法语言进行的语法修改，并未改变该规则的内涵和外延。

合同编第二分编共有6处新设类推规则，其中包括因修改《合同法》（已废止）而新设的2处和因新法而绝对新设的4处类推规则。第872条让与人违约责任类推规则和第873条受让人违约责任类推规则是在变更《合同法》（已废止）第351条和第352条技术许可合同当事人名称的基础上引入得新型类推规则。第690条第2款最高额保证合同类推规则、第769条保理合同类推规则、

第966条中介合同类推规则和第978条合伙剩余财产分配类推规则均是由于新法而新设的类推规则，其中，最高额保证合同类推规则突破物债二分理论呈现出三层类推结构；保理合同类推规则将在一定程度上导致对保理合同当事人的法律规制程度失衡，并且债权让与中关于债务人的抵销权及债权债务合并转让的规定与保理合同存在不契合性，立法上采用的"适用"一词略显绝对；中介合同不能类推适用委托合同中关于利益转移、受托人继承人的义务、间接代理、委托人赔偿责任的规则；合伙合同剩余财产与合伙合同利润和亏损均为由合伙人享有的所有者权益，但是该处类推构造采用"A依据B"的措辞方式不合理，并且将其位于本章最后一条，在结构上也与其他章节同位置的类推规则不符。建议将其统一措辞为"A适用B"，并将其置于法典第972条第2款。

(初审：陈怡文；校对：张小萌)

论《民法典》中"家庭日常生活需要"的界定

陈可伊*

摘　要：《民法典》规定夫妻双方对婚后所得财产享有平等处理权，出于家庭日常生活需要所负债务为夫妻共同债务。"家庭日常生活需要"的界定是夫妻共同债务的重要判定标准，但概念本身的抽象性与不确定性导致其具体适用存在困境，增大了判断夫妻债务性质的难度。对此，应将满足家庭利益的目的必要性及手段适当性作为家庭日常生活需要的界定标准，并将其与家庭共同生活的本质属性联系起来，在符合一般社会观念的通常认知与家庭个体成员合理预期的基础上，参考债务数额等具体因素进行动态把握与衡量。同时，要将属于共同生产经营的行为排除于外，并参照表见代理规则限制日常家事的效力范围，从而兼顾对债权人与非举债配偶一方合法权益的保护，助益于夫妻共同债务的合理界定，保护交易安全与家庭和谐之立法意旨的实现。

关键词：家庭日常生活需要；家庭共同生活；夫妻共同债务；动态衡量

《中华人民共和国民法典》（以下简称《民法典》）第1060条第1款规定："夫妻一方因家庭日常生活需要而实施的民事法律行为对双方发生效力，但是夫妻一方与相对人另有约定的除外。"以该条为基础，《民法典》第1064条第1款规定："夫妻双方共同签名或者夫妻一方事后追认等共同意思表示所负的债务，以及夫妻一方在婚姻关系存续期间以个人名义为家庭日常生活需要所负的债务，属于夫妻共同债务。"由此可知，该条文将基于家庭日常生活需要所负的债务认定为夫妻共同债务，并于第2款划定了相关主体的举证责任，规定"夫妻一方

---

* 陈可伊，中央财经大学法学院法律硕士。

在婚姻关系存续期间以个人名义超出家庭日常生活需要所负的债务，不属于夫妻共同债务；但是，债权人能够证明该债务用于夫妻共同生活、共同生产经营或者基于夫妻双方共同意思表示的除外。"家庭是整个社会系统的重要组成部分，清晰界定"家庭日常生活需要"的范围是准确判定相关交易及债务性质的关键，也会影响家庭内部就特定债务对外承担责任的主体范围。在此背景下，本文以清晰界定《民法典》中的"家庭日常生活需要"概念为目的，希冀在梳理相关学理观点、司法实务审判经验的基础上明确这一概念的内涵及外延，从而为以其作为判断标准的夫妻债务性质的界定提供参考依据。

一、"家庭日常生活需要"概念的确立及界定困境

我国理论界与实务界曾围绕"日常生活需要"概念的界定展开讨论，形成了将其认定为婚姻关系与家庭生活中具有基础性意义的事务是家事代理权行使范围的主流观点。[1]《民法典》在此基础上进一步继承和发展出"家庭日常生活需要"概念，由于抽象概念具有较大的不确定性，导致其具体适用存在问题。

（一）《民法典》中的"家庭日常生活需要"

随着社会的发展，家庭社会功能的缩减强化了家庭作为个体之处所的特征，个体的行动自由与人格发展自治受到立法尊重，但由家庭成员组成的特殊团体亦有进行社会共同行动的需要，[2] 日常生活中要处理的事务繁杂，要求所有民事法律行为的做出均充分体现夫妻双方共同合意并不现实，"家庭日常生活需要"概念由此应运而生，并得到发展和延伸。根据《民法典》第1060条第1款的规定，夫妻二人均得基于家庭日常生活需要以自己的名义与第三方为一定民事法律行为，从而赋予夫妻一方可以自己的名义单独为一定民事法律行为的权利，相关行为同时产生代表夫妻共同合意的法律效果，由此产生的债务需由双方共同承担。另一方面，该规定将此种权利的行使严格限制在日常家事范围内，

---

[1] 参见冉克平：《论夫妻共同债务的类型与清偿——兼析法释（2018）2号》，载《法学》2018年第6期，第71页。

[2] 参见［德］迪特尔·施瓦布：《德国家庭法》，王葆莳译，法律出版社2010年版，第60页。

既满足了夫妻在共同生活中处理日常事务的便利性要求，又明确夫妻双方在处理涉及超出日常家事范围且可能会对家庭利益产生重大影响的事项前应协商，从而保护另一方的知情权、同意权等合法权益。

在婚姻家庭领域，判断家庭成员个体行为的性质离不开对日常家事范围的界定及对家庭共同体成员共同意思表示的考察。由于家庭生活具有私密性，若夫妻一方不主动告知，则外部第三人在与夫妻一方进行交易时很难知晓家庭的内部约定，通常情形下仅能依据一般社会观念推定与其进行交易的相对人的行为性质，进而判断承担债务清偿责任的主体，导致基于家庭日常生活需要所为的行为并非仅在夫妻内部发生效力，而且会影响与家庭成员正常交往的善意第三人利益的实现。允许家庭内部对个体成员有权实施的民事法律行为范围作出限制性约定，实际上是认可夫妻双方以明示或默示方式确定日常家事范围，进而明确双方对外共同承担责任的范围的表现，但家庭内部约定的法律效力存在权利范围边界，《民法典》第1060条第2款以善意第三人利益保护为基点，明确了当家庭内部关于日常家事范围的限制性约定与善意第三人的一般社会认知发生冲突时应参照适用表见代理规则进行责任划分，以保护正常交易秩序和善意第三人的合法权益。

概言之，《民法典》第1060条是关于家庭日常生活需要法律效果的一般规定，第1064条则将该概念引入夫妻债务性质界定领域，将"共债共签"① 及夫妻一方事后追认的共同意思表示、家庭日常生活需要共同作为界定夫妻共同债务性质的重要因素，并从举证责任角度以明确列举的方式将"夫妻共同生活""共同生产经营"与"夫妻双方共同意思表示"作为夫妻债务性质的判定标准。依据上述法律条文的规定，在婚姻关系存续期间为家庭日常生活需要所负的债务原则上被认定为夫妻共同债务，但若举债超出约定范围时债权人或举债的夫妻一方仍欲主张构成夫妻共同债务，应自行承担相关举证责任。可见，这一概念的界定关乎立法意旨的实现，但现行法并未提供一个明确的标准，由此引发了司法实践具体适用中的诸多问题。

---

① "共债共签"指基于共同意思表示由夫妻双方共同签名缔结的债务，属于夫妻共同债务的一种形式。

（二）"家庭日常生活需要"的界定与适用困境

法律规则通常由法律概念构筑起来，为了保证立法的简洁性，立法者往往通过一般性的抽象概念来表达法律规则的立法意旨，而一般性的概念往往会因内涵外延的不确定性导致以此构筑起来的法律规则在具体理解与适用中存在难题，家庭日常生活需要作为抽象概念亦面临着同样的困境。

1. 抽象化界定方法影响实践操作可行性

目前，我国理论界与实务界中关于夫妻共同债务的性质认定及具体清偿的讨论主要集中"共债共签"领域，对家庭日常生活需要的论证有限。家庭日常生活需要范围的界定方法比较抽象，主要采取以明确列举为原则、辅之以例外情形的反面排除方法，且往往以"等"字结尾为司法解释预留空间。

具体而言，曾有观点主张以判断是否符合具体列举情形的方式作为界定标准，原则上将其限于诸如衣食住行等一般家事行为范围内，并在必要情况下允许将部分特殊家事活动纳入其中。[①] 浙江省高级人民法院于《关于审理民间借贷纠纷案件若干问题的指导意见》第19条规定，日常生活需要指夫妻双方及其共同生活的未成年子女在日常生活中的必要事项，并列举了例如日用品消费、医疗服务、子女教育、日常文化消费等具体事项。采取此种界定方法的弊端在于，若欲避免列举的遗漏应进行穷尽所有可能的枚举，这明显因难以实现而不具有可操作性。

除此之外，通过类型区分，将明显不属于日常家事范围的相关消费、支出排除的界定方法在具体适用中也存在问题和争议。例如，有观点认为应将借贷行为排除在日常家事范围外，从而确立一个范围较小的家事代理权。[②] 因为借贷与普通的日常交易不同，前者是举债人直接从债权人处获得可以自由使用及支配的货币，而货币作为一般等价物与流通物，难以证明其实际上是否用于家庭日常生活；而后者往往是通过向不特定主体支付对价来直接获取生活资料，

[①] 参见马忆南：《家庭日常生活所负债务应当认定为夫妻共同债务》，载《人民法院报》2018年1月19日，第2版。

[②] 参见冉克平：《论因"家庭日常生活需要"引起的夫妻共同债务》，载《江汉论坛》2018年第7期，第108页。

相关支出的用途较易辨别。① 综观比较法的做法，德国法通过判例明确要求区分金钱借贷与借贷交易（如赊购商品），认为前者应被排除于家庭日常生活范围，而后者在一定条件下可以适用家事代理。② 然而，在我国当前社会背景下，通常意义上的交易已不限于钱物两清的财产积极处分，还包括了以债务缔结为主要形式的财产消极处分。③ 在《民法典》第1064条明确将基于家庭日常生活需要所负的债务认定为夫妻共同债务的情况下，存在有条件地将借贷交易纳入日常家事范围的适用空间：若能证明相关举债具有用于购买日常家事的商品或服务的目的并实际履行，应认可其为基于家庭日常生活需要而缔结的夫妻共同债务。此项要求旨在提醒债权人加强事前风险防范，尽可能要求举债方明示举债用途且取得其配偶的知情同意。若其对相关事项的考察已尽到了合理注意义务，举债方或非举债的配偶一方不得以未实际受益为由进行抗辩。

由此可见，不论采取正面列举式还是反面排除式的界定方法，均会因方法的抽象性影响具体适用的操作性。即使采取开放性的立法方式能为概念的界定预留解释空间，但实践中为了避免"释法"活动存在"造法"之嫌，法官的个案审理要严格依据现行法律规定，采用枚举法与排除法判断交易或债务性质。若案涉情形不属于立法明文规定或是司法实务界与学界形成共识的认同或排斥情形，则往往不会借助逻辑论证尝试对交易或债务性质进行解读。

2. 夫妻共同生活与家庭日常生活的易混淆性

《婚姻法》时代，强调以考察举债用于夫妻共同生活作为判定夫妻共同债务的标准，《最高人民法院关于适用〈中华人民共和国婚姻法〉若干问题的解释（二）》则采取了将婚姻关系存续期内的举债原则上认定为夫妻共同债务的推定标准；而《民法典》第1064条延续了《最高人民法院关于审理涉及夫妻

---

① 参见叶名怡：《"共债共签"原则应写入〈民法典〉》，载《东方法学》2019年第1期，第100页。

② 参见［德］迪特尔·施瓦布：《德国家庭法》，王葆莳译，法律出版社2010年版，第91—93页。

③ 参见王雷：《〈婚姻法〉中的夫妻共同债务推定规范》，载《法律适用》2017年第3期，第103页。

债务纠纷案件适用法律有关问题的解释》第 3 条①的规定,将家庭日常生活、夫妻共同生活、共同生产经营等因素作为判定夫妻债务的具体因素。家庭日常生活与夫妻共同生活均服务于家庭利益的保持与增长,旨在满足家庭成员的共同需求,但二者的概念内涵存在重合之处而较易混淆。

一方面,虽然上述两项概念均具有"保持与增长家庭利益"的目的,但由于"家庭利益"概念的内涵与外延具有较大的不确定性,其判断时点往往难以确定,从而加剧了家庭日常生活需要与夫妻共同生活的界定困难。实践中也存在关涉家庭利益的交易不能纳入日常家事范围,却可以构成用于夫妻共同生活的债务的情形。例如,有法院在个案审判中表示,虽然以夫妻一方名义购买家庭共有房屋的行为超出家庭日常生活需要,但属于夫妻共同生活,可据此认定为相关举债为夫妻共同债务。② 可见,单纯以家庭利益为标准无法区分界定家庭日常生活与夫妻共同生活。另一方面,考虑到我国各地区之间经济发展不平衡、城乡差距依然存在的社会现状,且全国居民普遍的家庭生活方式与消费观念在不断发生变化,家庭日常生活需要的核心内涵与适用范围也会随之发生变化,③ 许多消费逐渐从家庭共同生活过渡为属于社会公众日常生活的必需性支出,而这些必需性支出被纳入家庭日常生活需要范围。例如,目前我国司法实践中已有法院在裁判中突破传统观点,将房屋等不动产的买卖④、汽车为代表的特殊动产的处分⑤等认定为出于家庭日常生活需要的消费,并将在此过程中缔结的债务认定为夫妻共同债务。

从上述问题可以看出,现行法律实践中尚且缺乏家庭日常生活需要概念的

---

① 《最高人民法院关于审理涉及夫妻债务纠纷案件适用法律有关问题的解释》(已废止)第 3 条规定:夫妻一方在婚姻关系存续期间以个人名义为家庭日常生活需要所负的债务,应当认定为夫妻共同债务。

② 参见段莹等与李玲民间借贷纠纷案,北京市高级人民法院民事判决书(2020)京民终 380 号。

③ 参见黄薇主编:《中华人民共和国民法典婚姻家庭编解读》,中国法制出版社 2020 年版,第 91 页。

④ 参见马付智等与龚新瑞等农村房屋买卖合同纠纷上诉案,乌鲁木齐市中级人民法院民事判决书(2017)新 01 民终 849 号。

⑤ 参见梁申根与郭晋阳财产损害赔偿纠纷案,晋城市中级人民法院民事判决书(2016)晋 05 民再 8 号。

具体判断标准,导致以该概念为基础构建的夫妻债务性质判定规则在具体适用中难以有效实现保护交易安全与家庭和谐的立法意旨。因此,应在目前已有的判断家庭日常生活需要的方法基础上进行类型化分析,梳理出一个相对统一明确的界定标准,为概念的清晰界定提供充分的论据支持,这也是本文的写作空间所在。

二、"家庭日常生活需要"的认识论基础

根据《民法典》第1065条第1款的规定,男女双方可以约定婚姻关系存续期间所得财产及婚前财产的归属,包括归各自所有、共同所有或部分各自所有、部分共同所有,从而肯定了夫妻约定财产制对双方具有法律约束力,表明了对个体家庭成员合理预期的尊重。同时,该条文第3款规定夫妻约定财产制仅当相对人知道该约定时才发生可以以一方个人财产清偿的预定效力,强调个体预期不得超出社会一般认知的原则。可见,立法规则的设置需符合一般社会认知与个体的合理预期。《民法典》婚姻家庭编延续了对"夫妻共同生活"的考察,将其作为区分夫妻团体行为与个人行为的标准,家庭日常生活作为家庭共同生活的核心文义,对其认知不得脱离家庭共同生活的本质。因此,在界定家庭日常生活需要这一抽象概念时,应从家庭共同生活的本质出发,在兼顾一般社会观念与家庭成员合理预期基础上展开讨论。换言之,对该概念的认识既源于立法者对家庭共同生活本质需求的把握,又源于其对一般社会观念的通常认知与体悟,还源于对家庭成员个人对家庭共同生活的通常心理预期的尊重。

(一) 厘清家庭共同生活的本质

关于"家庭共同生活"的判断,我国学理上存在着枚举式标准[①]、类型化

[①] 参见季凤建:《认定夫妻共同借贷应合理分配举证责任》,载《中国妇女报》,2017年5月31日,B1版。

标准①、基于共同生活需要的抽象标准②等多种判定方式。通说认为，家庭共同生活既包括直接的生活消费，也涵盖间接可能对家庭共同利益的保持与增长有所助益的系列支出，既要重视体现家庭共同生活的经济性因素，又不能忽略亲属关系和社会伦理等其他因素。

随着社会生活的飞速发展，尊重个体可以自由选择家庭生活方式的观点得到广泛认同，但家庭共同生活的本质不会因此发生实质变化，共同生活的维持依然是家庭存续的最高目标，夫妻双方在家庭共同生活中通常情感上相互依赖、经济上相互支持。考虑到目前我国大多数家庭认同婚后所得财产共有的现实，夫妻双方财产处于紧密结合状态，在婚姻存续期内双方共享收益、共担支出，使得以夫妻一方名义缔结债务关系而取得的财产在逻辑上可能具有夫妻共有财产的属性。③ 家庭共同生活要求家庭成员之间存在共同利益，往往表现为家庭成员的同居共爨。④ 通常意义上的"同居"意味着各成员共有或共享房屋等财产，存在利益共享、风险共担的相互扶持关系；而长期、固定的"共爨"强化了成员间的经济联系与共同生活状态，推动其形成更为稳定的家庭组织结构。然而，不能一概要求家庭成员间必须具有不间断的长期共同居住状态，因为个体成员可能由于就业、学习等原因在物理空间上离开家庭，从而在形式上产生游离于家庭共同生活之外的现象，⑤ 但在此过程中，家庭成员共同抚育子女、赡养老人等事实并未发生实质性改变。

除了经济因素与共同居住的形式外，家庭共同生活还要求成员间具有基于血缘或是婚姻产生的亲密关系。家庭是由具有特殊身份关系的主体组成的自然

---

① 参见蒋月：《域外民法典中的夫妻债务制度比较研究——兼议对我国相关立法的启示》，载《现代法学》2017年第5期，第41页。

② 参见夏吟兰、薛宁兰主编：《民法典之婚姻家庭编立法研究》，北京大学出版社2016年版，第206页。

③ 参见贺剑：《夫妻财产法的精神——民法典夫妻共同债务和财产规则释论》，载《法学》2020年第7期，第27页。

④ 参见王跃生：《中国当代家庭、家户和家的"分"与"合"》，载《中国社会科学》2016年第4期，第97—99页。

⑤ 参见王跃生：《家庭、家户和家考察的当代价值》，载《中国特色社会主义研究》2020年第3期，第51页。

人团体，共同居住的至亲血缘所组成的共同体即为家庭，① 在此基础上构成的家庭共同生活具有鲜明的人情特征，依据亲属关系明确家庭概念进而界定家庭共同生活，反映出家庭共同体成员对于人之基本生活方式的一般选择与价值坚守。② 随着社会的发展与传统家庭结构的变动，家庭成员及家庭共同生活的概念范围会发生变化，实践中将部分事实婚姻与同居关系纳入法律保护范围的做法体现了法律对"准亲属"关系的认同和对家庭共同生活内涵的扩展，使具有"准亲属"关系的成员间也存在被认定为具有家庭共同生活关系的可能。

综上所述，家庭共同生活的本质为具有扶助义务及相互继承权的成员间组成的亲属团体与经济单位，在以长期同居共爨为代表形式的生活中产生的一系列客观事实。③ 因此，要准确把握家庭共同生活的本质，需兼顾家庭成员间的特殊身份关系所产生的精神依赖与基于同居共爨的日常生活所产生的物质经济联系。

（二）符合一般社会观念与通常认知

家庭共同生活中要面临和处理的日常事务繁多且琐碎，要求所有家庭成员必须共同处理每一件家庭事务既不现实，又不符合经济效率的要求。家庭日常生活需要具有为增加家庭整体利益而实施系列行为的规范目的，是存在解释空间的弹性概念，因此对其认定不能局限于合同缔结时负债方的言辞，④ 而应从社会一般认知的客观视角出发，依据理性人的判断标准结合家庭的经济水平、消费习惯及交易观念等因素予以认定。⑤

一方面，以一般社会观念为判断标准的正当性基础在于一般社会观念具有相对稳定性，在一段时期内的社会认知通常不会发生较大变动。例如，最高人

---

① 参见刘练军：《中国化的民法典离不开家庭》，载《民主与法制时报》2018年10月21日，第7版。

② 参见朱晓峰：《民法家庭概念论》，载《清华法学》2020年第5期，第16页。

③ 参见王跃生：《城乡家户、家庭规模及其结构比较分析》，载《江苏社会科学》2020年第6期，第12页。

④ 参见刘征峰：《夫妻债务规范的层次互动体系——以连带债务方案为中心》，载《法学》2019年第6期，第93—94页。

⑤ 参见汪洋：《夫妻债务的基本类型、责任基础与责任财产——最高人民法院〈夫妻债务解释〉实体法评析》，载《当代法学》2019年第3期，第53页。

民法院发布《关于人民法院审理离婚案件处理财产分割问题的若干具体意见》，第 17 条规定基于家庭日常生活需要的支出主要包括履行抚养义务、扶养义务、赡养义务过程中的相关消费。虽然上述判断标准的出台已经过较长时间，但其仍具有普遍适用性。最高人民法院在《民法典》相关法条理解与适用的释义中表示，判断某一事项是否属于家庭日常生活需要，应结合夫妻共同生活的状态和交易当地一般社会生活习惯予以认定，主要包括维持家庭共同生活所必须花费的支出，具体包括购置食物、衣服等生活用品及娱乐、医疗、教育等事项，[1]这与上述法条中体现的界定标准相符合。

另一方面，虽然近年来随着经济社会的发展，我国城乡居民家庭财产结构、类型、形等因素发生变化，且社会成员的婚姻家庭观念和投资方式日趋多元化，使属于家庭日常生活的消费开支范围发生变化，但关于家庭日常生活需要的社会认知也会随之更新。立法中关于交易或举债性质界定的规定需诉诸日常经验，而日常生活经验源于社会的一般认知，其变动能通过司法实践中的个案裁判结论表现出来。例如，在我国近年来的司法实践中，已有法院判决认可家庭日常生活不仅应包括衣食住行等基本生活需求，相关文化和娱乐服务需求也应纳入其中，支持夫妻一方在婚内通过网络平台"打赏"主播的行为属于日常家事范围，因相关支出是满足娱乐需求的消费。[2] 同时，原则上限制家庭日常生活需要的范围，将明显不属于日常家事的活动排除于外的认知并未改变。若有证据证明相应款项用于举债的夫妻一方炒股或购买股指期货[3]、开矿[4]等事项时，仍不可将其归结为出于家庭日常生活需要。综上所述，基于社会一般认知理解家庭日常生活需要具有相对稳定性，且可以随着时代发展与时俱进，至于如何明确一般社会观念中的具体认知，应借鉴下文关于家庭日常生活需要概念的具体界定标准。

---

[1] 参见最高人民法院民法典贯彻实施工作领导小组主编：《中华人民共和国民法典婚姻编继承编理解与适用》，人民法院出版社 2020 年版，第 175—176 页。

[2] 参见北京字节跳动科技有限公司与江珍惠等赠与合同纠纷上诉案，安徽省芜湖市中级人民法院民事判决书（2020）皖 02 民终 2598 号。

[3] 参见张志清、钟岳利民间借贷纠纷案，山东省高级人民法院民事判决书（2019）鲁民再 445 号。

[4] 参见李兰侠与王娟民间借贷纠纷案，江苏省高级人民法院民事裁定书（2020）苏民申 5878 号。

（三）尊重家庭成员合理预期的效力

家庭日常生活需要概念的界定并不能完全依赖于一般社会观念，而置家庭成员的合理预期于不顾，应把握二者的利益平衡，有效衔接个人与社会的关系。例如，虽然车辆作为家庭日常生活必备的交通工具已逐渐被一般社会观念接受，但不同家庭的收入水平、消费能力及消费观念不同，在个案中消费或举债的性质界定尚需结合个体的合理预期来具体确定：对于收入较高、消费能力较强的家庭而言，即使夫妻一方以个人名义购买超出社会平均消费水平的轿车，但该消费与该家庭的实际承担能力相适应，将其归入家庭日常生活需要范畴既符合一般社会观念，也符合该家庭内其他成员的合理预期；但对于普通家庭或贫困家庭而言，若一方未与配偶协商就购买了超出家庭消费能力的汽车，则既不符合一般社会观念对家庭日常生活需要的认知，也不符合另一方配偶的合理预期，除非存在明确的夫妻共同合意或另一方配偶事后追认相关交易的情形，否则应认定为属于对家庭生活产生重大影响的非日常性消费。

通常情况下，个体家庭成员的合理预期与一般社会观念具有一致性，但二者在某些情形下也可能发生冲突。一般社会观念属于客观评判标准，而家庭成员的个人认知具有较强的主观性，因此，交易主体超出一般社会观念标准的个人认知需达到合理程度才能成为相关交易性质的考量因素。《民法典》第1060条第2款关于家庭内部对家庭成员可实施民事法律行为范围的限制性约定不得对抗善意第三人的规定表明，即使家庭成员对相关事项存在合理预期且与一般社会观念不发生实质冲突，但在从事相关民事法律行为时也需明确将内部约定告知第三人，否则不具有对抗善意第三人基于一般社会观念对相关民事法律行为性质认定的法律效力。

三、"家庭日常生活需要"的界定标准

从家庭共同生活的本质出发，结合社会一般观念和家庭成员的合理预期动态把握"家庭日常生活需要"概念，能使该概念内涵与适用范围在具有相对确定性的同时保持适当开放性。

（一）目的必要性：符合家庭核心利益

正如上文所述，将广泛意义上的家庭利益作为家庭日常生活与夫妻共同生活的区分标准具有局限性，家庭日常生活需要应具有符合家庭核心利益的目的必要性，家庭利益对于界定家庭日常生活需要具有重要意义。家庭利益是弹性观念，家庭成员的个人行为可以通过"家庭利益"转化为团体行为，产生扩大责任财产范围的法律效果。[1] 若将基于家庭日常生活需要所为的行为理解为家庭成员行使家事代理权的表现，那么此种以家庭利益的实现为目的的行为会产生直接影响另一方配偶法律利益的效果，同时赋予家庭成员要求共担责任的实体请求权基础。[2]

基于家庭利益对判定家庭日常生活需要范围的重要参考意义，笔者尝试明晰其与夫妻共同生活的关系及区分方法。若对家庭共同生活的判定标准为要求的相关交易或举债大概率符合家庭共同利益，那么家庭日常生活需要的界定标准应当更高。[3] 因为家庭日常生活是家庭共同生活的核心，其范围限于夫妻共同生活的必要和基本内容，且不受夫妻财产制类型的影响。而夫妻共同生活包含双方共同消费支配和用于形成夫妻共同财产两种情形，是家庭共同利益的典型形态。具体而言，后者除了包括基于家庭日常生活产生的衣、食、住、行等必要消费，还包括其他体现夫妻共同利益的活动，例如，担保责任、侵权行为所生债务，且债权人需要承担更重的举证责任。在适用分别财产制的情形中，夫妻共同生活的范围取决于家庭内部的具体约定。换言之，即使相关支出超出了日常家事范围，但若符合夫妻双方共同消费支配、形成夫妻共同财产、基于夫妻共同利益管理共同财产产生的条件，就存在被归入夫妻共同生活范围的可能。[4]

---

[1] 参见乔钰峰等与牛红霞等民间借贷纠纷申请再审案，最高人民法院民事裁定书（2015）民申字第1892号。

[2] 参见任重：《夫妻债务规范的诉讼实施——兼论民法典与民事诉讼的衔接》，载《法学》2020年第12期，第7页。

[3] 参见王轶、包丁裕睿：《夫妻共同债务的认定与清偿规则实证研究》，载《华东政法大学学报》2021年第1期，第14—15页。

[4] 参见程新文、刘敏、方芳、沈丹丹：《〈关于审理涉及夫妻债务纠纷案件适用法律有关问题的解释〉的理解与适用》，载《人民司法（应用）》2018年第4期，第36页。

夫妻共同生活与家庭利益息息相关，且其概念内涵大于家庭日常生活，后者作为前者的核心构成，应具有符合家庭核心利益的必要性目的。界定家庭日常生活的考量因素复杂多样，有观点认为，判断一项民间借贷债务是否属于家庭日常生活需要，需考量合同约定的借款目的和用途、借款的实际用途及借款金额，夫妻共同生活在解释上应限定在家庭日常生活之外的其他情形。① 家庭核心利益应理解为为了维系家庭正常运转且非属人身性的所有必要支出，② 在根据事实确定对外交往行为是否符合必要性即家庭核心利益时，需综合考虑交易金额、家庭生活水平、所在地交易习惯等具体因素。③

（二）手段适当性：兼顾一般认知与个体预期

传统观点中的"共财共债"④ 逻辑不具有实质合理性，因为夫妻一方在婚姻关系存续期内通过对外交往行为所获的利益并不必然用于家庭日常生活，夫妻间财产利益完全共享的理想状态在现实生活中难以实现。⑤ 这就要求家庭日常生活需要这一概念的界定不仅需具有为维持家庭日常生活的正常运转所必需的目的，同时还应符合一般社会观念与家庭成员的合理预期而具有适当性。

我国司法实践中已有法院在判决中表明家庭日常生活需要的适当性标准要求对外交往行为及因此所生的债务应与处于同等社会状况的一般家庭的消费习惯保持一致，对于夫妻生活有重大影响及可能在很大程度上决定或改变家庭生活状况的对外交往行为与相关债务，不能认定为家庭日常生活需要。⑥ 换言之，

---

① 参见贺剑：《〈民法典〉第1060条（日常家事代理）评注》，载《南京大学学报（哲学·人文科学·社会科学）》2021年第4期，第102—119页。

② 黄薇主编：《中华人民共和国民法典婚姻家庭编释义》，法律出版社2020年版，第70页。

③ 参见冉克平：《夫妻财产制度的双重结构及其体系化释论》，载《中国法学》2020年第6期，第78页。

④ "共财共债"指在婚姻关系存续期内夫妻双方或一方所得的财产，除法律另有规定或夫妻另有约定外，均为夫妻共同所有，平等地享有占有、使用、收益、处分的权利。基于利益共享、风险互负的理念，婚后单方举债也应推定为夫妻共同债务的观点。

⑤ 参见冉克平：《夫妻团体债务的认定及清偿》，载《中国法学》2017年第5期，第121页。

⑥ 参见常丽娜等房屋租赁合同纠纷案，北京市第三中级人民法院民事判决书（2017）京03民终14552号。

要审查相关对外交往行为及因此所产生的债务的性质是否具有符合家庭核心利益的必要性目的，就要求其具有与处于同等社会状况、经济条件的一般家庭的通常消费习惯相一致的适当性。鉴于家庭内部的经济状况与消费习惯往往难以为对外交往行为中的第三人知悉，因此，关于适当性的判断既要符合社会公众的一般社会观念，又要考虑个体家庭成员对相关对外交往行为及因此所生债务性质与后果的预期是否正当合理。

适当性手段要求夫妻关系外部第三人在与夫妻中的一方进行交易时应当履行一定程度的谨慎注意义务，虽然夫妻之间的特殊身份关系使得夫妻一方在日常家事领域有权以夫妻一方名义处分财产，并且因此所生债务需要双方共同承担清偿责任，但债权人不能仅以婚姻存续中夫妻身份的权利外观作为判断其中一方所为行为是否符合家庭日常生活需要的标准。① 换言之，第三人的信赖应当具有合理性，要求其在与夫或妻一方进行交易时谨慎审查该交易是否符合一般交易习惯、交易方式及内容是否适当、合理等，从而对因此产生的债权的性质及负有清偿责任的主体范围产生合理预判，若第三人在进行交易时已经尽到谨慎注意义务并构成善意第三人，那么其合法利益应受法律保护。

(三) 动态把握、综合考量个案具体因素

虽然采取决疑式的列举方式界定家庭日常生活需要概念有助于提升法律规则的可操作性，但其显然无法应对现实生活中个案的复杂情况。因此，对于该概念的理解与把握，应在坚持目的必要性与手段适当性的基础上，考虑我国不同地区家庭生活的实际情况，结合当地经济发展水平、个体家庭消费习惯及相对人对家庭内部约定内容的了解状况等因素予以综合认定。②

法官在个案裁判中应结合案件情况进行具体分析、区别判断，妥善利用有助于判断债务性质的相关参考因素，真正实现家庭日常生活需要标准的动态把握。例如，债务数额虽然不能作为界定债务性质的绝对性标准，但在一定程度上可以为法官个案裁判提供参考依据。债务数额作为具象化的数字较为直观而

---

① 参见曲超彦：《夫妻共同债务清偿规则探析》，载《法律适用》2016 年第 11 期，第 65 页。

② 参见程新文、刘敏、方芳、沈丹丹：《〈关于审理涉及夫妻债务纠纷案件适用法律有关问题的解释〉的理解与适用》，载《人民司法（应用）》2018 年第 1 期，第 34 页。

便于识别与判断，行为人往往能基于一般社会观念凭借债务数额对债务性质产生初步的判断，但据此得出的结论并非是完全准确的，因为仅依据数额大小判断对外交往行为所生债务是否属于家庭日常生活需要并不合理。在一般社会观念认知中，以夫妻一方名义缔结的数额较大的债务往往并非家庭日常生活需要，① 但不能因此将数额较小的债务绝对归为这一范围内，多笔个案金额较小的债务累加起来也有成为巨额债务的可能。浙江省高级人民法院曾在相关法律文件中将20万元的举债金额作为界定家庭日常生活需要负债的标准，但这一数额相较于当年浙江省职工年平均工资显然过高，并直接导致完全以债务数额作为家庭日常生活需要界定标准的判决大量出现，② 难谓合理。概言之，规定一个明确的数额或是将"较大""巨大"等表示程度的词语作为界定日常生活需要的标准并不科学，③ 相反，应有条件地以债务数额作为参考因素，同时结合举债人的家庭条件、债务用途性质、举债是否必要等情况进行界分，④ 或是因地制宜确定小额债务的规范标准，以在第三人和婚姻中另一方的利益保护中实现动态平衡。

综上所述，界定基于家庭日常生活需要产生的债务需兼顾客观与主观标准。既要综合当地的经济发展水平、普遍的消费习惯等因素，要求相关举债或交易契合家庭核心利益而具有必要性，又要求上述支出不违背个体家庭成员的合理预期，符合个体家庭生活所需而具有手段的适当性。同时，要综合考察例如举债额这样的典型因素，动态把握债务性质。

四、"家庭日常生活需要"的具体适用限制

考虑到家庭成员间的特殊关系与日常家庭消费的特殊性，在日常家庭生活

---

① 参见闪虎与张微莹、唐小策等民间借贷纠纷案，海南省高级人民法院民事裁定书（2019）琼民申107号。

② 参见袁德兴、徐君芬民间借贷纠纷案，浙江省台州市中级人民法院民事判决书（2018）浙10民终1588号。

③ 参见李洪祥：《夫妻一方以个人名义所负债务清偿规则之解构》，载《政法论丛》2015年第2期，第83页。

④ 参见中国审判理论研究民事审判理论专业委员会编著：《民法典婚姻家庭编条文理解与司法适用》，法律出版社2020年版，第95页。

中个体家庭成员单独行为可能具有及于整个家庭而被认定为家庭团体行为的法律效果，但基于家庭日常生活需要的认定与适用不应与相关法律概念与行为规则相混淆。《民法典》第1064条第2款在界定夫妻共同债务性质认定中的举证责任分配时，采取了将"夫妻共同生活"与"共同生产经营"并列规制的表述，将共同生产经营行为与家庭日常生活进行实质区分。其还规定当某行为符合一般社会对家庭日常生活需要的认知时，债权人可以参照适用表见代理规则主张相关行为或举债属于家庭日常生活需要范畴，进而要求夫妻双方承担共同清偿责任，体现了对家庭日常生活需要的具体适用进行严格限制的立法意旨。因此，有必要对共同生产经营行为与家庭日常生活需要两个概念进行界分，并解读如何参照表见代理规则化解外部第三人与家庭内部的利益冲突，从而厘清该概念具体适用的外延。

（一）将"共同生产经营行为"排除于外

根据《民法典》第1064条的规定，即使举债超出家庭日常生活需要，也存在因满足其他条件例如符合共同生产经营条件而认定为夫妻共同债务的可能。司法实践中有审理法院在个案中表示，尽管夫妻一方对外交往行为中所负债务超出了该家庭正常日常开支水平，但借款实际用于赚取利差的投资，获得的利益用于家庭共同生活，因此应认定为夫妻共同债务。[①] 显然，本案中法院认定构成夫妻共同债务的根本原因在于举债为家庭共同生产经营，其与家庭共同生活并非交叉概念，那么家庭日常生活作为家庭共同生活的核心构成，自然应与共同生产经营行为有所区分，表现为将共同生产经营行为排除于概念涵盖范围外。

即使共同生产经营活动中进行的交易及因此所生的债务可能是出于家庭利益的需要，或是经营获得的利益实际上用于家庭生活，但该经营活动性质的界定仍需综合考察夫妻双方在共同生产经营中扮演的角色、责任主体等因素。换言之，虽然家庭共同生产经营活动取得的收益促进了家庭共同利益的增长，但通过经营活动实现收益更多是由于长期妥善的经营运作，与夫妻一方因特定的

---

① 参见崔玉花、杨兴义等民间借贷纠纷再审案，最高人民法院民事裁定书（2018）最高法民申634号。

行为所负的债务不存在直接对应关系。另外，结合我国当前的一般社会观念与个体家庭成员的合理预期，一方面，家庭日常生活源于满足家庭生活正常运转所必需的物质与精神需求，具有日常性和必要性；而共同生产经营行为以营利为目的，相关收益往往会继续投入到后续的生产经营活动中。另一方面，家庭日常生活是基于夫妻双方缔结婚姻所产生的特殊身份关系所为的合理推定，相对人证明构成夫妻共同债务的举证责任较轻，而欲将基于共同生产经营的举债认定为夫妻共同债务则需承担较重的举证负担，因为即使共同生产经营活动具有维护或促进家庭利益的目的也不能当然地推定具有夫妻共同债务的性质。根据法律规则设置的逻辑出发点可知，对家庭日常生活需要的界定侧重于对债务用途与家庭核心利益的匹配度考察，相关交易中的支出或举债被界定为夫妻共同债务的依据并非财产法规范，而是依据家事法规范进行的法律拟制，其合理性在于婚姻关系的缔结对个体责任财产范围的影响与家庭作为特殊团体被赋予的特殊立法目的。①共同生产经营活动相较于普通的商事经营活动，主要差异表现为夫妻关系可能导致的清偿责任共担，更多应由财产法予以规范。

由此可见，共同生产经营行为与家庭日常生活需要存在本质差异，在判断某具体交易或债务的性质时，原则上应将共同生产经营行为与基于家庭日常生活需要的行为相区分，从而严格规范家庭日常生活需要的概念边界与适用范围。

（二）参照表见代理规则限制适用范围

共同生产经营行为与家庭日常生活需要的界分基于概念内涵的差异，《民法典》第1060条第2款的规定表明从规则层面限制该概念具体适用范围的立法意旨，即参照适用表见代理规则推定某交易或举债具有基于家庭日常生活需要所为的性质，且善意第三人可以据此要求夫妻双方共同承担责任，避免家庭内部约定对其权益产生不利影响，从而实现外部善意第三人与夫妻关系中未与第三人进行交易一方的利益平衡。

参照适用表见代理规则限制夫妻双方对家庭日常生活需要范围的约定效力存在法理依据。若相关交易或举债存在对日常家事范围质的超越，或是因明显

---

① 参见刘征峰：《夫妻债务规范的层次互动体系——以连带债务方案为中心》，载《法学》2019年第6期，第90页。

不符合家庭通常消费习惯而具有量的突破，若夫妻之间不能达成有效合意，应由越权方自负其责。①家庭生活具有较高的私密性，在第三人并不知晓家庭内部约定时，往往只能基于社会一般认知对相关活动的性质进行预判，此时第三人基于一般社会观念得出的结论与个体家庭成员基于合理预期产生的判断结果可能会存在较大差异。若夫妻之间突破社会一般认知，则该约定在与第三人的合理信赖发生冲突时往往会因不符合相关标准而不具有对抗效力。然而，若家庭内部对日常家事范围的限制性约定并不违背必要性目的与适当性手段的标准，那么夫妻之间通过内部约定对一方可以单独实施的有效民事法律行为范围进行限制，则不得使善意第三人的合理信赖利益因此受损。换言之，当善意第三人与配偶一方通过社会交往形成债权债务关系，可以参照适用表见代理规则主张相关交易或举债属于家庭日常生活需要，从而要求夫妻双方共同清偿。

此外，考虑到利益平衡的需要，对外部第三人的保护存在限制条件。《民法典》第1060条第2款规定家庭内部对家庭日常生活需要的限制性约定不具有对抗基于一般社会观念对交易性质产生信赖的善意第三人的法律效力，但该条在赋予善意第三人的利益可得优先保护的同时，也通过"善意"这一概念的使用要求第三人负担相应的注意义务。而关于"善意"的标准，学界的认知并不一致。例如，持要求第三人承担较高注意义务的观点认为，所谓善意是相对人不知道或不应当知道夫妻之间对一方可以实施的民事行为的范围限制，例如，夫妻双方约定丈夫不得购买一条以上的香烟，但当丈夫于商店独自购买两条香烟时，店家无法知道夫妻间的内部约定并拒绝出售，此时交易行为有效，可以视为行使日常家事代理权的行为。② 还有观点从家庭生活的私密性角度考虑，主张应降低第三人的注意义务，例如，日本学界的"多数说"主张若相对人基于行为外观善意无过失地相信行为基于家庭日常生活需要，那么即使该行为实际上超出了日常家事范围也可以适用表见代理规则。③ 关于善意之债的认定标准，

---

① 参见马忆南：《家庭日常生活所负债务应当认定为夫妻共同债务》，载《人民法院报》2018年1月19日，第2版。

② 参见黄薇主编：《中华人民共和国民法典婚姻家庭编解读》，中国法制出版社2020年版，第91页。

③ 参见[日]我妻荣、有泉亨：《日本民法亲属法》，夏玉芝译，工商出版社1996年版，第66—67页。

实践中有法官提出应对实际情况进行类型化区分和考察，采取"小额从宽、大额从严"的判断标准，即对日常小额借贷持从宽认定原则，只要债权人尽到了必要的注意义务且借贷并非明显不合理，一般认定为属于日常家事范围；而对于数额较大的债务，要提高对债权人是否尽到了注意义务的审查标准。① 还有学者提出，为了确保价值体系的一致性，对债权人"善意"的解释应与《民法典》第 1065 条第 3 款规定的善意内涵保持一致，即限于第三人明确知情的情形。②

综上所述，虽然夫妻身份使以一方名义从事的对外行为具有行使日常家事代理权的权利外观，但不得仅据此便当然得出相关交易属于家庭日常生活需要的结论。由于夫妻对家庭日常生活需要的内部限制较为隐秘且具有多变性，除非夫妻一方主动告知，否则第三人主动查知需付出较大的交易成本且较难实现。因此，在第三人实际知道家庭内部关于家事代理权的限制性约定内容的情形下，即使相关交易或举债明显超出了约定范围，也应认为该第三人已对交易或债务性质及法律后果有所预判，不得参照表见代理规则要求夫妻双方共同承担清偿责任，即排除"不应当知道"的情形，减轻第三人的注意义务。

五、结语

家庭日常生活需要是夫妻债务性质的重要判定标准之一，而夫妻债务性质的界定既涉及债权人、夫妻关系中的举债方与非举债方三者之间的利益配置，又体现立法者对经济交易安全与婚姻家庭和谐的价值权衡，对之予以准确把握具有重要意义。对于"家庭日常生活需要"概念的界定，要求相关对外交往行为及因此所生的债务满足目的必要性与手段适当性，并以债务数额等因素为参考依据，在个案中进行综合考量和动态把握。同时，要注意与"共同生产经营行为"等相似概念进行区分，并参照适用表见代理规则限制其适用范围，避免日常家事的效力过度扩张损害善意第三人的合法权益。上述标准的进一步明晰，

---

① 参见颜梅生：《民法典事关三类夫妻共同债务的处理》，载《中国妇女报》2021 年 3 月 31 日，第 6 版。

② 参见贺剑：《〈民法典〉第 1060 条（日常家事代理）评注》，载《南京大学学报（哲学·人文科学·社会科学）》2021 年第 4 期，第 110 页。

有助于提升司法实务对相关债务的性质及不同主体的清偿责任的界定,也将益于饱含人性关怀与秩序维护的立法意旨之实现。

(初审:马文洁;校对:李晨)

主题研讨：
证券虚假陈述
责任之厘清

债券虚假陈述中证券服务机构民事责任厘定

尹鑫鹏[*]

摘　要：基于《证券法》第 163 条规定的连带责任规则，区分过错以划分连带责任范围已成为公司债券市场证券服务机构虚假陈述民事责任的主流裁判思路。但学界认为单一的连带责任类型不仅过于粗放和严格，还不符合证券服务机构市场"看门人"的法律地位。究其根本，证券服务机构虚假陈述行为属于我国《民法典》规定的多数人侵权。公司债券市场证券服务机构虚假陈述的民事侵权责任应基于充分救济投资者损失的理念，在综合考量侵权行为类型与因果关系因素的基础上，突破单一连带责任类型的桎梏，在证券服务机构违反勤勉尽责义务出具不实报告造成投资者损失时将侵权责任承担方式限缩为概括的补充责任，达致过责相配。

关键词：证券服务机构；虚假陈述；多数人侵权；补充责任

中国债券市场已成为全球第二大债券市场，其发展呈现方兴未艾的大好形势，并正步入重大战略机遇期。[①] 市场的高速发展必定会导致制度与实践的不匹配问题。自 2014 年 3 月"11 超日债"宣告违约，债券市场刚性兑付的潜规

---

[*] 尹鑫鹏，中央财经大学法学院博士研究生。
[①] 参见《中国债券市场概览（2020 年版）》，载中国债券信息网，https://www.chinabond.com.cn/cb/cn/yjfx/zzfx/nb/20210402/156808636.shtml。

则被打破，债券市场违约数量及金额不断攀升，其中以公司债违约尤甚。① 投资者意识到仅仅靠债券发行人已无法挽回损失，转而根据《证券法》第163条请求有违法行为的服务机构承担连带赔偿责任，"深口袋"现象在此凸显。然而，《证券法》第163条关于证券服务机构虚假陈述连带责任及过错推定原则的粗略规定和第95条第3款"默示加入、明示退出"的"中国式"证券集体诉讼机制，预示着证券服务机构承担巨额连带赔偿的情形恐成常态。

司法机关相继出台司法文件和司法解释，规定面对证券服务机构虚假陈述的民事赔偿责任，应区分过错，② 但囿于自身司法机关的性质，其作出的规定依旧处在《证券法》第163条单一连带赔偿责任的桎梏之中。以"王放与五洋建设集团股份有限公司、陈志樟证券虚假陈述责任纠纷案"为例，由于五洋建设集团已进入破产程序，缺乏清偿能力，审理法院判决证券服务机构根据各自过错对所有债务本息承担相应范围的连带赔偿责任。这实际上使得证券服务机构对发行人的违约责任承担了连带赔偿，不禁让人担忧证券诉讼变相为债券刚兑，证券服务机构因此承担刚兑义务。③ 学界对证券服务机构虚假陈述民事连带赔偿责任的规定亦颇有微词，认为当下司法实践对于证券服务机构虚假陈述责任的认定过于严格和粗放，应在综合考量过错因素与原因力大小的基础上进

---

① 2014年信用债发生违约的债券数量有6支，金额达13.4亿元，其中公司债违约数量有6支；2015年信用债发生违约的债券数量有27支，金额达121.77亿元，其中公司债违约数量有21支；2016年信用债发生违约的债券数量有54支，金额达389.77亿元，其中公司债违约数量有9支；2017年信用债发生违约的债券数量有34支，金额达312.49亿元，其中公司债违约数量有6支；2018年信用债发生违约的债券数量有126支，金额达1204.4亿元，其中公司债违约数量有65支；2019年信用债发生违约的债券数量有191支，金额达1568.41亿元，其中公司债违约数量有148支；2020年信用债发生违约的债券数量有155支，金额达1757.72亿元，其中公司债违约数量有103支；2021年信用债发生违约的债券数量有145支，金额达1536.93亿元，其中公司债违约数量有137支。数据来源于Wind数据库，数据统计截止日期为2021年12月，最后访问日期：2022年3月10日。

② 参见《全国法院审理债券纠纷案件座谈会纪要》（法〔2020〕185号），第31条第2款；《最高人民法院关于审理证券市场虚假陈述侵权民事赔偿案件的若干规定》（法释〔2022〕2号），第13条。

③ 参见徐文鸣：《注册制背景下债市虚假陈述司法裁判的金融逻辑——以五洋债代表人诉讼为例》，载《证券市场导报》2021年第5期，第71—72页。

行责任限缩，至于限缩至何种程度则各执己见。① 据此，厘定公司债券市场证券服务机构虚假陈述的民事责任无疑是一个亟待解决的问题。

本文首先分析了证券服务机构"看门人"的法律地位，明确了证券服务机构出具虚假陈述报告应承担与"看门人"法律地位相匹配的侵权民事责任；其次，本文通过体系化梳理现行证券服务机构在公司债券市场中出具虚假陈述报告的责任规范，发现存在三种可能的法律规制路径，但各有局限；因此，基于三种可能路径并结合证券服务机构出具虚假陈述报告行为的本质，即多数人侵权，本文最后主张应在《民法典》侵权责任编的框架内，综合考量证券服务机构介入证券虚假陈述的行为类型与因果关系因素，提出公司债券市场证券服务机构虚假陈述应根据不同情形承担全部连带责任或概括的补充责任。

一、证券服务机构在公司债券市场中的法律地位及民事责任

《证券法》及相关法律法规、上交所公司债券业务规则规定，公司公开发行债券并上市交易的应提交债券募集说明书、财务报告和审计报告、评级报告、法律意见书等文件且应具备交易所的上市、挂牌条件，出具各类报告的证券服务机构由发行人自主聘请并支付报酬，证券服务机构对公司债券的公开发行及上市交易定期和不定期出具的报告应勤勉尽责、恪尽职守，按照相关监管规则、业务规则等核验发行人信息披露的真实、准确与完整。② 由此可以看出，证券

---

① 参见陈洁：《证券虚假陈述中审验机构连带责任的厘清与修正》，载《中国法学》2021年第6期，第202、221页；缪因知：《证券虚假陈述赔偿中审计人责任构成要件与责任限缩》，载《财经法学》2021年第2期，第99页；徐文鸣：《注册制背景下债市虚假陈述司法裁判的金融逻辑——以五洋债代表人诉讼为例》，载《证券市场导报》2021年第5期，第71页；丁宇翔：《证券发行中介机构虚假陈述的责任分析——以因果关系和过错为视角》，载《环球法律评论》2021年第6期，第156页；周淳：《证券发行虚假陈述：中介机构过错责任认定与反思》，载《证券市场导报》2021年第7期，第70、78页。

② 参见《证券法》第15、16、18、19、79、160、163条；中国证券监督管理委员会《公司债券发行与交易管理办法》（2021年修订），（中国证券监督管理委员会令第180号），第6、14、46、49条；《公开发行证券的公司信息披露内容与格式准则第24号——公开发行公司债券申请文件》（已废止）（中国证券监督管理委员会公告〔2015〕3号），2015年3月2日证监会发布；《上海证券交易所公司债券上市规则》（2022年修订），第1.5、1.6、2.3.2、3.1.3、3.4.1条。

服务机构通过出具专业报告的形式以自身声誉向公司债券市场的投资者"保证"发行人披露信息的真实、准确与完整,因此,证券服务机构通常被视为市场"看门人"。

(一) 证券服务机构"看门人"法律地位的分析

证券市场"看门人"概念发轫于 20 世纪 80 年代,具有两个核心特征:其一,证券市场"看门人"是具有显著声誉资本的声誉中介;其二,证券市场"看门人"在"看门"时任何不端行为的收益远远小于证券市场的发行人。[1] 关于这两个核心特征的讨论始于吉尔森(Ronald J. Gilson)和克拉克曼(Reinier H. Kraakman)对投资银行在资本市场中功能的探究。吉尔森和克拉克曼在承认资本市场能有效反映各类信息的基础上认为,证券产品被市场合理定价是发行人和投资者共同面临的难题,解决这一难题的关键在于由谁承担信息核验的成本。若由投资者承担,信息核验的高成本将会限制证券真实信息的传播范围,投资者为避免发行人基于机会主义行为歪曲证券价值,更愿意给出一个较低的价格。因此,降低披露信息的核验成本符合发行人的利益。[2] 声誉良好的投资银行能够满足发行人这一需求。投资银行作为证券市场的重复参与者,由其核验信息的真实性不但规避了投资者个人核验所导致的整体市场成本上升,而且投资银行通过长期专业服务积攒的良好声誉也可与证券产品的价值挂钩,使市场有效地为发行人的证券产品定价。[3] 克拉克曼在随后的研究中提出能够影响上市公司行为的外部人士,即外部董事、律师和会计师等,均是证券市场的"看门人"。[4] 证券服务机构"看门人"法律地位的分析如下(见图1):

---

[1] See John C. Coffee, Jr., *Gatekeeper Failure and Reform: The Challenge of Fashioning Relevant Reforms*, Boston University Law Review, Vol. 84: 301, p. 308 (2004).

[2] See Ronald J. Gilson & Reinier H. Kraakman, *The Mechanisms of Market Efficiency*, Virginia Law Review, Vol. 70: 549, pp. 615-616 (1984).

[3] See Ronald J. Gilson & Reinier H. Kraakman, *The Mechanisms of Market Efficiency*, Virginia Law Review, Vol. 70: 549, pp. 619-620 (1984).

[4] See Reinier H. Kraakman, *Corporate Liability Strategies and the Costs of Legal Controls*, The Yale Law Journal, Vol. 93: 858, pp. 890, 897 (1984).

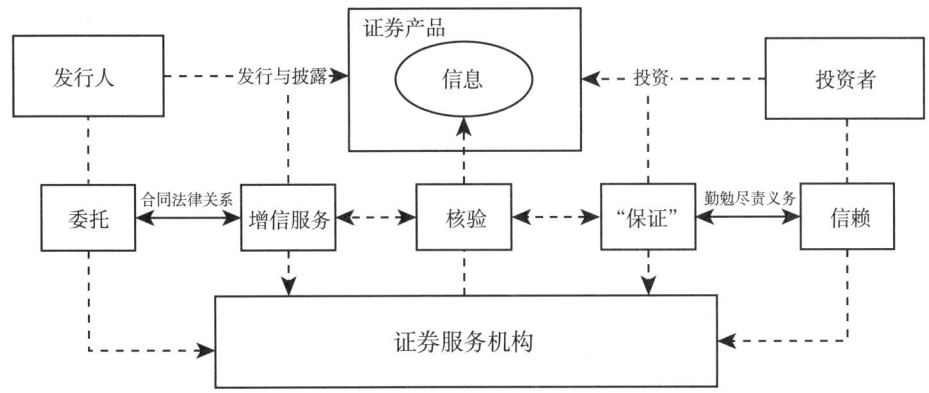

图 1 证券服务机构与发行人、投资者关系

首先,在发行人和证券服务机构的互动中,二者以契约的形式搭建起了合同的法律关系,发行人自主聘请服务机构并支付报酬,实现其提高披露信息质量可信度以更好地出售证券产品的目的;证券服务机构受发行人委托,作为受托人通过专业能力核验披露信息的真实性,以审计报告、资信评级、法律意见书等形式提供增信服务。

其次,在投资者和证券服务机构的互动中,证券服务机构通过出具书面报告和意见以自身声誉在事前向市场"保证"发行人披露的信息真实、准确与完整;投资者基于证券服务机构是证券市场专业的重复参与者而对其出具的书面报告和意见产生信赖进而进行相关的证券交易。

证券服务机构能够以契约的方式低成本获取公司不法行为的信息,① 其运用专业能力核验信息提供增信服务的方式变相地起到了私人监管的作用。同时,因"出借"自身声誉,证券服务机构基于机会主义而行为不端的激励较低,这意味着法律越强制证券服务机构参与交易,越能有效阻止违法行为。② 没人会在一间充斥着千术的赌场赌博,③ 因此,为维护证券市场的有效性,证券服务机构被立法者选中,成为证券市场"看门人",承担公共监管职能,保护投资

---

① See Reinier H. Kraakman, *Corporate Liability Strategies and the Costs of Legal Controls*, The Yale Law Journal, Vol. 93: 858, pp. 890, 897 (1984).

② See John C. Coffee, Jr., *Gatekeeper Failure and Reform: The Challenge of Fashioning Relevant Reforms*, Boston University Law Review, Vol. 84: 301, p. 308 (2004).

③ See *Schlanger v. Four-Phase Systems Inc.*, 555 F. Supp. 535, 538 (1982).

者"信赖"证券市场的权利。"在我们这个复杂的社会里,会计师的声明和律师的意见比凿子和撬棍更能成为造成经济损失的工具。"① 所以,当证券服务机构违反法定勤勉尽责义务和发行人沆瀣一气、损害投资者利益、破坏证券市场的有效性时,就民事责任而言,证券服务机构应承担与其证券市场"看门人"法律地位相当的侵权损害赔偿责任。

(二)"看门人"法律地位对证券服务机构虚假陈述民事侵权责任的影响

证券服务机构作为证券市场的"看门人",通过运用自身专业知识核验发行人披露信息,进而出具专业报告满足法律对证券公开发行的规定以及供投资者决策查用,达到防止发行人欺诈、维护市场有效性的目的,即"看门"。

证券服务机构作为证券市场的重复参与者,其工作人员需经过长期而又严格的专业训练,获得有关机关授予的资格证书或执业证明,完成的工作具有高度的技术性和专业性,是领域内的专业人士。这种职业的高度技术性和专业性令投资者对证券服务机构本身及其提供的信息产生强信赖,投资者通常基于信赖将证券服务机构提供的专业报告作为投资的依据。因此,若证券服务机构出具含有虚假陈述的专业报告给投资者造成纯粹经济损失的,应承担相应的民事赔偿责任。就该民事责任性质,曾存有合同责任说和侵权责任说的争论。② 合同责任说无法解决证券服务机构与投资者间并无合同关系的症结,而侵权责任最初因不保护纯粹的经济损失受到攻击。但随着20世纪侵权法的扩张,因过失导致的纯粹经济损失开始受侵权法的保护,③ 故证券服务机构因虚假陈述给投资者造成损害的民事责任被纳入侵权法的规制范围。④

在侵权法的框架下,证券服务机构需对投资者承担合理的注意义务或称勤

---

① *United States v. Benjamin*, 328 F. 2d 854, 863 (1964).
② 参见于莹:《证券法中的民事责任》,中国法制出版社2004年版,第36页;周友苏主编:《新证券法论》,法律出版社2007年版,第626—633页。
③ 参见蒋云蔚:《从合同到侵权:专家民事责任的性质》,载《甘肃政法学院学报》2008年第4期,第50页。
④ 参见蒋云蔚:《从合同到侵权:专家民事责任的性质》,载《甘肃政法学院学报》2008年第4期,第50页;参见郭锋等:《中华人民共和国证券法制度精义与条文评注》,中国法制出版社2020年版,第441—449页;范健、王建文:《证券法》(第3版),法律出版社2020年版,第291页。

勉尽责义务。若违反该义务给投资者造成损害，证券服务机构应承担侵权责任。在此有三点需要阐明：首先，我国学界通说不承认违法性与过错的区分，即认为行为人是否违反相关法律法规的规定义务与其是否存在过错具有十分紧密的联系。其次，立法者认为证券服务机构出具不实报告侵害投资者的主观心理状态属于"应注意、能注意却未注意"，即过失。随着过失判断标准从主观过失理论向客观过失理论转变，在认定行为人是否具有过失时不探究其主观心理状态，而是采纳某种基于社会生活共同需要而提出的客观标准，称为"合理人"或"善良管理人"标准。这一标准并非根据个案中特定行为人的知识水平和专业能力提出要求，而是要求任何从事某一职业或隶属于某一团体的成员，均应达到该职业或该团体内普通从业人员应当具有的知识水平、业务水平和专业技能。如果未达到则应当被认定存在过失，证券服务机构作为专业人士的行为是否具有过失的客观化标准就是"勤勉尽责义务"，也称为"合理注意义务"。[①] 最后，证券服务机构的"看门"方式表明，其并非信息的生产者，而是信息的核验者，具有"信息输出的不独立性"和"信用输出的独立性"的工作特征，进而证券服务机构出具含有虚假陈述专业报告的民事责任以委托人的证券虚假陈述民事责任为前提，即"责任承担的不独立性"。[②] 这在侵权法上体现为多数人侵权责任，多数人侵权责任类型通常坚持连带责任与按份责任的二元模式。但我国《证券法》第163条仅规定了单一的连带赔偿责任类型，这显然无法实现法律地位和责任承担的合理适配。因此，本文试图通过梳理现行法律法规及相关司法文件中有关公司债券市场证券服务机构虚假陈述侵权责任的规定，以体系化的视角寻求与证券服务机构"看门人"法律地位相匹配的多数人侵权责任类型。

---

① 参见程啸：《侵权责任法》（第3版），法律出版社2021年版，第295、309、311页。

② 参见缪因知：《证券虚假陈述赔偿中审计人责任构成要件与责任限缩》，载《财经法学》2021年第2期，第99—100页。

二、公司债券市场证券服务机构虚假陈述侵权责任现行规制思路及反思

司法实践中关于公司债券市场证券服务机构虚假陈述侵权责任的认定基本适用《证券法》第163条及相关司法解释的规定，但由于证券服务机构的多样性以及证券服务机构虚假陈述行为的侵权属性，《民法典》《公司法》《注册会计师法》等法律对此问题亦有所规制。这些不同的法律规范因制定逻辑、适用标准的不同而存在差别，无疑造成了同一问题有不同规制进路的局面，变相提高了司法实践的说理难度，易引发争论。因此，本节试图通过梳理相关规定，提出三种现行证券服务机构虚假陈述侵权责任的规制思路并逐一进行反思，进而为提出与"看门人"法律地位相当的侵权责任厘定方式作铺垫。

（一）思路一：区分过错的连带责任

《证券法》第163条规定，证券服务机构出具含有虚假记载、误导性陈述或者重大遗漏的专业报告，给投资者造成损失的，与委托人承担连带赔偿责任。最高人民法院为准确、统一适用《证券法》关于证券服务机构虚假陈述连带赔偿责任的规定，保护投资人合法权益，先后出台了两部司法解释和两份司法文件。《最高人民法院关于审理涉及会计师事务所在审计业务活动中民事侵权赔偿案件的若干规定》（法释〔2007〕12号）（以下简称审理涉会计师事务所审计侵权若干规定）将证券服务机构的虚假陈述分为故意与过失，并明确列举了会计师事务所在审计业务中的故意和过失情形。至于责任类型，若为故意则适用第5条，承担连带责任；若为过失则适用第6条，按过失大小确定赔偿责任。《最高人民法院关于审理证券市场虚假陈述侵权民事赔偿案件的若干规定》（法释〔2022〕2号）（以下简称证券虚假陈述若干规定）坚持了区分过错的裁判思路，明确"证券服务机构的责任限于其工作范围和专业领域"，对外表现为连带责任。相较于司法解释，司法文件未规定得如此细致，《全国法院民商事审判工作会议纪要》（法〔2019〕254号）（以下简称民商事审判工作纪要）第六部分"关于证券纠纷案件的审理"中"关于证券虚假陈述"的规定，及《全国法院审理债券纠纷案件座谈会纪要》（法〔2020〕185号）（以下简称审理债券

纠纷纪要）第 31 条第 2 款均仅表明，在审理证券虚假陈述纠纷案件时责任承担与侵权行为及其主观过错程度相匹配，要求考量勤勉尽责义务的违反程度，合理确定其应当承担的法律责任。总体来看，司法裁判领域对证券服务机构虚假陈述的民事责任进行了细化，体现为区分故意和过失的"两分"思路及强调责任承担与过错程度相匹配的裁判主张。①

然而，这一思路存在两点不足：其一，根据《证券法》第 163 条可知，证券服务机构出具含有虚假记载、诱导性陈述或重大遗漏专业报告的侵权行为是对法定勤勉尽责义务的违反，如前所述，这一义务是过失判断标准的客观化结果，即证券服务机构未勤勉尽责在侵权法理论上已被明确定性为过失侵权，司法解释"区分故意与过失"的"两分"思路在理论上仍有阐释的空间；其二，连带责任的类型相对于证券服务机构"看门人"的法律地位而言过于严苛，违背了首从区分、过责相配以及"追首恶"的原则，②不利于公司债券市场各方参与主体归位尽责，损害市场有效性。

（二）思路二：补充责任

根据现行《公司法》第 207 条第 3 款规定，承担资产评估、验资或者验证的机构出具不实报告给公司债权人造成损失的，在其评估或者证明不实的金额范围内承担赔偿责任。首先，承担资产评估、验资或者验证的机构是指承担资产评估、验资、验证、会计、审计、法律服务等职责的中介组织。其次，由于承担资产评估、验资或者验证的机构所出具的评估结果、验资或者验证证明不仅需要提交给有关部门，往往还要提供给广大社会公众、股民。如果造成损失，该损失往往是资产评估、验资或者验证机构所不能预见的。在此情形下，如果让资产评估、验资或者验证机构承担所有的损失而不加以限制的话，对承担资产评估、验资或者验证的机构也不公平。因此，资产评估、验资或者验证的机

---

① 参见陈洁：《证券虚假陈述中审验机构连带责任的厘清与修正》，载《中国法学》2021 年第 6 期，第 204—205 页。

② 参见周淳：《证券发行虚假陈述：中介机构过错责任认定与反思》，载《证券市场导报》2021 年第 7 期，第 78 页；参见最高人民法院民二庭负责人就《最高人民法院关于审理证券虚假陈述侵权民事赔偿案件的若干规定》答记者问，载中国法院网 2022 年 1 月 21 日，https://www.chinacourt.org/article/detail/2022/01/id/6497453.shtml。

构"在其评估或者证明不实的金额范围内承担赔偿责任",是一种补充赔偿责任。① 补充责任是指多数人基于不同原因产生了具有同一给付内容的数个责任,在直接责任人财产不足以承担应负责任时,由补充责任人在一定范围内对债权人承担责任的责任形态。② 补充责任在学界中存在概括责任和限额责任的争论。③ 显然,"在其评估或者证明不实的金额范围内承担赔偿责任"属于限额补充责任,即责任范围受限于过错程度。虽然 2021 年 12 月 24 日发布的《公司法(修订草案)》第 250 条在现行《公司法》第 207 条的基础上增加第 4 款规定,即"法律、行政法规对违反本条规定行为的法律责任另有规定的,从其规定"。该修订明确表示了《证券法》第 163 条连带赔偿责任的优先适用性,但补充赔偿责任的思路因区分首从的责任承担方式仍值得借鉴。然而,限额补充赔偿责任的思路仍有一点不足,即可能无法完全救济投资者的损失。

(三) 思路三:连带责任和按份责任

自 2003 年 2 月《最高人民法院关于审理证券市场虚假陈述引发的民事赔偿案件的若干规定》(法释〔2003〕2 号)(以下简称原证券虚假陈述若干规定)颁布实施,最高人民法院明确了证券虚假陈述的侵权性质,④ 其中第 27 条规定,"专业中介服务机构,知道或者应当知道发行人或者上市公司虚假陈述,而不予纠正或者不出具保留意见的,构成共同侵权"。

在公司债券的发行与交易中,发行人是信息披露的义务人,证券服务机构是信息披露的审验人,二者共同协作完成法定信息披露义务。因此,证券服务

---

① 参见宋燕妮、赵旭东主编:《中华人民共和国公司法释义》,法律出版社 2019 年版,第 393 页。
② 参见王利明:《侵权责任法研究(上卷)》,中国人民大学出版社 2011 年版,第 43 页;郭明瑞:《民法总则通义》,商务印书馆 2018 年版,第 308—309 页。
③ 参见张海燕:《民事补充责任的程序实现》,载《中国法学》2020 年第 6 期,第 185—186 页。
④ "《最高人民法院关于审理证券市场虚假陈述侵权民事赔偿案件的若干规定》属于侵权行为法范畴,其调整的民事赔偿法律关系是因财产权益被虚假陈述行为所侵害而产生。"参见王焕平:就《最高人民法院关于审理证券市场虚假陈述侵权民事赔偿案件的若干规定》李国光答记者问,载中国法院网 2003 年 1 月 10 日,https://www.chinacourt.org/article/detail/2003/01/id/31512.shtml。

机构在公司债券市场中的虚假陈述属于多数人侵权行为。我国《民法典》侵权责任编规定的多数人侵权可分为两类（见图2）：

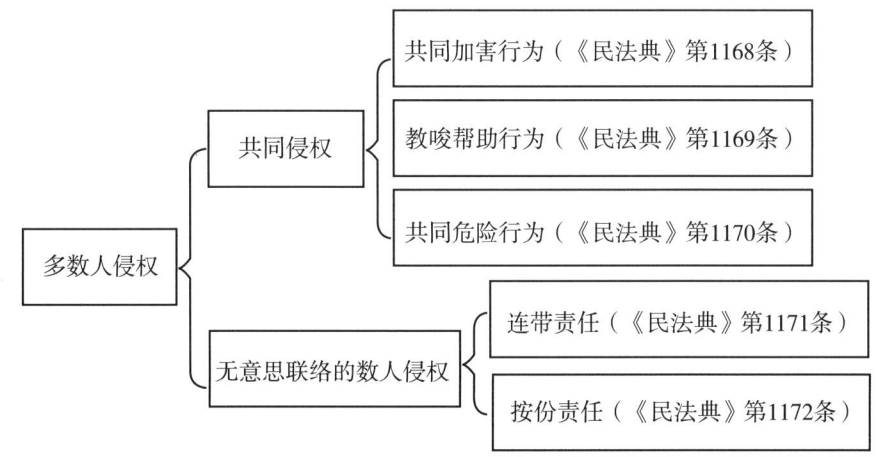

图2 我国《民法典》多数人侵权行为与责任的一般规范体系

一是共同侵权，其又可分为共同加害行为、教唆帮助行为以及共同危险行为；二是无意思联络的数人侵权，其又可分为充足原因的无意思联络的数人侵权——即每个侵权行为都足以导致全部损害，以及非充足原因的无意思联络的数人侵权——即不要求每个侵权行为都足以导致全部损害。根据《民法典》侵权责任编的规定，只有多数人侵权行为属于共同加害行为、教唆帮助行为以及无意思联络的数人侵权中充足原因的侵权行为类型时，各主体才承担连带责任，当无意思联络的数人侵权属于非充足原因的侵权行为类型时，主体应承担按份责任。《民法典》第1172条原文表述为："二人以上分别实施侵权行为造成同一损害，能够确定责任大小的，各自承担相应的责任；难以确定责任大小的，平均承担责任。"有学者认为此条款前段的"相应责任"既可以理解为对外的按份责任，也可以理解为相应的补充责任。[①] 本文认为，从体系上看"相应责任"应理解为按份责任，原因有两点：首先，《民法典》第1172条在移植《侵权责任法》第12条时作出了相应的文字修改，意欲与《民法典》总则编第177

---

① 参见王利明、周友军、高圣平：《中国侵权责任法教程》，人民法院出版社2010年版，第411页。

条按份责任的一般规则在表述上保持一致，① 是一般与具体的关系；其次，本条款后半段的"平均承担责任"即为按份之意，同一条文在文义上应保持一致。

这一思路在综合考量多数人侵权行为有无意思联络、是否属于充足原因以及在无法确定侵权人时推定共同的基础上，将多数人侵权划分为不同的行为类型，进而规定不同的责任承担方式。这不仅有利于防止滥科连带责任以维护人们的合理行为自由，更有利于降低多数人侵权责任中因果关系要件证明的困难程度，更好保障受害人损害赔偿请求权的实现。② 然而这一思路作为多数人侵权责任认定的一般思路在具体适用于公司债券市场时有一点不足，即就证券服务机构违反勤勉尽责义务出具不实报告的侵权行为而言，无法完全将其归类于共同加害行为、教唆帮助行为以及共同危险行为，而无意思联络的数人侵权规定的连带责任或按份责任也无法完美适配证券服务机构"看门人"的法律地位，因为证券服务机构作为"看门人"仅是信息披露的辅助人，无论是承担连带责任还是按份责任均不恰当。按份责任与连带责任的"二元"责任划分虽然典型，但却忽略了非典型的多数人责任"补充赔偿责任"的适配空间。但不可否认的是，区分多数人侵权的行为模式以确定责任承担方式的逻辑进路具有一定的启发性。

（四）小结

《证券法》关于证券服务机构的虚假陈述始终坚持连带责任的立法逻辑。③ 这一立法思路源于当时我国证券市场投资者不成熟、市场诚信观念尚未建立、违法违规行为猖獗的情状，此时让证券服务机构作为连带责任人与公司共同承担虚假陈述的赔偿责任更有利于投资者利益的保护，体现出一种法律父爱主义的立法思想。司法实践领域，相关司法解释和司法文件试图通过区分过错来更

---

① 参见最高人民法院民法典贯彻实施工作领导小组主编：《中华人民共和国民法典侵权责任编理解与适用》，人民法院出版社2020年版，第84页。

② 参见程啸：《侵权责任法》（第3版），法律出版社2021年版，第374页。

③ 参见《证券法》（1998年）第161条；《证券法》（2004年修正）第161条；《证券法》（2005年修订）第173条；《证券法》（2013年修正）第173条；《证券法》（2014年修正）第173条；《证券法》（2019年修订）第163条。

加科学地认定证券服务机构虚假陈述的民事赔偿责任,但拘囿于自身性质,总体上仍处于《证券法》规定的单一连带责任的规制框架内。我国资本市场及资本市场的法治化建设经过 30 多年的发展,早已今非昔比,若仍遵循 20 多年前《证券法》中固化、单一的连带责任类型,会使证券服务机构担责过重,有违证券服务机构"看门人"的法律地位,违反了"过错与责任相一致"的原则,有失公允,不利于证券发行注册制背景下市场参与主体的归位尽责。同时,《证券法》与《民法典》《公司法》间相关规定的不协调,亦会给司法适用造成困扰。经过上述规制思路的梳理与反思并结合我国的立法现状可知,在现行法律规范框架内,各法律规范关于公司债券市场证券服务机构虚假陈述民事侵权责任的规定无法严格遵循"新法优于旧法、特别法优于一般法"的法律冲突适用规则,否则会出现"《民法典》之于《证券法》《证券法》之于《公司法》是新法且《证券法》之于《民法典》是特别法"的矛盾。因此,本文根据上述思路二和思路三的启发并结合思路一认为,合理厘定公司债券市场证券服务机构虚假陈述的侵权责任有赖于三个前提:一是准确界定证券服务机构介入虚假陈述的侵权行为类型;二是考量证券服务机构虚假陈述侵权责任中的因果关系要件;三是勤勉尽责的判断。

三、公司债券市场证券服务机构虚假陈述民事侵权责任的修正

(一)出具不实报告侵权行为的基本样态

证券服务机构在公司债券市场中虚假陈述行为样态的分析是准确界定其民事责任的基本前提之一。《证券法》第 163 条及证券虚假陈述若干规定第 4、5 条将证券服务机构虚假陈述的形态分为:虚假记载、误导性陈述、重大遗漏和不当披露,但这只是对虚假陈述行为客观表现形式的归类总结,其本质属于侵权行为,且投资者的损害在法律上表现为发行人、承销商和证券服务机构的共同作用,属于多因一果。因此,证券服务机构出具不实报告的行为本质属于侵权行为中的多数人侵权。《民法典》面对多数人侵权问题,根据主、客观要件的不同,区分不同类别的数人侵权行为,并与连带责任和按份责任一一对应,为证券虚假陈述侵权行为的划分及责任的确定提供了分析的逻辑起点。

首先，根据《证券法》第 163 条的规定，证券服务机构制作、出具含有"虚假记载、误导性陈述或重大遗漏"专业报告的行为的违法性在于对法定核验制作专业报告内容的"真实性、准确性、完整性"义务的违反。在侵权法理论中这一义务被称为"勤勉尽责义务"，而违反"勤勉尽责义务"被称为"专家过失"。在此为加深理解需要简单阐释我国违法性与过错之间的关系。从立法上看，无论是《民法通则》第 106 条，还是《侵权责任法》第 6 条，抑或是《民法典》第 1165 条，我国从未区分违法性与过错，我国侵权法上的过错包含了行为的违法性，① 即证券服务机构违反"勤勉尽责义务"的同时便推定过失。勤勉尽责义务也即是判断证券服务机构过错的标准，这也就理解了"勤勉尽责"为何既是法定义务又是法定抗辩。因此，《证券法》第 163 条规定的证券服务机构违反"勤勉尽责义务"出具不实报告的侵权行为不属于《民法典》多数人侵权规定中共同加害行为、教唆帮助行为以及共同危险行为这三种类型。因为共同加害行为与教唆帮助行为要求数人就侵权行为不仅需要具有主观意思联络，还要求主观过错是共同故意，而定性为共同危险行为的前提是由于因果关系不明无法判断是何人的侵权行为造成了损害。② 证券服务机构在工作过程中和发行人产生的业务往来不应被定义为侵权的主观意思联络，就违反"勤勉尽责义务"出具不实报告的侵权行为而言，其在主观上被推定为过失，也不符合共同故意的要求，证券虚假陈述给投资者造成损害的因果关系虽被推定但却清晰可分。

---

① 参见《民法通则》第 106 条规定："公民、法人违反合同或者不履行其他义务的，应当承担民事责任。公民、法人由于过错侵害国家的、集体的财产，侵害他人财产、人身的，应当承担民事责任。没有过错，但法律规定应当承担民事责任的，应当承担民事责任。"《侵权责任法》第 6 条规定："行为人因过错侵害他人民事权益，应当承担侵权责任。根据法律规定推定行为人有过错，行为人不能证明自己没有过错的，应当承担侵权责任。"《民法典》第 1165 条规定："行为人因过错侵害他人民事权益造成损害的，应当承担侵权责任。依照法律规定推定行为人有过错，其不能证明自己没有过错的，应当承担侵权责任。"

② 我国民法学界对于如何理解"共同实施"存在不同观点：共同故意说、共同过错说、共同行为说和折中说，从体系的角度看，我国《民法典》第 1168 条的"共同"仅指共同故意，因为若共同过失亦可构成共同加害行为，会导致《民法典》第 1170 条、第 1171 条和第 1172 条适用上的混乱。参见程啸：《侵权责任法》（第 3 版），法律出版社 2021 年版，第 381—386、395—397、402—406 页。

其次，证券服务机构作为法定市场"看门人"只负责核验发行人披露的信息，并不独立产生、输出新信息，所以证券服务机构仅在法律层面辅助信息披露。因此就因果关系而言：从事实因果关系看，投资者因公司债券虚假陈述而遭受的损害可以单独由发行人的虚假陈述行为导致，却无法单独由证券服务机构的虚假陈述行为导致；从法律因果关系看，投资者因公司债券虚假陈述而遭受的损害是由发行人的虚假陈述和证券服务机构出具不实报告的行为共同导致。

综上，证券服务机构违反"勤勉尽责义务"制作、出具含有"虚假记载、误导性陈述或重大遗漏"专业报告的行为属于非充足原因的无意思联络的多数人侵权行为。至于司法解释以及一些学者在面对证券服务机构虚假陈述侵权责任的承担问题时主张区分故意与过失的观点，① 本文认为这是因为《证券法》第163条仅规定了证券服务机构过失侵权的情形，但在传统侵权法严格区分故意与过失理论的背景下，还需证券服务机构和发行人就虚假陈述侵权形成共同故意，即共谋的情形。若证券服务机构履行了"勤勉尽责义务"，即粉饰了发行人的虚假陈述，此时证券服务机构的行为并不构成《证券法》第163条规定的情形，而是构成《民法典》第1168条和1169条规定的共同加害行为或者教唆帮助行为；若证券服务机构未履行"勤勉尽责义务"，此时证券服务机构的行为既构成《证券法》第163条规定的情形，又构成《民法典》第1168条或1169条规定的情形，然而如何证明虚假陈述侵权的主观共同故意是个难题。

（二）从因果关系看出具不实报告侵权责任的限缩可能

侵权行为主体承担损害责任的前提是基于侵权行为与损害之间存在关联。② 因此，侵权法的因果关系是责任理论的一部分，旨在解决可归因的损害赔偿问题。法律上的因果关系认定建立在事实因果关系存在的基础上，具有实现矫正

---

① 参见《最高人民法院关于审理涉及会计师事务所在审计业务活动中民事侵权赔偿案件的若干规定》（法释〔2007〕12号），第4、5条；《最高人民法院关于审理证券市场虚假陈述侵权民事赔偿案件的若干规定》（法释〔2022〕2号），第13条；陈洁：《证券虚假陈述中审验机构连带责任的厘清与修正》，载《中国法学》2021年第6期，第206—208页；丁宇翔：《证券发行中介机构虚假陈述的责任分析——以因果关系和过错为视角》，载《环球法律评论》2021年第6期，第162—165页。

② 参见［荷］J.施皮尔主编：《侵权法的统一：因果关系》，易继明等译，法律出版社2009年版，第13页。

正义的制度功能，①这在一定程度上会受到法律价值取向或政策的影响。②换言之，法律上的因果关系不仅需要存在事实因果关联，还要考量一定的法律目的。

证券服务机构在公司债券市场中虚假陈述侵权责任的因果关系认定适用现行证券虚假陈述若干规定第 11、12 和 31 条的规定，其中有两点需要阐明。首先，证券虚假陈述的因果关系认定被分为交易的因果关系和损失的因果关系。交易的因果关系是指投资者基于信赖证券服务机构的专业报告而作出投资决定，属于事实因果关联；损失的因果关系是指投资者因证券服务机构的虚假陈述而蒙受纯粹的经济利益损失，关涉法律因果的价值判断。其次，鉴于投资者证明证券虚假陈述因果关系存在困难，该司法解释在规定证券虚假陈述的交易因果关系认定时采纳"欺诈市场理论"进行推定，而损失因果关系的证明一定程度为交易因果关系的认定所吸收。③如此，因果关系的成立问题得以解决。然而，国内学者对交易因果关系推定所立基的"欺诈市场理论"始终存在疑虑，④并且证券服务机构和发行人因适用同一损失因果关系的认定规则而无法区分因果关系的作用大小，实在难言妥当。

从事实因果关系角度看，证券服务机构基于核验义务出具的专业报告仅仅起到"增信"或"担保"的辅助功能，在公司债券市场中投资者更加关注发行人的偿债能力的情况下，即更加注重发行人的声誉、股东背景、评级和收益率等，证券服务机构的信用担保功能在降低。换言之，证券服务机构的专业报告是独立"叠加"于发行人的信息披露文件，投资者并不会仅仅基于信赖证券服务机构的专业报告而作出交易决策。因此，证券服务机构出具的专业报告与投

---

① 参见缪因知：《证券虚假陈述赔偿中审计人责任构成要件与责任限缩》，载《财经法学》2021 年第 2 期，第 110—111 页。

② See Ann M. Lipton, *Fact or Fiction: Flawed Approaches to Evaluating Market Behavior in Securities Litigation*, Tennessee Journal of Business Law, Vol. 20: 745, (2019).

③ 参见郭锋：《证券市场虚假陈述及其民事赔偿责任——兼评最高法院关于虚假陈述民事赔偿的司法解释》，载《法学家》2003 年第 2 期，第 43—44 页；陈洁：《证券虚假陈述中审验机构连带责任的厘清与修正》，载《中国法学》2021 年第 6 期，第 218 页。

④ 参见焦津洪：《"欺诈市场理论"研究》，载《中国法学》2003 年第 2 期，第 110 页以下；于莹、潘林：《证券虚假陈述侵权责任中信赖推定之证成——欺诈市场理论局限性的克服》，载《法制与社会发展》2011 年第 2 期，第 10 页以下；樊健：《我国证券市场虚假陈述交易上因果关系的新问题》，载《中外法学》2016 年第 6 期，第 1495 页以下；耿利航：《欺诈市场理论反思》，载《法学研究》2020 年第 6 期，第 130—131 页。

资者基于信赖披露的信息进行交易进而遭受损害间存在部分因果关联,而不是全部因果关联。从法律因果关系角度看,虽然保护投资者的合法权益是我国《证券法》的立法目的之一,但维护社会经济秩序和社会公共利益、促进社会主义市场经济发展同样也是《证券法》的立法目的,并且保护投资者的是诚实的市场环境而不仅仅是"不顾一切"地赔偿投资者的损失。证券服务机构作为市场"看门人"的法律地位具有极大的社会有用性,若其承担责任过重,天平过度向投资者倾斜,将直接影响证券服务机构的生存环境,间接增加公司的融资成本,最终减损全社会的经济福利。因此,无论从哪一个角度出发,都需要合理限缩证券服务机构出具不实报告的侵权责任。

(三) 过错抗辩免责:勤勉尽责的判断

《证券法》第 163 条规定了但书条款,明确了过错推定的归责原则,即证券服务机构若能够证明自己没有过错,履行了"勤勉尽责义务",便无需与委托人承担连带赔偿责任。因此,勤勉尽责的判断标准关系到侵权责任的成立。

过错抗辩中勤勉尽责的认定标准是一个"理性人"标准,即职业团体的平均水平。"理性人"标准即为职业团体中合理人在相同或相似条件下的一般理性行为标准。"每一个从事具有高度专业性和技术性职业的人(a learned profession)都要保证在从事这一职业时要具有合理程度的审慎和技能(a reasonable degree of care and skill)。律师、医生能够保证自身拥有合格的专业技能,但无法保证一定能够成功解决问题。"① 证券服务机构作为专业人士掌握普通大众所不具备的专业知识和技能,② 因此"理性人"标准应高于普通大众的注意水平,低于职业团体的最高水平,为职业团体的中等水平。具言之,"理性人"标准的判断基准最终落到是否遵循了法律法规及行业规范等规定中的执业准则,如《律师事务所从事证券法律业务管理办法》第 6 章有关业务规则的规定、《注册会计师法》第 3 章有关业务范围和规则的规定以及《最高人民法院关于审理涉及会计师事务所在审计业务活动中民事侵权赔偿案件的若干规定》第 6、7、8

---

① *Lanphier v. Phipos*, 1838, All E. R. 171.
② 参见[日]能见善久:《论专家的民事责任——其理论架构的建议》,梁慧星译,载《外国法译评》1996 年第 2 期,第 24 页。

条的规定等。这一判断基准也得到了司法解释的肯认。① 总之，法院只有明确各证券服务机构的具体职责，才能判断是否勤勉尽责，裁定侵权责任。

（四）出具不实报告侵权责任的修正：连带责任与概括补充责任

我国立法上多数人侵权责任呈现连带责任和按份责任的基本形态，补充责任作为多数人侵权责任的非典型形态在《民法典》侵权责任编也有独立的存在空间。无论何种责任承担方式，过错责任原则几乎是所有国家的侵权法中最基本的归责原则。② 但过错要件本身的构造层次性不足，缺乏比例化的空间，所以实践中还需探究因果关系作用的大小。③ 整体而言，证券服务机构违反"勤勉尽责"义务出具不实报告的侵权责任应综合考量行为类型与因果关联（见表1）：

表1 公司债券市场证券服务机构虚假陈述侵权责任

多数人侵权行为类型	证券服务机构虚假陈述行为	因果关系	责任类型
共同加害/教唆帮助	共谋或明知而不纠正	完全	全部连带
无意思联络的数人侵权	未勤勉尽责	部分	概括补充

首先，如果证券服务机构就公司债券虚假陈述侵权与发行人存在主观意思联络且形成共谋或明知发行人虚假陈述而不指明、纠正的，无论其是否在形式上符合勤勉尽责的特征，均构成《民法典》第1168条规定的共同加害行为或者第1169条规定的教唆帮助行为，此种情况下证券服务机构应就投资者因债券虚假陈述遭受的损失承担全部连带赔偿责任。但主观心态的证明始终是个难题。

其次，如果证券服务机构在开展核验发行人披露信息的真实性、准确性和完整性工作时，未勤勉尽责，制作、出具了含有虚假记载、误导性陈述和重大遗漏的专业报告，构成侵权法理论上的"专家过失"。但证券服务机构的不实报告无法脱离发行人的虚假陈述单独给投资者造成全部损害，因此，证券服务机构和发行人在此种情况下属于非充足原因的无意思联络的数人侵权。至于责

---

① 参见《最高人民法院关于审理证券市场虚假陈述侵权民事赔偿案件的若干规定》（法释〔2022〕2号），第18、19条。

② 参见程啸：《侵权责任法》（第3版），法律出版社2021年版，第112页。

③ 参见缪因知：《证券虚假陈述赔偿中审计人责任构成要件与责任限缩》，载《财经法学》2021年第2期，第111页。

任的承担方式，本文认为基于保护投资者合法权益以及首从区分、过责相配的理念，证券服务机构应承担概括的补充责任。这一责任承担方式与《民法典》第1172条关于非充足原因的无意思联络的数人侵权承担按份责任的规定相异。原因在于，按份责任的情形下，发行人当然应就虚假陈述侵权承担100%的责任份额，证券服务机构的责任份额若从发行人承担的100%中划分则有违过责相配的原则；若单独附加则会造成对投资者重复救济的局面。因此，概括补充责任的承担方式更为恰当，但有四点需要阐明：（1）虽然此时发行人和证券服务机构在侵权行为样态上被界定为《民法典》第1172条规定的非充足原因的无意思联络的数人侵权，但在责任承担方式上更偏向《民法典》第1198条第2款规定。具言之，证券服务机构作为证券市场的法定"看门人"的"勤勉尽责义务"类似于经营场所、公共场所的经营者、管理者或者群众性活动的组织者负有的"安全保障义务"，发行人的虚假陈述侵权则类似于第三人侵权；（2）在诉讼阶段无需区分发行人直接责任和证券服务机构补充责任的顺序，法院只需确定二者的责任性质和责任范围，只有到执行阶段，当负有直接责任的发行人的财产不足以救济投资者的损失时，证券服务机构才需承担补充责任；（3）证券服务机构承担的是概括补充责任，即证券服务机构补充承担发行人无法清偿的所有剩余责任，因为若证券服务机构承担限额的补充责任，实践中限额补充责任将会按份执行，证券服务机构与发行人的关系易被异化为实质的按份责任关系；①（4）证券服务机构尽管具有过错，其在承担补充责任后仍获得对发行人的单向全额追偿权，否则发行人由于故意虚假陈述而承担的侵权责任将会在客观上受到不当减缓，有违基本法理。现代侵权法不同于传统侵权法以威慑、制裁为基本功能，而是以补偿和预防为基本功能，证券服务机构因"看门人"的法律地位承担了部分公共监管的职能，负有了"勤勉尽责义务"，当证券服务机构违反"勤勉尽责义务"时行政责任足以体现惩罚与制裁，民事侵权责任的承担只是为了更好地实现对投资者损失的救济。

---

① 参见张海燕：《民事补充责任的程序实现》，载《中国法学》2020年第6期，第186页。

四、结语

证券服务机构在公司债券市场中出具虚假陈述报告的侵权责任需精巧设定,既不可过于宽松,否则市场的"看门人"可能沦为发行人利益的"看门狗",导致虚假信息泛滥;亦不可过于严苛,不然权责不配、激励失当,引发市场的逆向淘汰,损害公司债券市场的有效性。公司债券市场证券服务机构的虚假陈述行为本质上属于《民法典》规定的多数人侵权,与之相配的民事责任也应符合《民法典》中的相关规定,即基于侵权行为类型与因果关系因素综合考量的连带责任或补充责任。若证券服务机构的虚假陈述行为属于共同加害行为或教唆帮助行为时,其无疑应与委托人承担全部连带赔偿责任;若证券服务机构虚假陈述属于非充足原因的无意思联络的数人侵权时,基于充分救济投资者损失的理念,其应承担概括的补充责任。《证券法》夯实证券服务机构责任势在必行,但严格的民事赔偿责任并非唯一可行的激励机制。一个规范、诚信、有活力的债券市场应秉承区分首从、过责相配的原则,对于故意欺诈者应严惩不贷,而对于过失侵权者应罚当其责。

(初审:苗萍;校对:王伟龙)

何为"误导":证券市场误导性陈述之识别

苗 萍[*]

摘 要:误导性陈述具有主观多解性、载体多样性、非显而易见性等特性,一直是监管的薄弱环节。误导性陈述作用过程分为信息加工阶段的"信息瑕疵"形成过程及该瑕疵对投资者认知决策影响过程。误导性陈述构成上必须以真实事实为基础,并通过一定语言策略予以歪曲呈现。程度要件上,应满足重大性要求。根据误导手段的不同,可将误导性陈述分为片面披露型、混淆概念型、表述模糊型和预测不当型四种类型。误导性陈述与虚假记载区分的关键在于真实性,与重大遗漏区分要点在于是否涉及人的主观判断,与预测失实的区分在于预测时是否有合理现实基础及预测后是否及时履行更正确认义务。

关键词:误导性陈述;机遇性表达;认知偏差;重大性;预测失实

证券是信息所决定的产品,证券市场是信息的市场,投资者通过对信息的搜集、获取和筛选建立认知,并在充分思考和逻辑推演的基础上做出决策。[①]证券价格是投资者共同"投票表决"的结果,把握信息即可引导资本市场走向,故对信息的监管是证券市场监管的重中之重。《证券法》第78条规定,证券信息披露不得有虚假记载、误导性陈述和重大遗漏。相较于其他两种虚假陈述行为,误导性陈述识别和认定存在诸多难点,成为信息披露监管的薄弱环节。误导性陈述隐蔽性强,危害大,在证券市场信息监管逐渐迈向质量监管深水区

---

[*] 苗萍,中央财经大学硕士研究生。
[①] 参见陈收:《行为金融理论与实证》,湖南大学出版社2004年版,第1—5页。

的当下，如何强化误导性陈述识别和惩处，提高证券市场信息有效性成为值得思考的问题。

一、缘起：误导性陈述识别困境及破局必要

（一）误导性陈述认定难点

误导性陈述是通过歧义性文字、话语等制造易于使人误解的表述缺陷，致使投资者就有关事项无法获得清晰、准确的认知，进而做出错误决策的信息披露违法行为。[1] 从近五年处罚案例的统计数据来看（见图1），误导性陈述的处罚比例远少于其他两种信息披露违法行为。如 2021 年中国证监会查处的 34 起信息披露违规案例中，误导性陈述仅占 3 例，占比 8.82%，而虚假记载占比 58.82%，重大遗漏占比 32.35%。虚假陈述不是非黑即白的问题，而是从违法到合法连续变化的光谱。与虚假记载、重大遗漏相比，误导性陈述正处于合法与违法、主观与客观交接的模糊地带。同时，误导性陈述具有场外化特征，故在认定上具有更高技术难度。误导性陈述识别认定难点系此类证券虚假陈述违法行为难以得到有效规制的重要原因之一。具体而言，误导性陈述存在以下认定难点：

首先，误导性陈述具有主观多解性。虚假记载和重大遗漏从客观层面即可直接判断披露事实是否真实、是否完整，进而断定信息披露行为是否"虚假"、是否有重大"遗漏"。误导性陈述的特殊性在于，其更强调对人的思维的错误引导，因而更深入地涉及投资者主观理解和判断。鉴于语言的多义性和多解性，加之不同人的知识经验、思维方式等差异，不同人对同一事实理解不可避免的存在内生性的信息认知偏差。决策过程深藏于内心，披露信息是否对投资者产生误导，影响其投资判断，旁人难以得知，这导致对误导性陈述的规制缺乏客观标准。

---

[1] 参见廖升：《虚假陈述侵权责任之侵权行为认定》，载《法学家》2017 年第 1 期，第 143 页。

主题研讨：证券虚假陈述责任之厘清

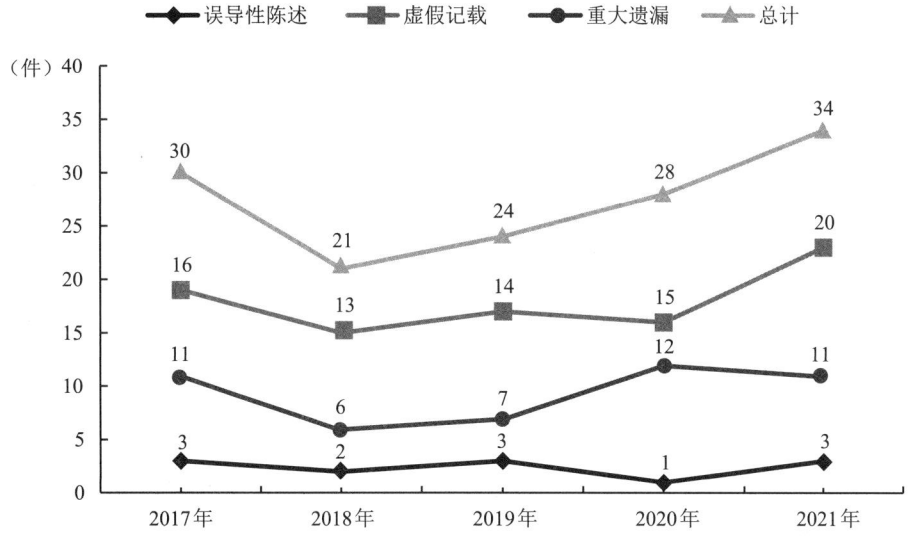

图1　2017—2021年中国证监会信息披露违规处罚案例统计①

其次，误导性陈述具有载体多样性。一般而言，证券市场信息与证券交易相似，均有具有"场内化"的特征，只有法定渠道公布的信息投资者方有充分理由予以信赖，因此仅需审核法定披露文件如招股公告、年度报告等即可轻易识别是否具有信息披露违法行为。误导性陈述却具有"场外化"的特征。2003年《最高人民法院关于审理证券市场因虚假陈述引发的民事赔偿案件的若干规定》第17条规定，误导性陈述可通过"媒体"做出，同时未对该"媒体"进行具体限定。2011年《信息披露违法行为行政责任认定规则》（证监会公告〔2011〕11号）（以下简称信息披露违法行政责任规定）第9条亦规定，"在信息披露文件中或者通过其他信息发布渠道、载体"中的误导行为可构成误导性陈述。2022年《最高人民法院关于审理证券市场虚假陈述侵权民事赔偿案件的若干规定》（以下简称2022年虚假陈述民事赔偿若干规定）虽删除了对误导性陈述载体的规定，但并未否认非法定渠道信息构成误导性陈述的情形，结合第4条第1款"信息披露义务人违反法律、行政法规、监管部门制定的规章和规范性文件关于信息披露的规定……应当认定为虚假陈述"，应理解为误导性陈述

---

① 作者整理。参见《行政处罚案例公示》，载中国证券监督管理委员会网站，http://www.csrc.gov.cn/，2022年4月11日访问。

仍可通过非法定信息披露渠道做出。事实上,实践中误导性陈述具有载体广泛、形式多样的特征,诸如公众号回复、交易所互动平台、股吧文章等均可能对投资者构成误导,因而在监管上更有难度。

最后,误导性陈述具有非显而易见性。所谓"误导",即信息披露义务人的不当"牵引""引导"。误导性陈述通常表征为投资者自主推理、自主决策的结果,因而难以与投资失误相区隔。证券市场是一个丰富的信息生态系统,投资者天然具有通过分析整合解读各种宏观和微观信息以理解和验证其投资判断的倾向,这恰恰为误导性陈述滋生提供机会。事实上,随着互联网技术特别是移动互联网技术的发展,人类信息传递渠道日趋多样,误导性陈述信息披露违法行为也呈现新样态。目前,证券市场误导性陈述形式已向片段化、网络化、非正式化方向发展,微博微信、公众号留言、互动平台回复等各种碎片化信息交织整合即可实现误导之目的。误导性陈述技术更加隐蔽和高超,对监管识别提出了更高的挑战。①

(二) 误导性陈述识别困境破局之必要

误导性陈述识别不明,产生诸多不良影响,因而有必要对其进一步明晰。误导性陈述信息识别困境激发了信息披露义务人以误导性语言打"擦边球"的冲动,扩张了证券市场信息风险,扰乱了市场秩序。当下,证券市场信息披露监管正逐渐向质量监管层面深入,对信息披露有效性和准确性要求逐步提升。从立法层面来看,2019年《证券法》增设"信息披露"专章,扩大了信息披露义务人范围,在信息披露内容上进一步要求"简明清晰、通俗易懂",在立法层面提高了对信息披露准确性和有效性的要求。② 2020年《国务院关于进一步提高上市公司质量意见》(国发〔2020〕14号),要求提升信息披露质量,优

---

① 参见缪因知:《证券虚假信息规制的原理反思与实证评价》,载《北方法学》2018年第4期,第68页。
② 2014年《证券法》第63条规定:"发行人、上市公司依法披露的信息,必须真实、准确、完整,不得有虚假记载、误导性陈述或者重大遗漏。"2019年《证券法》第78条规定:"发行人及法律、行政法规和国务院证券监督管理机构规定的其他信息披露义务人,应当及时依法履行信息披露义务。信息披露义务人披露的信息,应当真实、准确、完整、简明清晰、通俗易懂,不得有虚假记载、误导性陈述或者重大遗漏。证券同时在境内境外公开发行、交易的,其信息披露义务人在境外披露的信息,应当在境内同时披露。"

化披露内容，增强信息披露的针对性和有效性，并要求披露义务人要充分披露决策所需信息，并做到简明清晰、通俗易懂。从执法层面来看，证监会对于误导性陈述的打击也日趋严厉：从 2016 年至今证监会公布的证券信息披露违法案例中均有"误导性陈述"的身影；① 2019 年《证券法》实施后三个月内证监会旋风查处了三起涉嫌误导性陈述的信息披露违法违规案例。②

从规则演进来看，误导性陈述规制虽正逐渐细化，但仍存在一定不足，致使实践中误导性陈述认定仍多有困惑。2011 年信息披露违法行政责任规定第 9 条将误导性陈述定义为"不完整、不准确陈述，致使或者可能致使投资者对其投资行为发生错误判断"，但对如何认定"误导"，如何认定"不完整、不准确"，未有清晰回答。2022 年虚假陈述民事赔偿若干规定对误导性陈述进一步细化为"隐瞒了与之相关的部分重要事实"或"未及时披露相关更正、确认信息"两种情形，③ 是误导性陈述规制制度层面的重大进步，为行政判断提供了有益的指导，但仍难以完全概括实践中纷繁复杂、花样百出的误导性陈述情形。在监管精细化日渐成为新常态的当下，误导性陈述规制不可避免地将成为未来监管重点。误导性陈述识别是误导性陈述监管的破局关键，本文拟对误导性陈述原理以及构成要素进行分析，对辨识误导性陈述常见表现样态进行归类梳理，以期为监管尽早识别和发现误导性陈述，提高市场信息的准确性和有效性，强化证券市场信息披露质量建设提供思路。

---

① 虽然每年误导性陈述查处的数量较少，但 2016—2021 年每年中国证监会公布的证监稽查 20 起典型违法案例中均有误导性陈述的案例。参见安硕信息误导性陈述行政处罚案，中国证监会行政处罚决定书（2016）138 号；宝利国际误导性陈述行政处罚案，中国证监会行政处罚决定书（2017）66 号；长生生物误导性陈述行政处罚案，中国证监会行政处罚决定书（2018）117 号；美丽生态误导性陈述行政处罚案，中国证监会行政处罚决定书（2019）69 号；海印股份误导性陈述行政处罚案，广东证监会行政处罚决定书（2019）9 号；雅本化学误导性陈述行政处罚案，中国证监会行政处罚决定书（2020）59 号。

② 在新《证券法》颁布后三个月内，证监会对秀强股份（300160）、雅本化学（300261）、泰和科技（300801）三家上市公司误导性陈述信息披露违规行为进行立案调查。

③ 2022 年《最高人民法院关于审理证券市场虚假陈述侵权民事赔偿案件的若干规定》第 4 条第 3 款规定："误导性陈述，是指信息披露义务人披露的信息隐瞒了与之相关的部分重要事实，或者未及时披露相关更正、确认信息，致使已经披露的信息因不完整、不准确而具有误导性。"

二、原理：误导性陈述现象根源与运行原理

误导性陈述主观多解性、载体多样性及非显而易见性的特征导致其认定困难，此三项特征并非泾渭清渭，反而存在某种内在粘连，共同作用导致误导性陈述识别困境。例如，误导性陈述非显而易见的原因之一是其可隐于多样载体中，而不同载体中误导性信息片段经投资者个性化整合、分析、解读后将会产生不同结论进而导致错误投资行为。实践中，在上述因素交互作用下，误导性陈述呈现出错综复杂的样态。与其彷徨于误导性纷繁芜杂的情态，不如从根源及原理入手直击要害地明定误导性陈述的本相。基于此，本部分将对误导性陈述现象根源和运作原理进行研究，以求加强对于误导性陈述一般规律性的认识。

（一）误导性陈述现象根源

投资者的固有的非理性缺陷是误导性陈述发生的深层次原因。安特诺勒·法兰西（Atanole France）曾言："在对所有人下定义的方法中，最糟糕的是把人看成一种理性动物。"事实上，投资者并非像经济学家所钟爱的理性人一样行动。① 从投资者个体角度来看，人的决策过程是理性机制和感性机制共同作用的结果。正如西蒙所言，"投资者主观上追求完全理性，但客观上仅能有限地做到这一点"②。受基本生理结构的约束，人的认知能力、信息储存能力和协同处理能力存在相应的限制，其决策理性存在边界。③ 心理学研究发现，人类固有心理特征将导致人类思维存在习得性偏差。例如，受"框定依赖偏差"的影响，投资者原有的知识经验会形成知觉定势，从而使其不自觉地沿着一定的方向做出简单而不周的决策。"表征式启发偏差"作用下，投资者更倾向于依据事件与某些情况多类似而非依据概率来评估事件存在的可能性。④ "海润光伏

---

① 参见[美]詹姆斯·蒙帝尔：《行为金融：洞察非理性心理和市场》，赵英军译，中国人民大学出版社2007年版，第1—2页。
② Herbert A. Simon, *Administrative Behavior*, Macmillan, 1947, p. 24.
③ 参见柴盈、何自力：《论完全理性与有限理性——对现代经济学理性假设的反思》，载《华中师范大学学报（人文社会科学版）》2006年第5期，第58—59页。
④ 参见陈收：《行为金融理论与实证》，湖南大学出版社2004年版，第15—16页。

案"中，上市公司利用"经营业绩良好才会高比例转增"的惯性思维，在法定业绩预告截止日期前的敏感时点，发布公司拟对全体股东转增股本的公告，导致投资者产生海润光伏 2014 年经营业绩良好的错误认知并做出错误决策，这正是利用投资者非理性缺陷实现误导的典型案例。① 同时，从外部环境来看，完全理性应当建立在信息充分可得以及正确分析的基础上，但证券市场信息不对称、高度流动性以及决策风险的不确定等特点无法为完全理性决策提供基础。鉴于人生理、心理上的弱点以及市场环境的限制，投资者天然存在容易受到蒙骗、诱导的非理性缺陷。投资者非理性缺陷是误导性陈述滋生的诱因和基础条件，利用此种非理性缺陷实现误导则是误导性陈述的普遍规律。

投资者并非完全理性主体，其决策趋向受到各样因素的影响。证券市场由不确定的投资行为组成和决定，证券价格是投资者心理预期合力的结果，因此信息披露义务人天然存在利用投资者非理性缺陷影响其投资决策方向的冲动。正如 Matrixx 案中法官所言，即使对于理性投资者所认为重要的信息，公司也可以控制他们对市场的言论来控制他们根据这些规定所应当披露的内容。②误导性陈述利用词语的笼统、多义和语义的模糊对投资者错误引导，但其本身并不直接欺骗投资者，而是提供线索或予以暗示，使投资者在"自主判断"下行为。一旦违法事实暴露，信息披露义务人可将"误导"定性为"误解"，从而将责任推卸给投资者，逃避道德谴责和法律惩罚。③ 误导性陈述以上特点，契合了信息披露义务人隐秘实现某种效果的心理需求，故而在宣传包装，树立形象或者粉饰太平、掩盖缺陷等内在动机下，误导性陈述事件屡屡发生。④

（二）误导性陈述运作原理

社会交往中，信息发送者以语言或其他符号承载事实并向目标受众发送，

---

① 海润光伏误导性陈述案行政处罚决定书，中国证券监督管理委员会江苏监管局行政处罚决定书〔2015〕5 号。

② See Matrixx Initiatives, Inc. v. Siracusano, 563 U.S. 27, 45, 131 S. Ct. 1309, 1322, 179 L. Ed. 2d 398 (2011).

③ 参见徐葆：《现代汉语中的语用含糊现象》，载《社科纵横（新理论版）》2008 年第 4 期，第 144 页。

④ 参见王冀宁、李心丹：《基于多因素权重模型的证券投资者交易动因的研究》，载《东南大学学报（哲学社会科学版）》2003 年第 5 期，第 27 页。

该载体所指向的内涵被接受者理解时,告知才成为可能。鉴于人们总是在自我认知的基础上对事物进行判定,基于个体的差异,信息发送者所发送的意思与接受者所接受的意思间必然存在一定程度的认知偏差。语言学认为,语言表达分为机遇性表达和客观性表达,如数学符号、公理定理等此类表达,属于客观性表达,其内涵客观确定,不会产生误读。除此之外的表达均存在一定机遇性,其具体含义可随机遇和情景进行自我调整。鉴于投资者个体认知的差异以及语言机遇性本质,发送的信息和接收的意旨间存在偏离在所难免,但准确的语言及一般规律性联想素因的符合可使该偏差控制在合理范围内,继而不会产生偏离核心意思的误读。① 误导性陈述恰恰是违背一般语言规律和思维习惯,通过对信息进行不当筛选或对语言进行有目的的组织劣化,诱使投资者在虚假的主观体验中做出错误决策的违规行为。

从运作原理上来看,误导性陈述作用过程主要分为两个阶段——误导性信息形成阶段(即信息披露义务人加工信息阶段)和误导性信息影响阶段(投资者处理信息阶段)。在信息披露义务人加工信息阶段,上市公司等信息披露义务人,应基于所掌握的客观事实,按照证券市场信息披露要求,真诚地将相关事实以语言载体形式呈现并向市场传递。投资者接收该信息后,按照一般的经验法则和证券市场普遍公众认知(即按照约定俗成的交际原则)解读并作为未来投资者行为的依据。所谓"误导"即在信息披露义务人处理信息的阶段,已在该信息中潜藏了引人曲解的特质,此亦即对信息披露义务人归责的基础。换言之,误导性陈述的"误导"因素必须产生于信息披露义务人的信息加工阶段。信息披露义务人在信息处理阶段运用特殊的语言处理手段,如含糊语言、情景带入、概念混淆、夸张宣传等方式使得投资者信息认知朝向特定方向。证券市场投资者作为信息使用者角色对接收的语言按照一般理性程度分析并获取信息中的意涵并做出决策,其本身不对信息的形成过程造成影响,因而与"误导性瑕疵"形成无关。概言之,误导性陈述"误导性瑕疵"在信息披露义务人信息处理阶段形成,在投资者信息处理阶段产生影响,而投资者固有非理性缺陷为瑕疵语言作用提供可乘之机。信息披露义务人基于某种行为动机对语言进行不

---

① [德]埃德蒙德·胡塞尔:《逻辑研究》(第一卷),倪梁康译,商务印书馆2015年版,第194—196页。

当处理并向市场传递，投资者接收处理误导性信息并受此影响做出错误决策，投资者共同的"错误投票"影响股票价格，信息披露义务人可因此实现误导行为之特定目的，由此构成了误导性陈述运作的完整闭环（见图2）。

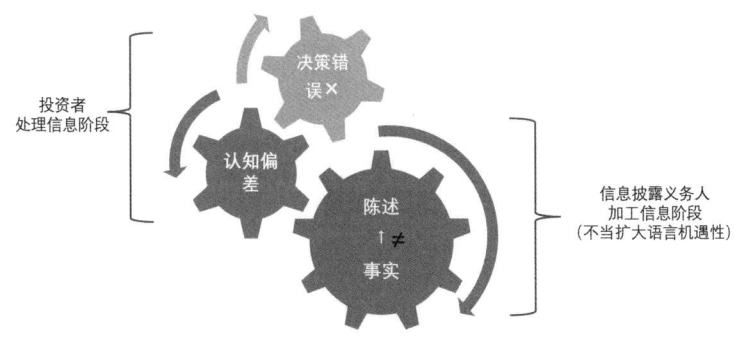

图2　误导性陈述作用原理

由以上可见，误导性陈述根源于投资者非理性缺陷和信息披露义务人利益维护的本能，而误导性语言策略契合了信息披露义务人逃避责任、隐秘实现某种效果的心理需求，故而实践中误导性陈述禁而不止。一般而言，在信息加工阶段，信息披露义务人应该根据一般经验法则或公众认知，从客观事实中准确提炼并以合理、谨慎、客观的语言向市场传递信息，以尽量缩减信息传递中因机遇性可能导致的认知偏差。如未能做到以上要求，违背一般语言习惯，故意或过失以不当语言表达诱使有限理性的投资者认知偏离事实，进而做出错误决策的则构成误导性陈述。可见，信息加工阶段的"信息瑕疵"及"投资者非理性缺陷"是误导性陈述作用的关键。该信息瑕疵结合投资者非理性缺陷发生作用，达到影响投资者决策程度的，即为误导性陈述。从该原理出发，可对误导性陈述的构成要素分析并进一步对误导性陈述常见类型归类梳理，逐步实现识别之目的。

三、识别：误导性陈述构成要素分析及归类梳理

误导性陈述运作的基本原理是信息披露人利用投资者非理性缺陷，通过一定语言手段制造瑕疵信息，致使投资者产生认知偏差进而错误决策。从原理入手，误导性陈述作用可分为瑕疵信息形成过程以及瑕疵信息影响过程。从中，

误导性陈述构成要素初现端倪。在构成上,误导性陈述的信息瑕疵应是真实信息基础上不当语言手段所致,在程度上,该瑕疵对人的认知决策影响应达到一定程度,即应满足重大性的要求。

(一) 误导性陈述构成要素分析

1. 误导性陈述的本质是对于真实信息的不当表述

(1) 误导性陈述以真实事实为基础

《证券法》第78条规定,"信息披露义务人披露的信息应当真实、准确、完整,简明清晰,通俗易懂"。信息披露真实性要求对应的是虚假记载、完整性要求对应的是重大遗漏。一般认为,误导性陈述是对于证券市场信息披露准确性要求的违反,"简明清晰""通俗易懂"同属于对信息披露语言形式上的要求,是准确性要求的进一步延伸和强调。

构成误导性陈述的前提是公开了应当公开的重大事实。该事实在客观信息素材上是真实的,仅因为措辞等语义呈现方式上存在瑕疵,导致投资者认知错误,进而影响其决策。误导性陈述本质上是信息内涵本质的歪曲呈现,是在没有违背客观事实的基础上,通过一定的语言策略,扭曲了信息意旨的原貌,进而影响投资人的决策方向。因而,对某种信息披露违法行为认定为误导性陈述而加以规制,必定是基于披露的不准确性(包括因裁剪事实导致的披露不准确),而该准确性瑕疵足以误导投资者认知。如果是基于信息的虚假性,则应当认定为虚假记载,而非误导性陈述。基础事实的真实性,是区分误导性陈述与虚假记载的关键。

虚假记载,是指与事实真相不符的虚假陈述行为,其最重要的特征是"虚假性"或"虚构性"。真实是指所披露的信息与客观情况相符的状况。虽然某种真实的情形可能因为时过境迁而不再真实,但是在披露时这一确定时点、真假的界限相对容易分明。① 对于某一信息披露行为,如果其在客观层面上就不具有真实性,应当认定为虚假记载,而非误导性陈述,盖因误导性陈述必须含有致人主观误解这一因素。

---

① 参见郭锋:《虚假陈述侵权的认定及赔偿》,载《中国法学》2003年第2期,第38页。

应当注意的是，指向未来的信息存在瑕疵且未及时履行更正、确认义务的，大概率应构成误导性陈述，但并不绝对。如在"广西慧球披露违规案"中，慧球科技披露诸如《关于第一大股东每年捐赠上市公司不少于10亿元现金的议案》《关于向第一大股东申请500亿元免息借款暨关联交易的议案》等22项议案以加强股东义务。证监会认为，该披露的信息超越正常经营范畴，违反法律规定，根本无实现的可能，因此认定构成虚假记载。①

信息披露义务人披露的预测性信息如果现实基础薄弱、实现可能性较小，有一定概率可能实现但最终未能实现且未及时更正、确认，则可能构成误导性陈述。如果有关未来事项信息无事实可能性或法律基础，根本不可能实现，即使对投资者构成误导，也应认定为虚假记载，而非误导性陈述。因为从客观上来说，即使投资者对该信息没有误解，其也应因客观上的虚假性而被归至虚假记载。

（2）误导性陈述是对信息本质的歪曲呈现

误导性陈述必须是在陈述的过程中含有"误导性"因素，即信息在向市场传递之前，就已通过一定语言策略，使其暗含着易引人误解的瑕疵。因个体主观理解偏差，如果信息判断失误完全系信息接收方的过错，则不构成误导性陈述。② 2019年《全国法院民商事审判工作会议纪要》要求，证券市场虚假陈述案件事实认定应符合证券市场的基本常识和普遍认知或者认可的经验法则。这是判断是否构成误导性陈述的基本原则。误导性陈述本质是对信息与客观事实连接支撑点的歪曲，一般理性投资者认知因此与事实存在重大差异。误导的手段包括信息裁剪、混淆概念、模糊表述、夸大宣传、不合理预测等，本质是信息披露义务人为实现某种特定目的，在信息加工阶段即有针对性地选择某种不适当的语言策略，导致投资者认知偏离事实。因此，对误导性陈述的实质判断，从正面来说，应当审查信息披露义务人所披露的信息是否构成误导，对此应从是否按照普遍的公众认知、认可的经验法则、一般规律性的联想因素、具有坚实可靠的现实依据等方面考量。从反面而言，应审查投资者按照一般理性原则

---

① 参见广西慧球误导性陈述行政处罚案，中国证监会行政处罚决定书〔2017〕48号。

② 参见廖升：《虚假陈述侵权责任之侵权行为认定》，载《法学家》2017年第1期，第135页。

推导而出的结论是否与事实相符。信息披露义务人采取夸大宣传、粉饰事实、不当暗示等不当语言策略致使披露信息存在准确性瑕疵,进而使一般理性投资者认知与事实存在重大差距导致错误决策的,应认为构成误导性陈述。

2. 误导性陈述应当满足重大性要求

(1) 误导性陈述以具有重大性为必要

法律规制不正当行为,但仅规制有必要规制的行为,虚假陈述的规制也是如此。信息披露义务人所披露的某种信息含有误导的特性,仅满足误导性陈述的定性要求,并不必然成为证券法意义上应当规制的"误导性陈述"。只有该陈述具有重大性,即达到影响或可能导致投资者错误判断的程度时,方有证券法意义上规制的必要。有学者认为,误导性陈述不以重大性为要件。因从立法沿革来看,1993年的《禁止证券欺诈行为暂行办法》(已失效,证委发〔1993〕43号)第11条及《股票发行与交易管理暂行条例》〔中华人民共和国国务院令(第112号)〕第17条均采取了"严重误导"的表述①。但此后1999年《证券法》删除了"严重"一词,仅规定"不得有虚假记载、误导性陈述或者重大遗漏",并在此后证券法修改中得以沿用,故仅"重大遗漏"存在重大性要求。②此观点虽有一定的可取之处,但仅从文义角度理解仍存在一定的片面性。事实上,虽然1999年《证券法》在文义上修改了"严重误导"的表述,但实质上并未舍弃误导性陈述的重大性要件。

首先,2011年信息披露违法行政责任规定第9条虽未直接规定"重大影响"一词,但要求误导性陈述应以"致使投资者发生错误判断"为要件,而影响投资者决策是我国证券违法重大性判断二元标准之一。故《证券法》虽然删除了"严重"二字,但实际上已将重大性要求融入误导性陈述构成要件之中,

---

① 《禁止证券欺诈行为暂行办法》(证委发〔1993〕43号)第11条规定:"禁止任何单位或者个人对证券发行、交易及其相关活动的事实、性质、前景、法律等事项作出不实、严重误导或者含有重大遗漏的、任何形式的虚假陈述或者诱导、致使投资者在不了解事实真相的情况下作出证券投资决定。"《股票发行与交易管理暂行条例》〔中华人民共和国国务院令(第112号)〕,第17条规定:"全体发起人或者董事以及主承销商应当在招股说明书上签字,保证招股说明书没有虚假、严重误导性陈述或者重大遗漏,并保证对其承担连带责任。"

② 参见王通平、钱松军:《论证券市场信息披露误导性陈述的界定》,载《证券市场导报》2016年第9期,第76页。

成为不言自明的事实。

其次,从司法实践来看,重大性是构成误导性陈述的必备要件。在深圳中院发布的10起2020年度全市典型案例之一"朱某甲诉中航三鑫股份有限公司等证券虚假陈述纠纷案"中,深圳法院认为,无论是虚假记载、误导性陈述、重大遗漏或不正当披露,均是针对证券发行或交易过程中的重大事件而实施的,虚假陈述行为必须是针对重大事件的证券违法行为。① 域外实践中,对虚假陈述行为的认定亦要求具有重大性,如 Basic 案中,法院认为陈述必须在重要事实方面具有误导性。如果错误陈述的事实在其他方面无关紧要,仅陈述是错误的或不完整的是不够的。② 而在 Greenhouse 案中,原告以 MCG 公司首席执行官(CEO)误导投资者其已获得大学学位为由提起集体诉讼。法院认为,准确辨别导致股价上涨或下跌的原因应持谨慎态度。该 CEO 的谎言是不当的但并非必然是违法的,理性投资者一般不会基于因公司某位高管的学位背景就选择购买或抛售股票,故以该信息不具有重大性为由驳回原告起诉。③

最后,从误导性陈述运作原理上看,误导性陈述最后一环必然是导致投资者决策错误,因此误导性陈述应当具有足够的影响力。证券市场信息存在高度流动性和不确定性,并非所有误导性信息都能造成恶劣影响。对于缺乏影响力的误导性信息,仅仅是市场正常风险的某种构成因素,依靠投资者一般理性判断完全可以甄别和排除,不具有误导投资者决策的效果,无须予以规制。

(2) 重大性具体标准分析

对于误导性陈述认定标准,美国通过 TSC 案确立了虚假陈述重大性标准。该案中,法院认为虚假陈述重大性是事实与法律混合的问题,一般理性的股东在决策时,认为该事实具有重大意义,则该事实是重要的,即缺陷具有显著影响决策过程倾向的应认为达到了重大性标准。④ Basic 案对该标准进一步细化,认为重大性应当是显著改变一般理性投资者认知的可用信息总的组合。由以上

---

① 参见朱某甲诉中航三鑫股份有限公司等证券虚假陈述纠纷案,广东省深圳市中级人民法院民事判决书,〔2019〕粤03民初2031号。

② See Basic Inc. v. Levinson, 485 U. S. 224, 108 S. Ct. 978, 99 L. Ed. 2d 194 (1988).

③ See Greenhouse v. MCG Cap. Corp., 392 F. 3d 650, 660-661 (4th Cir. 2004).

④ See TSC Indus., Inc. v. Northway, Inc., 426 U. S. 438, 96 S. Ct. 2126, 48 L. Ed. 2d 757 (1976).

可见，美国证券执法以影响投资者决策作为误导性陈述的重大性判断标准。

我国重大性标准在司法实践和证券执法领域呈现出分化的特点。虽然司法实践领域坚持以股价判断标准为核心①，但从我国证券市场误导性陈述执法实践来看，在"投资者决策"和"股价波动"二元标准抉择中，证监会并未表现出某种明显的倾向性态度。在多伦股份案［中证监（2017）29 号］、广西慧球案［中证监（2017）48 号］、长生生物案［中证监（2018）117 号］等案件中，证件会以"内容足以对投资者产生误导"为由，判定该信息披露违法行为具有重大性，而在雅本化学案［中证监（2020）59 号］、万家文化案［中证监（2018）32 号］中，证监会又以案涉股票价格波动情况说明虚假陈述行为严重影响。这主要是由于行政处罚更多考虑形式上和程序上的合规，注重的是股东知情权与信息披露成本之间的平衡考量以及维护证券市场健康运转。重大性标准的松紧是市场信息披露程度的调节器，如果重大性要求过低，上市公司及高管可能会害怕因微不足道的遗漏或错误陈述而承担重大责任，进而简单地将股东埋葬在大量琐碎的信息中，最终不利于股东知情决策。重大性标准过高，又不足以规制证券市场信息披露违法乱象。处于证券执法的第一线的监管机关对于证券市场及虚假陈述行为有更加深入的了解和调查判断能力，亦有能力实质判断误导性信息影响。故监管机关并非单纯依靠股价波动单一标准，而是考量误导性信息对投资决策的影响、信息更正后的公司股价走势等多种因素综合判断。

（二）误导性陈述常见情形归类

由本质至现象，可逐步降低识别难度，最终提供具有可操作性的识别方法。满足误导性陈述上述构成要素的前提下，为加强识别，本文依据误导手段的不同将实践中误导性陈述行为归类为以下四种常见情形：

1. 片面披露型

片面披露型误导性陈述，即通过破坏信息完整性，使信息残缺不全影响其

---

① 2015 年最高院时任民二庭杨临萍庭长就曾指出：违法行为对证券交易价格和交易量的影响可作为重大性的主要衡量指标，成为全国司法审判的重要参考。参见杨临萍：《最高人民法院关于当前商事审判工作中的若干具体问题》，载威科先行网 2015 年 12 月 24 日，https: //lawv3. wkinfo. com. cn/document/show? aid = MTAxMDAxMTg5NDc% 253D&collection = legislation&lang = zh_ CN。

准确性进而使投资者产生错误认知的行为。片面披露型误导性陈述违背信息披露完整性规则。对应 2011 年信息披露违法行政责任规定第 9 条中陈述"不完整"以及 2022 年虚假陈述民事赔偿若干规定中"隐瞒了与之相关的部分重要事实"的误导性陈述行为。实践中,片面披露型误导性陈述通常表现为选择性披露有利信息,规避不利信息,从而创造对自己有利的局面或避免不利局面。换言之,片面披露型误导性陈述是通过对信息不当筛选和组织,提供少于实际需要的信息实施误导的行为。相较而言,此类误导性陈述的"误导原因力"更多源于信息处理的基础阶段的信息残缺。受基础信息完整性缺陷影响,投资者据此采取的合乎逻辑的行动却可能会产生事与愿违的效果。

如在"雅本化学误导性陈述案"①中,雅本化学频繁在交易所互动交易平台上称其为"新冠防疫"药物达芦那韦关键中间体的主要供应商,但隐瞒公司该药物的市场份额小、营收占比小、业绩影响小等不利信息。投资者受选择性披露的片面公布利好信息影响,对雅本化学的公司价值产生错误认识选择购入股票。又如在"长生生物退市案"中②,长生生物就百白破联合疫苗抽检效价不合格事实披露时,重点披露问题疫苗所占销售额比重较小,对人体无危害性等有利信息,未全面披露疫苗全面停产、启动召回程序、相关监管部门介入等不利事实,避重就轻淡化市场关注,避免了可能导致的股价动荡局面。

片面披露型误导性陈述与"重大遗漏"信息披露违法行为同是对于信息披露完整性规则的违反,那么应当如何区分呢?二者区分具体要从以下三个方面把握。第一,虽然二者都是对信息披露"完整性"规则的违反,但侧重各有不同。误导性陈述核心是"误导"。虽然信息披露义务人可能存在选择性、片面性、部分披露的行为,但其落脚点或根本目的是引导投资者产生错误印象,其部分披露的目的最终是影响信息的准确性,裁剪事实仅是误导的一种手段。重大遗漏则是对于应当披露的重大事项不予披露,其核心是"漏",隐瞒即为目

---

① 参见雅本化学误导性陈述行政处罚案,中国证监会行政处罚决定书(2020)59 号。

② 参见长生生物误导性陈述行政处罚案,中国证监会行政处罚决定书(2018)117 号。

的。重大遗漏可以出于故意，即"隐瞒"，也可出于过失，即"疏漏"，① 但其最终效果均为使某一部分事实不被公众所知，但不以造成投资者误解为必要。第二，误导性陈述中所遗漏的单个信息并非都是重大的，其重大性体现在改变总体信息的有效性，而重大遗漏是对重要事项的未披露，对于重大事项法律中有明确规定。第三，误导性陈述须与"人"的判断直接相关，故其构成必须兼具"人"和"事"的双重要素，而重大遗漏则可单纯从事实层面进行认定。重大事项应予以披露但未披露或未完全披露，且与"人"的判断无直接相关性的信息披露违法行为，应当认定为重大遗漏。

2. 混淆概念型

概念是人类在认识过程中感知事物的共同本质后抽象概括而成的基本认知单位，是人类认知思维活动凭借的基本单元。概念通常具有特定的意旨，人类在概念式的思维活动中形成认知习惯。混淆概念容易产生认知混乱，故混淆概念也成为实践中信息披露义务人常用的误导手段。混淆概念型误导性陈述是指信息披露义务人陈述时，将相似或相近的概念混淆，导致投资者信息认知错乱进而做出错误决策的误导性陈述行为，此种误导性陈述更多倾向于利用投资者非理性缺陷，在信息加工阶段通过有针对性地混淆概念实现误导的目的。

实践中，混淆概念性误导性陈述也较为常见。例如，"安硕信息误导性陈述案"中，证监会发现安硕信息存在混淆"互联网金融业务"和"互联网金融服务业务"概念的误导性行为。安硕信息在与投资者交流以及公开信息披露中，声称公司从事了互联网金融业务。但实际上在2015年2月至5月间，安硕信息仅开展互联网金融服务业务，并未从事互联网金融业务。当时互联网金融为证券市场炒作热点，安硕信息混淆概念的误导行为足以使投资者对其股票价值产生错误判断，进而在此期间大量买入安硕信息股票。②

3. 表述模糊型

投资者先入为主印象等非理性因素渗透并影响投资者决策方向，③ 因而应

---

① 参见叶姗：《论证券市场虚假陈述行为的界定》，载《经济与社会发展》2004年第11期，第115页。

② 参见安硕信息误导性陈述行政处罚案，中国证监会行政处罚书（2016）138号。

③ 秦勃：《有限理性：理性的一种发展模式——试论H. A. 西蒙的有限理性决策模式》，载《理论界》2006年第1期，第79页。

当通过尽可能精准的语言确保投资者理解的信息意涵未偏离预定目标，保证有限理性下的分析决策符合客观事实。表述模糊型误导性陈述恰恰相反，此类误导性陈述中，信息披露义务人通常在信息加工阶段，通过取模棱两可的表述，或采取上义词的方式不当扩大语言的机遇性，使一种表达产生两种以上理解的可能，最终通过增强有限理性的投资者产生核心意思误读的概率，诱使投资者做出错误决策。

例如，在"中来股份误导性陈述案"中，中来股份曾在公众号文章及《异动公告》中多次强调，其将"与华为强强联合""本次与华为推出整县分布式光伏全场景解决方案"，导致股价异常上升。交易所关注函问询后发现，实际情况仅仅是中来股份子公司将根据业务需要向华为采购相关采购逆变器、优化器等技术设备，中来股份与华为的所谓的"合作"仅仅是"采购"。即使能以下义词准确描述该事件，中来股份仍故意采用"强强联合"这一模糊化的上义表述，不正当地扩大语义范围进行夸张宣传。在决策当下情景及决策的环境的影响下，投资者不可避免地受"出现在脑海中的实例或者联想"刺激，自发地认为该合作属于"深度合作""战略合作"，进而对中来股份的公司经营状况做出错误判断。①

4. 预测不当型

预测不当型误导性陈述，是指信息披露义务人在缺乏合理事实基础和根据、未来情况存在极大不确定性时贸然予以公告，或者在公告时具有合理根据，但此后因客观条件变化致使公告的内容不符合实际情况但不及时更正，致使投资者做出错误投资判断的误导性陈述行为。此种误导性陈述的"误导力"主要归因于信息披露义务人的信息加工阶段谨慎、客观义务的违背。信息披露义务人在无合理确凿事实根据的情况下贸然公告，其陈述本身暗含不确定性瑕疵。因预测性信息不确定性的特征，此类信息的披露信息披露义务人应当给予更高的谨慎与注意，有义务随时对所披露的内容"再加工"使其始终符合事实基础和现实情况。因此，即使披露时具有现实基础，如在披露信息持续影响过程中未及时根据客观条件变化履行更正义务，亦会使信息本质变化，成为误导性陈述。

---

① 深圳证券交易所：《关于对苏州中来光伏新材股份有限公司及相关当事人给予通报批评处分的决定》，http：//reportdocs.static.szse.cn/UpFiles/cfwj/2021－12－01_ 300393 1029.pdf。

实践中，预测性信息不确定的特点常被信息披露义务人所利用，成为信息披露义务人实施虚假陈述行为的便车。例如，"多伦股份误导性陈述案"中，多伦股份发布《关于获得控股股东 www.p2p.com 网站域名特别授权的公告》称，"该授权可使公司在互联网金融行业处于领先优势地位""对公司转型具有突破性意义"，但事实上该网站正在筹备中，并无任何业务运营，且授权仅一年，后续存在极大的不确定性。多伦股份在网站实际运营情况尚不能确定的情况下，过度渲染其对公司未来发展可能的影响。当时互联网金融正是炒作热点题材，上述公告内容足以导致投资者对股票价值做出错误判断。① "安硕信息案"中，证监会也认为，安硕信息对其互联网金融相关业务决策随意、资金计划不充分、可行性研究不足，发布的前景的描绘和设想缺乏现实基础，未来实现可能性极小，构成误导性陈述。② 再例如，在"龙薇传媒误导性陈述案"中，龙薇传媒在自身境内准备金不足，金融机构融资尚待审批，收购存在极大不确定的情况下，贸然公告。同时，在与金融机构融资合作失败时又未能及时对收购情况及时跟进公告，反而以"将与万家集团积极沟通，促使本次交易顺利完成"等言辞安抚市场，对投资者和市场预期产生严重的误导。③

预测是以现实为基础，对未来事物发展趋势的一种推测，是基于一定的客观事实和主观假设推断的复合型信息。因未来与现实间客观存在的时空距离，对于未来的预测难免存在失误。④ 因未来事项的不确定性，不能要求信息披露人事后一一对应，故预测不当型误导性陈述应当与预测失实相区分。美国证券法对于预测性信息披露规定了"安全港规则"（Safe Harbor），错误预测缺乏合理基础或违背诚实信用原则时才能构成误导性陈述。⑤ 随着我国证券市场发展、投资者理性进步以及监管技术提高，我国证券监管逐渐摆脱极端投资者保护主义倾向的影响，放开市场主体自愿信息披露行为限制，鼓励市场主体积极适当

---

① 参见鲜言等误导性陈述行政处罚案，中国证监会行政处罚决定书（2017）29 号。
② 参见安硕信息误导性陈述行政处罚案，中国证监会行政处罚书（2016）138 号。
③ 参见龙薇传媒误导性陈述行政处罚案，中国证监会行政处罚决定书（2018）32 号。
④ 参见赖武：《证券虚假陈述民事责任的认定》，载《法治与社会发展》2003 年第 2 期，第 126 页。
⑤ 参见张宇润：《证券虚假陈述及民事责任确定之我见》，载《政法论坛（中国政法大学学报）》2002 年第 2 期，第 121 页。

地披露更多未来正向信息以更好地支持定价发行和投资决策。2022年虚假陈述民事赔偿若干规定第6条借鉴美国经验,增设了预测性信息安全港规则①,规定除存在未进行充分风险提示、编制基础明显不合理或预测前提重大变化时未及时履行更正义务三种情形外,信息披露义务人不因预测性信息与实际经营情况存在重大差异为由承担虚假陈述民事责任,从而保障和激励发行人和上市公司预测性信息的披露。由此可见,预测性信息存在错误并不当然构成误导性陈述,那么预测不当型误导性陈述与单纯的预测失实应当如何区分呢?

首先,在预测性信息披露时,应着重考量预测时是否具有合理可靠的现实基础以及预测人的主观状态。例如,"中航三鑫案"中,对于中航三鑫发布的未来预测性信息是否构成误导性陈述的问题,深圳中院认为对将来信息的预测具有不确定性,实践中不可能完全一一对应,对此应当重点审查上市公司是否真实有理由相信预测性信息,是否存在刻意误导及上市公司是否做出充分的不确定性风险警示。② 在行政监管领域亦是如此,在中国证券监督委员会〔2017〕29号、〔2017〕52号、〔2018〕32号、〔2019〕46号、广东证监局行政处罚决定书〔2019〕9号行政处罚案例中,监管当局认为对于预测性信息是否构成误导性陈述应考量预测是否存在合理的基础、现实依据、未来实现可能性以及风险警示情况等。其次,在预测性信息持续影响过程中,预测所依据的现实条件变化时,应当考虑信息披露义务人是否及时履行了更正和确认义务。此标准在"龙薇传媒案"③ "宝利国际案"④ 等证监会处罚典型案例中充分体现,亦被

---

① 2022年虚假陈述民事赔偿若干规定第6条规定,原告以信息披露文件中的盈利预测、发展规划等预测性信息与实际经营情况存在重大差异为由主张发行人实施虚假陈述的,人民法院不予支持,特定情形除外。
② 参见朱某甲诉中航三鑫股份有限公司等证券虚假陈述纠纷案,广东省深圳市中级人民法院民事判决书,〔2019〕粤03民初2031号。
③ 参见龙薇传媒误导性陈述行政处罚案,中国证监会行政处罚决定书〔2018〕32号。
④ 宝利国际误导性陈述行政处罚案,中国证监会行政处罚决定书〔2017〕66号。

2022年虚假陈述民事赔偿若干规定第4条所强调①。简言之，若信息披露义务人披露预测信息时具有合理的现实基础且在信息影响持续过程中、现实基础变化时及时履行更正确认义务的，应当认定为单纯的预测失实，反之则构成误导性陈述。

四、结语

正如詹姆斯·蒙帝尔（James Montier）所说，"严重误解的投资者将会做出明显是无知的选择"②。误导性陈述通过预设的语言缺陷对投资者进行歪曲引导，致使投资者做出错误决策。误导性陈述虽然可能基于真实事实，但其披露不仅无助于缓解信息不对称，反而容易扰乱视听，麻痹市场，误导决策，其危害性不容忽视。由于误导性陈述主观多解性、载体多样性、非显而易见性等特性，相较于其他信息披露违法行为，误导性陈述直接影响投资者决策方向却更难以发觉和认定，故成为证券市场信息披露制度下潜伏的"毒蛇"。信息的有效性决定市场的有效性。一个良性、健康的证券市场环境的构筑有赖于诚信的信息披露行为。误导性陈述识别难，危害大，在证券市场信息披露质量建设进入深入区的当下，破解误导性陈述识别困境，强化误导性陈述监管，澄清市场信息刻不容缓、势在必行。

（初审：王伟龙；校对：孔昕曈）

---

① 2022年虚假陈述民事赔偿若干规定第4条规定的"未及时披露相关更正、确认信息，致使已经披露的信息因不完整、不准确而具有误导性"的情形涵括对于预测性信息未及时履行更正义务和非预测性信息及时履行更正确认义务两种情形。对于非预测性信息未及时履行更正确认义务从而具有误导的情形，可根据事实基础发生变化后的产生的误导效果进行归类。例如在更精确性信息产生时，放任原模糊信息在市场上存续，可归属于表述模糊型误导性陈述。再例如，对不确定近似概念已有明确区分后，未及时更正原信息，放任其在市场上传播，实质上应构成混淆概念型误导性陈述。

② ［美］詹姆斯·蒙帝尔：《行为金融：洞察非理性心理和市场》，赵英军译，中国人民大学出版社2007年版，第65页。

学理新解

系统内不兼容行为的反垄断法分析
——以必需设施理论为视角

于东正[*]

摘　要：提供重要基础服务的超级平台实施的"系统内不兼容"行为有可能影响下游市场中第三方网络经营者的正常经营活动，形成较高的市场壁垒，进而产生竞争损害。在我国《反垄断法》框架下，应尝试确立平台经济领域的"必需设施理论"适用规则，以实现缺乏合意时不同互联网服务之间的互操作；"必需设施"的认定需要把握平台的通道属性，区分平台竞争所涉不同市场范围并找准相关市场，即上游市场为通道市场，下游市场为衍生品市场；流量通道的双向性决定了必要性测试难以离开平台锁定效应的分析，并需要在类型化的个案中考察；平台的通道性和动态竞争特性使得"新产品"要件实际上丧失独立适用的必要性，内化为竞争损害分析中的创新考量。

关键词：系统内不兼容；必需设施；相关市场界定；必不可少性

2021年初，字节跳动起诉腾讯"滥用市场支配地位，排除、限制竞争"，再一次把"平台封禁"行为带入公众视野。同时，早在2020年2月，飞书便称微信将其相关域名全部封禁。"平台封禁"行为的背后指向了互联网经营者之间不兼容纠纷，但这类不兼容不同于互联网"二选一"，是发生在系统内的，主要表现是平台系统与第三方网络经营者之间存在互补关系或交易关系。

在市场经济中，契约自由和所有权神圣是市场运行和企业开展竞争活动的基础性原则，经营者有权自主选择交易对象和处分自己的财产，除非法律另有规定，否则不得强制其交易。随着互联网经济的发展，一些超级平台依托核心

---

[*] 于东正，中国政法大学民商经济法学院经济法学硕士研究生。

服务发展形成的跨越多边市场的超级生态系统拥有强大的市场反馈和预测功能，并聚集了众多具有忠诚度的用户。这些平台具有中介性，其所拥有的用户价值和竞争优势对第三方网络经营者来说有着强大的吸引力，后者希望通过平台来到达终端用户，以获得竞争优势。但在一些情况下，当第三方网络经营者达到用户的唯一渠道便是通过平台时，系统内的不兼容行为就可能引发竞争关切。根本原因在于，平台拒绝提供这种"沟通机制"可能会排除、限制下游市场竞争、减少用户选择，并且会通过树立起较高的市场壁垒来巩固平台自身的市场地位。这就超越了自由市场的范畴，进入了竞争干预的视野。

互联网行业的系统内不兼容行为在反垄断法框架中可以对应拒绝交易这一单边滥用行为，而拒绝交易分析中的必需设施理论，为探究这类不兼容行为的规制路径提供了新的分析维度。国务院反垄断委员会2021年2月7日发布的《关于平台经济领域的反垄断指南》（以下简称《指南》）第14条规定："认定相关平台是否构成必需设施，一般需要综合考虑该平台占有数据情况、其他平台的可替代性、是否存在潜在可用平台、发展竞争性平台的可行性、交易相对人对该平台的依赖程度、开放平台对平台经营者可能造成的影响等因素"，为认定平台构成必需设施提供了法律依据。我国目前尚未有一例互联网平台被认定为必需设施的相关案件，传统的必需设施原则也往往适用于有形设施，因此探究数字经济时代中必需设施原则的适用路径实为肯綮之举。

一、不兼容行为的界定及其类型化

（一）一级分类：系统内不兼容与系统外不兼容

不同于传统工业经济时代，数字经济时代互联网企业之间围绕数据和流量开展竞争。不兼容作为互联网企业常用的竞争手段，其本质目的在于争夺用户流量，排斥竞争对手，但并非所有产生排斥性的不兼容行为都需要规制，这是因为市场竞争的过程本身就包含着相互排斥之意，除法律另有规定外，没有理由要求经营者为其竞争对手的营业开展创造便利条件。因此，将不兼容行为进行合理地类型化，有利于进行不同的法律分析，并减少假阳性执法错误和假阴性执法错误。①

依据手段的不同,可以将不兼容行为划分为物理不兼容、纯技术不兼容和利用技术手段实现的不兼容。物理不兼容是指通过对第三方进行直接的"要挟",迫使进行"二选一",这个过程往往通过协议、语音通话等物理方式完成,不具有技术性特征;纯技术不兼容是指由于技术发展所限无法实现两个信息系统的兼容情形;利用技术手段实现的不兼容往往体现为客观技术水平上可以实现兼容,但是经营者"故意"不兼容其竞争对手或其他经营者的互联网产品或服务,对其进行排斥,如关闭应用程序接口(Application Programming Interface,API)②、对其他平台内容不予直链等。

不同于以手段作为划分标准,系统内不兼容和系统外不兼容是依据不兼容行为发生的场所为标准进行划分的。系统是指互联网企业依靠知识产权、算法等一系列技术创新发展出的软件操作系统,包括平台性质的系统,如电脑操作系统、社交系统、搜索引擎系统,也包括不具有中介性和匹配性、单独面向用户提供网络服务的系统,如工作组操作系统、杀毒软件系统、办公系统等。系统外不兼容是指系统彼此之间独立运行,但又相互排斥(或一方排斥另一方)的情形,这种不兼容可以通过技术手段实施(如为用户设置相应算法,使用该系统便无法正常使用另一系统),也可以通过物理手段实施(如电商平台实施的"二选一"行为)。而系统内不兼容中,两类系统提供的服务具备互补性,一方需要通过接入另一方的系统向用户提供网络服务,被请求接入的通常是平台性质的操作系统。

本文所探讨的系统内不兼容正是着眼于平台系统与第三方网络服务之间的互补性。一般情况下,基于市场经济的"合同自由"和"财产权神圣"理论,"系统内"是行为人的经营自主权范围,经营者有权自主选择交易对象。但是在特殊情况下,这种不兼容可能会引发竞争关切,从而落入反垄断法的规制范畴。数据和流量竞争的加剧,使得大型互联网企业往往通过平台的形式,以基础性服务为核心,并依靠用户粘性、海量数据和精密的算法,逐渐发展成集社

---

① 参见蒋舸:《〈反不正当竞争法〉网络条款的反思与解释——以类型化原理为中心》,载《中外法学》2019年第1期,第180—181页。

② 应用程序接口(API)是开发者预先定义的、为编程人员访问操作系统提供的一种程序接口,是目前不同网络服务之间进行互操作的主要途径。

交、游戏、金融、工作学习、公共服务等各类服务为一体的跨越多边市场的超级网络生态。平台经营者在基础服务市场中拥有支配力,但在衍生性服务市场则不尽然。第三方系统和平台经营者在下游市场中往往具备(潜在的)竞争关系,如果用户使用前者网络服务的唯一或主要渠道是通过平台,这种"系统内不兼容"不仅会排斥第三方经营者,还会将用户锁定在平台提供的同质化网络中。

出于两点原因,这种特殊的不兼容情形需要在反垄断法的框架下进行分析:一是经济原因,在竞争性结构的市场中,当"系统内不兼容"给消费者施加了难以忍受的负担时,如果行为人不具备市场力量,那么消费者可以通过"用脚投票"来选择不承受这种负担而进行系统之间的跳转,此时行为人只能自食其果。同时由于平台并没有使交易方对其产生较强的依赖,排斥行为也难以对交易方的竞争产生影响,因此不兼容往往只有在行为人存在较强市场力量时才是符合理性的;二是法律原因,反垄断法是保护自由竞争的法律规范,"系统内不兼容"在本法框架下可对应拒绝交易行为,这一行为的竞争损害机理在于行为人通过控制下游竞争性市场所必需的投入品影响下游市场的竞争,并使被拒绝者处于不利的竞争地位。该行为有严格的分析路径,目的是为防止施加强制交易义务损害经营者的投资激励。平台在其形成的生态系统中拥有自决权,在遵循基本交易规则的情况下,有权选择交易对象,且大的平台常采用此做法来进行内部治理和防止"搭便车"的情况出现,当强迫其进行交易的理由为垄断时才能符合规制的比例性,进而使兼容带来的市场竞争利益与经营者的投资创新利益相称。

(二)二级分类:第三方必须置于系统内运行与可独立运行

反垄断法分析有别于传统法律分析的一个显著特征是法律分析与经济分析的并驾齐驱,这就使得其呈现出以个案具体情况为基点的滑尺式分析构造,而为法律适用提供尺度的一个重要方法就是类型化。在以经营者之间存在互补性为基础进行初级划分的前提下,本文尝试根据第三方经营者对平台的依赖程度对系统内不兼容行为进一步细化,具体表现为如下几种情形:

1. 第三方网络服务必须置于系统内运行

完全拒绝兼容:这类被请求接入的系统往往对用户的终端设备使用具有基

础性，构成请求者到达用户的唯一渠道。如在微软的 Windows 操作系统和第三方工作组系统的关系中、安卓系统和第三方浏览器等应用软件的关系中，第三方经营者没有获得平台发布的完整兼容信息就无法在用户终端正常运行。

兼容后进行区别对待：允许第三方经营者在歧视性条件下接入，此类下第三方经营者虽在形式上能够接入平台，但接入并没有实现获得用户流量的根本目的，构成事实上的拒绝。如搜索引擎系统利用算法降低第三方网站的排名，使其无法在通用搜索结果中获得很好的展示。

2. 第三方网络服务可独立运行

这类情形中，第三方软件本身可独立运行，但其往往希望与大的平台系统兼容以使用户获得更便利的登录方式或获得更广泛的用户关注度。如第三方短视频、办公软件与社交平台的关系，相应的不兼容常表现为平台对第三方应用内容不予直链①、关闭 API 接口等。

"平台封禁"一词并非规范语词，即便是将其转释为"系统内不兼容"行为也存在概念宽泛、指向性模糊之弊。以第三方经营者对平台的依赖程度为依据进行划分的三种情形有利于更清晰地探讨不同情况中个案行为的限制程度，为下文运用必需设施理论、进行必要性评估奠定基础。

二、反垄断法规制系统内不兼容行为的主要方法：必需设施理论

（一）适用原因：平台的通道性质

从经济学角度上讲，企业对每个付得起钱的客户都予以供应时，其利益最大化，互联网行业中各经营者之间互联虽然往往为"零价格"，但兼容能够促进流量增长和信息交换，进而成为各类互联网企业安身立命的基础。在平台经

---

① 不予直链是指用户点击系统内推送的网址无法直接跳转到相应页面，而必须通过更为间接的方式方能获取相关内容；关闭 API 接口是指用户无法通过平台网络授权登录，或者无法通过直接跳转分享二维码名片、会议链接等内容到相应平台系统中。参见张江莉、张镭：《互联网"平台封禁"的反垄断法规制》，载《竞争政策研究》2020 年第 5 期，第 22 页。

济竞争性垄断的发展趋势下，规模经济和网络效应使得一些大的平台逐步发展为数字化基础设施，吸附海量用户数据，并牢牢把握着数据所带来的市场价值，引导甚至决定产品及信息生产与交换走向。① 数据表明，阿里巴巴和腾讯所服务的用户量、利润规模正在逐步接近国家电网这样的全球最大公用事业公司。② 腾讯最新财报显示，截至 2020 年 6 月 30 日，微信及 WeChat 的合并月活跃账户数额达 12.06 亿。③ 根据蚂蚁集团的招股说明书，支付宝有超过 10 亿的用户和超过 8000 万的商家。截至 2020 年 6 月 30 日，支付宝蚂蚁集团的月活跃用户从 2017 年 12 月的 4.99 亿增加到 2020 年 6 月的 7.11 亿。④ 正是因为超级平台所拥有的锁定效应和高"用户粘性"，不断吸引着其他网络经营者蜂拥而至，请求与其进行兼容，也使得平台拥有了不兼容的筹码。

平台具有中介性和匹配性，其作用好比电力产销过程中的输配电服务，一端连接着第三方网络服务（包括其他平台企业和非平台企业），一端连接着以基础业务为核心所吸纳的用户，两端的互联互通往往依赖的便是平台开放其流量入口，这就好比电力企业所铺设的输配电网络。只不过前者所形成的流量通道的垄断是基于用户粘性所形成的经济垄断，是从需求侧进行评价的，而后者所形成的电力网络的垄断是基于产业特征所形成的自然垄断，是从供给侧评价的。换言之，接入平台的意义并非是使得请求者获得提供下游产品所必需的原材料（raw materials），即其增益作用是在经营者"加工厂"内部完成的；而是在于为下游已经"出厂"的产品提供一个到达消费者的"桥梁"。超级平台的

---

① 参见谢富胜、吴越、王生升：《平台经济全球化的政治经济学分析》，载《中国社会科学》2019 年第 12 期，第 68—69 页。

② 参见秦朔：《当阿里和腾讯成为一种基础设施，它们会通往哪里？》，载搜狐网 2017 年 7 月 17 日，https://www.sohu.com/a/157718674_313170。

③ 参见《腾讯控股有限公司 2020 中期报告》，https://cdc-tencent-com-1258344706.image.myqcloud.com/uploads/2020/08/26/92a625ffb6f781cecd011d0511c793a4.pdf。

④ 参见中商产业研究院：《支付宝 APP 年度活跃用户超十亿！2020 年网络支付市场现状及竞争格局分析》，载中商情报网，2020 年 8 月 27 日，https://www.askci.com/news/chanye/20200827/1455021200142.shtml。

多栖性,① 使得其以基础服务为核心不断扩散发展出各类流量通道,而"系统内不兼容"引发竞争关切的根本原因便在于锁定了平台这一数字化基础设施所聚集的数据和流量,或者说是垄断了数据流量入口。② 1912年的圣路易斯终点站铁路协会案作为必需设施理论在反垄断法中适用的起点,使得该理论与"桥梁"结缘。③ 铁路协会拒绝开放的进出圣路易斯必经的铁路桥梁与平台所把控的虚拟"桥梁"具有同质性——通道性,而对于这种通道性垄断,在其构成第三方企业所在相关市场发展的"瓶颈"时,可以尝试通过反垄断法中的"必需设施"原则进行规制,以实现在缺乏合同关系时数据的互操作性。

(二) 分析要义:必要性测试和"新产品"要件

必需设施理论肇始于美国《谢尔曼法》第2条,旨在防止拥有必需设施的垄断者因拒绝向竞争者开放设施损害竞争,1983年第七巡回法院在MCI案中确立了清晰的适用条件④,并对此后美国和欧盟的相关案件处理产生了深远影响:(1) 该必需设施由一个支配企业所控制;(2) 竞争者无法合理地复制该设施;(3) 竞争者被拒绝使用该设施;(4) 拒绝无合理理由。通常情况下,一旦经营者的某项财产被界定为必需设施,便不可避免地负有强制交易的义务,界定不当可能会抑制投资,产生奖懒惩勤的后果。因此只有为该原则适用设置明确、

---

① 平台的多栖性是指以基础服务为核心,通过技术创新、并购等途径进入相邻市场,不断拓展业务范围,形成经营多类型网络服务的互联网生态;用户的多栖性是指用户很容易使用几个类似的平台,并根据平台上的其他参与者数量、产品或服务价格等竞争性因素在平台间进行自由转换。前者指向互联网经营者的业务领域扩张现象,后者是评估终端消费者对网络产品粘性的重要指标。

② 欧盟委员会在相关文件《数字市场法》(Digital Markets Act, DMA) 中将这类超级互联网巨头称作"gatekeeper",并指出gatekeeper的认定条件主要有:(1) 在网络市场上有重大影响力;(2) 操控着一个或更多的对于用户来说的重要通道;(3) 拥有或可能拥有持久的支配地位。See Proposal for a Digital Markets Act. EU 2020/0374 (COD)。

③ See United States *v.* Terminal Railroad Ass'n, 224 U. S. 383 (1912). 转引自 [美] 赫伯特·霍温坎普:《联邦反托拉斯政策:竞争法律及其实践》(第3版),许光耀、江山、王晨译,法律出版社2009年版,第338—339页。

④ See MCI *v.* AT&T, 708 F. 2d 1081 (7th Circuit, 1983), at 1132. the Seventh Circuit established a clear four-part test:(1) Control of the essential facility by a dominant firm. (2) The competitors are reasonably unable to reproduce the facility. (3) Refusal of use of the facility to a competitor. (4) Feasibility of providing access.

可操作的标准，开放义务才能真正有效地实现。遗憾的是，美国的竞争法理论和实践对于必需设施适用标准的完善并不成熟，而欧盟的执法和司法实践将其适用于知识产权领域，并通过一系列经典案件进一步发展了该理论的适用条件。这是因为必需设施原则针对的是市场进入障碍问题。之所以称之为必需设施，不在于其物理形态是否存在（是有形还是无形），而在于该设施对交易相对人进入市场具有决定性作用。①

1. Magill 案：首次引入"新产品"要件

在本案中，Magill 公司准备开展一项新的业务，即由三家爱尔兰广播公司提供的所有的每周电视节目信息表组成的全面的电视节目指南。当时在爱尔兰地域市场上并没有这样一个产品，但是三家公司却以电视节目表受版权保护为由拒绝向 Magill 许可节目信息。普通法院通过论证三个条件认定三家公司的行为构成滥用，进而得出其应负有强制许可其节目周报信息义务的结论：

（1）三家公司的节目信息对于 Magill 提供节目指南这个产品来说是必不可少的（indispensable）原材料，且该节目指南是一种有潜在消费需求的新产品（new product）；

（2）拒绝没有正当理由；

（3）三家广播公司通过拒绝提供版权信息将每周节目指南所在的二级市场（secondary market）保留给自己，进而排除该市场上所有竞争（三家广播公司出版的电视杂志与 Magill 在该市场上有竞争关系）。②

可以看出，在本案的分析中，法院实际上列明了必需设施原则适用的所有要件，第一条是客体界定（包含必不可少性要件和"新产品"要件），第二条分别描述了拒绝行为和抗辩理由，第三条则涉及行为的竞争损害分析。相较于传统物理设施（一般财产权），法院在分析"必不可少性"之外还引入了"新产品"要件，并结合案件实际情况（除爱尔兰市场外，其余成员国市场上均有"每周电视指南"产品），将其定义为"有潜在的消费需求的新产品"（a new product for which potential consumer demand existed）。虽然该案首次引入"新产

---

① 参见张素伦：《竞争法必需设施原理在互联网行业的适用》，载《河南师范大学学报（哲学社会科学版）》2017 年第 1 期，第 53 页。

② See Joint Cases C-241 & 242/91, RTE and ITP *v.* Commission, 〔1995〕ECR I-743., pp. 52-56.

品"要件，但是其本身并没对该要件的具体内涵进行充分阐述，直到 IMS 案对此进一步说明。

2. Bronner 案：确立"必要性测试"的适用边界

Bronner 案的重大贡献是进一步解释了必不可少性要件（the requirement of indispensability）。Mediaprint 和 Oscar Bronner 是奥地利的两家报纸出版商，只有前者拥有全国性的家庭报纸送货上门计划，因建立这个直接到户的分发网络耗费了大量资金和人力，其拒绝了竞争对手 Bronner 公司的分享请求。法院认为 Mediaprint 的拒绝合理，因为对于 Bronner 公司来说有数个可供选择的其他渠道，如邮递系统、报亭、商店等，尽管这些渠道不是那么有利。此外，Bronner 公司主张的"因其报纸发行量较小，建立一个相同的配送网络在经济上是不可行的，所以 Mediaprint 应将其出版的报纸纳入该计划中"的理由是不成立的，法院认为只有在 Bronner 的报纸发行规模与 Mediaprint 具有可比性时，接入该服务的必不可少性条件才能得到满足。① 这是因为在 Bronner 报纸发行量较小的情况下，其他销售渠道可以满足其竞争需求（消化其产量），这时进入 Mediaprint 公司的计划只是对销售产生促进作用，而"促进"（convenient）不等于"必不可少"（indispensable），毕竟必需设施原则不是为了便利小企业"搭便车"而创设的。这种限缩性的解释方法更加关注交易义务对长期竞争和创新的影响，在这种情形下的强制交易会使得请求者怠于自行投资基础设施，也会损害设施拥有者对新设施的投资激励。该解释也是对 MCI 案中的"竞争者无法合理地复制该设施"要件的进一步完善，仅仅是"无法合理复制"不能认定设施对于请求者的经营活动是必不可少的。

3. IMS health 案："新产品"内涵的再塑

IMS 公司是向制药企业提供德国医药产品地域性销售数据的公司，拥有一个由 1860 块砖组成受版权保护的砖结构，每一块砖都对应某一地理区域。NDC 是 IMS 公司的竞争者，其请求后者许可其使用砖结构来提供区域药品销售数据。

本案中，法院阐述如果想认定拒绝开放对开展某一特定业务所必不可少的

---

① See Case C-7/97 Oscar Bronner GmbH & Co. KG *v.* Mediaprint Zeitungs, ECLI：EU：C：1998：569, pp. 43-46.

设施的行为构成滥用，需要累积地满足三个条件①：

（1）拒绝阻碍有潜在消费需求的新产品出现（refusal is preventing the emergence of a new product for which there is a potential consumer demand）；

（2）拒绝无合理理由（it is unjustified）；

（3）其目的在于排除第二个市场中的所有竞争（such as to exclude any competition on a secondary market）；

本案仍然是遵循着 Magill 案中的分析框架，只不过在客体界定过程中将"必不可少性"提取为前提条件，着重分析知识产权案件中必需设施界定的"新产品"要件。值得注意的是，本案中进一步明确了"仅仅对权利人已生产的产品或服务进行复制，并不构成新产品"②。结合先例中阐述的"有潜在消费需求"这一限定词，可以初步认为在这两个案例中，"新产品"要件的内涵指向的都是全新市场，即不同于知识产权人利用知识产权提供产品和服务的（下游）既存市场（existed market）。这意味着新产品的出现不会使请求人分既得利益者（知识产权人）的一杯羹，但会因满足了新的消费需求而对社会总福利予以增进。"新产品"要件产生"市场隔离"效应的根本原因在于对知识产权的保护，知识产权人被赋予的排他性复制权在于保护知识产权人获得经济回报以鼓励其创新的积极性，此种"在先利润"的获取和保有，具有法律和经济上的正当性，反垄断法不能单纯基于维护竞争之由损害知识产权保护制度的根基。③

4. 微软案："新产品"要件的发展

2004 年，欧盟委员会针对微软的两个滥用行为进行了处罚，与本文相关的一个行为是微软拒绝向 Sun 公司提供互操作性信息，这些信息构成数据库并受著作权保护。后者是下游工作组服务器操作系统市场中的经营者，需要通过该

---

① See Case C-418/01 IMS Health GmbH & Co. OHG v. NDC Health GmbH & Co. KG, ECLI：EU：C：2004：257, p. 38.

② See Case C-418/01 IMS Health GmbH & Co. OHG v. NDC Health GmbH & Co. KG, ECLI：EU：C：2004：257, p. 49.

③ "即便权利客体构成独立的相关市场使得权利人获得支配地位，但这表明权利人的创新具有格外重大的价值，因此应允许其在市场上获得充分的回报，而没有义务向其他人进行许可，让后者瓜分。"参见许光耀：《支配地位滥用行为的反垄断法调整》，人民出版社 2018 年第 1 版，第 222 页；相似观点参见侯利阳、王继荣：《欧盟必需设施原则考析：兼论对我国的启示》，载《竞争法律与政策评论》2015 年第 1 辑，第 54—55 页。

信息的披露来实现与微软的 PC 端操作系统 Windows 的兼容。微软随后将欧盟委员会的处罚决定上诉到普通法院，法院仍然是依照以往的判例法框架进行分析的：

（1）兼容性信息是进入下游市场进行平等竞争（on a equal footing）所必不可少的①；

（2）拒绝交易可能消除下游市场的有效竞争②；

（3）拒绝没有正当理由；

（4）阻碍某种存在新消费需求的新产品出现③。

虽然本案的分析框架与以往判例并无明显差别，但是可以明显看出某些要件内部的解释出现了松动。尤其是对于客体界定中的"新产品"要件，法院认为"损害不仅会在限制新产品或市场出现时发生，也会在限制技术发展时产生"④，这是一个比 IMS 案更广泛的界定标准（产品或服务未曾被权利人提供，并且存在潜在的消费需求）⑤。要件内涵差异化分析的原因在于如何认定"复制"的实现方式。在 Magill 案和 IMS 案中，被请求的知识产权均为提供下游产品所必需的原材料，也就是说，被请求品的增益作用是在经营者"加工厂"内部完成的。但是在本案中，被请求的知识产权指向的是兼容性信息，其作用在于为下游已经"出厂"的产品提供一个到达消费者的"桥梁"，而非后者的直接生产材料。Sun 公司若想真的实现对微软工作组系统的复制，恐怕仅仅请求针对广泛第三方主体发布的匹配性信息是不够的。由此似乎可以认为本案虽然

---

① See Case T-201/04 Microsoft *v.* Commission,［2007］ECR II-3061, p. 421.
② See Case T-201/04 Microsoft *v.* Commission,［2007］ECR II-3061, p. 455.
③ See Case T-201/04 Microsoft *v.* Commission,［2007］ECR II-3061, p. 647.
④ See Case T-201/04 Microsoft *v.* Commission,［2007］ECR II-3061, p. 647.
⑤ "produce new goods or services not offered by the owner of the right and for which there is a potential consumer demand". See Case C-418/01 IMS Health GmbH & Co. OHG *v.* NDC Health GmbH & Co. KG, ECLI：EU：C：2004：257, p. 49.

表面上涉及知识产权领域的必需设施认定，但是被请求设施的功能和特性①完全可以被视为传统物理设施，而本案关于"新产品"要件的辩论也实际上脱离了客体界定的范畴，落入竞争损害的分析中。正如普通法院提出的所谓"新产品"要件只是适用《欧洲联盟运行条约》第 102 条（b）项所禁止的"限制生产、销售或技术开发，从而使消费者蒙受损害"这一规则的具体操作方法②，这也是为何该要件没有和"必不可少性"分析并列分析，而是放在判决的后部分进行阐述的原因。因此，本案中的"新产品"要件实际上并没有作为新的独立客体界定要件进行分析的必要性，而是成为竞争损害内部的具化表现要素出现，即"限制创新"的考量因素。

（三）小结

欧盟竞争法的实践已经确立了必需设施理论适用的基本框架，其中最重要的两个分析步骤便是必要性测试和"新产品"要件的分析。必要性测试的基础是上、下游两个相关市场的界定，核心在于鉴别设施开放对于请求者来说是促进性的还是必不可少的，该要件的分析思路一直得到了基本遵循。③ 但是"新产品"要件的运用却出现了"松动"趋势，微软案中被请求数据（虽然也受到知识产权保护）的通道性质使得在解释该要件过程中实际上从客体界定部分"逃逸"，而落入竞争损害分析中。

数字经济是在知识产权和算法等技术创新的基础上搭建起来的，在平台实施的系统内不兼容行为规制中适用必需设施理论，也不可避免地需要运用必要性测试和新产品要件的分析方法。平台的多栖性使得经济关系脱离简单的线性

---

① 功能是指上文所提及被请求品的"桥梁"性质和中介传输功能；特性是指兼容信息本身，即源代码的特征：兼容信息或称为接口信息，是由人类可理解的高级编程语言编写的（即"源代码"），计算机系统无法理解源代码，只能将其翻译为以二进制为表现形式的"对象代码"，向外发布的程序是"对象代码"格式的，难以通过"反向工程"被翻译成可为人理解的"源代码"，同时应用软件开发人员可能会在操作系统中增加一个更有效的附加点，使得接口规范很难被程序发布人之外的人获得。

② See Case T-201/04 Microsoft v. Commission, [2007] ECR II-3061, p. 632.

③ 某些案件的分析错误并不是因为脱离了该路径，而是在具体如何界定相关市场上发生了判断失误。参见侯利阳、王继荣：《欧盟必需设施原则考析：兼论对我国的启示》，载《竞争法律与政策评论》2015 年第 1 辑，第 54—55 页。

结构，进一步复杂化相关市场的认定问题；而多种不同的下游网络产品类型也使得"促进"和"必不可少"之间的界限更加难以界定，需要进一步类型化分析；平台的通道属性使得以保护知识产权为旨的"新产品"要件的适用不明朗，在客体界定和竞争损害分析中徘徊。平台经济的异质性要求对这些问题进行一一回应。

三、必需设施认定的基础：多个相关市场的区分

（一）平台的竞争范围：用户市场、通道市场和衍生品市场

在界定相关市场前，应该明晰平台的竞争地位和竞争范围。如前文所述，平台作为数据集合体，以基础服务为核心，依靠算法和技术创新不断发展成包含各类衍生服务和辅助服务的超级生态系统。因此有观点认为，应将平台所提供的各类服务作为一个整体进行打包，使其本身构成一个独立的市场，竞争是发生在平台之间的，这种观点又被称作"平台说"。"3Q 大战"一案[①]的终审判决否定了这种观点，判决认为竞争发生在平台的"各组成部分"之间，而不是发生在平台之间。[②] 在明确了平台竞争的本质是平台的"各组成部分"之间的竞争之后，我们还需要界定在不同案件中的竞争纠纷究竟发生在"哪个组成部分"当中。准确界定竞争发生的范围对行为界定和竞争效果分析具有重要意义。如在"3Q 大战"中，双方当事人以及法院都绞尽脑汁地分析腾讯在即时通讯市场上是否存在支配地位，却忽略了一个基础性问题，即奇虎 360 提供的是网络安全服务，腾讯与奇虎 360 在即时通讯市场既不存在竞争关系也不存在交易关系，其真正存在激烈竞争的领域是互联网广告市场。[③]

---

① 奇虎 360 和腾讯两家互联网公司 2010—2014 年间的一系列诉讼被业界称为"3Q 大战"，本文参考与引用的主要案例为：北京奇虎科技有限公司诉腾讯科技（深圳）有限公司、深圳市腾讯计算机系统有限公司滥用市场支配地位纠纷案，最高人民法院指导案例 78 号（2017 年）。

② 参见许光耀：《反垄断法前沿问题的研究进展》，载《价格理论与实践》2020 年第 1 期，第 52—56 页。

③ 参见许光耀：《反垄断法上的经济学分析》，载《价格理论和实践》2015 年第 2 期，第 26—29 页。

具体而言，超级平台面对不同需求经营着各类服务，依照"一种需求界定一种替代性"的原则，相关市场的界定必须针对具体的交易行为。①因此，本文拟从需求侧角度，根据平台所提供的不同服务性质，将被请求接入的超级平台所涉竞争范围具体细分为三个相关市场：用户市场、通道市场和衍生品市场。平台的用户市场是指平台所提供的基础服务所在市场，直接面向终端用户提供服务，其作为平台获得广泛用户及数据的"磁铁"，是平台构筑生态系统的核心驱动；通道市场则是平台为第三方网络服务接入所建设的软件分发、推广市场，面对的是第三方经营者需求；衍生品市场同样面向终端用户，但提供的是衍生服务②（和基础服务呈现互补性），平台和请求接入者主要在该市场上存在竞争关系。而第三方网络服务接入平台的过程也相应地体现为：衍生品——通道——用户。

相关市场界定是分析垄断行为违法性的起点，准确划分平台所涉竞争范围有利于为个案中具体相关市场的界定提供基础。平台在不同市场中所拥有的市场力量的不同，决定着必要性测试的正当性和准确性。

（二）个案中的市场界定：上游市场和下游市场

拒绝交易作为一种排挤性的市场力量滥用行为，其行为人的目的通常是想通过利用被请求品所在市场的市场力量来垄断另一个市场，因此，被拒绝的企业往往在某个经济环节上与该支配企业存在竞争关系。③行为市场和效果市场的分离使得在界定必需设施原则时应首先界定两个相关市场：一是上游市场，即被请求品所在市场和市场力量来源市场；二是下游市场，在该市场中二者存在竞争关系，请求者往往需在被请求品基础上提供产品。④如前所述，大的平台的竞争往往横跨三个市场，因此在个案相关市场界定中，必须找准被请求品

---

① 参见兰磊：《反〈反垄断法〉上的"不相关"市场界定》，载《中外法学》2017年第6期，第1658页。

② 衍生服务或辅助服务与拥有支配地位的平台提供的基础性服务相对，基于平台经济的网络效应，两种服务的提供具有互补性。

③ 即使设施拥有者目前尚未进入下游市场活动，基于平台经济的整合发展趋势，二者也可能构成潜在的竞争关系。

④ 参见侯利阳、王继荣：《欧盟必需设施原则考析：兼论对我国的启示》，载《竞争法律与政策评论》2015年第1辑，第48页。

所在市场和竞争关系发生市场。

上游市场一般依请求者的请求进行界定。以社交为基础服务的超级网络平台为例，有观点认为应基于其在即时通信领域的支配地位直接将平台认定为关键设施，也有观点认为这样的认定会造成不当的搭便车激励，进而损害投资和创新。这两种观点的博弈实际上犯了一个常识性错误：其均忽略了必需设施的认定需要以准确地界定相关市场为前提。现代经济生活中，经营者通常处于复杂的交易网络之中，和多方主体形成交易关系，一个综合性的功能集成平台通常面对不同的市场需求提供着多种类型的服务，如在线社交、广告宣传、软件分发等，进而形成不同的相关市场范围：即时通讯市场、在线广告宣传市场、系统软件分发市场，甚至在某些案件中界定出了更加细分的市场，如表情包服务所涉市场。① 在不同市场上，平台的功能性、所具备的市场力量和可替代性不尽相同，② 这也是上文对平台所涉竞争范围进行细分的依据。就前例中上游市场界定而言，平台提供即时通讯的服务对象是终端用户，其中介性和匹配性体现在多方用户之间；而在系统内不兼容行为中，平台拒绝交易对象是第三方网络企业，平台对其并不提供基础性的社交服务，第三方企业请求兼容的最终目的也不是使用社交服务，而是想通过流量接入和数据互联获得该平台上的用户关注，因此平台为第三方企业提供的是流量接入服务，其往往表现为在线广告、软件分发（以下简称为"通道性服务"）。在对其平台进行必要性测试时，也应该着眼于提供"通道性服务"的平台对第三方企业的必要性，而非提供"基础性服务"的平台对终端用户的必要性。用户市场并非界定必需设施所涉的具有相关性的市场，平台在用户市场中具有的支配地位不意味着其在通道市场也具有相应的市场力量。但前者的界定并非毫无用处，因为其往往意味着平台吸纳了海量粘性用户和拥有更强的技术、算法和操作系统，在系统规则的制定中拥有绝对的话语权，一定程度上可以作为竞争的背景性状况进行参考。这

---

① 参见徐书青与深圳市腾讯计算机系统有限公司等滥用市场支配地位纠纷案，最高人民法院民事裁定书，（2017）最高法民申 4955 号。

② 参见兰磊：《反〈反垄断法〉上的"不相关"市场界定》，载《中外法学》2017 年第 6 期，第 1657—1658 页；参见侯利阳：《互联网平台反垄断的局限与突破：由"腾讯封禁抖音案"引发的思考》，载《商业经济与管理》2021 年第 4 期，第 91 页。数字平台服务于各种用户，相关市场界定可能不及于整体而及于部分，但本文为简化讨论，统称为"平台"。

也是微软案中相关市场界定出现错误的原因：Sun 公司请求交易的是兼容性信息，法院却将上游市场界定为电脑操作系统市场，尽管微软因在后一市场中的支配地位垄断了下游市场接口规范标准，但是 Windows 系统服务的对象是终端用户，下游市场经营者的需求在于获得接口规范来与其兼容，进而为用户使用。

在系统内不兼容中，被请求开放的平台的本质是一种流量通道。这种流量通道的重要性不应放置于用户市场进行评价，而应该置于通道市场中进行评价。平台所提供的这两种服务的形成虽然具有耦合性质，但是服务的提供却可以实现拆分，基础性服务往往直接提供给终端用户，而"通道性"服务提供给其他互联网企业。不兼容的本质是流量和数据的拒绝开放，只有在流量通道所涉及的相关市场上进行必要性评估，才能紧密地联系下游市场竞争的需求。同时，避开平台的"一揽子"界定，而关注其掌握的流量入口对下游市场竞争的重要性，自然也就消除了一些学者的忧虑，提供重要的基础性服务不会必然招致开放的义务。①

在初步确定上游市场为通道市场后，还需要对下游市场进行界定。下游市场即效果发生市场，也是竞争损害发生的主要场所，设施拥有者在下游市场通常和请求者存在竞争关系，这在网络平台多栖发展的现实背景下很容易成立，大的互联网平台不仅提供基础的核心服务，还基于强大的网络效应发展各类辅助性服务（ancillary services）②，请求接入的通常是提供辅助性服务的第三方网络企业，因此下游市场应该为衍生品市场。通道市场和衍生品市场地位的明确仅具有宽泛的指导意义，下游市场的需求是"连接终端用户，获得流量"，而在个案中实现该需求的方式不同决定着兼容所实现的数据互操作性的重要程度不同。因此仍然需要结合不同类型的衍生服务和不兼容情形，对上游的流量通道市场进一步细分：

（1）第三方网络服务需置于系统内运行但被拒绝兼容。这种情形中，平台实施不兼容往往是通过拒绝提供兼容信息实现的，如在电脑操作系统和工作组

---

① 有学者认为如果将必需设施原则应用于互联网领域，那么每一个互联网细分市场中都将会产生必需设施，而一旦被认定为必需设施后就不可避免地负有对竞争对手开放的义务，损害其创新和竞争的动力，进而与反垄断法的宗旨相背离。参见黄晋：《从飞书与微信纠纷看平台竞争问题》，载《知识产权与市场竞争研究》2020 年第 1 期，第 263 页。

② 辅助服务和核心服务的认定具有相对性，应以被请求开放的平台经营者为标准。

操作系统的关系中,获得相关信息是后者能在终端系统中被用户正常使用的唯一途径,此时的通道市场便体现为兼容信息市场。

(2)第三方网络服务已经接入系统,但是无法实现获得流量的根本目的。这类情形中的不兼容通常表现为平台的算法降维,如在电商平台与平台内经营者、搜索引擎平台与平台内网站的关系中,后者到达用户的"通道"不是兼容性信息,而是算法排名的展示结果。

(3)第三方网络服务可独立运行,但平台可以通过关闭API、不予直链等方式阻碍引流。获得兼容性信息和显著的展示位置不是这类软件请求接入的目的,如在社交平台与短视频软件、办公软件、游戏软件的关系中,后者的目的是通过接入平台来实现广告宣传、软件分发,因此通道性市场应该被相应地界定为软件分发、广告宣传市场。

四、必要性测试的核心:锁定效应下的类型化分析

欧共体将必需设施评价为"可以被竞争者视为对经营有价值的设施"①,而价值的实现程度取决于"必不可少性"的分析。其建立在准确界定上游市场和下游市场的基础上,旨在评价上游平台和下游产品的关系。在传统的市场中,这种下游产品对于上游产品存在依赖性的判定基于工业常识很容易实现,但在平台经济领域,下游市场的产品往往是完整的,其真正需要的是一个到达目标用户的"桥梁"。易言之,真正需要评价的是平台上所聚集的用户和流量对于下游市场的重要性,以及用户是否愿意,或是否能够脱离基础平台提供的"通道"来使用第三方网络服务。

用于评价上述用户能否实现网络服务间自由转换的指标为用户的"多栖"和"单栖"。"多栖"是指用户能够根据平台上其他参与者数量、产品或服务价格等竞争性因素在几个提供同质服务的平台间轻松地进行自由转换;"单栖"是指由于固定成本、学习成本和其他成本的投入,用户使用多平台的效率低下,因此逐渐只使用一个平台的现象。单栖用户越多,平台提供的网络服务基础性

---

① 李剑:《反垄断法中核心设施的界定标准——相关市场的视角》,载《现代法学》2009年第3期,第69页。

越强，平台的瓶颈效应越强，如苹果手机用户只能使用 iOS 系统和苹果应用商店，而应用程序开发者只有通过写入该操作系统才能接触到这些用户。①

提供重要基础服务的平台聚集了大量的终端用户，如腾讯年报中指出 2020 年微信及 WeChat 的合并月活跃账户数量达 12.06 亿，而截至 2019 年底，我国互联网网民的总数约为 8.7 亿②。即便将同一用户注册多个账户的情况考虑在内，也可以初步推定，微信这类提供重要基础性服务的超级平台所聚集的用户覆盖了中国绝大多数的网民，这也使得平台所拥有的数据和流量价值溢出私人利益的范畴，而具有了准公共性。同时，基于互联网行业的双边网络外部效应，处于基础服务市场上的用户单栖性越强，越难转向，而这也意味着平台在另一端的通道性服务市场的价值越大，市场力量越强。

但同时，由于网络用户还存在多栖的特征，如果平台对用户的锁定效应不足以阻止绝大多数用户使用其他网络服务，那么就难以认定平台所提供的"流量通道"是第三方经营者到达用户的"必不可少"的桥梁，因此必不可少性的分析仍需结合下游软件的特性推进：

（1）在上文提到的第一类不兼容情形中，平台系统对用户的终端操作具有基础性，第三方软件无法获得兼容信息会导致软件在终端系统中不能正常运行。接口规范的复杂性意味着除程序发布人之外，几乎没有人能够获得完整的与该系统匹配的兼容信息，进而意味着该信息具有不可替代的特性。这种情况下，如果能够认定该系统在终端操作系统市场上具有支配地位，即绝大多数用户的终端都安装有该系统，平台在通道市场中的绝对支配地位证明便水到渠成，而系统提供的兼容信息"通道"对于第三方经营者便自然是必不可少的。

（2）第二类情形中，第三方网络经营者业已接入系统，这时上游市场中的"通道性服务"表现为页面排名或展示。由于平台和平台内的第三方经营者既存在合作关系也存在竞争关系，平台有可能设置有针对性的算法对其他竞争者的网络服务进行降维，而将自己的服务进行突出展示，这时需要证明的是公平、合理、透明、非歧视的算法排名机制对竞争者来说是必不可少的。流量通道的

---

① 参见［美］戴维·S. 埃文斯：《数字世界的纵向约束》，载《竞争政策研究》2020 年第 6 期，第 33 页。

② 参见《数字中国建设发展进程报告（2019 年）》，载中华人民共和国中央人民政府网 2020 年 9 月 13 日，http：//www.gov.cn/xinwen/2020-09/13/content_ 5543085.html。

双向性要求从供给侧和需求侧两端进行分析：因竞争者的网络服务必须置于平台内运行，首先应该判断的是是否存在其他替代性平台，以及其他平台的用户数量，如果其他平台性能不完善、用户数量较少，短时间内无法构成本平台的竞争压力，那么可以认为本平台上的用户是竞争者的主要目标用户，同时竞争者缺少绕过平台以到达目标用户的其他可行路径；其次，还需要证明目标用户接受第三方网络服务的途径是否仅能依靠排名展示结果，此时仍需结合下游网络服务特质。提供专业性服务的网络经营者，其目标用户往往是该领域的从业人员和学习者，这类用户会有目的性地进行"定向搜索"，排名和位置展示对其干扰性不强；① 而对于比较购物网站这类面向普遍用户提供服务的网站则不尽然，互联网经济是"眼球经济"，系统的算法排名能够缓解普通用户有限的注意力与爆炸性的信息输出之间的矛盾，如果仅有少量目标用户进行定向搜索或在排名结果中进行仔细甄别，而这类用户的使用频率无法满足竞争者的经营需求，那么公平、透明的算法排名机制对于第三方经营者来说就是必不可少的（尤其是对初入市场、知名度不高但提供优质的网络服务经营者而言）。

第三类情形中的流量通道主要指向的是"软件分发"和"广告宣传"。以社交平台与第三方网络经营者的关系为例：对于在线办公软件而言，用户使用时往往需要以熟人社交为基础进行联络，那么是否能在大型社交平台上进行链接分享会直接影响该软件的登录频次，因为一般情况下，用户在面对两个功能和效率相似的办公软件时，往往会选择提供更便利联络熟人的渠道和进行登录的那个。质言之，如果能认定使用办公软件的绝大多数用户都有这样一个需求，即能够便利地通过社交服务进行分享或利用社交账号进行登录，那么系统的接入对于办公软件参与市场竞争就是必不可少的，使用办公软件的需求和使用即时通讯的需求被绑定。而对于第三方短视频服务，在网站或软件中已经实现了用户和服务的第一次完整"接触"，网站用户通过社交平台进行分享实际上是通过用户实现第二次引流的效果，即便分享失败，平台上的用户也可以自行下载软件观看短视频，此时第三方经营者对于平台的依赖性远不及前一种情况，平台的开放可能会对其短视频的播放量提升产生促进作用，但并不是实现短视

---

① 如北大法宝、企查查、中国经济金融研究数据库（CSMAR）等，是法律从业者和审计从业者经常使用的第三方网站服务。

频播放这类服务的经营必需品。这是因为"必需设施原则并非为了小企业搭具有支配企业的便车而设计的,而是为了在没有有效替代的情况下,企业在下游市场能够存续"①。这也可以借鉴 Bronner 案中的分析,即如果下游市场经营者目前的销售渠道(到达用户的途径)已经满足其竞争规模,那么设施的开放只是促进性的而不是"必不可少"的。关于竞争规模可以考虑采取一个粗略的量化指标——用户活跃度。拒绝接入导致下游市场竞争者用户活跃度降低不一定意味着设施具有"必不可少性",需要进一步分析;但如果拒绝接入后,下游网络经营者的用户活跃度没有受到影响,甚至增加了,那么就可以证明设施的接入不是必要的。互联网经营者的竞争规模也可用临界规模表述,临界规模是指要使平台提供足够有价值的服务所需的平台双边的最少人数,以使用户驻留,从而吸引更多用户,刺激成长,实现盈利。② 如果系统内不兼容行为使得新进入者很难达到临界规模,或使得在位者很难保持其临界规模,那么即便在经济上或技术上能够合理复制该设施,也无法使用该设施达到经营或进入市场的目的,因此被请求设施对后者来讲仍然有可能是必不可少的。③

总而言之,平台经济中的"设施"的"必不可少性"难以离开平台系统锁定效应的分析,其中一个最重要的判断维度就是用户使用第三方软件的需求是否和用户使用平台所提供的基础服务和通道性服务需求绑定。需求的"绑定"意味着平台的锁定效应影响了用户多归属性带来的消费选择,而用户难以或不愿转向有利于证明平台所提供的流量通道对于第三方网络服务到达用户是一个必要的"桥梁"。

---

① 侯利阳、王继荣:《欧盟必需设施原则考析:兼论对我国的启示》,载《竞争法律与政策评论》2015 年第 1 辑,第 53 页。

② 参见[美]戴维·S. 埃文斯:《数字世界的纵向约束》,载《竞争政策研究》2020 年第 6 期,第 33 页。

③ 参见张素伦:《竞争法必需设施原理在互联网行业的适用》,载《河南师范大学学报(哲学社会科学版)》2017 年第 1 期,第 53 页。

五、新产品标准：流量通道市场中的意义与限度

（一）"新产品"要件何去何从：以平台的通道性为指引

欧盟竞争法实践确立的必需设施理论适用框架主要体现为三个部分：客体界定、拒绝行为、竞争损害。其中客体界定部分包括必要性测试和"新产品"要件（知识产权案件中），旨在分析被请求品和下游产品之间的关系，二者均是从结构主义视角来评估设施拥有者垄断地位的形成及其合理性；而相对应地，竞争损害分析则是从行为主义视角来评价在一个设施已经构成必需设施的前提下，拒绝开放该设施会对竞争产生何种影响，限制性程度越高则强制开放设施的正当性越强。

在以往的案例分析中，"新产品"要件始终是和知识产权绑定的，新产品中的"新"是一个参照性的限定词，即要求请求者的产品有别于知识产权人在既存市场上已有的产品，且面向新的消费需求。而如果权利人并不打算进入下游市场，或虽然已经进入下游市场，但知识产权并非构成下游产品的重要组成部分时，新产品要件的适用便失去意义。因为其是为了防止请求者搭知识产权人的便车并损害后者的投资和创新激励设立的。而上述两种情形，或是不会损害其投资激励（在权利人未进入下游市场时不存在市场份额被分享的担忧），或是不可能实现"搭便车"（知识产权并非下游产品的重要组成部分，仅依靠该知识产权难以实现"复制"）。系统内不兼容行为的判断则属于第二种情形，平台的流量通道属性使得即便该数据通道受到知识产权保护，也无法产生新产品要件适用的意义。质言之，无论被界定的客体——平台是否受到知识产权保护，其界定过程是相同的，都只需进行必要性测试，而无须适用真正的新产品标准。

微软案中对于新产品要件的解释看似扩张了 Magill 案和 IMS 案中的标准，但仔细推敲便可发现该案中受到知识产权保护的兼容数据并非下游市场提供工作组操作系统的必须投入品，而是已经"出厂"的产品到达用户的通道，获得该兼容信息无法让请求者"复制"权利人的既存产品，进而轻易地分享其市场份额。因此在客体界定的维度上，兼容信息的功能和特性与传统物理设施无异。

但微软案进行的所谓"新产品"标准的分析真的无意义吗？其实不然，法院关注到了新产品要件中所内含的对于创新激励的重大关切。不同于传统工业经济的发展，互联网经济和平台经济是以创新为内在驱动的，而所谓的"新产品"标准实际上在这种情况下发展为平衡设施拥有者的创新激励和竞争者的竞争需求利益之间的重要标尺，这种基于行为的动态分析需要在竞争损害界定中进行。正如该案中普通法院提出的，所谓"新产品"要件只是适用《欧盟运行条约》第102条（b）项所禁止的"限制生产、销售或技术开发，从而使消费者蒙受损害"这一规则的具体操作方法①，而第102条项下列举的四项行为类型均是从行为主义而非结构主义角度来界定竞争损害的。

在系统内不兼容行为中，被请求兼容的平台本质是一种流量通道，平台的通道特征可以弱化"被界定的客体是知识产权"这一事实的重要性，从而将所谓的"新产品"要件从客体界定中剥落，将其中所涉及的创新保护纳入竞争损害的分析中。质言之，受知识产权保护的通道市场和不受知识产权保护的通道市场，在客体界定中都是相同的，因为平台的通道性无法满足新产品要件适用的初衷——防止请求者利用知识产权复制权利人的产品。但同时平台经济发展的技术和创新特性，又要求在具体分析行为的限制竞争效果时对行为人的创新激励和竞争者的竞争利益进行平衡。此时，"所谓的"新产品标准便诞生了。但其并不能构成一个独立的客体界定要件，而是需要在竞争损害分析中找到归处。

（二）回归竞争损害分析：基于新型市场结构

互联网经济是在信息技术的不断创新中搭建起来的，摩尔定理②揭示了信息技术发展的快速性，正是这种技术的高更迭性使得该领域呈现出非常强的动态竞争特质，并在动态竞争中逐步形成了新型市场结构——竞争性垄断。竞争性垄断是指即便一市场主体取得垄断地位也无法消除竞争，且经营者必须通过取得该地位来获得利润。"在竞争性垄断市场结构中，垄断者和市场潜在竞争者是相对应的，垄断者的垄断地位也是暂时的。经营者在获得垄断地位后必须不

---

① See Case T-201/04 Microsoft v. Commission, [2007] ECR II-3061, p. 632.
② 集成电路芯片上所集成的电路的数目，每隔18个月就翻一番。

断研究新技术才能维持现状，否则有可能造成垄断者与潜在竞争者身份的转换"。① 因此在位者要想维持其垄断地位，就得不断依靠技术创新来提高自己的竞争力。这种竞争性垄断的核心是技术竞争，特别是技术创新，从而区别于传统经济中的垄断和垄断竞争。②

在此类新型市场结构下的动态竞争过程也体现为：在动态竞争中获胜的市场进入者往往会以此创新获得持续一段时间的支配力并取得"在先利润"，这种支配力获得的期待作为创新激励会促成新一轮的动态竞争，③ 因此这类市场发展最重要的命题是确保"技术的发散性"④ 和"支配力期待权"带来的进入激励。

在竞争性垄断的市场结构下，企业通过技术创新获得支配地位并享有"在先利润"是得到鼓励的，但同时"在先优势"又受到众多潜在竞争者的"威胁"，这种竞争压力促使在位者只能通过技术创新来不断提高竞争力。但是，在系统内不兼容行为中，这种新经济发展的内在规律性有可能会被人为地阻断。被请求平台通过封锁流量通道，在下游市场上树立起较高的进入壁垒，使得既存竞争者经营困难和潜在竞争者难以进入，在这种情况下发散性技术创新的实现大大受限，消费者会被锁定在一个由在位者提供的同质化网络之中；但同时，竞争性垄断市场并不鼓励浅碟性的市场进入，如果请求者提供的下游产品不含有价值的技术，或不能带来效率，则不兼容的限制程度低，不足以招致强制开放的义务。

回到所谓"新产品"标准在竞争损害分析的适用，在系统内不兼容中，判断拒绝开放一个"已然被界定为必需设施的通道性平台"是否能产生竞争损害

---

① 邹越：《竞争性垄断视野下互联网企业市场支配地位的认定》，载《税务与经济》2018年第4期，第2页。

② 参见李怀：《基于规模经济和网络经济效益的自然垄断理论创新——辅以中国自然垄断产业的经验检验》，载《管理世界》2004年第4期，第70—71页。

③ See Inge Graef, *Rethinking the Essential Facilities Doctrine for the EU Digital Economy*, (April, 2019). Available at SSRN: https://ssrn.com/abstract=3371457.

④ "技术的发散性"是指每一个市场主体都有实现技术创新的可能性。某种技术的垄断不是竞争的结局，而是新一轮竞争的开始。参见曹保明、辛馨：《从垄断到竞争性垄断：网络经济下市场结构演进的静态博弈分析》，载《江苏社会科学》2009年第5期，第60页。

时，需要考量市场中的创新因素。创新因素的考量实为一币两面：一方面要肯认在位者的垄断地位并保护这种"支配力期待权"带来的进入激励；但另一方面需要确保市场中技术的发散性，使其他竞争者有能力对在位者构成竞争压力。在请求者的产品不含技术创新，或创新性低无法实现对在位者的竞争压力时，反垄断法并不鼓励这类"搭车式"的浅碟性进入，因此拒绝开放平台对市场竞争的限制程度不强，不足以招致开放义务；但当请求者的产品能够带来极大的技术创新，或有一定创新且能与在位者提供的产品处于同一竞争效率时，不兼容就有可能产生较强的排斥性并树立市场壁垒，人为地阻断动态竞争过程，这种情况下，就应当强制平台开放流量通道以回归竞争性垄断市场下的动态循环。

六、结 论

"平台封禁行为"背后指向的是存在交易关系的网络经营者之间的不兼容行为。在特殊情况下，这种"系统内的"不兼容会树立起较高的市场壁垒，损害消费者选择多样性，进而引发竞争关切。反垄断法规范的原则性要求借助类型化的方法对实践中的"不兼容"情形进一步具体化，即完全拒绝兼容、兼容后区别对待、阻碍"引流"，三种情形的限制性程度不同决定了个案中反垄断分析的具体侧重不同。在"系统内不兼容"行为中，平台的本质是一种流量通道，在其构成第三方市场发展的"瓶颈"时，可以尝试适用必需设施理论进行规制。欧盟的竞争法实践确立了必需设施理论适用的清晰框架，对于系统内不兼容案件，可资借鉴的便是必要性测试和"新产品"要件分析。相关市场界定是必要性测试的基础，平台具有多栖性，其竞争范围可以被划分为用户市场、通道市场和衍生品市场，其在不同市场中面对不同需求、提供不同服务并拥有不同的市场势力。因此在个案中具体界定相关市场时，必须对平台所涉及的三个市场进行区分，由此得出上游市场是平台所在的通道市场，下游市场是衍生品市场。必要性测试的核心是如何划定"促进"和"必不可少"的边界，流量通道的双向性决定了必要性测试难以离开平台锁定效应的分析，其中一个重要的分析维度便是用户使用第三方服务的需求是否和用户使用平台提供的通道需求所绑定。基于平台的通道属性和平台经济的动态竞争特征，传统的"新产品"要件实际上也从客体界定中剥落，不再作为一个独立要件，但其中所含的

"亲创新"装置可为竞争损害分析所吸纳。值得探讨的是,即便适用"必需设施理论"赋予平台强制开放的义务,交易的条件如何划定,是否需要请求者提供一定的"对价",目前在实践中尚未有平台被界定为"必需设施",理论和实践的脱钩使得该原则在数字行业的适用上,仍存在洵足讨论的空间。

(初审:李嘉宁;校对:包少卿)

权利标的视角下财产性利益盗窃的理论建构

王郁茗*

摘　要：在财产性利益盗窃的问题上，应先明确潜在占有对象的本质。"权利"和"利益"都无法被占有，能被占有的仅为权利标的。因此，必须从权利标的之视角出发理解财产犯罪中的占有及占有转移要件。与"财产性利益"有关的权利，只能是债权，而债权的权利标的为债务人的行为。所谓财产性利益的占有，是指对标的行为的占有。这种占有是一种"智思的占有"，其属于一种理性的事实，无法从认识论的角度对其予以表述。在债权的场合，享有债权者即占有标的行为。在此基础上，"占有转移"就是指转移标的行为的指向；财产性利益盗窃的案型可分为两大类：一类为未即时实现"标的行为履行利益"的行为指向转移，另一类为即时实现"标的行为履行利益"的行为指向转移，只有后者才有成立盗窃罪的可能。

关键词：财产性利益；权利标的；占有；盗窃罪

有关财产性利益能否成为盗窃罪的对象，以及如若承认财产性利益得被"盗窃"，又该如何理解此种窃取行为之构造，学界一直未能达成相对统一的看法。虽然学理已对该问题展开了较多的讨论，但绝大多数文献要么于展开论证之初并未对"财产性利益"做出任何定义，要么就是遵循"财产性利益指的是狭义财物以外的其他一切财产性利益，既包括积极性利益（如取得债权），也

---

* 王郁茗，中国社会科学院大学硕士研究生。

包括消极性利益（如免除债务）"①的宽泛界定，这就使得不同文献中"财产性利益"概念之所指未必相同，从而导致何种行为属于可罚的财产性利益窃取行为这一问题依旧晦暗不明。

诚然，先对"财产性利益"概念进行一个笼统的界说，而后再根据个罪构成要件确定何种"财产性利益"可得成为本罪对象的思路并非全然无可行之处，但是"财产性利益"概念的具体内涵不仅关涉行为对象为何，还直接牵涉到财产犯罪中"占有"及"占有转移"要件的理解。只有"财产性利益"本身摆脱了含混不清的境遇，财产性利益的占有及占有转移的面貌才能够被清晰地呈现。然而，学界既有的讨论似乎完全把关注的焦点放在了"占有"概念上，并形成了"事实性占有"到"规范性占有"的理论光谱。好像只要在该光谱上选取一个点，那么窃取财产性利益之行为是否成立盗窃罪的问题就自然地得到了回答。但是，主流的讨论脉络中存在着一个逻辑失位——如果潜在的占有标的尚未明晰，那么该如何思考什么是占有？

这一逻辑上的疏忽也造成了当下学理讨论出现了一些自说自话的现象。例如，有学者基于占有标的为债权的立场，进行了各种占有缓和化，以至于提出准占有的理论。②而一些学者基于占有标的是某种利益的观点，认为"财产性利益根本无所谓被占有与否的问题，而只有被获得与被消灭的问题，其背后反映的是权利义务此消彼长的关系"，③进而认为只能对占有进行彻底的观念化。但由于双方的出发点——占有标的——其实并不相同，因此彼此之间其实并未就各自的理论进行有效的对话。

是故，本文将先对当下学理的讨论情况进行梳理，以便更加清晰地展现既有研究中存在的误区与迷思。在此基础上，本文指出，应当转换问题思考的思路，先行明确"财产性利益"概念的具体所指，即得被"占有"的对象究竟为

---

① ［日］西田典之著：《日本刑法各论》（第6版），王昭武、刘明祥译，法律出版社2013年版，第198页。

② 相关文献可参见黑静洁：《存款的占有新论》，载《中国刑事法杂志》2012年第1期，第47—54页；梁云宝：《财产罪占有之立场：缓和的事实性占有概念》，载《中国法学》2016年第3期，第164—185页等。

③ 马寅翔：《限缩与扩张：财产性利益盗窃与诈骗的界分之道》，载《法学》2018年第3期，第48页。

何。对于该问题的回答，本文将提出"权利标的"理论，指出占有的对象应为对应权利的权利标的，"财产性利益"概念也必须在这个意义上进行理解。随后，本文会对"财产性利益"这一概念的外延进行限定，明确只有债权会落入到此概念的指涉范围之内。最后，以本文建构的理论为基础，尝试对可罚的财产性利益盗窃行为进行甄别，落实本文的现实关怀。

一、既有学理回顾：思路与误区

（一）财产性利益盗窃的学说争议脉络

国内学界有关财产性利益的讨论，大抵经历了两个阶段。在第一个阶段，学理争论主要是围绕着将财产性利益作为盗窃罪的对象是否具有可行性与必要性这一问题展开的。[1] 诚然，该阶段的探讨为财产犯罪教义学提供了新的理论增长点，但盗窃行为的客观构造却未能得到充分地关注。这种不够严谨的讨论进路，被部分学者指责为"仅从刑事政策层面所作的苍白的呼吁"。[2] 到了第二个阶段，学界对该问题的讨论日渐精细化。无论是否定的立场还是肯定的观点，都会从盗窃罪的客观构成要件本身出发以把握盗窃"财产性利益"的整体形象。否定的理由大致为以下两点：第一，如果不在过度观念化的占有概念之下理解财产性利益的占有，则"占有财产性利益"缺乏可理解的动宾关系，即"占有财产性利益"本身是一件不可能的事情。[3] 因此，财产性利益当然不能成为盗窃罪的行为对象；第二，如果将占有概念观念化，将会混同占有转移与财产转移，从而使盗窃罪的构成要件沦为单纯的利益损害行为。这种使构成要件完全丧失定型性的解释结论在正当性上颇有疑虑。[4] 反驳的观点认为，即便将

---

[1] 此阶段的代表性文献有黎宏：《论盗窃财产性利益》，载《清华法学》2013 年第 6 期；张明楷：《论盗窃财产性利益》，载《中外法学》2016 年第 6 期。

[2] 王莹：《论财产性利益可否成为盗窃罪行为对象——"介入行为标准"说之提倡》，载《政法论坛》2016 年第 4 期，第 152 页。

[3] 参见车浩：《占有概念的二重性：事实与规范》，载《中外法学》2014 年第 5 期，第 1221 页。

[4] 参见徐凌波：《虚拟财产犯罪的教义学展开》，载《法学家》2017 年第 4 期，第 53 页。

占有观念化也不会使得盗窃罪的客观构成要件变得虚无缥缈、无法捉摸。① 因为无论是财物的占有，还是财产性利益的享有，其本质都是在一个专属于自身的权利领域内对外在状态的"支配"。② 那么，在"窃取"财产性利益的场合就同样可以存在"打破支配—建立支配"的典型形象，而这种形象显然是可以被充分把握的。③

在这样的理解下，问题就进一步地转换成，对财产性利益的享有到底意味着一种什么样的支配形态？于此，理论上的处理路径又出现了分野。第一种路径仍旧尝试为观念化的占有辩护，认为"占有权利"并不是什么不可理解的事情，在许多场景中，"财产性利益"的可转移性依旧是清晰可辨的。④ 不过，此类观点往往过分拘泥于文字上的表述，即财产性利益与"占有"的搭配在何种

---

① 当然也有观点明言在财产性利益时代下应当将盗窃罪的结构理解为"行为人造成他人利益受损，自己取得利益"。参见陈文昊：《财产性利益时代盗窃罪的扩张与类型化》，载《法律适用》2017年第8期，第91—97页。但如此扩张的理解显然难以在否定说的批评面前给出解释，其立论似难言合理。

② 本文此处的支配并非仅指纯粹事实意义上的支配，也包括法律上的应得。就财物而言，权利人通过对物的事实性支配以获得应归属于他的"利益"；而在财产性利益的场合，权利人则可以通过对他人的"请求"，以获得应归属于他的"利益"。

③ 有批评意见指出，既然认为占有理论已经无法对财产性利益的"占有"进行说明，那么通过引入其他概念以使得财产性利益能成为盗窃罪对象的做法，实际上是另外设立了一套构成要件，这完全不符合法律解释的要求。参见刘明祥：《论窃取财产性利益》，载《政治与法律》2019年第8期，第67页。但本文认为，这种"固执"于盗窃罪的客观构成要件只能是"占有移转"的批评并没有击中要害。我国《刑法》中的财产犯罪条款大都是简单罪状，也从未有规范将盗窃罪的对象限定为财物。因此，在我国刑法背景下，盗窃罪的客观构成要件就有很大的解释空间。以德日刑法中盗窃罪的构造指责此类解释属于司法的僭越，显然没有充分的根据。事实上，这种理解是对转移财物的占有和破坏财产性利益的享有进行化约，从而以二者的共同结构——"打破归属——建立支配"作为盗窃罪的指导形象。这样的解释方法应不存在违背罪刑法定原则的疑虑。

④ 此类文献可参见梁云宝：《从占有到取得：我国盗窃罪教义学结构的补正》，载《政治与法律》2019年第4期，第46—63页；黄小飞：《财产罪占有的法理——对"占有规范化"批判论之否定》，载《河北法学》2019年第6期，第176—189页；马永强：《盗窃罪中财产性利益占有的规范化解释进路》，载《政治与法律》2020年第3期，第52—63页等。需要指出的是，虽然梁云宝教授在文中提出的是在针对财产性利益的场合应以"取得"代替"占有"，但此结论是在批判物理性、事实性占有无法用在财产性利益之场合而得出的。是故本文将该文中所谓的"取得"等同于观念化的占有。

意义上可以被理解。但即便将事实性的占有与观念性的占有都理解成某种"支配",如若在尝试实质性地理解"占有"时,又形式化地看待"占有转移",则不啻是一种虎头蛇尾。

第二种路径则在"支配"的基础之上,提出"支配领域"的概念。盗窃行为属于一种侵入他人支配领域,进而打破他人对支配领域内"财物"或者"财产性利益"的控制并转入自己支配领域中的行为。但即便遵循同一前提性理解,理论上对于"支配领域"又给出了不同的解释方案。一种解释将"支配领域"理解成权利人对债权实现效能的可得控制的事实性范围。如有学者指出,应区别在就餐、住宿和高速路通行等场合的偷逃费用与单纯的逃避债务。在前者的场合,"债权人实现债权具有'即时性''空间控制性',行为人需要当场、在一定空间内交付费用,这种'时空性'特征正是债权人为其债权行使划定了控制领域的体现"。[1] 而在后者的场合,一般并不存在权利人得以现实控制的债权效能的时空范围,因此债务人乘坐飞机飞往国外以逃避债务的行为就属于"单纯逃避债务",其行为不构成盗窃罪。[2] 而在另一种解释之下,"支配领域"的范围就要小得多。根据这种理解,只有当行为人以打破空间禁忌的方式对他人的权利进行消灭与再造时,才能成立盗窃罪,用该论者的话说,即所谓"僭权"。[3] 与前一种解释以权利人在现实中的实际控制范围作为划定"支配领域"的标准不同,"僭权"理论以社会规范视角下的禁忌空间作为"支配领域"范围的根据。因此,权利人是否具有对债权实效的控制并不重要,如果在社会规范的视角下不能认为行为人已经侵入他人的空间禁忌,而只是从外部影响他人

---

[1] 王骏:《财产性利益盗窃的客观构造》,载《政治与法律》2021年第3期,第48页。另见王立志:《驾车暴力冲卡逃费应如何定性》,载《政治与法律》2018年第3期,第59页。

[2] 参见王骏:《财产性利益盗窃的客观构造》,载《政治与法律》2021年第3期,第48页。

[3] 参见马寅翔:《限缩与扩张:财产性利益盗窃的界分之道》,载《法学》2018年第3期,第51页。

的财产状态,则无法成立盗窃罪。① 不过,在财产性利益的场合,这种空间禁忌该如何划分,以及该空间的划分与权利的归属之间又有什么样的关系,该论者并未做出更进一步的说明,这就导致了"僭权"依旧属于一个模糊不清的"概念"。

(二) 既有理论的反思

可以说,当肯定的观点提出以"支配"作为财物之占有与财产性利益之享有的上位概念以理解盗窃罪的客观构成要件后,针对财产性利益是否能成为盗窃罪对象之问题的讨论,就上升到了一个新的台阶。这种处理方式将否定说提出的虚化盗窃罪客观构成要件的批判消弭于无形。但相关文献以"支配"为基础展开的理论建构却不尽如人意,究竟何谓"支配领域",何种要素能支撑起"支配领域",所建立起来的"支配领域"是否具有理念上的根据,相关理论都语焉不详。例如,将"支配领域"理解成"权利人对于债权实现效能之可得控制的事实性范围"的观点,实际上是区分了即时交易和延时交易。在即时交易的场合,根据一般交易习惯,债务人应即时履行债务,故而债权人即拥有对债权得以实现的事实性"控制"。而在延时交易的场合,债务人并不需要当下立刻完成给付,故而其并不处在债权人得以控制的时空范围内,其逃避债务的行为就不属于盗窃罪。但是交易类型,或者说债务到期时债务人与债权人的空间关系,究竟为何能够成为"支配领域"有无的判断判准,相关文献依旧语焉不详。事实上,延时交易与即时交易在规范上并没有任何差别。而且,在商业贸易中,延时交易反而是交易的主要类型,在延时交易的场合逃避债务仅仅是"单纯地逃避债务",而在即时交易的场合逃避债务反而成立盗窃罪,此间差

---

① 该论者所谓的空间禁忌,是基于其自身对占有的理解之上的。根据该论者对占有的理解,占有应是一种规范性的占有,其强调的是一种空间支配关系。这种空间被称为禁忌空间,在该空间内的某物,归属于某人。参见马寅翔:《占有概念的规范本质及其展开》,载《中外法学》2015年第3期,第739—766页。

异,让人不解。① 至于所谓的僭权理论,亦并未对何谓"僭权"给出充分的说明。在涉及计算机犯罪的场合,该论者指出,只有在行为人利用计算机技术非法侵入他人控制支配的计算机系统,对该系统中存储、处理或者传输的与财产性利益有关的数据进行删除、修改、增加等操作时,才会成立盗窃罪。② 但这种数据一般是存储在第三方平台的信息系统之中,权利人并不会对这些数据进行直接的掌握。为何对这种分明存储在他方计算机系统之中的数据信息进行删改会被认为打破了权利人的"禁忌空间",该论者并没有给出什么说明。若要细究理由,所谓的"禁忌空间",似乎也只是权利的形式归属而已。由此来看,最新的理论尝试似乎也难谓成功。

若对既有学说进行一次俯瞰式的全景观察即可发现,迄今为止,无论是否定说还是肯定说,无一不汲汲于"占有"概念之中。无论是支持事实性占有的观点,抑或强调规范化占有的理论,还是提出"支配领域"的创见,其实质均是对"占有"概念中"控制"要素的处理。但一个于逻辑上在先的问题却仍然未得到回答——潜在的占有对象究竟为何。如前文所述,当下的文献基本上对"财产性利益"概念采行一种宽泛的界定,因此可被视为财产性利益者免不了形态各异。而相关论者在证立自己的占有概念时,不可能兼顾财产性利益各式各样的形态,而只能立基于少数几种具体的情况。如此建立起来的占有概念难免会在推广适用中面临质疑。少数学者无奈于"财产性利益"概念的混乱,提出在财产性利益盗窃中,重要的不是财产性利益,而是财产性利益的载体。财产性利益载体的占有是比较容易把握的,因此只要财产性利益载体的占有被转移,即可认为占有转移的要件得到满足。③ 可惜,这种"退而求其次"的做法似难谓成功。很明显,在划转存款债权的场合,很难为存款债权找到什么载体。

---

① 如后文所述,财产权的本质在于智思的占有,而智思的占有导源于纯粹实践理性公设。因此,权利人支配领域的范围并不会取决于经验层面的空间关系。试图从空间距离的远近来划定支配领域之范围的做法,不仅针对具体案件所得出的结论难以让人信服,在一般性的理论建构上也势必是无法成功的。

② 参见马寅翔:《限缩与扩张:财产性利益盗窃与诈骗的界分之道》,载《法学》2018年第3期,第52页。

③ 参见郝艳兵:《财产性利益视角下盗窃罪和诈骗罪的重释》,载《安徽大学学报(哲学社会科学版)》2021年第5期,第107—108页。

虽然该论者认为存款债权的载体是一种物理性的电磁记录，①但这似乎略显牵强。即便认为这一观点可以成立，账户存款信息的电磁记录也是由银行后台控制，那么这一载体就并没有被用户占有。以此进一步推论，就不得不认为，违背他人意志划转他人银行债权的行为无法成立盗窃罪。然此种结论是否妥当，颇为可疑。是故，理论上应先明确"财产性利益"的本质，在此之后方能清晰明了地讨论财产性利益的占有及占有转移。②

二、财产性利益的内涵：从权利、利益到权利标的

（一）"财产性利益"概念的使用：现状与问题

揆诸各类文献及案例，"财产性利益"大抵有以下两种用法：其一，用"财产性利益"来指涉各类权利；其二，将"财产性利益"等同于基于权利而可获得的利益或者有利地位。

第一，用"财产性利益"来指涉各类权利。依主流观点之见，对于转移他人存款债权至自己账户中而为自己"占有"的行为，属于盗窃财产性利益。③当行为人通过诈骗行为为使他人免除债务因而导致他人丧失财产权时，也可以认为是对财产性利益的诈骗。④这是将债权这项权利本身视为财产性利益。基于此种理解，对于权利主体发生变更、行为人为权利人设定债务、行为人使权利人免除自身债务等权利本身发生得丧变更的情形，都会被认为存在财产性利益的占有转移。还有学者指出，可以将财产性利益进行广义的理解，将所有权以及包括在所有权中的其他财产权利都当作财产性利益。⑤据此，财物盗窃实质

---

① 参见郝艳兵：《财产性利益视角下盗窃罪和诈骗罪的重释》，载《安徽大学学报（哲学社会科学版）》2021年第5期，第107页。
② 当然，本文并非意味明确"财产性利益"的本质后，就无需再讨论"占有"。而是说，完成前者的任务后，后者的讨论可以更加清晰且有目的性，学说批评与争论也才能够有的放矢。
③ 参见张明楷：《论盗窃财产性利益》，载《中外法学》2016年第6期，第1420页。
④ 参见李强：《财产犯中财产性利益的界定》，载《法学》2017年第12期，第41页。
⑤ 参见李强：《财产犯中财产性利益的界定》，载《法学》2017年第12期，第42页。

上也属于一种财产性利益盗窃行为。亦有观点认为,伪造印章非法转移他人股权的行为能够成立职务侵占罪。① 可见,股权也被当成了一种财产性利益。

第二,将"财产性利益"等同于基于权利而可获得的利益或者有利地位。如有学者认为,在偷逃费用的场合,权利人"即时收取费用的利益"已被行为人现实地剥夺。即便权利人仍可主张债权,但债权已经无法现实地实现。而行为人所获得的"不交纳费用的利益"又与权利人"即时收取费用的利益"具有同质性,故而部分偷逃费用的行为完全可以按照盗窃罪论处。② 而日本通说、判例认为,除了免除债务之外,获准暂缓履行或者偿还债务的,也相当于取得了财产性利益。③ 这种得以暂缓履行或者偿还债务的"资格",即为对行为人而言是有益的地位或状态。除此之外,认为使用足以压制反抗的暴力、胁迫追问借记卡密码④、获取他人网络游戏登录账号与密码等行为也属于获取财产性利益⑤的观点,同样是采取了该种理解。

但是,无论是将"财产性利益"理解为某种权利,还是理解成基于权利而可获得的利益与有利地位,都存在着无法解决的根本问题。首先,权利之本质为一种抽象的法权关系,⑥ 换言之,"权利"是一个关系性概念,这一概念所承载的核心内容是主体之间的关系。说某人有权利,并不是说该人拥有某种现实的或者抽象的"东西",而是说该人与他人处于一种特定的关系之中。以债权为例,某人有债权,仅仅意味着该人置身于一种能够向他人为请求的关系。所

---

① 参见周光权:《职务侵占罪客观要件争议问题研究》,载《政治与法律》2018年第7期,第55页。

② 参见王骏:《财产性利益盗窃的客观构造》,载《政治与法律》2021年第3期,第50页。

③ 参见[日]西田典之著、[日]桥爪隆补订:《日本刑法各论》(第7版),王昭武、刘明祥译,法律出版社2020年版,第225页。

④ 参见[日]西田典之著、[日]桥爪隆补订:《日本刑法各论》(第7版),王昭武、刘明祥译,法律出版社2020年版,第204页。

⑤ 参见王骏:《刑法中的"财物价值"与"财产性利益"》,载《清华法学》2016年第3期,第48页。

⑥ 相关理论的简明介绍,可参见周漾沂:《从实质法概念重新定义法益:以法主体性论述为基础》,载《台大法学论丛》第41卷第3期(2012年),第983—1052页。

以，权利本身是根本无法被占有的，① 占有一种关系显然是让人费解的说法。② 至于占有"利益"，则同样模棱两可。"利益"与"权利"一样，都是一个关系性的概念。"利益"无非是"有用性"的另外一种表达。举例言之，说债权实现对债权人来说是一种利益，并不是说债权实现的过程本身是"利益"，而是说债权实现对于债权人而言能够产生某种效用，这种效用对于债权人而言是利益。因此，"利益"并非一个可以把握的实体，无论是具体的还是抽象的。"利益"只存在于关系之中。正是出于这个原因，说财产性利益是一种利益并且可以被占有，自然会让人困惑于被占有的对象究竟是什么。

可见，恰是这种将占有的对象确定为抽象的"权利"与不可捉摸的"利益"的做法，极大地影响了理论对"财产性利益占有"的把握与理解。占有对象的抽象化与观念化，势必会导致占有本身的观念化。即便理论上进行了各种各样的尝试，以期求得一个较为清晰的支配形象，但如前所述，无论是"支配领域"理论，还是"禁忌空间"理论，均不具备足够的说服力。既然问题出在占有对象的观念化与抽象化上，那么重新思考占有财产性利益究竟占有的是什么即应为破题之道。

(二) 占有对象的本质：权利标的

关系不可能被占有，能被占有的只能是某种独立存在的东西。那么，在权利的关系中，该去何处寻觅此种可能被占有的对象？任意一种关系，皆不可能凭空存续。权利必须建基于其标的之上，方能成为权利。因此，真正能被占有的，只能是权利标的。

---

① 我国亦有学者看到了这一点，认为"从民法上来看，债权实际就是债权人与债务人之间的一种请求权。而刑法上的占有，是对行为客体的事实性支配与控制，发生于特定相对人之间的抽象请求权通常很难成为适格对象"。王华伟：《论网络盗窃中的规范占有》，载《国家检察官学院学报》2021年第6期，第107页。只不过，该学者最后仍然走上了传统学理的道路，通过求诸占有的性质来说明债权本身无法被占有。此点与本文观点不同。在本文看来，无论赋予占有何种性质，都无法说明权利本身缘何能被占有。

② 若从语言的角度分析，说某人占有某种东西，应同时意指该人在该物之外。而说某人与他人之间有一种关系，则是指该人处于此关系之中。"……之外"与"……之中"彼此之间显然天差地别，似不应有所混淆。

其实在财物盗窃的场合，理论对此早有关切。毕竟，财物占有的占有对象为"物"乃学理之共识。但理论上所谓的"物"即非物权本身，亦非物权于权利人而言的效益。"物"所具有的规范意义，实为物权之标的。只不过，权利标的的形象在此隐而未彰。若以此为参照，人们必会惊愕于，既有理论在讨论财产性利益盗窃的时候，为何将权利标的弃之不顾，而总是"顾左右而言他"？任何形式的权利必有在经验世界中对应的权利标的，不然权利将无所附丽。权利的变动抑或权利状态的变动都紧紧依附于权利标的于经验世界中的变动。与权利相关的任何变动都需要以对应的标的为中介，不存在直接作用于权利的"转移""消灭"或"再造"。而所谓权利人基于权利可获得的利益或地位，无非是权利标的的存在或被"实现"后于权利人而言的效果。权利关系于经验世界中的核心，仍然在权利标的之上。权利之所以对权利人而言是一种权利，是因为其能够正当地让权利标的"为己所用"，对权利的保护亦只能通过确保权利人对权利标的的"控制"实现。既然如此，理论似可不必再汲汲于权利的消灭或者实现利益的丧失这类反射性的现象与效果，而是将关注的重心放在权利标的之上。本文认为，正是对这一点的忽略使得既有学说均未能抓住"财产性利益盗窃"之问题的关键所在。

明确了占有对象的本质是权利标的之后，接下来的问题就是，究竟应该将哪些权利纳入"财产性利益"这一概念所能够指涉的可能范围。完成这一任务后，才能够继续思考对特定权利标的的占有及占有转移。

三、何种权利标的？财产性利益范围的限定

（一）财产性利益不包括股权

既然待证问题是财产性利益能否成为盗窃罪的对象，那么财产性利益应附着于财产性权利就应是一个毋须赘言的命题。盗窃罪为财产犯罪，而财产犯罪为保护财产权利的犯罪。如若某一对象与财产权利无关，则根本无须讨论对该对象的"窃取"行为是否能够被盗窃罪的构成要件所涵摄。就该结论本身而言，理论上并无争议。然而，理论与实务的主流观点似都认为股权属于财产性

利益的一种，伪造股东签章非法转移他人股权的行为有成立盗窃罪的可能。①然此一论断可否与"财产性利益应附着于财产性权利"的前提预设相合，似有进一步考量的必要。

所谓股权，是指"股东基于其股东身份和地位而享有从公司获取经济利益并参与公司经营管理的权利"。②该定义明白昭示，股权乃基于股东身份而来的权利，此种基于特定身份方可拥有的权利类型非属财产权之范畴。此外，将股权理解成财产权的观点也忽略了股权行使的组织法背景。与物权、债权不同，传统的财产权利是个人法语境下的权利，权利行使具有自主性。而股权的行使则要受到组织规则的约束，其行权规则只有在组织法语境下方能得到全面的把握。③故而，当下公司法理论的主流观点均将股权视为一种社员权。④据此，股权无法成为财产犯罪的对象，自然也就不可能被纳入财产性利益的范畴之中。认为股权属于财产性利益的文献，往往会援引《中华人民共和国刑法》（以下简称《刑法》）第92条作为论据。该条规定，"本法所称公民私人所有的财产，是指下列财产：（一）公民的合法收入、储蓄、房屋和其他生活资料……（四）依法归个人所有的股份、股票、债券和其他财产"。既然我国刑法已经明文规定股份、股票属于公民私人所有的财产，那么将股权认定为财产性利益就不存在疑问。⑤然依本文之见，如此论断未能准确把握股票、股份的性质。股票、股份不等于股权，即便股票、股份被视为财产，也不意味着股权得被视为财产权。

---

① 相关文献，可参见刘文钊：《擅自过户股权的行为应当认定为盗窃罪》，载《中国检察官》2015年第4期，第73页；张明楷：《论盗窃财产性利益》，载《中外法学》2016年第6期，第1421页；李紫阳：《伪造签章转移股权行为的类型认定——驳行为无罪论与单一罪名论》，载《青少年犯罪问题》2020年第6期，第98—99页等。

② 施天涛：《公司法论》（第4版），法律出版社2018年版，第254页。

③ 参见叶林：《私法权利的转型——一个团体法视角的观察》，载《法学家》2010年第4期，第143页。

④ 相关文献可参见谢怀栻：《论民事权利体系》，载《法学研究》1996年第2期，第67—76页；王军：《中国公司法》，高等教育出版社2015年版，第274页；李建伟：《公司认可生效主义股权变动模式——以股权变动中的公司意思为中心》，载《法律科学（西北政法大学学报）》2021年第3期，第66—67页等。

⑤ 相关文献可参见周光权：《职务侵占罪客观 要件争议问题研究》，载《政治与法律》2018年第7期，第55页；李紫阳：《伪造签章转移股权行为的类型认定——驳行为无罪论与单一罪名论》，载《青少年犯罪问题》2020年第6期，第93页等。

根据公司法的基本理论，股票是指对公司所有权份额的凭证，而份额的计算以股份为单位。所谓将公司资本划成股份，是指将公司所拥有的全部资产，诸如厂房、机器、设备、现金、土地使用权、知识产权等抽象为一个整体的权利，而后将该抽象的整体价值划分为许多份额。① 每一份额即为一股份，股份的外在表现形式即为股票。由此可见，股票本身是一种有价证券。"股票作为彰显股权的证券演变为独特而重要的金融商品。一纸股票本身即为物权的标的物"。② 因此，股票与股份已然不同于股权本身。诚然，股票、股份与股权在经验上确实存在着"三位一体"的关系，购买股票者同时拥有股份，享有股权，"但股东权终究不是由股票所创设，股票是一种证权性的有价证券"。③ 因此，我国《刑法》第92条并不能成为支持股权属于财产性利益之论断的规范依据。④

（二）财产性利益不包括数据权利

随着数据经济的发展与大数据时代的到来，我国有学者开始呼吁确立数据财产权，并认为数据财产权是一种类似物权的结构。⑤ 根据此种观点，各类数据信息亦可成为盗窃罪的对象。不过，本文对数据信息可以成为财产权标的的

---

① 参见朱锦清：《证券法学》（第4版），北京大学出版社2019年版，第3页。
② 刘俊海：《现代公司法》（第3版），法律出版社2015年版，第282页。
③ 施天涛：《公司法论》（第4版），法律出版社2018年版，第194页。
④ 本文之结论可能面临的质疑是，既然股票、股份与股权有着极为紧密的联系，如若如此严格区分股票、股份与股权，岂非将造成只保护股份有限公司之"股东权利"的局面？但一来，罪刑法定原则是刑事法领域内必须恪守的帝王条款。既然社员权与财产权有别，而股权属于社员权而非财产权，那么股权当然不能成为财产犯罪的保护对象。理论上绝对不能以结果的实质危害性代替构成要件的解释，否则罪刑法定原则将被架空；二来，股份有限公司的人合性远远弱于有限责任公司，即便取得其公开发行的股票就同时取得股权，但此种股权的组织法性质也比较微弱，财产权的性质反而相对浓厚。因此，即便从实质的角度观察，严格区分股票、股份与股权并不会带来于体系上不合理的结论。
⑤ 相关文献可参见龙卫球：《数据新型财产权构建及其体系研究》，载《政法论坛》2017年第4期，第63—77页。

观点持保留立场。财产权之所以为财产权，在于财产的稀缺性。① 正是因为财产的稀缺，才有必要通过财产权赋予权利人对特定标的的排他性绝对权。倘若某一对象并不具备稀缺性的特征，是否有必要在其上设立财产权，则值得进一步地考量。数据本身具有非竞争性和非排他性，他人对数据的使用并不会对数据的效用带来影响，且即便特定量的数据被个人"占有"，亦不妨碍第三方能够同时占有这些数据。② 事实上，数据财产权概念的首倡者雷席格教授提出此概念的最初目的在于打破通过隐私权来保护个人信息数据的局面，以便盘活数据的收集与流通。③ 暂且不论这一目的的实现未必需要通过设立排他性的财产权来完成，数据财产权这一概念所背负的使命也暗示了数据在使用上是以共享流通为主，排他使用为辅。这与传统财产权下的财产所具有排他使用为主，社会义务为辅的模式大相径庭。而且，如果重视相关数据法律规范的目标是促进数据的流通与传播，排他性财产权的设立反而会适得其反。④

据此，本文不赞同数据财产权的概念。相关数据权利虽值保护，但不应在财产权的名义下进行。既然这些权利不能够被囊括在财产权范围之内，自然不应将其视为"财产性利益"。

---

① 可能会有的疑惑是，当今社会生产力已非昔日所能比拟，在经济高度发达的当下，资源，亦即财产，真的还是稀缺的吗？需要明确的是，财产的稀缺性并不是一个客观上可供利用的资源的量的问题。财产是基于人的需求才会成为财产。而人的欲望是不断增长的，是永无止境的，因此，财产必然是稀缺的，除非人类的生产力高度发达到如此地步，以至于财产在客观上的量真的能够趋近于无限。但这只能在共产主义社会中实现。不过信息数据却与此不同，信息数据诞生于人类的日常生活中，而人类有无限种可能生活，可能生活的无限性决定了诞生于其中的数据的无限性。因此，数据并不是稀缺的。关于"可能生活"的概念，参见赵汀阳：《论可能生活》（第2版），中国人民大学出版社2010年版，第140页。

② 参见丁晓东：《论企业数据权益的法律保护——基于数据法律性质的分析》，载《法律科学（西北政法大学学报）》2020年第2期，第96页。

③ 参见[美]劳伦斯·雷席格：《网络自由与法律》，刘静怡译，商周出版社2002年版，第400页。

④ 对数据财产权概念的全面详细的批判，可参见王镭：《"拷问"数据财产权——以信息与数据的层面划分为视角》，载《华中科技大学学报（社会科学版）》2019年第4期，第104—115页。

(三) 财产性利益应不包括物之使用价值

部分文献在探讨财产性利益盗窃的问题时,将物之使用价值囊括进"财产性利益"的范畴之内。例如,有学者在说明财产性利益作为财产犯罪的行为对象已经得到了我国立法的承认时指出,《刑法》第210条第2款关于"使用欺骗手段骗取增值税专用发票或者可以用于骗取出口退税、抵扣税款的其他发票的,依照本法第二百六十六条的规定定罪处罚"的规定,就是在保护这些发票所体现的财产性利益。① 而这些发票所具有的让发票持有人获取出口退税、进行税款抵扣的"功能"即属于此类发票的使用价值。因此,"使用盗窃实质上是一种利益盗窃行为。这种利益就是被盗用行为消耗的财物本身的使用价值"。②

但是,将物之使用价值等同于财产性利益的观点,混淆了"盗用"行为与窃取行为。作为盗窃罪客观构成要件的窃取行为应具备"打破占有——建立占有"的典型形象,而消耗他人物之使用价值的盗用行为只是单纯的使用而已。在该物被使用之前,所谓的使用价值只是一种抽象的存在。此时所谓的"使用价值"只是物的被使用并让权利人获益的一种性质。只有当物被现实地使用时,某一具体的使用价值才能获得实存。以诈骗罪为例,可以设想如下案例:甲使用诈术欺骗乙将某物借予自己使用,甲使用完毕后将该物返还于乙。但若乙知晓真情,则不会将该物出借于甲。很显然,在该物被现实地使用前,乙对该物并不享有任何具体的使用价值,乙与该物的关系仅仅是乙将来可以使用该物而已。因此,乙不可能对自己不享有的东西做出处分。本案中,要论证甲成立诈骗罪,只能将乙所处分者限定为该物本身,并进而通过"不法获利目的"来补足行为的不法性。此种场合的诈骗依旧是对有体物的诈骗,而非对财产性利益的诈骗。可见,由于所有权人并不"占有"由行为人所消耗的具体的"使用价

---

① 参见李强:《财产犯中财产性利益的界定》,载《法学》2017年第12期,第39—40页。

② 黎宏:《论盗窃财产性利益》,载《清华法学》2013年第6期,第136页。另见李强:《论使用盗窃与盗用》,载《国家检察官学院学报》2018年第2期,第48—58页。不过李强教授并没有径直认为盗用他人财物就一定构成盗窃罪,而是说可将盗用行为界定为盗窃财产性利益,从而在盗窃财产性利益的框架内探讨在使用盗窃的场合,盗窃罪的客观构成要件是否得到满足。

值",对他人之物的使用根本无所谓窃取可言。

事实上,对于"获取"物之使用价值的一时使用他人之物的行为而言,无论是德国还是日本刑法理论,都是在排除意思的对象下对该问题进行考察。以所有权保护为基本形象的德国盗窃罪教义学,通过修正的实体理论、综合取得理论、狭义的价值理论、广义的价值理论逐步将排除意思的对象从形式的所有权扩张至物的使用价值,以为类型复杂的使用盗窃行为提供解决方案。① 但无论如何,这些理论都是在保护所有权的背景下展开的。不同理论的差异之处仅在于,对于何谓所有权侵犯有着不同的理解。重视实体的理论强调只有当行为人对权利人的形式所有权进行全面的剥夺时,才能算真正意义上的所有权侵害。而重视价值取得的理论则会认为,无权使用他人之物的行为本身就是对他人权利的不尊重,即便不存在彻底排除他人形式所有权的意思,其行为依然是对所有权的侵害。而重视物之使用效能的日本盗窃罪教义学,则将对他人财物价值的消耗作为判断对他人权利产生实质妨害的因素。② 根据行为人所预想的使用计划,若使用行为足以造成实质的利用侵害,则同样可证立行为人的排除意思。可见,这种围绕"排除意思之对象"展开的思路仍然遵循了盗窃罪的行为对象为"财物"的预设,此与试图扩展盗窃罪行为对象至"财产性利益"的讨论路径显然有别。③

既然不可能对物之使用价值成立以"财产性利益"为对象的财产犯罪,且关于物之使用价值在既有理论体系中已有现成的讨论脉络,自无必要另辟蹊径,徒增困扰,将物之使用价值视为财产性利益。

---

① 相关理论介绍,可参见王钢:《德国判例刑法(分则)》,北京大学出版社2016年版,第164—165页。

② 参见[日]桥爪隆:《论盗窃罪的非法占有的目的》,王昭武译,载《法治现代化研究》2019年第2期,第184—185页。

③ 从这个意义上说,一些批判价值取得理论会违背"利益盗窃"不可罚之立场的观点就存在疑问。相关质疑,可参见黄士轩:《一时使用他人之物与窃盗罪的所有意图》,载台湾大学法律学院编:《台大法学丛》第45卷第4期(2016年),第1953页。同样地,将何种财产性利益可以成为盗窃罪之对象放在盗窃罪主观目的下进行讨论的做法,也存在张冠李戴之嫌。此种处理方式,参见王莹:《论财产性利益可否成为盗窃罪行为的对象——"介入行为标准"说之提倡》,载《政法论坛》2016年第4期,第152—163页。

(四) 财产性利益应只与债权相关

我国已有学者指出，民法中财产权的债物二分格局为"财物"与"财产性利益"的区分提供了标准，"财物价值属于物权保护范围，财产性利益则归于债权保护领域"。① 本文认为，此种观点足兹认可。在大陆法系的传统财产权概念中，物权与债权已经逻辑周延地囊括了财产权概念下的全部类型。既然已经确认"财产性利益"必须通过财产性权利体现，且物之使用价值应归于财物的范畴进行探讨，那么与"财产性利益"相关的权利就只能是债权。② 此为排除法的必然结论。

而据民法理论以观，为债权之标的者，乃他人之作为或不作为的特定行为。③ 那么，盗窃财产性利益是否成立，以及在何种范围内成立，关键的问题就在于如何理解对他人特定行为的占有与占有转移。

四、标的行为之占有及占有转移：基于法哲学的建构

(一) 从经验的占有到智思的占有：康德法哲学的借鉴

关于占有的性质，我国学界已积累了相当多的文献，此点已于前文有所提及。④ 那么，现在是否可以，或者说是否有可能，通过在已有的"占有光谱"上选取一点从而勾勒出标的行为占有的形象？

---

① 王骏：《刑法中的"财物价值"与"财产性利益"》，载《清华法学》2016年第3期，第49页。
② 至于担保物权与用益物权，只要不将盗窃罪的保护法益仅仅限定为所有权，就依然可以置于财物盗窃中进行讨论，无须将其作为财产性利益看待。
③ 参见梁慧星：《民法总论》（第5版），法律出版社2017年版，第73页。
④ 理论争议的脉络把握，可参见黎宏：《论财产犯中的占有》，载《中国法学》2009年第1期，第110—124页；车浩：《占有概念的二重性：事实与规范》，载《中外法学》2014年第5期，第1180—1229页；孙运梁：《选言式而非连言式：财产犯中占有概念的界定路径》，载《政治与法律》2016年第1期，第28—39页；梁云宝：《财产罪占有之立场：缓和的事实性占有概念》，载《中国法学》2016年第3期，第164—185页；李强：《作为规范性支配的占有——以日本的刑事判例为中心》，载《环球法律评论》2018年第1期，第129—147页。

仔细审酌各种观点对于"占有财产性利益"的论证，可以发现彼此之间所共同遵循的思考路径——若能于有体物占有的场合证明应对占有进行规范化的理解，则自然可将占有概念延伸至财产性利益之上，从而证立财产性利益的占有。例如，有学者举出如下案例："顾客在饭店吃饭期间将财物放到餐桌上，中途有事去了一次卫生间且花费了较长的时间。回来后发现钱包被服务员拿走"。该学者认为，基于社会一般观念，顾客在去卫生间期间同样占有该财物。但很显然，在顾客离开餐桌的时间内，其对于自己的钱包并没有任何事实上的支配力。既然占有的形成并不需要行为人对标的物拥有事实性支配，因此自然可以承认权利人对财产性利益的占有。① 可是，物权的权利标的与债权的权利标的并不相同。当可能的占有对象发生变化时，原先论证的占有性质是否还能用在新的对象之上，并非毫无疑问。因此，理论上的合理做法只能是，进一步追问"占有"的本质，在一个更高的层次上统摄这两种不同的情形。其实，无论是事实性的占有，还是观念性的占有，在本质上都是一种经验性的占有。然而，经验性的占有无法说明，占有究竟如何与财产权相关。本文以下将根据康德的财产法哲学对这一问题展开论述。

人作为理性存在者，并不能虚悬于世。无论是生活还是生存，都需要凭借外在于"我的"之物将自身存有现实化。而财产权即是对外在于"我的"之物的一种正当权利。② 但严格说来，毫无疑问地属于"我的"，只能是内在于"我的"，即思想自由与行动自由。我愿如何想，我欲如何做，完全由我自身决定，无须超越自身寻求借力。职是之故，此种自由有着不言自明的绝对性。然而，对财产的使用却需加诸于外，财产权本身无法直接从人格自由中推导出来。对于这一问题，康德通过在一般的法权法则③之外，额外设立一个实践理性的法

---

① 参见马永强：《盗窃罪中财产性利益占有的规范化解释进路》，载《政治与法律》2020年第3期，第52—63页。

② "我的"/"你的"是康德在《道德底形上学》中的特有表达。"我""你"之分即为每个人的自由得以共存的界限。

③ 所谓"一般的法权法则"，是指"外在行为要如此，亦即你的意念之自由运用能根据一项普遍法则而与每个人底自由共存"。[德] 康德：《道德底形上学》，李明辉译注，联经出版事业股份有限公司2015年版，第46页。

律设准去解决。① 关于康德的具体论证步骤，本文在此不作过多的展开。其实，财产权作为一项权利已经是无可置疑的了。既然财产权确实存在着，那么就必然有某种理由使得外在于"我的"成为可能。所以，现在的问题是，是什么支撑起了这种可能？首先可以确定的是，如果认为"外在于'我的'"是一种有意义的表达，那么"我"与"外在于'我的'"东西间必然存在某种关系。在该种关系下，"我"至少有任意使用相关"物"的可能性，这种关系，即为占有。因此，问题即转换成，什么样的占有能够为"外在于'我的'"提供说明？

在康德看来，经验性的占有是无法胜任这一任务的。经验处于时空之中，那么经验性的占有就意味着，对于占有而言存在一定的时空界限。超出这一时空界限之外，主体与外在的"东西"的物理联系将会被隔断，这些"东西"将会变成无主物。既然是无主物，那么这些"东西"就无法成为自由任意的对象，这无异于认为，人之自由会受到自然的限制——我无法将所有的东西都作为任意的可能客体，因为在自然中存在一定的"时空壁垒"。这与自由的绝对独立性是自相矛盾的。因此，"如果某个人的排他使用权能……在法权上不能超越物理性的占有范围，那么就会导致以下自相矛盾的结果：根据法权概念，人格自由会受到毁灭"。② 所以，占有不可能在经验之中。只有某种完全超乎经验的占有，才能在不与自由相矛盾的前提下支撑起财产权利。在这个意义上，经验性的占有就仅仅是一种行动自由的体现，即我自由地实施了一个对"外在于'我的'"东西的持有行为。也就是说，经验性的占有仅仅意味着人格与外物的直接连接，对这种关联的破坏只是一种对他人行动自由地干预。因而，"就经验性占有而言，由于占有仅是当下的和有形的，别人对他的损害仅发生在他直接拥有某物的那一刻，一旦他走开了或者脱离了某物，这种损害就不会影响到他"。③

如果要认为某人对特定标的享有财产权利，则"占有"被剥夺的事实必须

---

① 即"将我的意念底每个对象都当作在客观方面可能的所有物来看待和对待"。参见［德］康德：《道德底形上学》，李明辉译注，联经出版事业股份有限公司2015年版，第68—69页。

② ［德］沃尔夫冈·凯尔斯汀：《良好的自由秩序：康德法哲学与国家哲学》，汤沛丰译，商务印书馆2020年版，第264—265页。

③ 丁宁：《财产权何以可能——论洛克、康德和黑格尔的财产获得思想》，载《吉林大学社会科学学报》2020年第6期，第200页。

能够说明该人所遭受的侵害是持续的，无关乎时间与空间。因此，经验的占有"对于获得对象的权利而言并不充分"。① 既然如此，一个与财产权紧密相关的"占有"概念，就必须是超乎经验的，来源于理性的。② 此种"占有"，康德名之为"智思的占有"。只有在这种占有概念之下，"我的外在所有物是这样的东西，即纵使我并不占有它（并非该对象底持有者），但妨碍我去使用它仍会是

---

① ［美］马尔霍兰：《康德的权利体系》，赵明、黄涛译，商务印书馆2011年版，第252页。

② 值得进一步说明的是，通行的占有观念早已不再执着于事实性的实力支配。只要采取观念性的占有理论，即便权利人"走开或脱离了某物"，也并不会否认权利人对标的物的占有。既然如此，本文的批判是否还能言之成理？对这一问题的回答又关涉以下两个层次：第一个层次，本文是在将"占有"视作财产权的条件下立论的。但占有作为客观的构成要件要素，是否有必要拥有此等丰富的内涵？如果不将占有与财产权进行如此紧密的勾连，则没有必要费尽心思的说明某种来源于理性的占有，观念性的占有也因此不会有什么不妥之处。然依笔者之见，此种尝试分离的努力可能无法获得成功。权利是某一事态的正当根据，因此必须有一事态在先，方有权利得以附丽之处。对财产权而言，此一事态即为占有。在将这种事态抑或关系命名为占有之时，占有与财产权之间就有着先天的内在联结。并且，既然认为盗窃罪是针对财产权的犯罪，那么盗窃罪的客观构成要件要素就必须能够指示一种权利侵害。如果作为其客观要件要素的"占有"与财产权完全无关，那么窃取行为究竟如何侵犯了财产权将难以得到说明。现有的学说试图让"不法取得意图"承担起补足行为不法的功能，但是这种构造存在一个无法解决的问题：如果行为的客观面完全不具备侵犯他人权利的意义，主观要素如何能够凭空让行为拥有不法？当下财产犯罪教义学中的许多结论其实都存在着值得进一步反思之处；第二个层次，即便承认应当在与财产权相联系的意义上理解占有，那么该如何反驳观念性占有概念的理论逻辑？在本文看来，指出占有人"走开或脱离了某物"并不丧失占有并不能直接推论出对该种占有的剥夺意味着对占有人造成了一种持续性的侵害。能够从此判断中直接得出的结论仅仅是，个人在并不"持有"该物的情况下，与该物的直接意志关联能够得到共同体的承认。但是这种占有被破坏后，究竟是一种持续性的侵害，还是一时的对行动自由的干预，仍是一个悬而未决的问题。事实上，人们之所以能够基于社会一般观念承认某人对未"持有"之物仍然"占有"，恰恰是因为人们认可占有作为一种归属关系，其本质是超越时空的。毕竟严格说来，单纯的行动自由只能辐射到与行动者紧密相连的空间中。只不过，这种社会一般观念并不能作为最终的解释根据。虽然社会观念可以不同，但社会一般观念的可能性并不是无限的。人们很难想象一种承认丧失持有即失去占有的社会一般观念。某一观念若过于"离经叛道"，显然也不可能成为社会"一般"观念。故而，在社会一般观念背后，总存在着某些理性的缘由。也许可以说，观念性的占有因"智思的占有"而具备了可能性，前者是后者的一种尚未完全摆脱经验要素的过渡形态。

一种伤害"。①

（二）标的行为占有：享有权利即占有行为

占有是一种理智的占有，"智思的占有"，那么对标的行为的"智思的占有"是否会呈现出某种形象化的样态？其是否会像经验的占有概念一样，存在某种可资识别的图景？

康德在他的第一批判中区分了现象与本体，② 人类的知识只限于现象之中。在本体的世界里，一切都是不可知的，无论是彼岸的物自体，还是物自体所遵循的法则。"自由"作为实践理性最重要的一个设准自当属于本体世界。③ 而法权法则是人基于自律的自由所进行的自我立法，是故，这一法则亦寓居于本体世界中。"智思的占有"作为法权法则及实践理性的法律设准的推论结果，同样也不会属于现象界。因此，对于"智思的占有"而言，我们是无法进行识别的。试图在经验中找到某种占有的图景恰恰是一种囿于经验的思维，这或许也是观念性的占有无法突破理论瓶颈的原因。

既然"智思的占有"是理性层面的占有，那么这种占有就不会包含任何事实性以及实证规范性的要素。事实层面的实力支配与实证规范层面的占有判准只是此种"占有"的认识线索而已。简而言之，我们不能在认识论层面对"智思的占有"进行任何可能的描述，我们对它一无所知。但是，智思的占有作为一种理性的事实，当我们在经验中发现一些关于这个事实的标记时，便可清晰地知道它。④

---

① ［德］康德：《道德底形上学》，李明辉译注，联经出版事业股份有限公司2015年版，第73页。

② 康德区分了"现象"与"物自体"，理性的对象均属于智思物。智思物并不具有现实性，不能在认识论对其进行认识。但它是可思的，甚至是实践活动所必须的。

③ 此即康德在理性辨证论部分第三个二律背反所解决的问题，参见［德］康德：《纯粹理性批判》（第2版），邓晓芒译、杨祖陶校，人民出版社2017年版，第285—290页。

④ 之所以称之为"理性的事实"，是因为智思的占有本就发源于理性，是理性的法权立法的产物。用康德的话说，这是一个先天综合命题，亦即每一个作为理性存有者的人，是先天知道的。因此，当经验中的线索呈现于前时，我们就自然地发现了它。

而这些标记，即经验世界中的图式，亦①只能通过社会性归属的观点去判断。②在不同情境下，根据得到社会共识的语义理解而认为某物应归属于某人者，某人即占有该物。

完成了上述论证之后，理论上就可对标的行为的智思占有有所"把握"了。毋庸纠结于对标的行为的占有到底是一种什么样的占有，因为它本来就是不可认识的。但是它却可以通过社会性归属的观点被发现。或许在物之占有的场合，不同的情境中所体现的语义脉络究竟为何尚有不确定之处，但在债权的场合，这种社会性归属的判断却非常清晰：占有标的行为者即为享有债权之人。③

（三）财产性利益盗窃的不法形象：标的行为指向的转移

本文认为，既然业已确定盗窃罪中的转移要件本质上要求的是权利标的的转移，那么于财产性利益盗窃而言，转移要件所对应的要素事实就是：标的行为指向的转移。契约本身于权利人财产的意义即在于通过他人之行动以收获对应的增益，"藉由契约，我取得另一个人底承诺，但却有某个东西被添加于我的外在资产之上；藉由取得对他人底自由与财富的一项积极债权，我变得更为富有"。④而债权人得以通过标的行为获益的缘由是因为债务人以债权人为履行对

---

① 之所以称之为"图式"，是因为根据康德的观点，人类的认知过程是曲行的。理性理念并不能在经验世界中找到对应物，故而经验世界中的"占有"只是理性的法权关系的认知条件，或者说，是法权关系的一种"图式"。因为"法权占有要成为特定的法权占有，则必须在时间和空间中开始，但是，这个经验性的标记行动不构成其有效性的基础。法权占有的认识前提和显现前提不可与它的先天效力前提相混淆"。[德]沃尔夫冈·凯尔斯汀：《良好的自由秩序：康德的法哲学与国家哲学》，汤沛丰译，商务印书馆2020年版，第287页。

② 关于占有概念作为一种社会性归属的详细论证，可参见周漾沂：《财产犯罪中的持有概念：社会性归属的证立与运用》，载《台大法学论丛》第46卷第1期（2017年），第270—330页。

③ 本文的结论或许会招致一些困惑。如此处理是否完全弃构成要件明确性于不顾？但其实，既然智思的占有是一个理性的事实，那么每一个人就都能认识到它。无法表述并不代表认知的不清，而仅仅是因为它本就无法以认识论的方式去表述。

④ [德]康德：《道德底形上学》，李明辉译注，联经出版事业股份有限公司2015年版，第109页。

象,即标的行为指向债权人。因此,当行为人"替代"契约一造之地位而让对造之行为以自身为指向时,即可认为行为人转移了权利人所"占有"的标的行为。此种理解,既是将被转移者定位为债权标的的逻辑归结,亦能使行为满足盗窃罪客观构成要件所要求的"打破—建立"的典型形象,从而在解释论上不会面临任何困难。

以是否即时实现"标的行为"的履行利益为标准,财产性利益盗窃的各类情形又可分为以下两种类型:

1. 未即时实现"标的行为"履行利益的行为指向转移

所谓未即时实现"标的行为"的履行利益,是指行为人仅单纯地替代原权利人的地位,而并未使债务人现实地"履行"其标的行为。各类偷转他人账户中的资金以及用技术手段从他人账户中转账的案例,皆属该类型。以下以指导案例 27 号臧进泉等盗窃、诈骗案做进一步的说明。

该案案情如下:2010 年 6 月 1 日,被告人郑必玲骗取被害人金某 195 元后,获悉金某的建设银行账户内有 305,000 余元存款且无每日支付限额,遂电话告知被告人臧进泉,预谋合伙作案。臧进泉以尚未看到金某付款成功的记录为由,发送给金某一个交易金额标注为 1 元而实际植入了支付 305,000 元的计算机程序的虚假链接,谎称金某点击该 1 元支付链接后,其即可查看到付款成功的记录。金某在诱导下点击了该虚假链接,其建设银行账户中的 305,000 元随即通过臧进泉预设的计算机程序,经上海快钱信息服务有限公司的平台支付到臧进泉提前在福州海都阳光信息科技有限公司注册的"kissal23"账户中。臧进泉使用其中的 116,863 元购买大量游戏点卡,并在淘宝网店上出售套现。案发后,公安机关追回赃款 187,126.31 元发还被害人。①

在本案中,被害人金某拥有的"存款"为其所享有的银行债权。当金某想要取款时,银行有义务向其支付相应的款项。该债权的标的行为显然是指向被害人金某的。被告人臧进泉等将被害人金某网银账户中的 305,000 元转进自己的账户中,使得在同等额度内,原本应指向被害人金某的标的行为指向了自己,

---

① 臧进泉等盗窃、诈骗案,浙江省高级人民法院刑事判决书(2011)浙刑三终字第 132 号。

其行为属于对"财产性利益"的盗窃,故而被告应成立盗窃罪。①

2. 即时实现"标的行为"履行利益的行为指向转移

所谓即时实现"标的行为"的履行利益,是指行为人现时地使原权利人所"占有"的标的行为以自己为履行对象。著名的二维码置换案足兹成为本类案型的范例。该案的基本案情如下:

2017年2月至3月间,被告人邹某某先后到石狮市晋江市多个店铺、摊位,趁无人注意之机,将店铺、摊位上的微信收款二维码调换(覆盖)为自己的微信二维码,从而获取顾客通过微信扫描支付给上述商家的钱款。经查,被告人邹某某获取被害人的钱款共计人民币6983.03元。案发后,赃款均未追回。② 关于本案被告的行为定性,学理上存在极其激烈的争议。主要分歧点在于被告人的行为究竟应成立盗窃罪还是应成立诈骗罪。③ 就诈骗罪而言,以受骗对象的不同,又可分为针对银行的诈骗罪、针对顾客的诈骗罪与针对商家的诈骗罪。

首先是针对银行的诈骗罪。在该观点看来,行为人偷换二维码的行为使得商家与顾客同时陷入了该二维码为商家之二维码的错误认识。借由电子支付的流程,该错误被传导至银行职员处。银行基于同样的错误信息而向行为人进行债务承诺,以此来代为清偿顾客对商家所负有的商品对价给付义务。因此,本案实际上是对银行职员的欺骗,银行职员基于错误认识做出债务承诺,从而处分了财产。④ 在本文看来,此种观点存在不少疏漏之处。一来,若认为诈骗罪应属于"沟通交流"型犯罪,则存在意义传递的情境应为诈骗罪成立的前提。

---

① 本文的结论是立基于诈骗罪中处分意识必要说之上的。如果认为在财产性利益诈欺的场合无须被害人的处分意识,结论可能有所不同。不过,本文提出的标准实际上可用于任何一种涉及占有转移的财产犯罪中,即便认为本案被告人应成立诈骗罪,亦不妨碍本文的理论有效性。

② 邹某某盗窃案,福建省石狮市人民刑事判决书〔2017〕闽0581刑初1070号。

③ 亦有观点认为本案被告的行为只能成立侵占罪。这一结论是在否定被告人能够成立盗窃罪或诈骗罪的基础上得出的。由于依照本文的观点,本案被告的行为应成立盗窃罪,而如果被告成立盗窃罪的结论得到证成,则自然没有适用侵占罪这一兜底性条款的余地。故而本文不再于正文中对成立侵占罪的观点予以考察。关于应成立侵占罪的相关论述,可参见张开骏:《偷换商户支付二维码侵犯商户应收款的犯罪定性》,载《上海政法学院学报(法治论丛)》2018年第2期,第107—119页。

④ 参见王腾:《走出个案:信用支付背景下偷换二维码案的教义学重塑》,载《甘肃政法学院学报》2020年第4期,第53页。

单纯的置换二维码是否存在交流,仍有进一步商榷的必要;二来,该论者所谓错误信息的传导本质上应是错误效果的累积。即便认为顾客和商家已经陷入错误,但基于该错误所发出的付款指令却是完全正确的。对于此种"具体交易信息",银行并不承担对其基础关系以实质审查的义务。是故,即便认为本案中银行存在处分行为,该类信息对银行的财产处分也是无关紧要的。认为银行对此类"具体交易信息"有真实性期待进而认为银行受骗的观点,在论证上稍显跳跃。

其次是针对顾客的诈骗罪。在以顾客为受骗对象的视角下,理论上又存在着"普通诈骗说"[1] 和"三角诈骗说"[2]。暂且不论不同的观点有着何种理论构造,以顾客为受骗对象的思路忽略了诈骗罪客观构成要件中"陷入错误"要素与"财产处分"要素之间的规范关联。在本案中,即便顾客存在着自己所扫描之二维码是商家之二维码的错误认识,但由于顾客扫码付款乃基于商家之指令而为,因此顾客并没有审查二维码真实性的义务,此种误认于顾客的财产处分而言并不重要。这种纯粹心理意义上的错误并不满足"陷入错误"之要素。

最后是针对商家的诈骗罪。根据商家所处分者究竟为商品抑或债权,理论上又有不同的构造。认为商家处分的是货品的观点指出,"顾客陷入认识错误是由被告人先前偷换二维码的行为所致",且"顾客与店主发生直接的意思沟通,顾客扫码的客观举止使得店主相信自己已经得到了顾客移转的其对银行的债权,于是决定终局性地处分货品"。因此,行为人的行为符合"通过错误进行的意思支配"的间接正犯之类型,成立针对店主的诈骗罪。[3] 应该说,此种间接正犯的构造颇具新意。然而,于间接正犯之场合,被利用之行为所直接导致的结果应为利用人所意图实现的结果,否则根本无从对利用人进行主观归责。例如,行为人指使未达责任年龄之人杀害他人的,他人死亡这一结果应为行为人的故意所涵盖。但是,在本案中,置换二维码之行为人所意图者,实为顾客所支付的价款而非商家的货品。若将此种情形认定为间接正犯,则主观归责的要求能

---

[1] 参见蔡一军:《论新型支付环境下财产性质对罪名认定之影响》,载《东方法学》2017年第2期,第107—111页。

[2] 参见张明楷:《三角诈骗的类型》,载《法学评论》2017年第1期,第9—26页。

[3] 参见喻浩东:《三角诈骗中被骗人与被害人间的"特别关系"》,载《西部法学评论》2020年第3期,第47页。

否得到满足就殊值考量。① 而在认为商家所处分的是合同债权的观点看来，本案的法律关系可抽象为，"行为人通过偷换二维码的行为对商家进行欺骗，导致其误认二维码的权属关系，并基于该错误，积极指示或者消极接受顾客按照违背其真意的方式履行合同，造成其合法债权无意义地消灭，行为人获得利益"。② 据此，商家既是受骗者，亦是被害人，且其指示顾客付款的行为即属对自己债权之处分。该观点的疏漏之处同样出现在主观归责之上。以合同债权为处分对象的理论构造更加抽象，要求行为人对其行为能够造成的具体结果有所认识并不现实。行为人所能认识者，可能仅限于自己的行为将导致商家无法获得其应收的价款。这种情况下是否能够进行主观归责，难谓没有疑虑。③

综上，诈骗罪诸说均无法对本案行为人的行为进行准确定性。然若依本文所提出的理论，本案被告之行为的法律定性就能够很容易得到说明。否认本案被告得成立盗窃罪的主要理由是商家从未拥有过顾客所支付的价款，即便商家最终没有获得货品的对价，但对于其从未拥有过的东西来说，根本没有所谓"盗窃"可言。④ 应当承认，此种批驳所言非虚。但若认为行为人盗窃的对象并非应得的货款，而是行为人所占有的"标的行为"，则该反驳就丧失了成立的空间。在本案中，商家原本有权要求顾客向自己支付价款，即占有基于债权的"标的行为"，而行为人偷换二维码的行为使得原本指向商家的"标的行为"现实地向自己"履行"，即将相应的价款转入自己的账户之中，从而转移了"标

---

① 可能想到的一点辩护意见是，在本案中，行为人对于商家货品的损失可以有间接故意。但是，普通的公民并不了解个中复杂的法律关系，在置换二维码时亦不会想到商家的损失其实来源于对货品的处分。是故，认为行为人持有间接故意的心态，仍显牵强。

② 蔡颖：《偷换二维码行为的刑法定性》，载《法学》2020年第1期，第134页。

③ 需要指出的是，此处的行为定性并没有"一般理性人的平行认知"之原则的适用空间。置换二维码之行为所具有的社会意义即为该行为将使得商家失去其应得的价款，此点已由行为人明确认识。至于商家究竟是因为处分货品而终局受到财产损失还是因为处分债权而终局受到财产损失，实为该行为所造成之后果的法律评价，而并非该行为的社会意义。因此，倘若行为人并没有认识到其行为所造成的具体损害结果，则难谓行为人具备故意。

④ 参见蔡颖：《偷换二维码行为的刑法定性》，载《法学》2020年第1期，第126页。

的行为"之占有。故而本案被告应成立盗窃罪。①

五、财产性利益盗窃的可罚性范围：
三方关系与双方关系的分野

既然一个可罚的财产性利益盗窃行为须具备"标的行为指向转移"的形象，那么不具备该形象者就不应以盗窃罪进行处罚。以此为据，可以对既有的讨论进行一个简单地审视。

就文献所及的财产性利益盗窃的各类情形，分门别类后不外乎以下两种：一种，涉三方关系的财产性利益"盗窃"。即对于一个既存的债之关系而言，两造主体以外的第三人对债权债务关系施加影响，从而为债权人额外"设定"负担或者使债权内容遭受减损、灭失的情形；另一种则为仅涉双方关系的财产性利益"盗窃"，即债务人一方通过各种形式拒绝履行债务。盗窃欠条、偷逃费用等行为即为其最典型的适例。本文认为，只有在涉三方关系的场合才存在盗窃罪的成立空间。若所谓财产性利益"窃取"的行为发生在仅涉双方关系的场合，行为人的行为并不该当盗窃罪的构成要件。

在三方关系的场合，行为人改变"标的行为指向"的形象是非常清晰的。以前文所举之"二维码案"为例，在原本的债之关系中，仅有商家与顾客两造，行为人则为两造之外的第三方。通过置换二维码，行为人使得原本指向债权人的标的行为以自己为履行对象，从而实现了行为指向的转移。根据这种理解，经常在文献中被提及的《刑法》第265条就应为一种注意规定。该条的内容是："以牟利为目的，盗接他人通信线路、复制他人电信码号或者明知是盗接、复制的电信设备、设施而使用的，依照本法第二百六十四条的规定定罪处罚"。此类行为之所以能够成立盗窃罪，是因为电信服务商提供服务的行为原本是指向已经购买了该服务的用户的，但行为人通过盗接通信线路、复制他人电

---

① 我国已有学者认识到，应将被窃取的对象定位在债权之上。不过在该论者看来，"偷换二维码意味着窃取了商家的债权人地位，法律后果是将商家针对顾客的债权转移给自己使用"。参见柏浪涛：《论诈骗罪中的"处分意识"》，载《东方法学》2017年第2期，第106页。不过，"债权人地位"作为一个规范性的概念，根本不可能被转移。以"债权人地位"为占有对象，无法解释盗窃罪客观构成要件中的"占有转移"要素。

信码号让电信服务商的服务提供行为在一定额度内不再指向有权用户而是指向行为人自身，因此，此类行为属于对财产性利益的盗窃。

但在双方关系的场合，这种"标的行为指向转移"的形象并不存在。行为人偷逃费用以及各种拒绝履行债务的行为，并非行为人将标的行为的指向转向自身，而是在试图"撤回"这一标的行为。这种撤回行为与转移行为相去甚远，根本不具备"占有转移"的行为形象，因此行为人根本无由成立盗窃罪。有学者对此提出疑问，如果该论者认为盗窃罪、抢劫罪、敲诈勒索罪和诈骗罪在对象转移这一要素上应当是相同的。那么，"若针对有体物，四个罪名均要求占有转移，为什么针对财产性利益，四个罪名只需要起点状态相同，而抢劫罪、敲诈勒索罪、诈骗罪评价的终点状态是'事实上获得了财产性利益'，盗窃罪评价的终点状态却是'转移了财产性利益'"。① 亦即，既然诈欺他人免除债务、强迫他人免除债务的行为可分别成立诈骗罪、敲诈勒索罪与抢劫罪，那么逃避债务履行从而使得权利人无法获得预期收益的行为，亦可成立盗窃罪。该论证是基于这样一个前提，即上述四类犯罪的客观构成要件层面均存在占有转移要素，故而盗窃罪可与诈骗罪、敲诈勒索罪与抢劫罪等同视之。然而，该判断是否有效，却有进一步商榷的必要。

事实上，无论是诈骗罪还是敲诈勒索罪，其客观构成要件中存在的都为"财产处分"要素而非"占有转移"要素。虽然在事实发生的案例中，大多数情况是被害人将财物处分给行为人从而表现出"占有转移"，但这并不意味着构成要件层面亦存在"占有转移"要素。因此，行为人欺骗或恐吓他人丢弃财物，过后行为人再将原权利人抛弃的财物拾走的，依旧可以成立诈骗罪和敲诈勒索罪。因此，在诈骗财产性利益或者敲诈勒索财产性利益的场合，并不需要存在一个"占有转移"的形象，只要行为人以不法获利目的实施诈骗或者恐吓行为，致使被害人做出处分行为，造成财产损失，即可成立诈骗罪和敲诈勒索罪。此与需要"占有转移"要素的盗窃罪之成罪逻辑显然不同。抢劫罪的情形亦与此相同。在财产犯罪之体系安排上，学界一般将抢劫罪与盗窃罪归为一类，并置于夺取罪当中。如此理解的理由大抵为，在抢劫罪的场合，行为人之行为

---

① 王琦：《逃费行为应当构成盗窃罪》，载《法学评论》2020年第2期，第100页。

的暴力程度已经足以压制他人的反抗,以致于被害人的处分自由完全丧失。[1]由于被害人的交付不可能获得任何法律上的意义,故而抢劫罪与盗窃罪相同,均属于违背他人意志进行财物转移的犯罪。应当说,这样的理解并没有错误。但是,任何分类都只能基于一个标准进行。以某一特定的标准为视角,认为盗窃罪与抢劫罪具有相同性质,并不等于在其他视角之下,盗窃罪与抢劫罪亦为相同的犯罪。盗窃罪与抢劫罪的最大不同之处在于,抢劫罪的行为人与被害人之间有现实的交流,财产损失的结果也直接肇因于被害人的"交出"行为。虽然这种"交出"并不属于具有法律意义的"处分",但财产罪中造成财产损失的"处分"从未要求具备法律上的效力,只要该处分行为现实地造成权利人难以有效地行使其财产权,即可为财产犯罪中的处分行为。从这个意义上说,抢劫罪与诈骗罪、敲诈勒索罪更为近似。以强迫他人免除债务可得成立抢劫财产性利益为由认为逃免债务的行为亦得成立财产性利益盗窃,在论证上即有失缜密。

综上所述,财产性利益盗窃的刑事可罚性范围,只能限制在本文所指的三方关系的场合。在双方关系的场合,无论行为人的行为给权利人带来多大的不利益,由于不存在标的行为之指向转移的形象,基于罪刑法定原则,无法成立盗窃罪。

六、结语

根据本文的理论建构,所谓"财产性利益盗窃"无非只是一种对非财物盗窃的习惯性表述而已。无论是财物还是财产性利益,都必须从权利标的的角度去理解。在这个意义上,"财产性利益"本身或许是一个不必要的概念。所谓的"财产性利益占有",实则指对标的行为的占有。那么对财产性利益的占有转移,就自然是标的行为指向的转移。该观点不仅能够让盗窃财产性利益之行为的构成要件形象相对清晰可辨,也能够让"同一性"要件保持其清晰的面貌。为了说明财产性利益盗窃行为的客观构成要件符合性,部分学者指出,财

---

[1] 参见车浩:《抢劫罪与敲诈勒索罪之界分:基于被害人的处分自由》,载《中国法学》2017年第6期,第262—282页。

产性利益的获取与丧失是一种此消彼长的关系。虽然在许多场合行为人获得的利益与权利人丧失的利益难言同一，但两者之间往往具有同质性。这种"同质性"亦可满足对象转移的要求。① 虽然"同质性"所意指的紧密联系在通常情况下是清晰可见的，但"同一性"到"同质性"的转变，实际上是将判断标准由"质"变成了"量"，其中难免蕴含过度扩张的风险。而本文的理解则仍可保持"同一性"的明确判准，在最大程度满足现实需要的前提下，保证罪刑法定原则的明确性。

（初审：陈怡文；校对：肖滢滢）

---

① 参见王骏：《财产性利益盗窃的客观构造》，载《政治与法律》2021年第3期，第40—56页。

民法视域中"个人信息权"的证成路径和性质认定

江卓臻*

摘　要：《中华人民共和国民法典》和《中华人民共和国个人信息保护法》明确规定了个人信息保护规范，然而没有正面回应个人信息权的性质为何。在我国民事利益区分保护的背景下，个人信息权的性质问题关系到保护模式的选择。受到德国民法理论的影响，我国理论界在证成民事权利的过程中习惯性地将权利客体具体特定作为核心要素。而作为客体的个人信息确实达不到具体特定的品质要求。但是，理论与实证法均为通过新方法证成民事权利的理念提供了论据。行为规范式的个人信息权不但在理论上可行，而且已经在实证法中有所体现。此外，"法益说"虽然能够回避个人信息内涵不清、外延不明的问题，但是与行为规范式的权利相比仍有差异。

关键词：个人信息权；民事权利证成；权利客体；权利规范属性

一、问题的提出

随着大数据时代的到来，人们在虚拟的网络空间所从事的各种活动越来越丰富，这些活动所产生的无以计数的信息也随着现阶段科技水平的提高而展现出了不可估量的价值。正所谓风险与机遇并存，科技水平的提高在便利了人们的网络生活的同时，也增加了人们因信息泄露和不正当利用而遭受损害的可能性。因此，个人信息的法律保护成为当今法治社会建设的一大议题。为此，理论界对该问题进行了深入研究，其最新的研究成果便反映在《中华人民共和国

---

* 江卓臻，福建师范大学法学院民商法学硕士研究生。

个人信息保护法》（以下简称《个人信息保护法》）的规则中。然而，即使《个人信息保护法》已经对个人信息权①的保护进行了规范，理论界对于个人信息保护领域的诸多问题依旧存在争议，并未达成共识。众多争议当中，较为显著的便是个人信息权的性质问题：一部分学者主张个人信息权应当定位为民事权利，一部分学者认为个人信息权属于民事法益而非权利，还有一部分学者则表明个人信息权应当是基本权利。

而在民法理论界中，对于个人信息权性质的讨论更是激烈，以至于《中华人民共和国民法典》（以下简称《民法典》）并未明确给出该问题的答案，而是以"自然人的个人信息受法律保护"这一模糊性的表述来回避对该问题的讨论。而最新出台的《个人信息保护法》，也是以"个人信息权益"这一表述来回避个人信息权的属性之争。正是由于立法的回避态度，故而民法理论界对个人信息权性质的讨论至今尚未停歇。依据通说对民事利益保护方式及程度的划分，民法理论界的观点大致有以下两种："权利说"②和"法益说"③。该分歧并非只是单纯的理论争鸣，其对个人信息保护实践将产生重要影响："若采纳'权利说'，那么个人信息将完全归诸个人信息主体控制和支配，其他人均负有一般性的不作为义务；若采纳'法益说'，则个人信息并非完全归诸个人信息主体控制和支配，其他人在符合法律规定的原则和条件的前提下，可以对自然人的个人信息进行必要的收集和处理。"④而"权利说"还具体包括"财产权说""所有权说""隐私权说""具体人格权说"等等。其中，随着《民法典》对个人信息保护之体系位置的确定以及个人信息所蕴含的人格利益被反复强调，"具体人格权说"如今已经成为"权利说"的主流观点。因此，笔者在本文所提及的"权利说"，除非另有特指，否则便仅指"具体人格权说"。

由于我国继受了德国民法理论中关于民事权利的证成（分析）方法（以下简称为传统方法），故而权利客体在民事权利是否能够被独立证成这一问题上占

---

① 《民法典》和《个人信息保护法》均以"个人信息权益"一词用来表述个人信息权。然本文旨在证成"个人信息权益"的权利属性，因此将使用"个人信息权"一词来表述"个人信息权益"。

② 所谓"权利说"，实际上就是支持将个人信息权定性为独立的民事权利的观点。

③ 所谓"法益说"，实际上就是支持将个人信息权定性为民事法益的观点。

④ 郑晓剑：《个人信息的民法定位及保护模式》，载《法学》2021年第3期，第118页。

据着关键性地位。不少支持"法益说"的学者均以个人信息不具备具体特定的客体品质要求为理由来反驳"权利说"。不可否认的是,作为客体的个人信息确实存在内涵不清、外延不明的问题,但这是否就决定其永远地被民事权利的大门拒之门外?事实上,笔者认为,个人信息在性质认定上的确属于权利,但不应适用传统方法来证成"个人信息权"。因此,笔者从传统方法入手,找出权利客体理论在民事权利证成方面的局限性,试图分析该理论的局限性与"个人信息权"难以被证成之间是否具有因果关联。紧接着尝试在理论与实证法中寻找不同于传统方法的行为规范式权利方法的有力论据,同时将其与民事法益概念进行对比,从而试图通过行为规范式权利方法这一非传统方法来证成"个人信息权"。

二、传统民事权利证成方法难以证成个人信息权

"自德国民法首创以抽象权利为线索来构建民法体系以来,权利的要素分析模式(主体、内容和客体)便成为权利类型确定和体系建立的基础方法。"[①] 因此,所谓的传统方法,在我国民法语境下应当特指承继于潘德克顿学说的,以主体、内容和客体为分析工具的民事权利证成方法。换言之,一项民事利益是否能够上升为民事权利,必须分析其是否满足民事权利对于主体、内容和客体这三项要素的要求。

(一) 以客体为核心的传统民事权利证成方法

理论界在讨论个人信息权究竟为民事法益抑或民事权利的时候,经常围绕着权利客体这一中心点来论争。反对"权利说"的学者认为,个人信息之所以不能通过权利化的方式予以保护,很重要的原因在于作为权利客体的个人信息的边界模糊而难以界定。[②] 而支持"个人信息权"说的学者或通过个人信息与

---

① 梅夏英:《民法权利客体制度的体系价值及当代反思》,载《法学家》2016年第6期,第33页。

② 参见郑晓剑:《个人信息的民法定位及保护模式》,载《法学》2021年第3期,第119页。

隐私的比较区分和比较法经验,① 或以知识产权为参照,② 或从间接保护和法益保护难以保护信息主体的角度③等方法来论证其观点,其中不少学者又都不约而同地将个人信息能够成为权利客体作为其重要论据。从以上争论可以看出,权利客体似乎成为个人信息权能够被证成的核心标准。可以这么说,一旦个人信息能够取得有形物于物权中一样或近似的地位,那么个人信息权利化学说的地位将得到极大的稳固。

在民事权利构成的三要素中,事实上起到证成权利独立性以及区分权利类型作用的要素为权利客体。"严格意义上的民事客体概念始于《德国民法典》,也只有在该法典中,客体才具有结构上和理论上的确切意义"。④ 纵观整部《德国民法典》,其五编制的体例建立在不同类型的民事权利的区分上,而这个区分标准实际上即为权利客体。我国《民法典》也受此影响。在德国民法理论中,学者们根据权利效力范围这一标准将民事权利区分为绝对权和相对权。在此基础上,《德国民法典》将绝对权归于侵权法体系中来保护,并运用"权益区分理论"来证成归侵权法保护的绝对权。所谓的"权益区分理论",是指当一项民事利益同时满足归属效能、排除效能和社会典型公开性这三项标准的情况下,应当被认定为侵权法上的权利,否则的话不应当被认定为侵权法上的权利。换言之,"一项利益能否被确定为民法上的权利,立法者需要斟酌以下要素:该利益能否被划归特定的主体享有;该利益有无具体特定的客体和清晰明了的表征方式;该利益可否被既有的权利体系或权利类型所涵盖。"⑤ 之所以传统方法将"该利益有无具体特定的客体和清晰明了的表征方式"作为权利的必要证成要件,主要是因为只有在客体具备具体、特定属性的情况下,其外观才能清晰明

---

① 参见杨立新:《个人信息:法益抑或民事权利——对〈民法总则〉第111条规定的"个人信息"之解读》,载《法学论坛》2018年第1期,第38—39页。

② 参见吕炳斌:《个人信息权作为民事权利之证成:以知识产权为参照》,载《中国法学》2019年第4期,第58—64页。

③ 参见王成:《个人信息民法保护的模式选择》,载《中国社会科学》2019年第6期,第133—140页。

④ 梅夏英:《民法权利客体制度的体系价值及当代反思》,载《法学家》2016年第6期,第31页。

⑤ 郑晓剑:《个人信息的民法定位及保护模式》,载《法学》2021年第3期,第118页。

确的对外彰显，进而权利人与义务人才能根据客体清楚地得知自己的自由行为空间为何。比如，有形物便具有清晰明确的外观，并为所有权人与义务人划定了行为界限。事实上，无论是归属效能、排除效能抑或是社会典型公开性，都与客体的此种属性密切相关，因为只有在客体具体特定的情况下，利益的归属才能最终确定，利益的范围才能被固定下来并具有稳定的外观。需要注意的是，利益的确定不仅涉及权利人，还与行为人息息相关。也即从行为人的角度看，客体是否具体特定，将影响其评估自己的行为是否侵犯他人合法权益的准确性。因此，就传统方法而言，客体的具体特定性成为利益能被证成为权利的核心问题。

（二）传统民事权利证成方法存在局限性

然而，随着时代的变迁，兴盛于19世纪的德国民法理论也面临着信息化社会的冲击。毫无疑问，这种冲击对民事权利领域产生了影响：现实中某些亟待民法保护的利益难以通过传统的权利证成方法给予保护。

1. 传统方法的理论桎梏

首先，客体功能的不普适性。在《德国民法典》中，客体事实上界定了权利本身的范围。抽象的主观权利因为客体的存在而不再模糊不清，反而成为具有清晰边界的法律概念，比如建立在有形物上的所有权。所有权的这种经典界定范式实际上可以解读为：权利人得以积极支配有形物，不特定的义务人干扰到这种积极支配秩序一般即为违法。可以这么说，如果把所有权人与不特定的义务人这二者的自由行为范围比喻成一个圆圈，把二者的行为界域比喻为这个圆圈中的一条线的话，在立足于有形物的确定性特征的基础上，可以肯定圆圈中的这条线是清晰明确、没有疑问的。但是，并不是所有客体均能够如有形物一样协助民事主体清晰地划分彼此之间的自由行为空间。像具体人格权中的名誉权、荣誉权等，其客体并不能够为权利人清晰地划定自由行为空间，这恰恰是因为名誉权、荣誉权等并无识别符①（一种彰显权利边界的信息），无从建立

---

① "识别符"的功能实际上就是借助识别符来起到联结特定行为与特定个人的作用，类似于物权公示。这样的识别符使得社会不特定人能够清楚地意识到他人权利（权利人自由和非权利人不自由）的边界。参见高富平：《精神性人格权益的规制范式——以个人信息为视角》，载《东岳论丛》2021年第1期，第168页。

积极的支配权利。① 换言之，名誉权、荣誉权的客体无法为不特定的行为人预先提供清晰明确的行为禁令。由此可见，并不是所有民事权利的客体都能够界定权利范围。

其次，客体所承载的利益冲突的复杂性。在《德国民法典》制定的时代，理论界与实务界均深受个人主义哲学的影响。"《德国民法典》除了将个人权利作为价值原则之外，还将其作为具体概念和质料内置于民法典的结构形式中，并因此最为有效地建立了个人利益和自由的堡垒，权利所及之处均为个人不可侵犯的私域空间。"② 在个人主义视角下，权利人与非权利人的利益冲突被解构为非此即彼的二元对立结构，在权利人与非权利人之间似乎天然存在着一条不可逾越的鸿沟。然而，这种状态事实上仅存在于完全个人化的利益表达的权利中，典型者诸如物权和债权，比如，有形物一旦归属于私人，他人要想积极利用的话，就必须根据法律的特别规定或者取得该权利人的同意。个人主义式的权利建构方式无力应对复杂的利益冲突，尤其是当这种利益冲突涉及公共利益时。以隐私权为例，个人的私密领域是否值得保护，需结合他人的言论自由、社会的公序良俗等因素加以判断。换言之，由于公共利益的介入，隐私权保护的判断标准便不止于个人维度，其客体边界更是呈现出动态化、场景化的特点。这表明实证法无法以"一刀切"的方式来划分隐私权人的私域空间。虽然所有权的利用也涉及公共利益，但大致都能通过立法方式加以例外规定，对于权利人而言其界限是明确清晰的。总之，利益冲突的复杂性致使权利客体界定权利范围的功能大为削弱。

最后，主体独立支配客体的有限性。根据客体确定权利范围的逻辑推理，既然客体为主体确定了自由行为空间，那么意味着主体原则上依法应当享有对客体的利用自由。然而，现实中有些权利主体并不享有对客体的利用自由，如名誉权。名誉权人并不能就名誉主张积极利用的权能，仅能就他人侵害名誉的行为行使相应的消极防御权能。事实上，如果权利主体在现实中难以对客体形成一种能够为社会公众所普遍感知的、可见的支配力，那么不特定的行为人将

---

① 参见高富平：《精神性人格权益的规制范式——以个人信息为视角》，载《东岳论丛》2021年第1期，第168页。
② 梅夏英：《民法权利思维的局限与社会公共维度的解释展开》，载《法学家》2019年第1期，第17—18页。

难以预见其行为是否会侵害权利主体。即从主体的角度出发，若权利主体缺乏对特定客体进行独立支配的能力，在客体上设置可积极支配的自由行为空间就没有现实意义。

2. 传统方法的实证法困境

事实上，实证法也在一定程度上彰显出传统方法的局限性。这种局限性直接表现为：《民法典》已经存在非通过传统方法证成的民事权利。例如，《民法典》所规定的名誉权、荣誉权以及隐私权等，就是不以客体为核心、而直接以具体的行为规范建构而成的民事权利。从法律文本的表述来看，《民法典》对此类权利的表述范式为"主体不得侵害权利"。例如，《民法典》第1024条对名誉权的表述是"任何组织或者个人不得以侮辱、诽谤等方式侵害他人的名誉权"，荣誉权、隐私权也是如此。而《民法典》中以客体为核心的民事权利，则基本上以"主体积极利用客体"的范式进行表述。例如，《民法典》第1012条对姓名权的表述为"自然人享有姓名权，有权依法决定、使用、变更或者许可他人使用自己的姓名"。将以上两种不同的文本表述加以对比，可以发现立法者并未以"主体积极利用客体"的表述来形容名誉权、荣誉权和隐私权，而是仅从消极防御的角度表达以上权利的内容：不特定的义务主体不得侵害权利主体的特定权利。换言之，《民法典》并未围绕着名誉、荣誉和隐私等权利客体来建构相应的民事权利。既然实证法并非完全遵循传统方法来证成所有民事权利，那便意味着民事权利的证成并非只有传统方法这唯一路径。因此，确有必要探索其他证成民事权利的方法。

（三）个人信息不符合传统方法对客体的要求

由上文可知，传统方法在民事权利证成方面存在局限性，使得实证法中某些新兴的民事权利难以通过传统方法证成，换言之，由于新兴的权利客体存在功能不普适性、客体所承载的利益冲突的复杂性以及主体独立支配客体的有限性的特点，故而无法满足传统方法对权利客体必须具体特定的要求。但事实上，个人信息作为新兴客体，也满足以上这些特点。因此，当传统方法难以妥当解释新兴客体时，也就意味着同属于新兴客体的个人信息不符合传统方法对客体的要求。

1. 个人信息样态和所处环境的客观制约

与传统的权利客体不同，个人信息主要存在于自然人的思维中，只有通过特定的载体才能够以客观形式展现于外，但其又能不以客观形式而在自然人之间流转，比如甲的身份证信息被乙得知，乙进而将该消息口头告知于丙、丁等人。以物权为例，物权的客体一般为有形物，人们得以通过客观现实的占有支配行为来确定物的利用秩序。即使是抵押权这种不以占有为公示手段的担保物权，也能够通过客观的登记簿方式来确定秩序，而这一切都建立在有形物在客观意义上具有明确清晰的界定能力的基础上。然而，个人信息与有形物不同，其具有较强的主观性，其客观性的转化受制于载体是否存在。在现实中，不乏存在同一个人信息上同时存在两种样态的情形：①某一自然人的特定行踪信息通过视觉方式被其他自然人掌握；②该行踪信息同时被手机软件以电子形式记载于信息处理系统中。在第②种方式下，信息主体尚且能够从客观形式的角度来主张其支配权，① 但是在第①种方式中，个人信息以主观形式被他人知晓，根本无法从主体支配客体的角度来给出解决方案。可以这么说，个人信息样态的主观化在某种程度上削弱了传统方法的可行性。

"个人信息"这一概念可见于《民法典》以及《个人信息保护法》中。其中，"以电子或者其他方式记录的"表明《民法典》与《个人信息保护法》所界定的个人信息具备形式要件。全国人大法工委的工作人员对该条文进行解释时也表明，个人信息"要有一定的载体，这是个人信息的形式要件。个人信息必须要以电子或者其他方式记录下来。没有以一定载体记录的信息不是个人信息。"② 即没有记录于一定载体上的信息不是民法意义上的个人信息。这样一来，法律将个人信息的客观化③作为保护的前提条件，同时便将主观形式的个人信息排除在保护范围外。再者，从利用可能性的角度出发，民事主体是"通过收集、存储、使用、加工、传输、提供等形式实现对信息的管领。只不过在其价值实现的全生命周期里，个人信息仍需具有物理上的可控性方能对其有效

---

① 即信息主体能够对其他人主张其对于特定个人信息的权利，其他人清楚法律为其设置的行为边界。

② 黄薇主编：《中华人民共和国民法典释义》（下），法律出版社2020年版，第1922页。

③ 所谓个人信息的客观化，是指存在于人的思维中的个人信息，通过记录于物质载体的方式，从而存在于客观世界中。

管领"。① 故个人信息必须在客观化前提下，才能被控制利用。"而随着近代主观权利的盛行，权利开始脱离客观规则成为一个抽象的、先行的私域空间，这种私域空间模糊不清，需要客观上的参照物来予以界定，客体在此成为权利的附着物和界定对象获得了其结构上的独特意义"。② 因此权利客体的客观化是通过传统方法证成民事权利的必要前提。也即，在传统方法视角下，个人信息的客观化是个人信息权利化的必要前提。个人信息在没有客观化的情况下难以获得实证法上的保护。

有疑问的是，虽然在法律上可以通过设定概念的方式将个人信息客观化，但这是否意味着在概念层面上客观化的个人信息能够支撑起权利秩序（即以权利客体为基础准确界分民事主体的行为边界）？事实上，概念层面上的定义工作对个人信息的权利秩序建立的帮助有限。因为从权利证成对权利客体要求的角度看，只有个人信息具体特定且能够归属于特定主体时，才能于其上建构权利秩序。③ 由于个人信息保护相关法律的调整对象是信息能力不平等的主体之间的信息利用关系，④ 故以电子形式存在的个人信息成为实证法的重点保护对象。然而，因为自然人信息能力的不足，所以其对现实中的个人信息的动向无从掌握，对个人信息是否被他人知晓、使用、移转也无从了解。比如，当自然人使用某一信息处理者⑤所提供的服务时（如"微信"APP中的微信步数），产生

---

① 彭诚信：《论个人信息的双重法律属性》，载《清华法学》2021年第6期，第80页。

② 梅夏英：《民法权利客体制度的体系价值及当代反思》，载《法学家》2016年第6期，第32页。

③ 参见郑晓剑：《个人信息的民法定位及保护模式》，载《法学》2021年第3期，第118页。

④ 可以发现个人信息权利中的知情权、选择权、访问权、纠正权、删除权、携带权等权利，都只能对具有专业性或商业性收集能力的主体进行主张。参见丁晓东：《个人信息权利的反思与重塑：论个人信息保护的适用前提与法益基础》，载《中外法学》2020年第2期，第342页。

⑤ 所谓"信息处理者"，在《个人信息保护法》中又被称为"个人信息处理者"，系《民法典》对处理他人个人信息的主体所使用之概念，与作为信息主体的自然人相对。有学者指出，实践中信息处理者的具体类型大致包括以下主体：①网络服务提供者；②公共机构；③线下经营主体。参见姚佳：《论个人信息处理者的民事责任》，载《清华法学》2021年第3期，第46页。

于使用过程中的个人信息如行踪信息等，实际上是掌握于信息处理者之手，而非其自身。此时的个人信息实质上已经难以达到具体化、特定化的标准，无法归属于某一特定主体。正是源于这种技术能力的差距，使得信息主体对个人信息的利益边界始终难以确定，进而导致传统方法对于个人信息权利秩序建构的功效大为削弱。

2. 个人信息的范围难以界定

根据《民法典》和《个人信息保护法》对"个人信息"的定义，可以发现其将"可识别性"作为个人信息的实质要件，这也是国际的通行做法。关于个人信息的范围是否明确清晰这一问题，有学者认为"已识别的个人信息范围相对清晰，而可识别的个人信息范围虽相对模糊，但实际上，其边界仍处于相对确定的状态"。① 然而，"随着大数据分析技术深度嵌入社会生活以及信息共享技术的广泛运用，大量不具有可识别性的信息能够按照特定的算法被关联、融合，进而能够将相关信息与特定的个人相联系"。② 这不仅意味着个人信息的外延可能将随着科学技术的进步而不断扩张，还表明"可识别性"这一实质要件对个人信息内涵的限定功能将大为削弱。有学者特别指出，"从权利客体上看，所谓的'个人信息权'其权利客体范畴存在极大的不确定性，其主要来源于内核'可识别性'的模糊性"。③ 由于个人信息的界定标准"可识别性"本身就处于变动状态，故实证法难以一劳永逸地确定个人信息的范围。换言之，随着信息技术的发展，越来越多的不具有可识别性的信息将变为可识别的个人信息，信息主体的权利范围将逐渐拓宽。因此，如果想要借助个人信息的明确性来界定权利主体的自由行为空间的话，显然会遭遇不小的障碍。

3. 个人信息所蕴含的多元价值存在冲突

个人信息是一个多元价值的集合体，包含了信息主体的"人格自由和人格

---

① 吕炳斌：《个人信息权作为民事权利之证成：以知识产权为参照》，载《中国法学》2019年第4期，第51页。

② 郑晓剑：《个人信息的民法定位及保护模式》，载《法学》2021年第3期，第120页。

③ 金耀：《个人信息私法规制路径的反思与转进》，载《华东政法大学学报》2020年第5期，第83页。

尊严、商业价值和公共管理等多元价值"。① 也就是说，在现阶段个人信息承载着不同社会主体内容各异的利益诉求。况且，由于不同社会主体对于个人信息的立场各异，故各主体的利益诉求将不可避免地发生冲突：一方面，信息主体认为个人信息与其人格息息相关，其作为个人信息的产出者应当对个人信息享有控制权；另一方面，信息处理者认为在大数据时代其所掌握的信息技术为信息主体提供了便利高效的生活方式等益处，同时也对个人信息的利用结果呈现出巨大的技术与商业价值，故信息处理者也要求对个人信息享有一定的控制权。这种争议实质呈现出了个人信息利用秩序与典型的支配权秩序（即物权秩序）之间殊异的价值取向：物归由其所有人完全支配天经地义，而个人信息归由信息主体完全支配则存在争议。正是由于存在如此殊异的价值取向，导致个人主义式的民事权利秩序难以应用在个人信息上。

首先，信息主体与信息处理者之间关于个人信息的利益诉求的冲突性。关于此项原因笔者已经在上一段有所阐述，此处便不再赘述。此外需要注意的是，个人信息的价值无法被简单地划定归属。传统的民事权利客体，如物权客体、债权客体等，其所反映的价值基本上存在于私人之间，且其价值的产生过程较为简单，因此实证法可以通过清晰明确地设置相应的权利和义务的方式来对该价值进行分配。然而，个人信息所反映的价值不仅仅存在于私人的简单归属之间，更涉及信息技术手段的利用、信息产业的发展和公共利益的需求等。比如，有形物的经济价值往往从外观上便可识别确定，而个人信息的经济价值往往需要通过技术手段方可彰显，未被利用的个人信息实际上很难说有经济价值。"除非被收集后与其他来自相近社会经济类别的个人资料汇总在一起加以利用，否则无名之辈的个人资料并不值钱。"② 正是由于技术手段成为个人信息经济价值彰显的必要条件，而信息主体往往不具备此种技术手段，因此实证法难以通过信息主体完全积极支配个人信息的方式来确定个人信息的绝对主体。

其次，个人信息具有深刻的社会属性。传统的民事权利客体，如有形物等均彰显着强烈的个人属性：个人意志对这些客体的控制体现出绝对性的特点，

---

① 张新宝：《从隐私到个人信息：利益再衡量的理论与制度安排》，载《中国法学》2015年第3期，第45—47页。

② 程啸：《论大数据时代的个人数据权利》，载《中国社会科学》2018年第3期，第114页。

非权利人的意志要想渗透进这些客体，都必须严格遵守法律的特别规定或者取得权利人的同意，除此之外别无他法。在对这些客体进行利用的过程中，往往单凭权利主体的意志就能够完成，并且这些客体与公共利益的交互较少，对其利用显得比较纯粹。然而，"如果说小数据时代的个人信息以个人性为主要属性，那么进入大数据时代，社会性则取代个人性成为了个人信息的主要属性"。① 可以这么说，个人信息的社会属性在其被利用的过程中彰显得淋漓尽致。在大数据时代之前，受制于客观的信息技术条件，个人信息的经济价值难以被利用开发，其价值主要由信息主体占有。但进入大数据时代之后，随着信息技术的不断进步，民事主体（主要指法人）通过信息技术能够迅速掌握海量个人信息，对其进行分析整合后聚合形成大数据。由于信息主体往往没有掌握这种信息技术且无相应的资金支持，故商业企业、政府等成为处理个人信息的最重要角色。再者，"来自数以亿计的信息主体的海量个人信息汇集成大数据，而大数据开发、利用的成果又反过来惠及每一个个体。"② 由此可见，无论是对个人信息的收集处理或者是对大数据红利的分享都带有明显的社会性。

三、冲破客体所营造之民事权利证成藩篱

按照通说对于民事利益保护层次的认识，一项民事利益若没有被确定为民事权利，但又需要法律予以保护的，则应当将其纳入民事法益体系进行保护。然而，笔者通过论证已经发现个人信息作为权利客体并不具备界定权利范围的能力。因此，按照通说关于民事利益保护的逻辑，应当将个人信息权认定为法益，并采取行为规制模式对其进行构建。但是，正如上文所说，由于传统方法对权利客体有着严格的要求，故而其并不能够适用于所有民事权利的证成。然而，这不代表个人信息权不能被证成为民事权利，因为传统方法并非证成民事权利的唯一路径，不但是实证法中的某些民事权利难以通过传统方法证成，而且部分学者也开始从理论上挑战传统方法。因此，笔者将尝试通过与传统方法相区别的民事权利证成方法来冲破客体所营造的民事权利证成藩篱，从而证成

---

① 王怀勇、常宇豪：《个人信息保护的理念嬗变与制度变革》，载《法制与社会发展》2020年第6期，第145页。

② 同上，第147页。

个人信息权。

（一）基于立法目标和权利规范属性的新路径之证成

如今，已经有越来越多的学者注意到客体在权利证成方面的局限性。有的学者甚至直接言明"客体在近代民法上服务于主观权利体系的界定，但历史证明这种界定既不完全，也不必要。"① 从根本上否定了传统方法。而有的学者的态度则较为缓和，其并未完全否定客体的功能，而是另辟蹊径，从权利存在的立法目标和权利与规范的关系出发，来论证使用其他方法证成具体人格权的可能性②：一是立法目标③决定具体人格权能否以及如何存在，而不是具体人格利益的存在决定具体人格权是否存在。"具体人格权的客体仅仅是实现构建内容具体确定的人格权的辅助手段，而不是必要前提。"④ 二是"在技术意义上，权利只不过是规范的主观化。"⑤ 权利具有规范属性，客体只是建构规范的辅助性手段。既然权利的本质是规范，如果能够构建具体的行为规范，则同样可以建构具体人格权。三是传统方法与新路径并非互相排斥的关系，而是能够彼此共存的关系。⑥

首先，从价值维度出发，应当是人的需求决定权利存在，而非权利客体。实证法不能本末倒置。立法目标特别是民事法律的立法目标一般所反映的正是人的需求。同时，"人的需求"必须为社会中大多数人之需求，且具有充分的正当性。事实上，法律作为行为规范，实质上便是通过规范社会各主体的行为边界从而尽量避免具体主体之间利益冲突的发生以及为发生利益冲突时解决冲突提供权威的依据。因此，当社会上大多数人要求实证法以民事权利的方式保护其利益时，立法者原则上应当将其作为重要考虑因素。当然，这并不意味着

---

① 梅夏英：《民法权利客体制度的体系价值及当代反思》，载《法学家》2016年第6期，第41页。

② 参见沈建峰：《论具体人格权建构的一般方法》，载《国家检察官学院学报》2013年第4期，第161—163页。

③ 此处的立法目标是指：（1）限制法官的自由裁量权，保护法律的安定性；（2）实现人格保护具体化的需要。参见上注，第162—163页。

④ 沈建峰：《论具体人格权建构的一般方法》，载《国家检察官学院学报》2013年第4期，第163页。

⑤ 同上，第161页。

⑥ 参见上注，第164页。

立法者必须完全服从于社会大多数人之需求。立法者也要考虑需求的正当性、权利证成所需的社会成本以及权利体系的科学性等因素。即通过立法目标证成民事权利的这一方法，是需要经过科学的论证过程才能予以实施的。至于如何通过立法目标证明权利存在，可以从以下方面入手：第一，以实证法的立法目的条款作为切入点，并辅以其他条款予以证明。"意欲证明一个具体立法规定的合理性，立法目的条款无疑是一个重要的论证方式。立法目的条款体现了立法者的价值取向，对该法基本原则的确立和具体制度架构的确定具有重要的指导作用。"[1] 既然立法目的条款能够体现立法者的价值取向，而立法者的价值取向原则上符合社会群众的利益需求，故而立法目的条款适合作为民事权利证成的切入点。然而，由于语词的文义具有与生俱来的多义性和模糊性，故而立法目标的指向并非单单通过文义解释便能解决。更何况立法目的条款往往力求简洁而抽象，有一些内容可能未能通过立法目的条款展现出来或者展现得力度不足，因此仅对其进行分析是不够的。"立法目的条款是整个法律文本的价值目标，其他部分都是为实现立法目的而设置的"[2]，正是因为实证法的其他条款也是以立法目的条款为纲，所以从实证法的体系出发，对其内涵进行整体性解读，并以此作为民事权利证成的进路是有必要的。第二，应当立足于社会实际，从社会主体的角度来理解立法目标。当各方社会主体的正当需求为立法目标所基本满足时，也就意味着各方社会主体之间利益博弈已经为实证法所规范。需要注意的是，民事权利的证成与否，本质上是社会主体之间利益博弈的结果，这是因为一旦实证法确认某项民事利益为民事权利，就意味着权利主体以外的人应当尊重和避免侵犯该权利。因此，当各主体的需求与实证法的设计（此处特指民事权利证成）相符时，也就代表立法目标与主体需求相契合。即主体需求指向民事权利存在，而立法目标原则上又是主体需求的反映，那么立法目标自然能够证成民事权利。

其次，从技术维度出发，立法技术应当服务于立法目标，而非立法技术决定立法目标。从现有理论来看，反对"权利说"的理论（主要是"法益说"）根本上是从权利客体不够具体特定的角度对"权利说"加以反驳。然而，正如

---

[1] 刘风景：《立法目的条款之法理基础及表述技术》，载《法商研究》2013 年第 3 期，第 53 页。

[2] 同上，第 52 页。

前文所述，权利客体应当是被用来认识和解析权利的工具，而非权利证成的必备要件。第一，权利的规范属性能够助力权利证成。"在西方国家语境中，权利和法律规范向来都是"一体两面"的关系：'权利不可能先于法律或者在法律之外存在。法律的主观表达就是权利。权利只不过是法律的另外一种表达方式。'"① 从目的角度来看，创设民事权利的根本目的在于为社会上的各主体划定清晰明确的行为界限，合理分配各主体的自由行为空间。纵观现有的民事权利，其内容均是在调整权利人和义务人之间的行为界限。而权利人能为和不能为的内容，实质上便是行为规范。民事权利是由众多行为规范按照一定逻辑所排列构成。换言之，相较于客体而言，按照一定逻辑所排列的具体行为规范，实际上便是权利本身。客体更像是认识权利的一种工具。比如，所有权允许所有权人自由支配、利用其所有物，并且禁止他人未经所有权人许可利用所有物的行为，而正是这些行为规范构成了所有权。因此，当实证法按照一定的逻辑为某项民事利益设置行为规范时，该民事利益实际上便能够证成为民事权利。第二，客体在部分权利证成中的作用并不理想。"从逻辑上讲，客体加权能的私权界定模式以客体的确定为前提，针对不确定的客体而行使的法律之力，导致的结果是私权的内容无法确定。"② 即如果强行从权利客体出发来界定民事权利的范围和内容，则可能造成民事权利内容无法确定的结果。诸如隐私、名誉等"客体"，实证法并没有以这些客体为出发点界分权利人与行为人的自由行为范围，而是以直接设置行为规范的方法来规定这些权利的内容。因为从理论上而言，给"隐私""名誉"等概念加上明确的定义内容并非易事，此等主观性浓厚的概念自然难以从客观的角度为其确定范围。因此，尽管作为客体的个人信息不具备具体特定的客体品质，但这并不能直接推导出个人信息权无法证成为民事权利的结论。故而当通过客体界定权利范围这一立法技术难以服务于完善保护民众重大利益的目标时，便应当使用其他立法技术以实现立法目标，而不是因立法技术的自身缺陷而放弃本应实现的立法目标。

再次，在《民法典》中，不乏不以客体为核心，而是以具体行为规范为核心进行逻辑建构的民事权利。为了与通过传统方法证成的民事权利相区分，笔

---

① 沈建峰：《论具体人格权建构的一般方法》，载《国家检察官学院学报》2013年第4期，第161—162页。

② 同上，第159页。

者将这部分民事权利称为"行为规范式的权利"。诸如名誉权、荣誉权以及隐私权等具体人格权便属于此种规制范式。在《民法典》中，明文以"某某权"为表述的"行为规范式的权利"主要有名誉权、荣誉权以及隐私权等。从《民法典》对上述权利所下定义来看，实证法并没有从正面规定权利人能够支配、利用名誉、荣誉以及隐私，而是从行为人的角度规定了禁止行为人实施特定行为的规范。故而上述权利的内容是由数条对行为人的行为进行约束、禁止的规范所组成。当行为人没有违反相应的行为禁令时，其行为应当是被法律许可的。以名誉权为例，《民法典》第1024—1027条规定了行为人不能对他人名誉实施的行为，但没有规定权利人能够对名誉实施类似于支配、许可等积极行为。只要行为人不违反实证法所设之行为禁令，便能自由地对他人名誉实施自己的评价行为，而权利人并无权干涉。这与以客体为建构核心的民事权利是不同的，因为围绕着客体进行建构的民事权利往往是权利人原则上享有自由行为空间，行为人仅能在征得权利人的同意或者法律特别规定的情况下自由行为。从此处可以看出，在权利内容方面，"行为规范式的权利"与以客体为核心的民事权利的不同在于："行为规范式的权利"中被实证法所明确列举的是行为人"不能为"之行为；而以客体为建构核心的民事权利中被实证法所明确列举的是权利人"能为"之行为。此种不同所引发的结果便是：一般而言"行为规范式的权利"中的权利人所受的法律限制要严于以客体为核心的民事权利中权利人所受之法律限制。

最后，新路径的适用具有普遍性。这种普遍性是建立在解析法定权利所存共性的基础上。这意味着，若其他权利也具备同样的特征，则可以尝试运用新路径来解释这些权利。第一，从立法目标来看，实证法中"行为规范式的权利"旨在规制行为人所实施之不当行为，进而在保护权利人和维护行为人的行为自由之间取得平衡，而不是为权利人创造完全排他支配的绝对性权利。从《民法典》对名誉权、荣誉权等权利的规制范式来看，"权利人没有积极支配的空间，只能够接受消极的保护"。[①] 虽然法律已经赋予名誉权等民事利益以民事权利的地位，但确实没有以客体为核心为其建构能够积极控制客体的自由行为

[①] 高富平：《精神性人格权益的规制范式——以个人信息为视角》，载《东岳论丛》2021年第1期，第167页。

空间，而是依旧通过为行为人设定行为规范和注意义务的方式来保护权利人。换言之，这些权利并未因其地位上升而获得更高层次的保护，也未获得任何积极支配、控制之权能。

第二，从权利客体来看，实证法中"行为规范式的权利"的客体不具备具体特定的特征。而探索民事权利证成新路径的目的正是解决客体特征给民事权利证成造成的障碍。以客体为建构核心的权利之所以能够基于客体而建构权利，其根本原因在于这些权利的客体具有具体特定的外观。有学者将这种外观称为"识别符"，并表明正是此种识别符的存在，帮助了社会上的不特定主体清晰认识了他人权利的边界。① 反过来说，如果一项民事利益的客体并不具备此种外观，那便意味着该项利益势必难以通过传统方法证成为民事权利。换言之，名誉权、荣誉权等不具备具体特定外观的民事权利，实际上便是"行为规范式的权利"。

第三，从权利内容来看，实证法中"行为规范式的权利"彼此之间的内容结构相类似。"行为规范式的权利"的内容特征在于实证法系从行为人的角度出发设置若干约束行为人的规范，行为人原则上只要不违反这些规范，其行为即合法，而非通过确定权利人对客体的积极支配进而来界定行为人的自由行为范围。鉴于笔者已经在上文详细论述过"行为规范式的权利"的内容结构，此处便不再赘述。

总之，当一项民事利益不具备具体、特定之客体时，若欲以民事权利方式保护此项民事利益，可以从权利的立法目标和规范属性两方面予以证成。当权利的立法目标在于平衡权利人和行为人的利益关系而非为权利人提供绝对排他的积极支配地位，而且该权利具有规范属性时，该项民事利益便可以证成为民事权利。这种与通过传统方法证成的民事权利迥然不同的、以具体的行为规范作为建构基石的民事权利，笔者称之为"行为规范式的权利"。

（二）新路径于个人信息权证成的可行性

1. 个人信息权符合"行为规范式的权利"的形式特征

应当充分认识到个人信息权与《民法典》中的"行为规范式的权利"具有

---

① 参见高富平：《精神性人格权益的规制范式——以个人信息为视角》，载《东岳论丛》2021年第1期，第168页。

相类似的特征。正如上文所言，之所以可以运用新路径证成某项民事权利，首先是因为某项权利的特征与《民法典》中以传统方法来证成的民事权利特征不相符合，而与"行为规范式的权利"相类似。换言之，如果能够证明个人信息权的特征与"行为规范式的权利"特征相类似，那么意味着个人信息权在新路径的适用范围之内。

首先，个人信息权的客体与"行为规范式的权利"的客体均不具体特定。以名誉权的客体"名誉"为例。所谓"名誉"被《民法典》解释为与个人的品德、声望、才能、信用等品质相关的社会评价。然而，名誉本身不具备界定权利范围的功能。简单来说：一是个人信息和名誉一样，难以为特定主体所独占支配。名誉既为人的社会评价，自然存在于人的思维之中，权利人难以支配、控制。而个人信息也很容易因传播或处理行为而导致占有秩序消解，权利人同样难以进行独占并支配。二是同名誉一样，个人信息的范围难以界定，且会随着社会观念的转变而发生变动。三是同名誉一样，个人信息的保护不仅是权利人自己的事，还与公共利益与他人利益深度关联。法律对名誉和个人信息保护程度的强弱会影响到公共利益的实现效果的好坏。因此，个人信息在某种程度上和名誉一样，由于其内涵模糊不清且外延不明而无法帮助权利人与义务人划定清晰明确的行为界限。

其次，个人信息权的内容结构与"行为规范式的权利"的内容结构具有相类似的特征。可能有人质疑，个人信息权不仅以具体的行为规范进行权利建构，还似乎保有积极支配权利客体的规范内容。的确，根据《个人信息保护法》第13条规定，处理个人信息应当取得个人同意，但符合法定条件的除外。换言之，从法条的表述来看，个人信息权的规制范式实际上为：法律规定信息处理者"能为"之行为+信息处理者应当取得信息主体之同意。这反而是与以客体为核心的民事权利的结构类似。但需要明确的是，《个人信息保护法》第13条所称个人对信息处理者利用其信息之"同意"，与《民法典》第240条所言之所有权人对物的"处分"、第1012条和第1018条所提到的姓名权人、肖像权人对姓名、肖像的"许可""使用"并非同一内涵。这是因为"同意"一词的逻辑前提是他人有求于权利人，即信息主体对个人信息的积极支配仅体现在信息处理者的利用上，而非全面支配个人信息。而"处分""许可"这些词语则意味着主体对客体进行全面支配的可能性。有学者更进一步认为，"同意"一词不应当理解为个人允许他人对其个人信息的积极支配,"而是应当理解为一种被害人允诺,其体系作用是阻却行为人行为违法"。① 因此,相较于以客体为建构核心的权利而言,个人信息权的内容结构更加类似于名誉权等行为规范式权利的内容结构。

2. 个人信息权符合"行为规范式的权利"的实质特征

在明确个人信息权符合"行为规范式的权利"之形式特征后,还需进一步判断新路径之于个人信息权证成的可行性。

首先,需要明确立法目标所要求之个人信息权应当为何。但明确立法目标所要求之个人信息权应当为何,首先便要准确把握实证法对个人信息保护的态度。这是因为,实证法的立法目的将决定个人信息保护模式的选择。如果立法目的偏向于保护信息主体对个人信息的绝对控制权利,那么通过传统方法证成个人信息权为其最佳选择。如果立法目的在于促进个人信息的利用,那么能够平衡信息主体与信息处理者的利益关系的保护模式为其最佳选择。因此,最新出台的《个人信息保护法》的立法目的便是应当予以关注的重点。《个人信息保护法》的立法目的规定在该法的第1条:"为了保护个人信息权益,规范个人信息处理活动,促进个人信息合理利用,根据宪法,制定本法。"从法条的文义来看,该条内涵为"既要加强对个人信息的保护,又要促进个人信息合理利用"②。在此基础上,有学者从"目的—手段"的逻辑出发,进一步将保护个人信息权益、促进个人信息的合理利用作为目的,而将规范个人信息处理活动作为实现该目的的手段。③ 换言之,实证法的规制重点始终在于规范利用个人信息的行为,而非给信息主体创造一个强力支配个人信息的法律环境。《个人信息保护法》的具体规则也体现出了这一特点。一是在整部《个人信息保护法》中,除去"总则"章与"附则"章外,其余6章中有4章的篇幅都是在规范和调整信息处理者的行为。这在一定程度上说明了该法主要以信息处理者(行为人)的行为规范作为主要内容。二是在"个人在个人信息处理活动中的权利"

---

① 高富平:《精神性人格权益的规制范式——以个人信息为视角》,载《东岳论丛》2021年第1期,第169页。

② 申卫星:《论个人信息保护与利用的平衡》,载《中国法律评论》2021年第5期,第29页。

③ 参见上注。

一章中，其所述"权利"的内容主要为：①给信息主体提供救济手段，如第46、47条；②查阅、复制信息等与救济性"权利"的行使密切相关的工具性"权利"，如第45、48、50条；③为信息处理活动提供合法性依据，如第44条。而以上"权利"与信息主体对个人信息的积极支配基本无涉。因此，《个人信息保护法》的重点在于通过规制信息处理者的行为来平衡信息主体与信息处理者双方之间的利益关系，而非保护信息主体对个人信息的绝对控制权利。正是这种立法目标，决定了个人信息权不能用传统方法来建构。即要想通过赋权的方式来避免个人信息被不当利用，应当另辟蹊径，通过个人信息权的立法目标证成个人信息权。

  此外，除了通过对法律文本的解读来了解立法目标之外，还可以借助分析民事主体现实需求的方法来了解立法目标。在个人信息日益受到侵害的今天，自然人对于拥有先进科技和雄厚资本的企业而言，天然地处于弱势地位。在现实中企业利用法律专业性与强势地位迫使自然人在接受企业服务时必须同意个人信息处理的各种合同条款，而且自然人在同意个人信息处理条款后，难以真正得知其个人信息的被利用程度、个人信息是否得到确实保护以及服务终止后企业是否真正销毁个人信息。因此，我国民众（主要指自然人）普遍要求国家出台能够完善保护个人信息的法律法规，[①] 并在这些法律法规中赋予民众相应强度的保护权利。而最新的举措便是《个人信息保护法》的出台：立法者应民众需求及时将个人信息保护规范纳入《民法典》并出台《个人信息保护法》，便是立法对于个人信息保护的迫切民众需求的直接反映。换言之，反映民众需求的立法目标决定了有关个人信息保护的民事权利存在的必要性。与此同时，从自然人人格利益和财产利益的保护来看，民众对于个人信息保护需求的正当性可以说十分充分。一方面，个人信息的利用与人格利益保护息息相关。企业对于个人信息的利用行为很有可能给自然人的人格利益产生威胁和损害。例如，"信息处理者最初采集的信息未必是个人隐私，并且依照法律要求，信息处理者也不能采集隐私信息。但在数字社会，算法的加入却增加了个人信息转化为隐私的可能性，因为在信息自动化处理过程中，多维信息结合能够清晰勾勒出个

---

① 参见周辉：《依法切实保护个人信息权益》，载《人民日报》2021年11月11日，第9版。

人画像"①。另一方面，个人信息的利用还关乎到财产利益的分配。"在数字社会（尤其是数字经济）中，个人信息的商业价值凸显出来，商家可运用个人信息形成的数据产品获得巨大商业利润。"② 而作为个人信息原始享有者的自然人，对于因个人信息的利用而产生的财产价值，自然也想争取一定的话语权。

其次，需要从权利与规范的关系来理解个人信息权。正如笔者于前文所述，权利与法律规范是一体两面的关系，而个人信息权正是规制个人信息处理行为的行为规范的主观化。因此，通过观察《民法典》和《个人信息保护法》有关个人信息权的规范内容，便能得知个人信息权的权利化是否可行。从《民法典》第1035—1039条的规定内容来看，其有关个人信息权的论述均紧紧围绕着个人信息的处理这一主题，尤其以信息处理者处理个人信息的行为作为主要规制对象，并就此设置了一系列行为规范。这些行为规范并非杂乱无章，而是较为清晰地为信息处理者划定其自由行为空间。比如，信息主体在处理个人信息时原则上应当遵循"知情—同意"规则，但在符合法定条件的前提下可以不遵守此项规则。所以，《民法典》所规定的个人信息权的内容在本质上就是行为规范。既然主体之间的行为规范已经以法律规范的形式确定下来，而权利与法律规范又是"一体两面"的关系，这就意味着信息主体与信息处理者各自的权利范围已经被大致确定。自此，个人信息权得以证成为权利的又一条件得以满足。

总之，应当先从客体是否具体特定的角度出发，判断某一民事利益是否适合通过传统方法证成为民事权利。如果该客体具体特定，可以径直使用传统方法；如果该客体并不具备具体特定之特征，则可以使用新路径证成民事权利。从权利存在的立法目标和权利与规范的关系的角度看，个人信息权确实可以被证成。

四、对"法益说"进行回应

不可忽略的是，有的学者注意到了传统方法的局限，因此支持"法益说"，

---

① 彭诚信：《论个人信息的双重法律属性》，载《清华法学》2021年第6期，第82页。

② 同上注。

将个人信息权益认定为民事法益从而予以保护。所谓的民事法益，根据我国通说其含义为"权利之外存在的，法律主体享有的受法律保护的利益"①。支持"法益说"的学者的论证逻辑通常为：个人信息作为权利客体，其内涵不清、外延不明，难以为权利人与义务人划清彼此之间的行为界限，而民事权利要求权利客体具体特定，因此不能将个人信息权益认定为民事权利。从民事利益层级保护的角度看，"法益说"的逻辑确实正确，因为在传统方法视角下权利客体的具体特定属性为民事权利证成的必要条件。如果个人信息无法满足客体的具体特定这一条件，自然不能将其作为民事权利加以保护。但是，在《民法典》已经将个人信息权单独规定的前提下，将个人信息权认定为民事法益似乎有失妥当。诚然，民事法益与"行为规范式的权利"都是以具体的行为作为构造的基石，且均针对不具体特定的客体，具有一定的相似性。但出于实证法和独立性这两个原因，采取认定个人信息权为"行为规范式的权利"的方式予以保护更为妥当、周全。为此，笔者将进一步厘清二者之间的差异，为个人信息权的证成提供更有力的论据。

（一）"法益说"与实证法不相契合

从保护维度出发，立法者应当采用理论与实践更加契合的手段来保护民众的重大利益需求。相较于民事权利而言，民事法益仅是在特定情况下将未被明确规定为民事权利的民事利益纳入法律体系中予以保护的手段。换言之，在我国民法语境下，民事法益是在兼顾民法体系的稳定性和进步性的基础上产生的一种折衷手段，而且主要形成于司法适用的过程中。当某项民事利益不是民事权利但又需要民法予以保护时，民事法益便开始发挥其作用。因此可以这么说，权利和法益的区分，实质上便是利益受法律重视程度的直接反映。"法益之所以无法当然地成为权利，是因它没有充分经过历史上典型权利为获得制定法命名而经历的历史检验，原则上它们不受法律保护，而只有在严格条件下才可能就特定当事人例外地上升为权利。"② 民事权利在面对侵害时，实证法已经为其设定了民事责任的构成要件。当加害人的行为已经符合民事责任的承担条件时，

---

① 李岩：《民事法益的界定》，载《当代法学》2008年第3期，第21页。
② 张力：《权利、法益区分保护及其在民法总则中的体现——评〈民法总则（草案）〉第五章》，载《河南社会科学》2016年第11期，第5页。

权利主体自然能够向加害人主张其权利。但民事法益则不然。在民事制定法中，民事法益为"无名权利"①，法律并未专门为其制定规则，甚至可能连一个专门的名称都没有。既然实证法连民事法益之名称都未规定，更遑论对民事法益的保护要件及程度进行规定。因此，对于保护民事法益这一问题，法院事实上掌握着对民事法益的保护要件及程度的解释权。但反观《民法典》乃至《个人信息保护法》，由于个人信息权的属性争议声浪颇大，故而这些法律回避了该问题，并未明文规定个人信息权究竟为民事权利抑或为民事法益。之所以会产生以上争议，其主要原因还是在于对民事权利证成的条件认识不一，有学者坚持民事权利的证成应当以客体具体特定作为必要条件。② 然而，既然个人信息权已经被明文规定于《民法典》和《个人信息保护法》中，而且形成了较为完善的行为规范体系，也就意味着个人信息权实际上已非无名权利，其已经在实证法体系中有一席之地。如果强行认为"个人信息权益"并非民事权利而是民事法益的话，显然有些不切实际。再者，相较于祭奠权、探望权等民事法益，《民法典》和《个人信息保护法》均对个人信息权的相关规范进行了较为细致的规定，法官在裁判时并非无法可依。因而，在实证法已经存在的当下，仍采"法益说"有所不妥。

（二）"行为规范式的权利"较"法益说"之独立性

首先，对保护要件及程度是否形成社会共识的判断不同。民事法益的生成源于民事主体对新兴利益的保护需求。然而，需要明确的是，民事法益所保护的民事利益一般而言处在司法实践阶段中，并未形成统一的裁判标准。这是因为民事法益这一概念本就是为了保护不能通过民事权利方式加以保护的民事利益而创造的。如果某一民事利益能够通过实证法加以确认的方式上升为民事权利的话，那么也就没有再通过民事法益的方式加以保护的必要性。事实上，民事法益"案件裁判结果的显著不同，恰恰凸显了法益识别保护方法与权利救济

---

① 法条所列举的有名权利与"等"及"其他"所表达的无名权利。参见张力：《权利、法益区分保护及其在民法总则中的体现——评〈民法总则（草案）〉第五章》，载《河南社会科学》2016年第11期，第2页。

② 参见郑晓剑：《个人信息的民法定位及保护模式》，载《法学》2021年第3期，第119页。

的区别：只有典型的权利救济才存在类案类判（或称'同案同判'）的司法标准化问题，而对于缺乏历史洗练、权利的救济条件标准化水平较低的非典型法益而言，几乎没有'同案'高概率发生的可能——否则法益将有资格上升为权利了"①。也就是说，不同法官在相同的情境中对于某一民事法益可能会做出截然不同的判决。比如，就祭奠利益而言，由于《民法典》并未明文规定如何保护祭奠利益，故而司法实践中对如何保护祭奠利益的意见不一。有的法院认为应该通过将祭奠利益证成为人格权予以保护，② 有的法院则认为应该通过民事法益的方式予以保护，③ 有的法院则干脆认为该利益不值得法律保护而不予受理。④ 但是，行为规范式的权利不同于民事法益，对其保护要件的理解事实上已经是形成了一定的社会共识，而且这种共识已经为实证法所确认。比如，就名誉权的保护而言，《民法典》第1025条规定行为人为舆论监督目的所实施的评价行为不侵害被评价人的名誉权，除非行为人的行为明确违反了该条的但书。从该条规定的内容看，名誉权的侵权责任要件明确具体：行为人所实施的以舆论监督为目的的评价行为，在违反但书的情况下才承担侵权责任。

其次，法官自由裁量权受到的限制力度不同。我国对于法益的保护标准主要是司法机关在司法实践过程中所逐步探索出来的，目的便是在于为尚未权利化但又有保护必要性的民事利益提供保护。⑤ 这也是遵循通说关于民事利益层级保护逻辑的必然结果。然而，法益的认定过程具有以下特点："司法系统对无

---

① 张力：《权利、法益区分保护及其在民法总则中的体现——评〈民法总则（草案）〉第五章》，载《河南社会科学》2016年第11期，第7页。
② 赵如美诉张顺根丧葬权、悼念权纠纷案，江苏省东台市人民法院民事判决书（2014）东民初字第0510号。
③ 贺甲祭奠权纠纷案，湖南省新田县人民法院民事判决书（2011）新法民一初字第356号。
④ 陈华与陈晖祭奠权纠纷案，福建省福州市中级人民法院民事判决书（2014）榕民终字第3772号。
⑤ 近年，我国基层法院在发现无名权利、总结无名权利识别标准方面大胆尝试，逐步形成了关于性权利、信用权、受教育权、祭奠权、眺望权、探望权与隔代探望权等新权利的系列判例，对推动权利制度在司法实践中的发展起到了重要作用。参见张力：《权利、法益区分保护及其在民法总则中的体现——评〈民法总则（草案）〉第五章》，载《河南社会科学》2016年第11期，第2页。

名权利的理解尚未形成统一标准,各地区新权利发育控制宽严不一。"① 故而,司法实践中不乏对同一法益实施不同的保护措施的情形。比如,司法实践中法院对祭奠利益一共采取"权利保护""法益保护"以及"决定不保护"三种态度。而权利、法益和利益则是民法保护民事利益的全部内涵。司法实践中产生跨度如此之大的裁判结果,也从侧面证明了在法益保护问题上法官享有很大的自由裁量权。但是,行为规范式的权利与法益不同,实证法为其设置了具体的规范,尽管这些行为规范可能在具体化程度上不尽相同。法官在裁判时必须遵守这些具体的规范,不仅需要准确识别法律规范所确定的判断要件,还需要符合隐藏在具体规范后的抽象法理念。因此,从法官自由裁量权的标准来看,行为规范式的权利显然要严于民事法益。

总之,行为规范式的权利与民事法益既有共同之处,也有差异之处。而两者的差异之处能够进一步有力证明行为规范式的权利有其独立存在的必要性。因此,确实可以将个人信息权益证成为民事权利,只不过这种个人信息权是行为规范式的权利,而非以客体为基础的民事权利。

五、结语

本来个人信息权的性质认定应当随着《个人信息保护法》的颁布而告一段落,然而《个人信息保护法》却依旧对该问题采取了回避的态度,而未明文规定个人信息权究竟为民事权利还是民事法益。为此,笔者从传统的民事权利证成方法入手,分析理论界对于个人信息权性质争论不下的根本原因是过于重视客体具体特定在权利证成过程中的地位,而个人信息作为客体不具备具体特定的品质要求,因此个人信息权不宜被证成为民事权利。笔者借助于对传统方法的局限性分析,表明通过传统方法证成个人信息权确实存在困难,因为个人信息难以符合传统方法对客体具体特定的要求。但是,随着时代的发展和社会事实的变化,民事权利的证成方法也应当因时制宜。基于立法目标和权利规范属性的民事权利证成路径,不但具有充分的理论依据,而且实证法也佐证了新路

---

① 张力:《权利、法益区分保护及其在民法总则中的体现——评〈民法总则(草案)〉第五章》,载《河南社会科学》2016年第11期,第2页。

径的适用具有普遍性。而个人信息权也确实能够通过新路径被证成为独立的民事权利。通过新路径予以证成的民事权利，笔者称之为"行为规范式的权利"。个人信息权即属之。此外，"法益说"虽然与新路径具有共同之处，但差异性也十分明显。两者的差异之处也能进一步有力证明行为规范式的权利有其独立存在的必要性。总之，基于立法目标和权利规范属性的民事权利证成路径，个人信息权能够也应当被证成为民事权利。

（初审：马越；校对：张晓彤）

实务纵深

基层司法治理实践图景：
司法下乡、能动司法与线上司法

丰怡凯[*]

摘　要：在现代国家治理体系中，基层治理居于基础性地位。而基层治理实践表明，司法治理已日趋成为基层治理的重要依赖。基层司法治理模式以基层法院（法官）为主体，以审判、调解等司法活动为依托，能够在实现"纠纷解决"目标基础上，衍生出"化解社会矛盾、法治宣传教育、促进社会和谐"等诸多溢出性治理效应。因此，"司法性—治理性"构成了基层司法治理的基本范式。我国基层司法治理具有深刻的实践理性，且事实上已初步形成了具有中国特色的基层司法治理本土模式。系统论视角下，"基层司法改革"与"以人民为中心"分别对应这一实践图景的形塑动因与逻辑内核。尽管基层司法治理初具规模且富有成效，但基于高质量发展目标以及基层治理体系和治理能力现代化的美好愿景，现有基层司法治理模式仍有待进一步的完善。

关键词：基层治理；基层司法治理；司法下乡；司法调解；线上司法

一、问题的缘起：作为基层治理实践的基层司法治理

在"国家治理体系和治理能力现代化"的改革过程中，基于"国家—社会"之间的深刻互构关系，[①] 基层治理在现代国家治理结构和治理体系中事实

---

[*] 丰怡凯，中国政法大学刑事司法学院诉讼法学博士研究生。
[①] "国家—社会"之间的互构关系是指，国家治理作为一项系统性工程，其宏观顶层的治理构想需要投放到微观社会的末端，最终表现为基层的治理实践。参见杨敏：《"国家—社会"互构关系视角下的国家治理与基层治理——兼论治理技术手段的历史变迁及当代趋向》，载《广西民族大学学报（哲学社会科学版）》2016年第2期，第3页。

上居于基础性地位。① 在当前依法治国的背景下，我国现代国家治理正在逐步发生"从行政治理到司法治理"的法治化转型。基于此，作为国家治理体系和治理能力现代化基本载体的基层治理，正愈发依赖以"纠纷解决"为主要目标的基层司法②。易言之，基层司法治理③正逐步成为基层治理的重要图景。

社会结构变动、经济快速发展使得传统法律文化、乡土资源与现代法律制度的紧张和裂痕在基层社会中愈发突出。④ 因此，基层司法治理的核心关切是，如何促使司法体系中最基础、最关键的一环⑤——基层法院能够更有效地化解基层社会中的各种纷争，同时向基层传导和培养法治精神，进而实现基层司法对于基层治理的深度参与功能发挥。据此，基层司法治理的"治理性"实现，

---

① 参见陈家刚：《基层治理：转型发展的逻辑与路径》，载《学习与探索》2015 年第 2 期，第 47 页。

② 参见王国龙：《基层社会治理中的司法治理》，载《渭南师范学院学报》2018 年第 7 期，第 6 页。

③ 值得注意的是，"基层司法治理"具有语义上的二分性：狭义上的基层司法治理主要指作为审判机关的法院，以"纠纷解决"为导向，主要通过司法审判等活动的展开所产生的社会治理效应；广义的基层司法治理内涵在狭义论的基础上，进一步否认检察机关、公安机关乃至司法行政机关的司法治理主体地位。参见王国龙：《法院参与基层治理及其角色定位》，载《东岳论丛》2020 年第 4 期，第 139 页。需要指出的是，本文此处及以下所探讨的"基层司法治理"是基于狭义论上的语境而展开的。也即，基层法院或者作为基层法院派出机构的基层人民法庭（为行文方便，下文皆称"基层法院"），通过审判、调解等司法活动，在实现"权利救济、定分止争"的过程中所发挥的基层治理作用。

④ 参见廖万春：《新"枫桥经验"语境下基层司法参与基层社会治理的因由及路径》，载《社会科学家》2019 年第 3 期，第 125 页。苏力教授同样指出，法律与社会现实之间的错综复杂，往往在基层司法中有更直接的、生动、鲜明的反映和体现。参见苏力：《送法下乡——中国基层司法制度研究》（修订版），北京大学出版社 2011 年版，第 8 页。

⑤ 对此，相关数据能够说明基层法院的基础性与关键性地位：其一，2017 年，我国已有高达 85% 的案件由基层人民法院审理完成。参见王茜：《我国 85% 案件在基层法院审理》，载中华人民共和国中央人民政府网站，http://www.gov.cn/xinwen/2017-02/21/content_5169877.htm。其二，2019 年，全国 10,759 个人民法庭积极参与基层治理，共调解、审结案件 473.1 万件。参见周强：《最高人民法院工作报告——2020 年 5 月 25 日在第十三届全国人民代表大会第三次会议上》，载中华人民共和国最高人民法院公报网站，http://gongbao.court.gov.cn/Details/e83007142dac8251d1e141641e5577.html。其三，截止到 2021 年 10 月，全国共有 3537 家法院。其中基层法院 3087 家，占比约 87%。参见谢栋：《全国共有 3537 个法院！哪些法院不是按照行政区划设立的？》，载腾讯网 2021 年 10 月 4 日，https://new.qq.com/rain/a/20211004a0apuz00。

实质上以基层法院"纠纷解决"的"司法性"为基础。换句话而言,基层法院的基础性职能在于"定分止争",在此基础上实际上还衍生出了法制宣传教育、乡村扶贫、信访接待、生态文明建设等诸多治理性职能。① 正如有学者所言,一定程度上,可将上述基层法院的社会治理属性视为其"纠纷解决"的司法性的自然延伸。②

应当予以指出的是,基于"司法性—治理性"的一般范式,我国逐渐形成了具有鲜明中国特色的基层司法治理进路。这一进路的基本面向是,通过积极推进以"纠纷解决"为导向的基层司法的可及性,努力促使人民群众在每个案件中都能够感受到司法带来的公平正义,进而发挥司法的基层治理效应。因此,可将我国基层司法治理的实践逻辑描述为:在充分保障人民群众的司法获得感、提升司法可及性的前提基础上,进而实现从"司法性"到"治理性"的转向。值得注意的是,在此过程中,一系列形态各异却有机统一的基层司法治理的本土模式得以形塑。例如,以"马锡五审判方式"、人民陪审模式所代表的"司法下乡模式"、以植根于新"枫桥经验"的司法调解机制为典型样态的"能动司法模式",以及数字法治时代下的"线上司法模式",共同构成了我国基层司法治理的"以人民为中心"的特色实践图景。

本文认为,在强调推进基层治理体系和治理能力现代化的当下,有必要认真审视作为基层治理体系中的重要一环——基层司法治理。循此出发,如何全面描述已经具有成熟样态的基层司法治理实践,业已成为一个亟待解决的理论任务。对此,本文不揣冒昧,试图总结与剖析我国基层司法治理的本土模式及理论逻辑。在此基础上,本文还将对当前我国基层司法治理实践样态予以理论层面的检视与反思,进而从宏观、微观两个维度提出初步的完善进路,以期对基层司法治理的持续健康发展有所助益。

---

① 参见廖万春:《新"枫桥经验"语境下基层司法参与基层社会治理的因由及路径》,载《社会科学家》2019年第3期,第127页。对此,域外也有研究指出,在裁判案件、解决争辩双方冲突之外,司法事实上还具有推进立法、维护社会稳定等其他治理性属性。See Thomas D. Ungs & Larry R. Baas, *Judicial Role Perceptions: A Q-Technique Study of Ohio Judges*, Law and Society Review, Vol. 6: 3, pp. 353-362, (1972).

② 参见王国龙:《基层社会治理中的司法治理》,载《渭南师范学院学报》2018年第7期,第11页。

二、司法下乡模式：人民参与司法

司法下乡模式依托"司法广场化"与"司法剧场化"两种基本司法运行样态，① 以积极推进人民群众参与司法运行、提升司法获得感为根本价值取向，进而实现基层司法治理意蕴。例如，一方面，作为法官送法下乡的"马锡五审判方式"能够将司法活动动态下沉至基层场域，直接将司法活动面向人民群众，致力于司法运行的"广场化"；另一方面，即使在封闭的司法剧场化场景下，人民群众仍能够通过一种静态意义上的制度机制——人民陪审模式实现对司法活动的直接深度参与。

（一）"司法下乡"的二维面向：动态模式与静态模式

1. 动态的司法下乡模式："马锡五审判方式"

自古以来，法官通常在固定的司法场所内坐堂问案，② 以彰显司法的权威性与中立性。但需要指出的是，这种"坐班式"的司法运作模式不可避免地存在着诸如"司法封闭性""司法治理范围有限"等弊端。例如，在国民党政府时期的旧司法环境下，司法审判人员往往一身"高高在上的官老爷做派"，徒自强调法言法语，机械照搬法律程序，③ 并不虑及人民群众的司法参与感与获得感。考虑到以上旧有"机械式司法"的弊端，时任陕甘宁边区高等法院陇东分庭庭长的马锡五同志，在抗日民主根据地的历史环境下，勇于冲破旧时司法陈规陋习的束缚，率领司法人员走出法庭，探索出一套"走进基层，深入乡村，面向群众，巡回审理，就地办案"的司法工作模式，④ 也即为我们所熟知的"马锡五审判方式"。

---

① 理论上认为，依据不同特征，可将司法活动概括为两种基本样态，即"司法广场化"与"司法剧场化"。参见舒国滢：《从司法的广场化到司法的剧场化——一个符号学的视角》，载《政法论坛》1999 年第 3 期，第 12 页。
② 参见陈光中：《中国古代司法制度》，北京大学出版社 2017 年版，第 279 页。
③ 参见何东青：《学好用活"马锡五审判方式"继承发扬人民司法优良传统》，载《人民法院报》2021 年 10 月 1 日，第 5 版。
④ 参见贺小荣：《"马锡五审判方式"的内在精神及其时代价值》，载《法律适用》2021 年第 6 期，第 3 页。

"马锡五审判方式"本质上是一种"法官送法下乡"的司法运行模式。① 该新型司法运行机制引起了当时理论界的高度关注,并对马锡五审判方式的基本内涵和主要特点进行了提炼和总结,② 集中概括起来,就是"司法工作中的群众路线"。对此,以下两点能够明确:一方面,"马锡五审判方式"坚持群众路线,通过人民群众参与司法的形式实现纠纷解决与司法治理;另一方面,"马锡五审判方式"展现出了与旧有"机械司法"的迥然不同,即"深入基层,调查研究,就地审判,灵活多样",将司法审理从"高堂衙门"搬进田间地头,从特定群体走向普罗大众,传承了"巡行乡里、甘棠诀狱"的古人遗风,③ 鲜明体现了一种"走出去"的司法运作模式。

2. 静态的司法下乡模式:人民陪审模式

"马锡五审判方式"的成功以及苏力教授在法官送法下乡模式方面的充分论述,一定程度上使得人们容易忽略司法下乡的另一种模式——人民陪审模式。有别于"马锡五审判方式"这一需要法官亲力而为的动态司法下乡模式,人民陪审模式则体现为一种静态意义上的司法下乡模式:作为人民群众参与司法的法定方式,人民陪审员制为公众提供了依法直接参与审理具体案件的机会,且具有制度化、程序化等基本特点。换言之,人民陪审员制作为一种固定、常态化机制,以保障人民群众依法有序参与司法审判为出发点,使得司法活动能够通过这一静态机制直接面向人民群众。

尽管"马锡五审判方式"与人民陪审模式呈现出动静有别的司法下乡形

---

① 有学者指出,社会实践中的"送法下乡",具体表现为司法机构及其人员的自觉选择和积极主动的行动。也即"送法下乡"的主体是司法机关及其工作人员。参见喻中:《乡土中国的司法图景》(第2版),法律出版社2013年版,第69页。在此意义上,"马锡五审判方式"显然属于具体形态的"送法下乡"模式,即"法官送法下乡"。

② 例如,1945年1月13日《解放日报》发表的《新民主主义的司法工作》一文将马锡五审判方式的特点归纳为以下8点:(1)走出窑洞,到出事地点解决纠纷;(2)深入群众,多方调查研究;(3)坚持原则,掌握政策法令;(4)请有威信的群众做说服解释工作;(5)分析当事人的心理,征询其意见;(6)邀集有关的人到场评理,共同断案;(7)审案不拘时间地点,不影响群众生产;(8)态度恳切,使双方乐于接受判决。参见喻中:《吴经熊与马锡五:现代中国两种法律传统的象征》,载《法商研究》2007年第1期,第136页。

③ 参见王伟:《传承马锡五审判方式:唱响基层治理"大合唱"——山东淄博法院加强人民法庭工作纪实》,载《人民法院报》2021年9月26日,第1版。

态，但需要指出的是，人民陪审模式与前者一样，同样发轫于党领导下的革命根据地时期，具有悠久的制度历史，且在不断的改革发展中愈发完善。① 人民陪审模式的司法下乡的意涵在于：依托人民陪审员制度，以审判为核心的司法活动不再为职业化的法官所垄断，来自各行各业、各个阶层的普通群众得以获得直接参与审判、调解等司法活动的机会与路径。在此意义上，不同于"马锡五审判方式"为代表的主动贴近人民群众、推动司法活动"走出去"的实践逻辑，人民陪审模式表现出一种主动将人民群众"请进来"的理念内核，且这种司法下乡模式本质上具有规范化与制度化等静态意义特征。

（二）基层司法治理的初步尝试：面向基层群众的司法下乡模式

诞生于革命根据地时期的"马锡五审判方式""人民陪审模式"共同构成了具有中国特色的"动—静"二元特征的司法下乡模式。其中，"马锡五审判方式"这一动态模式在实践中可以表现为不同具体样态，如"马背上的法庭""土炕上的法庭"等，其不变的是"深入群众"的司法理念。而人民陪审模式这一静态司法下乡模式，则承载着司法公开、司法民主和司法公正等重要价值。② 二者不仅是中国共产党人对司法理念和审判制度的创造性贡献，同时也是我国基层司法治理的初步尝试和创举。

简言之，上述司法下乡模式通过创新原有基层司法运行样态，真正意义上

---

① 例如，自新中国成立以来，可以将人民陪审员制度在制度化与规范化方面的发展完善大致划分为三个历史时期：其一，新中国成立之初的初创期。这一时期，国家通过一系列立法活动确认了人民陪审员制度，典型相关立法规定有：1951 年《人民法院暂行组织条例》第 6 条；1954 年《宪法》第 75 条；1954 年《人民法院组织法》第 8 条。其二，改革开放后的复苏期。改革开放后，伴随着司法建设的不断完善，人民陪审员制度也迎来了复苏与完善。其中，以 1998 年最高人民法院督促地方各级人民法院对人民陪审改革进行积极探索、2004 年第十届全国人大常委会通过《关于完善人民陪审员制度的决定》为典型代表。参见彭小龙：《人民陪审员制度的复苏与实践：1998—2010》，载《法学研究》2011 年第 1 期，第 15 页。其三，习近平法治思想引领下的腾飞期。在习近平法治思想的引领下，我国人民陪审员制度进入了一个崭新的历史发展时期。例如，2018 年，第十三届全国人民代表大会常务委员会第二次会议通过《人民陪审员法》，人民陪审员制度进入国家法时代。此外，2019—2020 年，最高人民法院、司法部等机构专门就《人民陪审员法》下发相关司法解释与实施问题答复，有力地保障了人民陪审员制度的正确适用。

② 参见范愉：《人民陪审员制度与民众的司法参与》，载《哈尔滨工业大学学报（社会科学版）》2014 年第 1 期，第 51 页。

使得基层司法参与到基层治理中来，强化与放大了基层司法除纠纷解决外的溢出治理属性。就此而言，以"马锡五审判方式"和人民陪审模式为代表的司法下乡模式可以视为我国基层司法治理的初步尝试。① 在"司法性—治理性"的基本范式下，司法下乡模式的基层司法治理意蕴表现在以下两个维度：

一是建构了"走出去"与"请进来"的直接面向人民的司法运行机制。首先，就走出去主动贴近群众的"马锡五审判方式"而言，其赋予"权利救济、定分止争"这一司法性动态属性，推动原有司法运行从"坐堂问案"到"深入群众"，从封闭走向公开，从程式化迈向机动化，有力拓展了司法服务于治理的广度与深度；其次，在将人民群众请进审判席的人民陪审模式方面，从基层人民群众抽取代表直接参与调解、审判等司法活动，能够充分发挥基层人民通晓社情民意、长于事实认定的天然优势，推进与法官形成优势互补，有助于人民群众了解司法、参与司法，监督司法，② 进而实现解决一案，教育一片的司法治理效果。一言以蔽之，无论是法官送法下乡抑或是人民陪审员制，均对整个司法机制的运行起到了有益的刺激效应，有助于更好地发挥司法作为公平正义最后一道防线的应有作用。

二是开辟了从个案解决到社会治理的司法治理逻辑。在司法下乡模式出现之前，基层司法在参与基层治理方面存在明显的局限性。例如，旧有司法运行机制下，法庭断案往往以个案为中心，简单追求一判了之、案结事了，而欠缺通过个案推动法制宣传教育、从源头化解社会矛盾以达到社会治理的普遍意识。在此背景下，以"马锡五审判方式"、人民陪审模式为代表的司法下乡模式，在推进司法运行环境从封闭迈向公开，司法裁判主体从单一（职业法官）转向民主（法官与人民陪审员并存）的同时，在司法目标上同样发生了深刻的转型，即从单纯实现个案的解决到"处理一案，教育一片，推动基层法治思维培养，提高人民群众在个案解决中享有司法获得感"等综合价值目标追求。基于

---

① 对此，苏力教授早已指出，法官送法下乡（司法下乡）不仅体现了司法深入基层、服务人民的司法理念，同样有利于强化国家在乡土基层社会中的权威与治理能力。参见苏力：《送法下乡——中国基层司法制度研究》（修订版），北京大学出版社2011年版，第30—32页。

② 参见刘鸳：《人民陪审为人民——陕西人民陪审员队伍建设纪实》，载《西部法制报》2021年7月24日，第1版。

此,从本质上看,司法下乡模式的价值追求是:在实现司法纠纷解决的基础性功能的同时,进一步挖掘其包括社会控制、权力制约、维护法律在内的延伸性功能,① 以期实现基层司法的溢出性社会治理效应。从这个意义上来说,司法下乡模式开辟了从个案解决到社会治理的一般司法治理逻辑,使得司法参与基层社会治理成为可能。

三、能动司法模式:以司法调解机制为例

传统上,司法的主要功能或者性质在于裁判以及与裁判相关活动的运行与实施,较之于立法与行政,司法具有"不告不理"的中立性、被动性属性。② 但为了更好地处理人民群众纠纷、推进社会治理,司法在具备上述传统被动属性的同时,也逐渐显现出一定程度上的积极、能动属性。基于此,一种能动司法观逐渐形成:法官应当充分发挥个人的积极性和智慧,通过审判以及司法主导的各种替代性纠纷解决方法,有效解决社会各种复杂的纠纷和案件,实现司法的政治效果、社会效果和法律效果的统一。③ 在此意义上,能动司法具有鲜明的司法治理意蕴。

"积极发现和回应社会现实需求,促进司法良好结果的实现"构成了能动司法的价值导向。④ 这表明,能动司法在发挥司法治理功能过程中可以具有不同形式的具体表达。本文认为,能动司法的基层司法治理功能的实现,以植根于新"枫桥经验"中的司法调解机制为重要载体。换言之,从新"枫桥经验"中孕育而生的司法调解机制,不仅彰显了鲜明能动司法属性,还具有显著的基层司法治理效应。对此,本文将从以下两个层面予以阐述:

(一)"枫桥经验":另一种基层司法治理本土资源

有学者曾指出,在治理层面,不同于"马锡五审判方式",肇始于20世纪

---

① 参见姚莉:《法院在国家治理现代化中的功能定位》,载《法制与社会发展》2014年第5期,第57页。
② 参见尹奎杰:《司法回应民意的限度与途径》,载姚建宗等主编:《中国的司法:一般理论、政治功能与纠纷解决》,法律出版社2018年版,第75页。
③ 参见苏力:《关于能动司法与大调解》,载《中国法学》2010年第1期,第5页。
④ 杨建军:《司法能动主义与中国司法发展》,法律出版社2016年版,第21页。

60年代的"枫桥经验"更多的是作为一种以地域为载体，而非以个人为载体的经验。也即，"枫桥经验"更具有地理政治学的符号意义。① 这实际上表明，在基层司法治理领域，"枫桥经验"所提供的制度支持同样有别于以"马锡五审判方式"所代表的司法下乡模式。

需要指出的是，"枫桥经验"作为一种基层司法治理本土资源，本质上是发展需要与改革形塑的结果。一般认为，依据"枫桥经验"核心内涵的不同，可将"枫桥经验"大体上界分为初期"枫桥经验"与新时期"枫桥经验"两个发展阶段。其中，初期样态的"枫桥经验"并未过多涉及以法院为代表的司法工作，而是仅表现为一种基层社会治理模式，司法治理意蕴不甚明显。

基于改革开放以来的新时代需求，原有"枫桥经验"在被赋予崭新内涵的同时，其治理功能逐渐发生了转向，即将原有处理"敌我矛盾"的价值经验转化为针对人民内部纠纷的治理模式，从而逐渐形成一种崭新意义上的"枫桥经验"。简言之，新时代"枫桥经验"以处理人民内部纠纷为基本导向，积极探索并充分吸收各类有助于解决纠纷的方式方法。在此背景下，以预防、调停、劝导为核心要义的调解模式逐渐成为"枫桥经验"的核心内容与重要法宝。② 在此过程中，受调解模式的启发，司法的能动属性越发显现，即司法逐渐趋向主动化解纠纷，而非被动裁决矛盾。

基于此，新时代"枫桥经验"逐渐孕育出以司法调解为代表的能动性司法机制。例如，枫桥人民法庭探索出了包括"四环调解工作指导法"在内的诸多典型的司法调解机制。③ 此外，枫桥法庭还积极通过"调解劝导书"的方式，对没有经过调解直接起诉到法院的矛盾纠纷，劝导当事人首先寻求调解途径解决纠纷。④ 简言之，根植于"枫桥经验"的司法调解机制的核心机理是，在尊重当事人意愿的基础上，充分运用调解手段，努力使纠纷调解在诉讼前、开庭

---

① 谌洪果：《"枫桥经验"与中国特色的法治生成模式》，载《法律科学（西北政法大学学报）》2009年第1期，第17页。

② 王秋杰、刘子川：《"枫桥经验"语境下大调解机制的完善》，载《广州市公安管理干部学院学报》2013年第2期，第39页。

③ 参见卢芳霞：《"枫桥经验"：中国特色调解制度的时代叙事》，载《民间法》2019年第1期，第279—280页。

④ 参见汪世荣、朱继萍：《人民调解的枫桥经验》，法律出版社2018年版，第133—134页。

前和宣判前得以化解，实现司法审判与司法调解的有机结合、良性互动。从基层司法治理角度看，面向基层的司法调解机制能够通过说服、教育、感化而就地解决矛盾，也即通过司法调解实现司法善治的基层治理功能。在此意义上，"枫桥经验"不仅为基层司法治理提供了重要的本土资源，同时也催生了司法调解这一具体基层司法治理模式。

（二）基层司法治理的持续探索：能动司法观下的司法调解模式

作为一种典型的由司法主导的替代性纠纷解决方式，司法调解机制融合了司法的权威性与传统文化中的和合思想，因而具有显著的基层司法治理功能。具体而言，不同于司法审判，司法调解本质上是一种"诉源治理机制"[1]，能够通过非诉讼的方式预防潜在的纠纷和积极化解已出现的纠纷，因而是对基层司法治理模式的新探索。首先，司法调解机制直接面向基层人民群众，以维护基层治理为根本导向。实践中，司法调解通常以基层人民法庭为主导、以基层法官为核心。以枫桥人民法庭主持的司法调解为例：除法官直接组织双方当事人在诉前、诉中、宣判之前进行司法调解外，还进一步建立了法官指导调解制度，即根据具体情况确定若干名审判员为法律指导员，分片联系、指导辖区内的基层乡村、社区的其他调解性组织，[2] 并定期对这些调解性组织进行业务培训和指导，进一步强化了基层司法调解的作用与范围；其次，司法调解机制发挥司法治理效果的关键在于司法的能动性，具体表现为司法的功能性前置。也即，通过司法调解机制，司法从被动性的中立裁判转向为主动性的居中调解，实现了司法的功能拓展。在此意义上，应然作为最后一环的司法裁判事实上前置于诉讼之前，以"司法确认"[3] 的形式延伸了司法功能场域。最后，司法调解机制能够发挥"大事化小，小事化了，就地解决矛盾"的基层司法治理效果。具

---

[1] 依据《最高人民法院关于深化人民法院司法体制综合配套改革的意见——人民法院第五个五年改革纲要（2019—2023）》，"诉源治理"机制主要是指能够从源头上减少诉讼增量的非诉讼纠纷解决机制，调解即为典型的"诉源治理机制"。

[2] 谌洪果：《"枫桥经验"与中国特色的法治生成模式》，载《法律科学（西北政法大学学报）》2009年第1期，第24页。

[3] 植根于新"枫桥经验"中的司法调解机制，不仅包括直接性的司法人员居中调解，还包括司法人员对当事人双方所达成的调解协议及时进行司法确认。参见汪世荣、朱继萍：《人民调解的枫桥经验》，法律出版社2018年版，第134页。

体而言，依托司法的权威性与公信力，通过法官主导的司法调解，能够最大程度上将人民群众的内部矛盾在诉诸诉讼之前予以解决，实现基础矛盾纠纷的诉源治理。此外，在基层司法治理效果上，以司法能动为导向，司法调解机制不仅能够达致以最大程度上维护当事人利益、以最小成本取得案结事了的个案效果，同时还能发挥独有的调解、教化达到司法的善治与社会治理功能。①

四、线上司法模式：技术赋能司法下的新面向

随着近年来信息技术的迅猛发展，人类社会尤其是我国正在逐渐步入以互联网信息技术为依托的线上时代。② 线上时代为我们参与司法活动提供了多元化的路径，大大促进了从"接近正义"向"可视正义"的时代转型。③ 在信息技术赋能司法的时代背景下，我国基层司法也积极拥抱智慧司法改革，并逐步探索出了具有中国特色的基层线上司法模式，进而发挥出日益显著的基层司法治理功能。

（一）智慧司法：基层线上司法实践

在我国，基层司法的线上实践探索主要体现在两个维度。

一是线上开庭审理。线上开庭审理（以下简称线上庭审）表现为一种在线上时空内进行的司法裁判活动。进言之，线上庭审并不具备传统意义上司法所固有的物理空间在场性、当事人亲历性等特征，而是一种以信息技术为载体的、具有空间虚拟性、当事人非现场化以及可视性等属性的线上远程司法活动。④

---

① 在枫桥经验的发源地浙江省诸暨市，司法调解机制基层司法治理效果显著。相关数据表明，自2013年以来，诸暨市各个人民法庭累计促成3460起纠纷诉前调解成功，司法调解成功率达70%以上，自动履行率超过98%。参见冯卫国：《"大调解"体系建设的"枫桥经验"——完善多元化纠纷解决机制的新探索》，载《山东科技大学学报（社会科学版）》2018年第6期，第39页。

② 参见左卫民：《中国在线诉讼：实证研究与发展展望》，载《比较法研究》2020年第4期，第161页。

③ 参见孙连刚、马长山：《技术赋能司法的目标指向与功效输出——基于对HZ市"微法庭"角色与功能的法理考察》，载《河北法学》2021年第10期，第139页。

④ 参见左卫民：《中国在线诉讼：实证研究与发展展望》，载《比较法研究》2020年第4期，第162页。

专门线上法院的建设①以及有关线上庭审规则的日趋完备②为基层法院主导的线上庭审实践提供了经验与制度层面的支持。在此基础上，相关部门实践中相继开发了主要服务于基层线上庭审需求的相关信息平台。以北京市为例，为方便当事人参加线上庭审，北京"云法庭"在线庭审系统提供了移动APP端、PC客户端、微信小程序三种方式供当事人参与线上庭审。③此外，"移动微法院"（以微信小程序为载体）也是各地基层法院较为普遍使用的一种线上庭审平台。有数据统计表明，截至2020年底，"中国移动微法院"累计实名用户数355万余人，日均访问量超过217万次，全国法院利用"移动微法院"网上立案371.94万余件；利用移动微法院网上开庭5.4万件，网上调解22.8万次，网上证据交换24.37万次，电子送达612.9万次。④可以说，线上庭审机制在基层法院的广泛普及，有效实现了从"让当事人跑"转向"让数据跑"，并极大满足了人民日益增长的司法需要。⑤

---

① 2017年至2018年间，我国相继建成杭州、北京、广州等互联网法院，标志着我国线上庭审时代的正式开启。

② 例如，为满足疫情防控期间人民群众司法需求，最高人民法院于2020年2月14日发布了《关于新冠肺炎疫情防控期间加强和规范在线诉讼工作的通知》，初步就疫情防控期间的线上庭审作了原则性指导与制度安排。此外，2021年6月16日，最高人民法院发布《人民法院在线诉讼规则》，这是首部指导全国法院开展在线诉讼工作的司法解释。其中，在线上庭审方面，还系统建立了在线庭审规范，包括：对在线庭审规则作出全面系统规定，明确了在线庭审适用条件、适用范围和庭审方式；建立了线上线下庭审转换机制；对在线庭审环境、在线庭审纪律、在线庭审公开、证人在线出庭等方面作出明确要求；确认了非同步审理机制的适用范围、条件及效力。2022年1月26日，最高人民法院发布《人民法院在线运行规则》，其中就支持和推进在线诉讼，完善人民法院在线运行机制，方便当事人及其他参与人在线参与诉讼作了进一步指导和规范。

③ 参见《北京"云法庭"操作指引》，载北京市丰台区人民法院网站，https：//ftqfy.chinacourt.gov.cn/article/detail/2021/05/id/6027577.shtml。

④ 参见中国社会科学院法学研究所法治指数创新工程项目组：《中国法院"智慧审判"第三方评估报告（2020）》，载陈甦、田禾编：《中国法院信息化发展报告（2021）》，社会科学文献出版社2021年版，第39页。

⑤ 数据统计表明，截至2020年底，全国法院线上庭审达80多万场，较上年同期增长7倍以上；网上交换证据160余万次，比2019年同期大幅上升。参见中国社会科学院法学研究所法治指数创新工程项目组：《中国法院"智慧审判"第三方评估报告（2020）》，载陈甦、田禾编：《中国法院信息化发展报告（2021）》，社会科学文献出版社2021年版，第40页。

二是线上司法调解。线上司法调解以互联网为基本载体,将"线下调解"转变为"线上调解",即在以信息平台为依托的线上空间中完成对矛盾纠纷的司法调解工作。以基层为例,"线上司法调解"除具备日渐完善的规范依据外,①其还表现出丰富的实践样态,如以"微法庭"为代表的"微调解"模式。值得注意的是,"微法庭"这一典型的线上司法调解模式,同样是智慧司法背景下创新发展"枫桥经验"的产物。从实践来看,"微法庭"主要包括三重意义上的内涵:其一,智能化,表现为移动微法院等信息平台的组成部分和进一步延伸;其二,微型化,表现为依托"一屏一线一终端"即能运行的基层小法庭;其三,防微化,即能够分散解决纠纷、就地化解矛盾,以达到防微杜渐的诉源治理目的。②据此,"微法庭"是一种深嵌于基层的智慧型司法形式,能够为基层人民群众提供包括司法调解在内的司法服务。依托"微法庭",司法调解人员在线上即可对群众的矛盾纠纷展开调解。对此,有观点指出,相对于传统司法调解,以"微法庭"为依托的"微调解",在结构形态上具有"线上调解、虚拟调解、保障纠纷当事人自主选择司法调解主体权利"等特征和功能。③

(二)基层司法治理的时代转型:治理优势与格局重塑

在基层司法治理方面,较之于传统司法模式,以线上庭审、微调解为代表的线上司法模式具有自身独特的治理优势,包括但不限于以下两个方面:

一是治理范围更加广泛。例如,较之于"马锡五审判方式"所代表的司法下乡模式,线上司法模式拥有更为广泛的基层受众群体。换言之,后者的基层

---

① 例如,在规范层面,前述《关于新冠肺炎疫情防控期间加强和规范在线诉讼工作的通知》对线上司法调解机制作了初步规定:各级法院要加大对在线纠纷多元化解的司法保障力度。当事人对在线达成的调解协议提出司法确认申请,符合法律规定的,法院应当及时依法确认。此外,2021年6月16日、2021年12月30日、2022年1月26日,最高人民法院相继发布《人民法院在线诉讼规则》《人民法院在线调解规则》《人民法院在线运行规则》,正式构建了以《人民法院在线调解规则》为中心的线上司法调解规范体系。

② 参见孙连刚、马长山:《技术赋能司法的目标指向与功效输出——基于对HZ市"微法庭"角色与功能的法理考察》,载《河北法学》2021年第10期,第139—140页。

③ 参见何阳、汤志伟:《"微调解":乡村振兴中智慧调解系统建构的逻辑理路》,载《当代经济管理》2019年第9期,第49页。

司法治理范围远大于前者。这是因为，尽管同样都是直接面向基层群众，但"马锡五审判方式"本质上是一种由法官亲力亲为的司法下乡模式，其无论是在纠纷解决抑或司法治理效果上，均容易受到时间、天气、地形等诸多客观条件的直接制约。但以信息技术为依托的线上司法模式则能够最大程度上克服上述物理障碍。以"微法庭"为例，其与传统线下司法活动模式相比，能够以"一根网线一个屏"创造一个崭新的、相对而言没有较多限制的线上路径，进而跨越地理界限，实现了普法资源的下沉，打通了司法服务"最后一公里"，最大程度上实现了基层司法治理的广泛性。①

二是"治理成本—治理成效"比值更高。也即，就基层司法治理而言，线上司法模式能够通过更小的成本投入，取得更有效的治理成效。传统的线下审理方式或者司法调解形式均强调法官、当事人、诉讼代理人等各方的现场亲临性与亲历性，对于证人等诉讼参与人还应当依法给予适当补偿。此外，在当前疫情防控的现实需求下，线下司法模式还会进一步增加疫情防控成本。而依托线上司法模式，基层法院仅通过"一屏一线一终端"等线上路径，便可将司法资源下沉至村（社区）等最基层组织，进而实现将司法服务延伸到"神经末梢"。换言之，基层人民群众足不出户就可以享受线上调解、法律咨询、网上立案、线上开庭等各类司法服务，进而将矛盾纠纷化解在当地。因此，线上司法模式作为法官的专业法律知识与基层治理工作的重要沟通进路，能够将个案的纠纷化解与普法宣传相结合，从而实现"1+1>2"的合力效果。②

在信息技术赋能于司法的时代背景下，基层司法具有线上庭审、"微法庭"等多维度的线上司法机制选择。尽管较之传统司法运行模式，基层线上司法机制具有自身独特性以及司法治理优势，但其并不能完全替代传统的基层司法运行机制。原因显而易见：有关线上司法的探索尚处于起步阶段，现有技术并不足以支撑所有司法活动线上化。此外，较之于传统司法模式，线上司法模式也有自身劣势，如容易受制于线路传播、网络信号等因素，造成图像失真、卡顿等。另一方面，线上空间本质上是一种新的空间，并非各方具有信赖共识的线

---

① 参见赵晓思、陆杨洁、万笑影：《桐庐："微法庭"释放大能量》，载《浙江人大》2021年第9期，第62页。

② 参见斯金锦：《村社"微法庭"助推构建社会治理新格局》，载《法治日报》2021年8月26日，第5版。

下环境，因而可能影响参与各方的实际表现，等等。概言之，有关线上司法模式的构建，仍处于不断完善的发展阶段，线上司法模式只是为司法运行提供了新的可供选择的路径。换言之，线上司法模式在基层司法实践中的探索应用，本质上是对原有基层司法治理格局的重新塑造，而非取而代之。

具体而言，线上司法模式对基层司法治理格局的重塑效应体现在两个维度：其一，对基层司法治理基本径路的延伸。依托信息技术所创设的线上空间，基层司法治理逐渐呈现出"线下—线上"二元径路格局。也即，基层司法治理方面呈现出传统司法模式与新兴线上司法模式并存互补的新局面；其二，对基层司法治理实践样态的形塑。伴随着线上司法模式成为一种普遍的基层司法治理实践，我国基层司法治理的实践理路越发明显：从"司法下乡模式"到"能动司法模式"，再到"线上司法模式"，三种基层司法治理模式既相互独立，又可以实现有机结合，且大致呈现出基层司法治理的时空进路与历史逻辑。因此，以"司法下乡模式""能动司法模式"与"线上司法模式"三位一体的基层司法治理图景得以初步形成。

五、系统论视角下的基层司法治理实践图景

系统论认为，任何事物都是一个系统。所谓系统，就是相互联系、相互制约、相互作用的元素组成的具有一定结构和功能的整体。简言之，系统就是整体。[①] 根据这一理论，我们可以将基层司法治理视为一个系统：在这一系统中，作为该系统核心要素的司法下乡模式、能动司法模式、线上司法模式之间相互契合，且共同演绎了基层司法治理"初步尝试—持续探索—时代转型"的中国进路。本文认为，为了实现对我国基层司法治理实践的全面、立体认知，在完成对基层司法治理实践图景的要素式剖析后，还应当回归系统论视角，深入其内部结构，进一步窥探形塑基层司法实践的原生动力与内部逻辑，以期对基层司法治理体系的完善提供方法论的助益。

---

① 参见储槐植、张永红：《刑法第 13 条但书与刑法结构——以系统论为视角》，载《法学家》2002 年第 6 期，第 42 页。

(一) 形塑动因：基层司法改革

前文论及，基层司法治理的基本原理在于，基层司法在纠纷解决过程中的溢出效应，其原理范式表现为"司法性—治理性"。基于此，基层司法的不断改革和完善构成了"司法下乡—能动司法—线上司法"这一基层司法治理实践图景的内生动力与形塑动因。换言之，以上基层司法治理具体模式，都能在实践中找到一一对应的基层司法改革。首先，作为基层司法治理实践的早期探索，"司法下乡模式"的形成与出现得益于党领导下的革命根据地时期的基层司法改革。也即，由原来旧时代下的坐堂问案、不注重人民群众参与的机械司法模式，转为一种不拘泥形式、深入群众的机动型司法模式。其次，作为基层司法治理实践的进一步发展，"能动司法模式"直接受益于基层司法调解机制的实践探索。应该说，司法调解机制在我国基层司法历史进程中具有里程碑的意义：司法调解机制是在对传统司法消极性、被动性反思基础上的改革探索，其赋予司法一定程度上的积极性与能动性，目的在于使得司法更加积极主动、及时乃至提前介入纠纷，使得人民内部之间的矛盾不上交、就地化解，甚至无需诉诸诉讼程序。简言之，司法调解机制本质上是一种从司法谦抑到司法能动的司法改革。最后，作为数字时代下基层司法治理的最新样态，"线上司法模式"是智慧司法改革的直接产物。具体而言，线上司法作为一种智慧型的数字司法，能够将司法运行机制从线下转移至线上空间。对此，在实现对传统司法现场性、亲历性等固有特征突破的基础上，当事人能够更为便捷地参与司法活动，进而有助于推进司法活动面向基层的广泛性。智慧司法使得基层司法迎来了第三次改革契机，即以线上庭审、"微法庭"调解等为代表的线上司法线机制应运而生并不断成熟，由此催生了基层司法治理另一崭新样态。

简言之，立足于基层司法治理的基本原理，考察基层司法运行发展史，可以发现，持续不断的改革使得基层司法不断焕发生机、"纠纷解决"的司法性功能不断完善。在此基础上，化解社会矛盾、维护社会和谐、宣传法治观念、使人民群众在每个案件中感受到公平正义等治理性效应日益凸显且富有成效。一言以蔽之，基层司法改革构成了形塑基层司法治理基本模式的根本动因。

(二) 逻辑内核：以人民为中心

"发展为了人民、发展依靠人民、发展成果由人民共享"的以人民为中心理念，是中国共产党一百年来的价值追求与制度建构目标。以人民为中心的发展思想，不是一个抽象的、玄奥的概念，而是必须贯彻落实到国家治理的各领域和全过程。① 因此，司法领域同样要求践行以人民为中心的基本理念与逻辑。

系统论视角下，我国基层司法治理以"司法下乡—能动司法—线上司法"为基本架构，以"更好、更及时地解决人民内部纠纷，使得人民群众能够在案件中感受到公平正义并享有司法获得感"为基本价值导向。在此意义上，以上基层司法治理实践图景本质上是一个逻辑自洽的有机整体：以人民为中心构成了贯穿基层司法治理实践的逻辑内核，并赋予基层司法治理体系强大的治理能力与生命力。例如，司法下乡模式中，"马锡五审判方式"的核心特征在于"注重调查研究、方便群众诉讼、就地解决纠纷"，其被誉为人民司法制度的"源头活水"；而人民陪审模式则体现了鲜明的人民参与司法原则。作为能动司法模式典型样态的司法调解机制，不仅能够解决双方当事人之间的纷争，还能从根源上化解矛盾，满足当事人对司法公平正义的认知和追求，减轻诉讼负担，同样彰显了鲜明的以人民为中心的司法治理逻辑。而智慧司法时代背景下，基层司法的线上探索日趋成熟，勃兴于此的线上庭审、线上司法调解等新兴模式，极大拓宽了人民群众参与司法的范围与机会，人民群众司法参与感与司法获得感进一步增强。②

简言之，从司法下乡模式中的方便人民群众诉讼，到能动司法模式下的积极寻求纠纷就地解决，再到线上司法模式的开启，尽管基层司法改革与基层司法治理模式历经不断的转型与变革，但始终不变的是坚持司法改革成果由人民

---

① 参见王易：《习近平新时代中国特色社会主义思想的人民性意蕴》，载《人民论坛》2020 年第 24 期，第 21 页。

② 以线上司法模式中的"微法庭"为例。"微法庭"以积极回应群众的司法需求为导向，将互联网技术与基层治理相结合，以"最多跑一次"改革为牵引、以数字化治理为支撑，通过智能化的司法服务，推进无纸化智能化办案向基层村社延伸。参见斯金锦：《村社"微法庭"助推构建社会治理新格局》，载《法治日报》2021 年 8 月 26 日，第 5 版。

共享，不断提高人民群众参与司法的质量，不断丰富人民群众感受司法的方式①的"以人民为中心"的逻辑内核。

代结语：基层司法治理本土模式的未来展望

在加快推进国家治理体系和治理能力现代化的时代背景下，伴随着司法改革的逐步深化，司法下沉基层、参与基层治理的深度和广度将越发深刻。在此过程中，可以预见的是：一方面，基层司法治理将逐步成为基层治理实践的主体图景；另一方面，基层司法治理模式也需要通过提升自身运作的正当性、合理性、有效性，不断寻求高质量发展。有鉴于此，未来应当对以"司法下乡—能动司法—线上司法"为基础架构的基层司法治理实践体系予以进一步完善。在坚持基层司法治理模式的理性建构是一个系统性工程的前提下，本文将尝试从以下两个维度提出可能的完善进路：

一是在宏观层面，相关理性建构应当着眼于整个基层司法治理实践图景。其中，以下几个方面应当成为优化基层司法治理模式所必须坚持的基本原则：其一，在参与基层治理方式上，为保障基层司法治理模式的科学性与规范性，实现基层司法治理的法治思维培育目标，应当坚持法治原则、尊重司法运行规律；其二，在参与基层治理逻辑上，应当坚定不移地奉行"以人民为中心"的基本逻辑，坚持基层司法治理依靠人民、为了人民、治理成果由人民共享的人民司法理念；其三，在参与基层治理理念上，应当坚持"共建共治共享"的权利导向。"司法性—治理性"作为基层司法治理的基本原理，意味着治理性的实现以妥善解决纠纷为基础。有鉴于此，基层司法治理只有坚持权利导向，才能更好地促进纠纷解决，提升司法权威与公信力，进而实现基层司法的治理效应。

二是在微观层面，应当针对具体基层司法治理模式中可能存在的隐忧，予以规制与消解。首先，针对"走出去"型的司法下乡模式，② 应注意避免因过

---

① 参见方乐：《以人民为中心司法理念的实践历程及其逻辑意涵》，载《法律科学（西北政法大学学报）》2021年第4期，第7页。

② 如上文所论，《人民陪审员法》及其司法解释出台未久，人民陪审员制刚刚进入一个新的发展时期。因此，此处暂不讨论这一静态司法下乡模式的完善与改革问题，仅就以"马锡五审判方式"为代表的司法下乡模式的理性建构问题展开探讨。

分推崇"行走式法庭"等方式而忽略庭审程序的基本规则与正当性,防止司法为民的灵活性异化为"与正式法完全脱钩的、表达与实践相背离的极端实用主义"①。对此,应当摒弃在事实认定过程中注重言词证据,或依据自身的经验对案件事实进行"加工"的实用主义倾向,②而应在尊重司法基本规律、遵循法律规定的基础上,坚持原则性和灵活性的统一。其次,能动司法模式的基层司法治理优势在于其能够发挥司法的积极能动性,但司法的能动界限值得慎重考量。未来,为警惕司法能动异化为司法权的过度扩张,有必要将司法能动属性规制在一定的限度内。例如,在司法调解模式中,在坚持"调解优先"的同时,还应防止司法扮演过分的超范围、超属性的角色和采取不符合法治逻辑的行动,③如为实现诉源治理等"司法指标"而强制当事人调解。因此,就司法调解这一典型能动司法样态而言,基层法院应当秉持有限参与、适度能动的基本原则,④在法律框架内能调则调,当判则判,明确自身的定位与职能。最后,在线上司法模式方面,线上庭审机制值得特别关注。对此,应当在继续完善信息技术支撑,创造更为稳定、成熟的线上庭审机制的同时,注意到线上空间的固有弊端——欠缺共识、值得充分信赖的现场环境。为最大程度上消弭其对线上司法活动产生的影响,一方面,应当保障各方诉讼主体参与线上庭审的时空同步性,进一步明确适用线上庭审的案件范围、诉讼规则;另一方面,则应当注重强化对当事人权利的保障,加快构建一种以权利为导向的"数字正当程序"⑤。

(初审:古雪;校对:沙桐)

---

① 参见胡玉霞:《人民法庭在司法实践中的实用主义倾向——"后乡土社会"转型背景下的分析》,载《武汉理工大学学报(社会科学版)》2015年第1期,第118页。

② 参见孙怀君、袁勇:《城市化进程中人民法庭建设的思考——基于陈家桥人民法庭工作现状的调查及分析》,载《人民司法》2011年第7期,第46—47页。

③ 参见孙连刚、马长山:《技术赋能司法的目标指向与功效输出——基于对HZ市"微法庭"角色与功能的法理考察》,载《河北法学》2021年第10期,第146页。

④ 参见陈丹蓉:《诉源治理机制视阈下的"微法庭"模式研究》,载《市场周刊》2021年第2期,第168页。

⑤ 线上司法时代下的"数字正当程序"具有多重面向。例如,以刑事诉讼案件的线上庭审为例,"数字正当程序"要求应当构建数字辩护、电子取证、个人信息保护机制在内的多项权利保障机制。参见裴炜:《数字正当程序——网络时代的刑事诉讼》,中国法制出版社2021年版,第215—261页。

过失型食品、药品监管渎职罪的入罪边界与司法适用

周树超[**]

摘 要:《中华人民共和国刑法修正案(十一)》新修"食品、药品监管渎职罪",其入罪边界问题和司法适用问题互为表里,二者体现在对过失型(玩忽职守型)食品、药品监管渎职行为的认定上。通过解读罪状可以发现,以故意犯为蓝本新增的四项情形,难益于过失型渎职行为的解释适用,仍需要从教义学角度审视过失的成立范围,并通过兜底条款涵摄过失情形,从而廓清犯罪边界。从过失不作为犯、过失危险犯、规范保护目的理论审视得出:过失型渎职多属于不作为,作为义务论能起到限定担责主体和过失责任的功能;修法后"过失+情节"的立法模式不能解读为对过失危险犯的承认,过失型渎职仍应以造成一定结果为要件;以食品、药品安全法益为判断重心,才符合规范保护目的,单纯的规范背反不构成本罪。发生食品安全事故或者药品安全事件后,可以在上述规则的制约下,以"容易的"预见可能性标准来审慎适用兜底条款,从而肯定行为人的过失犯责任。

关键词: 食品、药品监管渎职罪;玩忽职守;过失不作为犯;过失危险犯;保证人地位理论

一、问题的提出

为了回应频发的药品安全事件并与食药领域惩防一体化工作机制相适应,

---

[*] 本文是四川省高校人文社会科学重点研究基地基层司法能力研究中心规划项目"食品、药品监管渎职罪的教义分析与司法适用研究"(项目编号:JCSF-2021-13)和四川省犯罪防控研究中心规划项目"风险社会中公职人员监管渎职犯罪研究"(项目编号:FZFK21-05)的阶段性成果。

[**] 周树超,四川大学法学院刑法学博士研究生,四川大学刑事政策研究中心特聘研究员。

《中华人民共和国刑法修正案（十一）》（以下简称《刑修十一》）第 45 条在《中华人民共和国刑法》（以下简称《刑法》）第 408 条之一"食品监管渎职罪"的基础上，将药品监管渎职行为纳入该罪规制范围。① 在积极刑法观的浪潮下，本罪亦呈现出犯罪扩大化趋势。一方面，增加的"其他严重情节""其他特别严重情节"犯罪成立要件，改变了只注重法益侵害结果的违法性评价模式；另一方面，增加 4 项具体情形和兜底条款，采取了"概括+列举+兜底"的立法模式。由此，修订后的食品、药品监管渎职罪表现出如下特征：客观行为上，滥用职权和玩忽职守笼统规定；主观罪过上，故意和过失不作区分；结果要件上，严重后果和严重情节均是充分条件；立法技术上，设置了兜底条款来涵摄其他行为类型。从立法供给来看，本罪可罚边界缺少限制、弹性十足。有学者认识到，需要从罪质和罪量两个方面限制本罪之成立：罪质上，排除不具备危害食品、药品安全抽象危险的渎职行为；罪量上，对单纯违反规范而欠缺法益侵害的行为只能给予行政制裁。② 但这一浅尝辄止的司法适用探讨只是重申了刑事犯罪与行政违法之界限，并未彻底廓清本罪的可罚边界，对本罪解释适用的疑难解决也只起到抛砖引玉的功效。

但其实，本罪的入罪边界问题和司法适用问题互为表里，二者均体现在对过失型食品、药品监管渎职行为的认定上。因此，只有从过失型食品、药品监管渎职行为的分析入手，方能切中肯綮。原因在于：（1）从罪过逻辑关联上看，故意与过失是位阶关系，如果玩忽职守（过失）的行为具有违法性，那么对应的滥用职权（故意）的行为就更具有可罚性。因此，如果能确定玩忽职守型渎职行为的犯罪圈，也就确定了本罪的犯罪圈，从而得以廓清可罚边界。加之本罪仅在构成要件上区分了滥用职权和玩忽职守，但在罪名上却未区分故意、

---

① 《刑修十一》将《刑法》第 408 条之一第 1 款修改为："负有食品药品安全监督管理职责的国家机关工作人员，滥用职权或者玩忽职守，有下列情形之一，造成严重后果或者有其他严重情节的，处五年以下有期徒刑或者拘役；造成特别严重后果或者有其他特别严重情节的，处五年以上十年以下有期徒刑：（一）瞒报、谎报食品安全事故、药品安全事件的；（二）对发现的严重食品药品安全违法行为未按规定查处的；（三）在药品和特殊食品审批审评过程中，对不符合条件的申请准予许可的；（四）依法应当移交司法机关追究刑事责任不移交的；（五）有其他滥用职权或者玩忽职守行为的。"

② 参见刘仁文、王林林：《食品药品监管渎职罪立法评析及司法适用——以〈刑法修正案（十一）〉为视角》，载《法治研究》2021 年第 2 期，第 73—76 页。

过失（即不同于《刑法》第 397 条，划分为滥用职权罪和玩忽职守罪两个罪名），这意味着只要可以说明行为人具有过失而不必证明具有故意，就可以成立本罪。是故，对于过失界限的把握就更成为问题的关键。（2）从既往实践争议上看，困扰司法实践的争议焦点或经不起教义学原理检视的问题往往不在于故意和作为的滥用职权型案件，而集中于过失和不作为的玩忽职守型案件。有学者通过分析最高人民检察院发布的食品监管渎职罪典型案例和收集到的相关裁判文书得出，"滥用职权型食品监管渎职罪比较容易认定，容易发生争议的是玩忽职守型食品监管渎职罪。"[①]（3）从《刑修十一》改动上展望，此次立法缓解了有关故意型渎职的司法适用困境，却给过失型渎职的解释适用增添了疑难。这是因为，在修法前，即便查实了行为人有滥用职权的行为，但要说明该渎职行为与危害后果的因果关系仍然十分困难，毕竟滥用职权行为只是造成食品安全事故的间接原因。而此次修法增加了"情节犯"的规定，无疑是极大地缓解了因果证明困境，但也使得"过失+情节"的违法事实（即过失危险犯的不法形式）是否成立本罪成为亟待回应的问题。（4）从《刑法修正案（十一）草案》（以下简称《草案》）到正式条文的流变来看，玩忽职守型犯罪的成立范围问题愈发扑朔迷离。《草案》中极易以过失心态实施的"漏报食品、药品安全事件，情节严重的"和"未及时发现重大隐患的"情形均被正式立法文本删除，而增加了兜底条款。[②] 在这些存在过失的情形被删除后，是否仍可能被兜底条款涵摄而入罪？如果可以涵摄，又为什么要在极力增强适用性的立法目的之下删除这些明确的情形？如果不可以涵摄，那么删除两个具体情形而增加兜底条款意在何为？

为此，本文将结合《刑修十一》的修订，以过失型食品、药品监管渎职罪为研究对象，具体探讨如下问题，以期在平衡食药安全风险控制与刑法谦抑原则的前提下确定可罚边界，裨益司法适用：其一，本罪新增的具体情形是否均

---

① 岳蓓玲：《论食品安全的刑法保护》，知识产权出版社 2018 年版，第 120 页。
② 《草案》将刑法第 408 条之一第 1 款修改为："负有食品药品安全监督管理职责的国家机关工作人员，滥用职权或者玩忽职守，有下列情形之一的，处五年以下有期徒刑或者拘役；造成特别严重后果的，处五年以上十年以下有期徒刑：（一）瞒报、谎报、漏报食品药品安全事件，情节严重的；（二）对发现的严重食品药品安全违法行为未及时查处的；（三）未及时发现监督管理区域内重大食品药品安全隐患的；（四）对不符合条件的申请准予许可，情节严重的；（五）依法应当移交司法机关追究刑事责任不移交的。"

有过失（玩忽职守）的成立空间；其二，新增"其他严重情节""其他特别严重情节"是否意味着本罪存在过失危险犯的成立空间；其三，新增的兜底条款如何理性地涵摄过失（玩忽职守）的情形。除此之外，对过失型食品、药品监管渎职问题的分析和解决思路，也可以广泛地借鉴运用于其他过失型渎职犯罪的定性和处理方法。

二、过失型渎职入罪空间的罪状解读

《刑修十一》第45条规定"滥用职权或者玩忽职守，有下列情形之一"成立犯罪。作为滥用职权和玩忽职守类罪群中唯一列举了具体情形的罪名，本罪之修订为这类罪名的理解和适用提供了全新的教义资源，亦可谓"进一步细化食品药品渎职犯罪情形，增强操作性和适用性"①。但事实上，本次修法隐匿着过失型渎职犯罪司法适用的迷思，新规的操作性和适用性难以裨益于玩忽职守情形的认定。

在对具体情形展开分析之前，有必要结合《刑修十一》的变化，重新审视过失认定的事实基础。滥用职权和玩忽职守的区分依据，主要有两种观点：一种认为滥用职权表现为作为，玩忽职守表现为不作为；另一种认为滥用职权是故意，玩忽职守是过失。普遍认为，作为和不作为只是形式不同而无不法程度的差别，采取此标准缺乏规范价值，故当前的通说采取第二种观点，使得故意和过失的区分成为不可回避的问题。传统的滥用职权和玩忽职守类罪名均有实害后果的要件。② 如果认为对于构成要件中客观的构成要素都需要认识才不违背主客观一致的基本原则，那么滥用职权罪的犯罪圈将会非常狭窄，从而无法彰显行为人在"行为"上的背反程度。并且，倘若行为人对于严重危害后果出于故意，完全可能成立更重的犯罪，将滥用职权之行为囿于结果故意，反而会消弭该罪的存在意义。因此，学者几近不约而同地坚持，成立滥用职权类罪名

---

① 魏东、赵天琦：《刑法修正案的规范目的与技术选择——以〈刑法修正案（十一）（草案）〉为参照》，载《法治研究》2020年第5期，第58页。

② 例如《刑法》第397条"滥用职权罪、玩忽职守罪"，要求"致使公共财产、国家和人民利益遭受重大损失"；第408条"环境监管失职罪"要求"导致发生重大环境污染事故，致使公私财产遭受重大损失或者造成人身伤亡的严重后果"。

不应要求对结果具有希望或放任的态度。① 这样一来，滥用职权和玩忽职守的区别就表现为对于渎职行为是否是明知故犯，而无关对结果的认识。《刑修十一》在食品、药品监管渎职罪中新增了与"严重后果""特别严重后果"并列的"其他严重情节""其他特别严重情节"的构成要素，就是对这一罪过判断基准的认可。

承上所言，《刑修十一》在本罪"下列情形"的描述中多采用"明知故犯"（即故意）的规范表达，例如第 1 项中的"瞒报、谎报"，第 2 项中的"发现违法却未按规定查处"，第 3 项中的"对不符合条件的申请准予许可"和第 4 项中的"应当移交司法机关追究刑事责任不移交"。可能有人会认为，就此否认这些情形存在成立过失的空间并不妥当。一方面，我国《刑法》在表述上不区分故意和过失，仅以"过失犯前款罪"来肯定过失可罚性的立法例并不少见。就如《刑法》规定了"放火"罪，却没有规定"失火"罪，只是以"过失犯前款罪"来明确失火行为的可罚性。申言之，可以举一反三地认为，"对不符合条件的申请准予许可"包含过失准予许可的情形。另一方面，对以故意为蓝本的犯罪构成要件产生事实认识错误，就可能成立过失。例如，客观上符合"应当移交司法机关追究刑事责任不移交"，但是主观上未能认识到依法应当移交，也可能成立过失。无论以立法实践还是教义原理，这些理由似乎都具有不言自明的合理性，但字斟句酌即可发现，本罪列举的具体情形在过失的成立上显得十分牵强。

第一，本罪第 1 项规定的"瞒报、谎报"在语义上充满欺瞒的行为导向色彩，缺乏无意为之的可能性。将其解释为"不报、未报、漏报"从而可以过失为之，有违罪刑法定原则。正式文本中删去了《草案》中与"瞒报、谎报"并

---

① 例如：张明楷教授认为可以将危害后果理解为客观超过要素，不需要与之对应的主观内容，参见张明楷：《"客观的超过要素"概念之提倡》，载《法学研究》1999 年第 3 期，第 28—31 页；陈兴良教授认为，滥用职权罪中的后果系构成犯罪的情节，即罪量要素，并非犯罪结果，不需要行为人有主观认识，参见陈兴良：《口授刑法学》，中国人民大学出版社 2007 年版，第 235—236 页；周光权教授提出主要罪过说，认为滥用职权罪等罪名中的行为意思实质性地支配了结果发生，即主要罪过是故意，次要罪过是过失，故总体上定性为故意，参见周光权：《论主要罪过》，载《现代法学》2007 年第 2 期，第 38—48 页；黎宏教授认为，行为人预见到了行为可能导致结果而明知故犯，即可认定为故意，参见黎宏：《刑法总论问题思考》，中国人民大学出版社 2007 年版，第 225 页。

列规定的"漏报"行为，也反映出立法者在过失漏报情形上的审慎态度，因为故意漏报实则就是瞒报、谎报。

第二，本罪第 2、3 项规定了"发现违法却不按规定查处""不符合条件的申请却准予许可"的情形。但是难以想象在发现违法后却过失不查处，以及不符合条件的情况下过失许可的情形。可能存在过失空间的情况是：由于过失没有认识到不符合条件而许可。但从本罪立法流变来看，很难认为第 3 项的规范目的在于规制这样的行为。因为在现有立法技术基础上，立法者完全可以规定"没有认识到申请不符合条件而许可"，而非仅规定"不符合条件的申请却准予许可"，《草案》中同时规定了"发现违法行为却不查处"和"没有及时发现安全隐患"就印证了这一观点。

第三，本罪第 4 项规定"依法应当移交司法机关追究刑事责任不移交的"，该项成立过失的可能是：因过失未能认识到应当移交。鉴于我国《刑法》第 402 条规定了徇私舞弊不移交刑事案件罪，有学者认为"食药监领域的这种不移交追究刑事责任的行为与公安、安监等重要部门相比，难说社会危害性会更大"[1]，进而主张删除此项。目前《刑修十一》已经生效，再对立法多加置评缺乏意义，但从规范现实来看，徇私舞弊不移交刑事案件罪是故意犯罪且要求徇私动机，而本项情形不要求"徇私舞弊"，犯罪圈已然扩大不少。倘若还认为本情形亦不需要"故意"，无疑缺乏犯罪化底线，有违罪责刑一致原则。况且，从最终条文删除了"漏报""未及时发现隐患"等情形、取消了行为犯的立法模式等"克制"表现，也可以推断出当前立法犯罪化程度不至于激进至此。

综上所述，这些被赞誉为增强了法律明确性的具体情形，实则仅在故意范围内发挥功效，而难以及于过失犯罪认定。那么，这是否意味着本罪在过失犯的成立范围上是极尽限缩的？也非如此。首先，从立法背景上讲，各国立法者在最近 20 年来大多倾向于积极立法观，注重发挥刑事政策的功能[2]，与此相似，我国本次修法的意旨在于"加强保护人民群众生命财产安全，特别是有关

---

[1] 张兆松：《职务犯罪立法的再检讨与完善——〈刑法修正案（十一）（草案）〉对职务犯罪的修改评析》，载《法治研究》2020 年第 5 期，第 96 页。

[2] 参见周光权：《论通过增设轻罪实现妥当的处罚——积极刑法立法观的再阐释》，载《比较法研究》2020 年第 6 期，第 40 页。

食品、药品等基本安全、重大安全"。① 在这种积极主义的立法潮流之下，本次修法不可能以限缩过失犯为目的。其次，从立法文本来看，与其说这些具体情形体现了对过失入罪的克制，毋宁说就是为了增强打击相关犯罪的适用性和便捷性，至于难以裨益于过失型行为的适用，应当归咎于立法技术。并且，虽然正式文本删除了《草案》中一些极易成立过失犯罪的情形，但却增加了兜底条款，从某种程度上讲，反而为认定过失增添了便利而非壁垒。最后，之所以删掉"漏报"和"未能及时发现隐患"的情形，是因为《草案》发布后，食品、药品监管人员人人自危②，因为一旦发生事故或者其他严重后果，几乎都可以倒推出"漏报"和"未能及时发现隐患"的不作为，容易导致结果责任。在乱象丛生的刑事司法实践背景下，这样的担忧并非杞人忧天，"机械地固守冷冰冰的条文进行裁判，导致法条主义，在司法实践中较为常见。"③ 申言之，这些字面上符合"漏报"和"未能及时发现隐患"的事实，极有可能在伸缩自如、缺乏限定的过失认定中诱发客观归罪。为了避免机械司法带来适得其反的效果，不如设置兜底条款，反而有利于促进实质认定。④

如此说来，修法后的过失型食品、药品监管渎职罪在成立空间上十分有限，但是这种"有限"也未昭示着限制过失之成立。那么，在兜底条款供给了广阔入罪空间的情况下，哪些玩忽职守（过失）行为可以构成食品、药品监管渎职罪，就成为刑法教义学和解释学需要回答的问题。

---

① 李宁：《关于〈中华人民共和国刑法修正案（十一）（草案）〉的说明》，载中国人大网 2020 年 12 月 28 日，http：//www.npc.gov.cn/npc/c30834/202012/f16fedb673644b35936580d25287a564.shtml。

② 不少从业人员和网民给出负面评价，例如"草案起草过于恣意""看到这条的开始我就想着如何辞职了，风险太大""考虑转职，这一改正常干活说不好哪天就进去了，太可怕了"。参见《如何看待刑法修正案（十一）草案中第二十八条将"未及时发现重大食品药品安全隐患"写入刑法？》，载知乎网：https：//www.zhihu.com/question/404743396，2022 年 1 月 1 日访问。

③ 姜涛：《法益衡量中的事实还原运用——刑法解释的视角》，载《法律科学》2021 年第 2 期，第 161 页。

④ 事实上这种基于司法现状的立法妥协在食品、药品监管渎职罪中并非首例。例如，本罪在罪名上不区分滥用职权和玩忽职守的类型，就是考虑到实践中难以区分，容易引发争论。参见张军：《认真学习刑法修正案（八）促进经济社会科学发展》，载《人民法院报》2011 年 5 月 4 日，第 5 版。

三、过失型渎职成立犯罪的理论审视

（一）过失不作为双重检验：发挥作为义务论的限定功能

渎职犯罪绝大多数表现为不作为，不论故意还是过失。《刑修十一》的草案和颁行本中"不查处""未及时发现""不移交"等表述，即体现了不作为的行为方式。这一特点在过失渎职犯罪中体现更为明显。例如，对于没有履行好报告义务的违法行为，故意漏报尚存在瞒报、谎报等作为性质的不法，而过失漏报就只可能是不作为。最高人民检察院曾出台司法解释，认为"玩忽职守罪，是指国家工作人员由于严重不负责任，不履行或不正确履行自己的工作职责的行为"①，也彰显出玩忽职守的通常形态是不作为。此外，作为的渎职在实践中判断疑难少，缺乏探讨和限定的价值，毕竟作为犯的因果关系呈现封闭式结构，如甲持刀刺死乙，无论这种作为是故意还是过失，我们都可以容易地判断出一个可归责的主体。② 而在过失不作为的情形下，锁定责任主体并非易事。

处罚面要么过宽要么过窄，是我国司法实践的常态。归根结底，是没有认清过失不作为犯的双重属性，不能发挥保证人地位理论的责任主体择出功能。③ 正如有学者指出"不论是国外判例还是我国相关判决，在此类过失不作为犯中向来并未从正面展开不作为犯论，大都只按照纯粹过失犯论将注意义务的违反作为问题。"④ 例如，在天津港爆炸案和央视大火案等案件中，大量公职人员被追究刑事责任，这些人大抵只是进行了过失构造的判断：严重事故发生，那么

---

① 《最高人民检察院关于人民检察院直接受理立案侦查案件立案标准的规定（试行）》，高检发释字〔1999〕2号，1999年9月16日发布；《关于正确认定和处理玩忽职守罪的若干意见（试行）》（已废止）〔87〕高检发〔二〕字第18号，1987年8月31日发布。

② 参见周啸天：《保证人地位事实论的重构与应用》，载《中外法学》2021年第2期，第412页。

③ 参见周树超：《我国监督过失限制路径的审视与重构——兼评刘某玩忽职守案》，载《西部法学评论》2021年第1期，第58页。

④ 于润芝：《现代社会下过失不作为犯构造——基于注意义务与作为义务关系》，载《四川警察学院学报》2019年第5期，第112页。

一定有失误行为,因此在回溯原因的过程中,所有违反预见义务,甚至但凡能找出些许错处的人,都可能被追究刑事责任,而不论这些人是否真实地支配因果力、具有实质权限。基于此,有必要认识到过失渎职犯罪"过失+不作为"的双重属性,不能孤立地将此类问题作为单纯的过失犯罪,有必要发挥作为义务论的限定功能。

1. 限定责任主体的功能

以保证人地位限缩不作为犯的处罚范围,是这一理论的功能核心。然而,无论是形式的义务说,还是主流的实质义务说,在渎职犯罪的责任限定功能上都面临失灵困境。有必要重新审视作为义务说,以论证可归责的义务主体。

最先将作为义务根据理论化的是费尔巴哈,他认为,只有法律和契约才能成为不作为犯的基础。此后,施求贝尔从生活的实际感觉以及明白的法感情出发,提出先行行为也能成为作为义务来源。[①] 19世纪末至20世纪初,德国在这些学说和相关判例的基础上,形成了法律、契约与先行行为构成的"形式三分说",并成为通说。[②] 形式三分说设定了广泛地作为义务根据,但因难以解释为何违反行政规范、契约的行为可以作为犯罪处罚,也无法深入说明为什么实施先行行为的行为人要防止危害结果的发生,而被称为形式义务说。基于这一缺陷,理论界开始寻求更为实质的法理依据,推动作为义务的发生根据一直朝着实质化的方向发展。在1970年前后,随着保证人类型化理论(实质的义务说)的发展,保证人地位之实质关系的法律基础得以深化。[③] 源于法理依据的多元性,这些实质的义务论大致可以分立为规范论与事实论的对立。前者落脚于人与人之间的关系,强调在刑法之外规范地寻找保证人地位,如"社会群体关系说""依赖关系和信赖关系说""机能的二分说""公共福祉、社会角色说"等;后者关注对法益的现实支配,谋求作为与不作为之间的等置性,主要包含各种以"支配"和"排他"为基础展开的理论。规范论重视在对不作为这一行为本身的价值评判中寻求处罚根据,而事实论试图通过存在论范畴的因果关系来说

---

① 参见吴雨豪:《论先行行为不作为犯的边界》,载陈兴良主编:《刑事法评论》第34卷,北京大学出版社2014年版,第303页。

② 参见孙春雨:《我国刑法中不作为犯罪理论与实务》,中国人民公安大学出版社2012年版,第64页。

③ 参见陈宏毅:《论过失不作为犯》,元照出版公司2014年版,第174页。

明不作为与作为具有等价的处罚理由，事实论者认为，无论是作为还是不作为，既然二者对于引起结果都发挥了支配性的作用，那么就没有理由对二者进行差别评价。不难发现，规范论更像是为形式义务说本身找了一个更为实质的刑法规定之外的上位理由；而事实论则在不作为的处罚根据中设置了例如"支配""排他"的实质要素，使之与作为犯的处罚根据具备等值性。可以肯定的是，无论是规范论中更为上位的实质理由，还是事实论中增加的实质要素，都能对作为义务来源进行限制，只是限缩的方面和程度不同。规范论侧重于从违法性方面补强实质根据，而事实论侧重于从正犯性角度寻求实质根据，质言之，尽管均可谓"实质"的义务论，但二者在实质根基上具有显著差别。国内有学者已经提出，"应当以形式考察与实质考察相结合的方法，探讨不作为犯的作为义务的发生根据"①，该学者所指的形式与实质考察相结合的方法，其实就是形式义务说结合事实论的实质义务说。该观点是否忽视了规范论的限缩价值暂且不论，但可以肯定的是，这一观点已经敏锐地感知到规范论并不足以论证不作为义务的实质根据，并转而拥抱事实论。那么，二者孰优孰劣呢？能否因为事实论的限缩力度可能更强，就认为事实论的实质义务说更为可取呢？并不能。如后所述，在渎职犯罪的责任主体限定上，无论是规范论还是事实论都面临失灵规定，将二者融合，实现作为义务论在违法性和正犯性上的双重实质化，才是更佳的选择。

一方面，规范论为何失灵？以作为规范论实质义务说中主流观点的"机能二分说"为例，该说将保证人地位来源划分为"对危险源的监督义务"和"对特定法益的保护义务"。其中监督义务包含：对危险设备和危险物的管理、对人的危险行为进行监督以及先行行为产生的作为义务。保护义务包含：基于自然联系（如夫妻关系、父母子女关系等）、密切的共同体关系或者自愿承担行为而产生的作为义务。②但正如批评者指出，该说"只是一个形式上看起来便捷的分类方法，其实并没有说明保证人地位形成的依据。"③正因如此，无论是形式义务说，还是逐渐类型化的规范论的实质义务说，在职务犯罪领域都会直接

---

① 张明楷：《不作为犯中的先前行为》，载《法学研究》2011年第6期，第136页。
② 参见周光权：《论实质的作为义务》，载《中外法学》2005年第2期，第218—220页。
③ 许玉秀：《当代刑法思潮》，中国民主法制出版社2005年版，第724页。

得出结论：基于特定公职就能形成监督者或保护者的保证人地位。这样一来，凡是满足本罪身份要求的人都具有保证人地位，根本起不到限定作用。为了弥补形式化的缺陷，德国的许遒曼教授提出结果原因支配说，并得到山口厚教授的支持。① 除此之外，这些统一化的努力并不少见，他们大多是在事实论的层面寻求保证人地位的合理性。但是规范论者的目的始终是想从一个更原则化的概念中衍生出机能的义务，所以判断的落脚点和机能说并没有什么不同，以至于有学者认为，无论是否采取更高的原则来统辖，保证人义务的两种机能已然成为今天公认的见解。② 换言之，保护特定利益和监督特定风险的机能可以从不同的原理中得出来，这些不同的原理也许能以一个完全抽象的原则加以概括，但是却会因此导致原则本身的空洞化，不如自始就作机能化的理解。③ 可见，规范论不仅难以起到有效的限定作用，甚至正是由于其推定违法之功能，反而可能扩大事实上的处罚主体。④ 这样看来，能在渎职犯罪认定中起到限制主体范围作用的，主要是事实论的部分。

另一方面，为何又说事实论同样失灵？不难理解，在食品、药品监管过失渎职犯罪中，造成食品、药品安全事故的直接行为人是食品、药品的生产、销售主体。公职人员的玩忽职守大约只算得上是一个间接原因，很难认为渎职行为足以"支配"结果发生，即便认为玩忽职守也是主要原因之一，那么也只能说明是多重原因竞合在一起导致的结果，不能认为是公职人员"排他"地造成了结果。不过，尽管如此，处罚渎职犯已经成为各国普遍的立法选择，就此而言，似乎又只有规范论才能补强实质根据。

既然如此，只有吸收规范论和事实论，才能深化实质义务说，充实保证人地位形成的法理依据，并实现责任主体的合理选择。为了进一步说明归责路径，

---

① 参见［日］山口厚：《刑法总论》（第3版），付立庆译，中国人民大学出版社2018年版，第90页。

② 参见陈子平：《刑法总论》（2008年增修版），中国人民大学出版社2009年版，第118页。

③ 参见［德］乌尔斯·金德霍伊泽尔：《刑法总论教科书》（第6版），蔡桂生译，北京大学出版社2015年版，第374—375页。

④ 有学者认为作为义务来源（保证人地位）逐渐类型化，使得其仍具有违法推定之机能，大抵可以充当构成要件符合性层面的判断。参见陈宏毅：《论过失不作为犯》，元照出版公司2014年版，第174页。

下文以刘某玩忽职守案①为例进行检视，再提炼出保证人的选择方法。

该案中，刘某作为副组长，全面负责张山营镇下营村地上物普查工作，后来其下属和该村村民实施了多起贪污和诈骗行为，造成300余万元的损失，法院认定刘某具有监管过失，构成玩忽职守罪。我们有必要思考，倘若认为具有国家机关工作人员身份即可构成犯罪，那么为何是作为副组长的刘某担责，而非组长、该镇政府的领导或者更高级别的领导来担责？只有刘某一人担责是否公平？

首先，从形式上看，只要具备国家机关工作人员身份者都该当本罪的主体要件。但是，以机能二分说（规范论）来审视，至少是对该国有资产有保护职责的主体才可能成为保证人。所以，既然本案中的地上物普查工作是张山营镇的管辖事务，那么就只有该镇政府内的国家机关工作人员才可能成立犯罪，以此避免了归责主体的无限延伸。其次，从事实论来看，刘某接受并全面负责了地上物普查工作，现实地承担起了防止国有资产流失的保护义务，而镇政府的其他公职人员则丝毫的不具备对这一受损害法益支配性，理应排除在归责范围之外。最后，值得注意的是，尽管从事实上讲，实质义务论通常比形式义务论更有可能限缩责任范围，但是这一理论的本质在于说明处罚依据。换言之，实质义务论也是论证不作为之可罚性的，那么我们就不应当只看到这一理论限缩责任主体的层面。在本案中，尽管只有副组长刘某在实际履行职责，但是不可否认作为这一工作领导组的组长也对危害后果难辞其咎，不能因为他什么都没有做，就认为他没有全面地支配法益。相反，应该在规范论层面补强其违法性，并认定为犯罪。所以，本案只认定副组长刘某玩忽职守的责任是不妥当的，既容易导致"干活的担责，不干活的免责"的不公平现象，又低估了组长不作为行为的实质可罚性。

综上所述，在认定过失型渎职的责任主体时，一方面，要根据行为人的法定职责和身份，择出辖区内有职责关联的公职人员，并注意区分专门负责的领导。前者是为了避免责任主体的无限放大，后者则说明了专门负责的领导的实质处罚根据。另一方面，再结合对法益侵害结果的支配程度，选出直接负责的

---

① 参见刘某玩忽职守案，北京市第一中级人民法院刑事判决书（2017）京01刑终62号。

公职人员，排除法益关联性较小的其他责任主体。

2. 限定过失责任的功能

关于过失的构造，理论上素有新旧过失论之争。在相互妥协中，这两种理论逐渐形成共识，甚至消弭了差别。例如，持新过失论观点的陈兴良教授认为，在过失犯构成要件中，应当以违反结果回避义务为核心，而在过失犯的主观归责时，则以违反结果预见义务为核心而展开。① 而持旧过失论观点的张明楷教授认为，要求过失犯违反结果回避义务与要求过失犯实行行为具有现实危险，没有实质区别。应当承认行为人对结果的预见可能性是责任要素。② 可见，当下新旧过失论的争议仅体现在客观层面，并且实质上缺乏区别。即便认为过失犯之客观注意义务与不作为犯之作为义务不可等同视之，但是在过失不作为案件中，这两者的差别几乎可以忽略。在过失不作为犯罪形态中，违反作为义务之行为即实行行为，等同于违反客观注意义务的行为。

相较于分析客观注意义务，判断作为义务具有优越性和限缩性。首先，从规范论来看，实质的不作为义务来源（保证人地位来源理论）已经类型化，相较于分析类型化不足的结果回避义务，更具明确性。其次，从事实论来看，认定作为义务之违反，能够起到限定责任范围的作用，不至于对仅有一定因果关系而无实质支配作用的人赋予结果回避义务。例如，在徐某玩忽职守案③中，作为学区负责人的徐某发现辖区内的幼儿园校车严重超载，由于并无处罚权限，就只向上级汇报了违法事实，而上级没有采取措施，最终导致重大校车事故发生。本文认为，徐某作为学区负责人的确具有保证人地位，但基于其职责权限，只能认为其在一定程度上支配法益，赋予其进言和报告之作为义务，而不能无限扩张其结果回避义务。但是，正如本案判决一样，实践中由于过失的客观注意义务被理解为回避结果，但凡具有结果回避可能性但没有避免结果发生的，多半就违反了这一义务，从而成立过失，进而诱发结果责任。一言以蔽之，相较于判断结果回避义务之履行，判断作为义务之违反更有利于限定过失型犯罪

---

① 参见陈兴良：《过失犯的规范构造：以朱平书等危险物品肇事案为线索》，载《比较法研究》2020年第5期，第22页。

② 参见张明楷：《论过失犯的构造》，载《比较法研究》2020年第5期，第1页。

③ 参见彭某等玩忽职守案，甘肃省高级人民法院刑事判决书（2015）甘刑抗字第1号。

的成立范围。

(二) 过失危险犯理性解读：坚持结果要件，谨慎理解"情节"

本罪修订后肯定了"严重情节"的地位，突破了渎职犯罪只注重侵害结果的立法模式，为危险犯提供了可能的存在空间。在特定的风险领域，实害犯的立法构造已经不足以保护法益，有必要将保护提前化，加之危险犯的立法还能避免因果关系证明之困境，所以这种立法模式得到了理论和实践的普遍支持。设置故意危险犯，应当不存在明显争议，但是，"关于要否在本罪中确立过失危险犯，的确引人关注"①。

传统刑法教义学坚持认为过失犯是结果犯。但是，有学者认为，《刑法》总则不排除过失危险犯之成立，分则中也有如妨害传染病防治罪一般的过失危险犯之立法例。② 在风险社会的背景下，"过失危险犯的成立具有必要性和可行性""只要能在立法和司法上把握好尺度，过失危险犯入罪便不会违反刑法的谦抑性原则。"③ 但不得不坚持的是，任何一种例外的立法模式，都必须合理地考察其必要性、可行性和比例性。扩张式立法在任何时候都不能为司法认定泛化创造条件，本罪是否处罚过失危险犯，不能以所谓风险社会到来或者《刑法》不排斥过失危险犯等理由大而化之地搪塞过去，对此必须具体分析。

其一，本罪是否存在过失抽象危险犯的成立空间？我国呈现行政处罚与刑事处罚的二元处罚体制，本罪在情形上与《药品管理法》《食品安全法》也高度重叠。例如，《药品管理法》第149条第1项"瞒报、谎报、缓报、漏报药品安全事件"和第2项"对发现的药品安全违法行为未及时查处"与本罪第1、2项没有区别；而《食品安全法》第144条第1项"隐瞒、谎报、缓报食品安全事故"、第2项"未按规定查处食品安全事故，或者接到食品安全事故报告未及时处理，造成事故扩大或者蔓延"、第4项"对不符合条件的申请人准予许可，或者超越法定职权准予许可"与本罪第1、2和第3项重叠。倘若删除后果

---

① 刘仁文、王林林：《食品药品监管渎职罪立法评析及司法适用——以〈刑法修正案（十一）〉为视角》，载《法治研究》2021年第2期，第73页。
② 参见刘仁文：《过失危险犯研究》，中国政法大学出版社1998年版，第17—21页。
③ 冀莹：《过失危险犯的基础及边界——以刑法的风险控制功能为视角》，载陈兴良主编：《刑事法评论》第28卷，北京大学出版社2011年版，第159—160页。

要素，势必使得行刑界限更加模糊。不宁唯是，行政法律中都设置了"造成事故扩大或者蔓延"的结果要素，更何况在确定刑事责任时不考虑后果要素。由此，即便是在滥用职权的情况下，也必须有"严重情节"这一罪量要素，只可能在极为特殊和狭窄的范围内承认仅具有抽象危险时该当"严重情节"的构成要件。《草案》中仅有第 1 项和第 4 项情形中有"情节严重"的要求，但是正式条文将"严重后果"和"严重情节"作为所有情节共同的要素，就是对这一"行为犯"抑或说"抽象危险犯"立法模式的否定。而在非难可能性更小的过失犯中，不应当也没有必要处罚所谓过失抽象危险犯。当然，在仍然保持基本克制的刑法学界，这一点也不至于存在较多争议。

其二，本罪是否存在过失具体危险犯的成立空间？从立法来看，"玩忽职守"+"严重情节"即可成立犯罪，不必然需要"严重后果"，那么这是否意味着当然允许过失具体危险犯之存在？答案仍然是否定的。渎职犯罪以多因一果著称，造成危险和结果的直接原因往往不是渎职行为。申言之，《刑法》处罚食品、药品监管渎职行为，不是处罚国家机关工作人员直接造成结果，而是处罚他们没能防止结果，渎职犯罪的入罪机理和立法逻辑即在于此。有鉴于此，主流观点认为渎职犯罪是结果犯。所以，在缺乏一定结果的情况下，不宜认定为渎职犯罪，遑论构成过失渎职犯罪。

之所以增加"情节犯"的规定，一是为了缓和实践中因果关系的证明困境。实践中渎职造成的结果，往往呈现多因一果、多因多果、直接和间接因果交织的情形，因果关系存在证明难题[①]。增加"情节犯"的规定，在难以证明因果关系时，也不至于得出不合理的出罪结论。二是在于缓和结果要件。滥用职权和玩忽职守犯罪造成的结果可能并不完全符合司法解释该项所规定的定量条件，如果严格进行机械解释，则可能放纵一些应当受到处罚的情节。例如，

[①] 参见李忠诚：《渎职罪实体认定与程序适用问题研究》，中国检察出版社 2017 年版，第 85—88 页。

根据现行司法解释①，需要造成9人轻伤或者30万元的经济损失时，才该当结果要件。因此，倘若行为人同时造成8人轻伤和经济损失29万元的危害后果，则并不一一对应地满足司法解释规定的定量条件。这种机械的定量评价，人为地制造了处罚漏洞，可能会导致案件的处理不公。但是，倘若增加了"情节犯"的规定，就完全可以将其评价为情节严重，从而解放法官裁量的镣铐，实现案件的合理处理。基于此，也难以认为本罪情节犯的规定是为了打开纯粹危险犯的成立空间。

所以，本文认为"过失+情节"的立法模式并不是对过失危险犯的承认，甚至在没有任何结果的情况下，也很难肯定故意犯罪成立。"过失+情节"的规范意义，旨在缓和证明困境，消解司法解释定量条件带来的弊端。就如在关红某、秦世某玩忽职守案中，二人造成2,286,480元的损失，法官认为"被告人失职行为未达到定罪标准，但本案定罪依据的不仅仅是实际损失数额，而是根据被告人是否正确履行职责进行总体考量。"② 这一判决不是对过失结果犯性质的突破，只不过是该结果达不到司法解释要求的定量标准，并非不要求任何实际结果。实践当中，对"情节犯"的司法需求大抵如此，这并没有突破过失犯是结果犯的教义学原理，也就不意味着对过失危险犯的认可。本罪在适用中，采取这样的理解，方能既实现对过失型食品、药品监管渎职犯罪的合理打击，又不逾越刑法谦抑的底线。

(三) 规范保护目的之约束：重视判断食品、药品安全法益

现代刑法教义学认为，归责过程是规范的、目的论的评价过程，而不是无

---

① 《最高人民法院、最高人民检察院关于办理渎职刑事案件适用法律若干问题的解释（一）》第1条规定（部分）："国家机关工作人员滥用职权或者玩忽职守，具有下列情形之一的，应当认定为刑法第三百九十七条规定的'致使公共财产、国家和人民利益遭受重大损失'：（一）造成死亡1人以上，或者重伤3人以上，或者轻伤9人以上，或者重伤2人、轻伤3人以上，或者重伤1人、轻伤6人以上的；（二）造成经济损失30万元以上的；（三）造成恶劣社会影响的；（四）其他致使公共财产、国家和人民利益遭受重大损失的情形。"

② 《水政监察中队对水资源开发利用的监管责任认定——关红谋、秦世某玩忽职守案》，载国家法官学院案例开发研究中心编：《中国法院2017年度案例：刑法分则案例》，中国法制出版社2017年版，案例79，第268页。

价值的形式逻辑的推理过程。① 刑法规定具体犯罪都是为了保护特定的法益,②而这种对法益的合理保护限定着刑事处罚权的正当性边界,正如德国学者魏德士所认为的,规范保护目的强调对法益是否保护、如何保护、保护到什么程度。③ 换言之,我们也能从保护的方法和限度中明确重点保护的法益,本次修法为进一步发现规范保护目的提供了契机。

渎职罪侵犯的法益是国家机关的正常管理活动。④ 倘若将食品、药品监管渎职罪的法益限于此,就不能解释为什么本罪的法定刑高于滥用职权罪和玩忽职守罪。正因如此,自《刑法修正案(八)》增加"食品监管渎职罪"以来,"食品安全"就成为本罪保护的法益之一。本罪修订旨在"进一步强化食品、药品安全,保护人民群众安全"⑤。将药品渎职行为纳入本罪,增加了"其他严重情节"缓和结果要件,取消了相应情形下对"徇私"动机和"故意"心理的要求,亦更加凸显了对"食品、药品安全"的法益保护。

既然如此,就不能将本罪理解为纯粹的规范违反,必须检视是否侵害"食品、药品安全"这一法益,否则充其量只可能构成普通渎职罪,或者作无罪处理。例如,虽然行为人对某不符合申请条件的药品或者特殊食品准予许可,但如果这一条件满足与否均无碍于食品、药品安全,那么就不能追究行为人食品、药品监管渎职罪之责任。又如,有学者指出,如果出现应当移交司法机关追究刑事责任而没有移交的情形,应当判断是否妨害了司法秩序并危及食品、药品安全,如果未对后者造成危险,则不能认定成立本罪。⑥ 进一步讲,这种围绕规范保护目的的刑法适用,不仅不会放纵犯罪,反而更利于食品、药品安全的

---

① 参见李波:《过失犯中的规范保护目的理论研究》,法律出版社2018年版,第1页。

② 参见张明楷:《刑法目的论纲》,载《环球法律评论》2008年第1期,第26页。

③ 参见[德]伯恩·魏德士:《法理学》,丁晓春、吴越译,法律出版社2013年版,第404页。

④ 参见高铭暄、马克昌主编:《刑法学》(第9版),北京大学出版社、高等教育出版社2019年版,第644页。

⑤ 李宁:《关于〈中华人民共和国刑法修正案(十一)(草案)〉的说明》,载中国人大网2020年12月28日,http://www.npc.gov.cn/npc/c30834/202012/f16fedb673644b35936580d25287a564.shtml。

⑥ 参见刘仁文:《食品药品安全犯罪的刑法规制》,中国社会科学出版社2020年版,第418页。

风险防控。这是因为,在风险社会中,"人们用来应对风险的现代治理机制和各种治理手段本身也是滋生新型风险的罪魁祸首"①。如若过分加重从业人员的心理负担,只会使得安全风险预防的管理重心沦落至机械保守的规范遵守,这反而会背离规范保护之目的。

四、兜底条款对玩忽职守行为的涵摄路径

如前所述,本罪所列举的具体情形无助于过失犯的适用,立法技术的困境印证了过失犯缺乏行为定型的通常观点,这也昭示着,对于过失型食品、药品监管渎职行为的规制,很大程度上倚赖于兜底条款的涵摄适用。前述也及,即便危害后果可能未达司法解释所规定的严重程度,但是成立过失型的食品、药品监管渎职罪,必须要有一定的后果。和大量实证经验相适应,对玩忽职守罪(甚至滥用职权罪)的追究契机,在于所酿成的一定结果,如食品安全事故、药品安全事件的曝出。所以,在食品安全事故和药品安全事件发生后,如何认定行为人之过失,进而适用兜底条款,是司法适用的关键所在,也是入罪边界的阀门。

(一) 不法性上坚持刑法的独立判断和实质认定

有学者指出,《草案》中列举的5项情形与《食品安全法》《药品管理法》既有重叠之处也有不一致之处,不一致之处(例如,《食品安全法》没有规定处罚"漏报",但《草案》中包含了"漏报"行为)可能有违行刑衔接的基本要求,甚至影响刑事处罚之正当性。② 申言之,该学者认为食品、药品监管渎职罪是行政犯,以违反行政法规或者规章制度为前提,转视于过失犯,即认为本罪注意义务之填补来源于行政法律规范。这样的观点,表面上是维护法秩序统一性的要求,实质上是刑法学者自觉限制犯罪、追求谦抑性的表现。此后,"漏报"在正式条文中被删除了,似乎是回应了该学者的质疑,肯定了行政违

---

① 劳东燕:《风险社会中的刑法:社会转型与刑法理论的变迁》,北京大学出版社2015年版,第16页。
② 参见刘仁文、王林林:《食品药品监管渎职罪立法评析及司法适用——以〈刑法修正案(十一)〉为视角》,载《法治研究》2021年第2期,第69—70页。

法前置的评价模式。

但事实并非如此。删除"漏报"是考虑到法条主义的司法能力现状所做出的无奈之举,不能从这样的立法变动中解读出要求行政违法前置的内涵。相反,本次修法为刑法独立评价提供了教义支撑。一方面,倘若前置违法是必要的,那为什么没有采取"违反食品、药品管理法规"的空白罪状的立法模式?另一方面,既然可以通过行政法规范来填补,那为什么又要规定和行政法规范不尽一致的具体情形?不得不承认,"违反成文的社会规范,可谓判断过失的一个线索"①,但不必以行刑衔接的固化视角来审视本罪的犯罪圈,应当坚持刑法的独立判断和实质认定。诚然,以前置违法作为要件,在一定程度上确实可能限制犯罪成立,但是这种形式上的入罪屏障缺乏实质根据。相反,在很多情况下,正是由于行刑界限不清导致了刑法规制外延的扩张,因为绝大多数情况下,行政违法都显著广于刑事不法行为,在设置了兜底条款的情况下,前置法评价模式可能无限扩张犯罪圈。况且,将"前置法"理解为某个具体的法律法规,是"将法秩序统一性降格成了'部门法之间的统一',存在方法论上的缺陷。"② 进一步讲,虽然《食品安全法》没有规定处罚"漏报",但是《药品管理法》规定了"漏报",不可能认为"漏报"可能构成药品监管渎职罪,但不能构成食品监管渎职罪。质言之,前置违法要件起不到限制犯罪圈的作用,即便有,要么只是巧合地实现了实质上合理的处理,要么就导致实质上不合理的结论。对于后者,事实上,也大多无碍于法官做出实质判断,以至于限制功能失灵。比如,在张慈某被诉徇私枉法案③中,法院认为,张某虽然没有违背法定职权,但在接受上级安排后已经具备相应职责,故有滥用职权之行为。这体现了无论故意还是过失,均不以违反前置法为要件,是否具有不法性,需要法官的独立判断。由此,对于兜底条款的填补,应当考虑行为人是否实施了具有危及食品、药品安全的渎职行为(主要是不作为)。当然,这样的判断实则并不难,无须担心放纵犯罪,反而在不突破结果犯的原理之下,试图说明一个具有保证人地

---

① 张明楷:《论过失犯的构造》,载《比较法研究》2020年第5期,第11页。
② 周光权:《法秩序统一性的含义与刑法体系解释——以侵害英雄烈士名誉、荣誉罪为例》,载《华东政法大学学报》2022年第2期,第6页。
③ 参见张慈某徇私枉法案,江苏省徐州市中级人民法院刑事裁定书(2015)徐刑二终字第145号。

位的行为人在酿成结果的情况下仍然在客观上不违法,才是困难且难以被人接受的。

那么,对于《食品安全法》没有规定且正式条文中删除的"漏报"情形,以及《食品安全法》和《药品管理法》都规定了但正式条文中也删除的"未及时发现监督管理区域内重大食品、药品安全隐患的"情形①,是否可能以兜底条款定罪处罚呢?对于前者,有学者认为相较于"瞒报、谎报"行为,"漏报"因不具备危及食品、药品安全的抽象危险而被取消。② 不过,这样的观点是令人费解的。一方面,瞒报、谎报就是故意漏报;另一方面,倘若真的因为"漏报"的不作为造成严重后果,在危险已然现实化的情况下,何以说明客观上该行为不具备抽象危险?质言之,只要不对"情节犯"的规定过度解读,坚持后果要件,"漏报"入罪就合乎情理。对于后者,如若未及时发现监管区域内的重大安全隐患并造成后果,显然也能肯定客观上的不法性,否则也难以说明为何《食品安全法》和《药品管理法》都将这种不作为视为违法。删除该情形,是因为难以想象故意"未及时发现"的情形,而在过失的情况下,缺乏对因果关联的规定使得该情形充满入罪泛化的危险,加之后来增加了兜底条款,立法者在巨大的争议面前妥协,从而"不妨删去"该情形,也是容易理解的。

(二) 有责性上采纳"容易的"预见可能性标准

在酿成后果的情况下,客观不法易于认定。既然如此,对于过失成立的限制,需要依靠"预见可能性"这一责任要素。理论上,有学者主张具体的预见可能性来限制监督管理过失之成立。但是,这种自诩坚持责任主义的观点难以自圆其说。其一,当结果异常惨重时,为了保证处罚的合理性,采具体预见可

---

① 《食品安全法》第117条规定:"县级以上人民政府食品安全监督管理等部门未及时发现食品安全系统性风险,未及时消除监督管理区域内的食品安全隐患的,本级人民政府可以对其主要负责人进行责任约谈。"《药品管理法》第149条规定:"违反本法规定,药品监督管理等部门有下列行为之一的,对直接负责的主管人员和其他直接责任人员给予记过或者记大过处分;情节较重的,给予降级或者撤职处分;情节严重的,给予开除处分……(三) 未及时发现药品安全系统性风险,或者未及时消除监督管理区域内药品安全隐患,造成严重影响。"

② 参见刘仁文:《食品药品安全犯罪的刑法规制》,中国社会科学出版社2020年版,第417页。

能性说的学者，也会对预见之对象和因果关系进行抽象化处理，从而肯定预见可能性的存在。① 其二，由于本罪罪过判断异于常态，倘若果真对严重危害后果有具体之预见，那么此时的不作为就具有较高的背反意志，从而大概率会被认为是滥用职权而非玩忽职守，质言之，对具体预见可能性的要求，会架空玩忽职守型渎职的成立空间，这显然是背离立法目的。本文认为，在本罪中要求具体的预见可能性是不现实且不合理的，过失责任的处罚根据本质上在于形成反对动机的可能性，如果反对动机的形成是容易的，就有理由要求行为人履行作为义务。易言之，对结果不需要"具体"地预见，而只需要"容易"地预见，就能期待从业人员履行对应的职责义务。

在"未及时发现"和"未及时查处"的情况下，容易造成结果责任，是"预见可能性"标准最容易伸缩自如的危险场域。而在为数不多的65个食品、药品监管渎职罪的判例中，就有11个判例以此作为处罚理由。理论的构建在于回应实践，通过分类分析这些案例，能够进一步阐明和检视"容易的"预见可能性标准。

第一类，未真诚履行职责型。这一类型根据不作为程度和预见可能性程度，可以进一步类型化为"几乎不履职型"和"明显疏于监管型"，前者具备容易的预见可能性，可以进行过失归责，而后者事实上具备程度更高的预见可能性（即当然得满足容易的预见可能性标准），更可以进行归责。

前者如余某食品监管渎职案②。被告人余某在担任食品小作坊安全工作管理的具体负责人期间，严重不负责任，没有认真对辖区内食品生产加工小作坊进行调查摸底并建立档案，没有进行有效的巡查和专项检查，从而造成大量假羊肉流入市场。诚然，本案难以认定余某对大量假羊肉流入市场这一危害结果有具体的预见可能性，但是余某对于长期不作为可能导致食品安全事故的结果具备容易的预见可能性。原因在于，本案中的余某消极怠工，几乎没有任何作为，在此情形下，对于最终可能导致食品安全危害后果的认识是容易的。反而，

---

① ［日］大塚裕史：《監督過失における予見可能性論（3）》，载《早稻田大学大学院法研论集》第52号，第28—29页。转引自曹菲：《管理监督过失研究——多角度的审视与重构》，法律出版社2013年版，第270页。

② 参见余某食品监管渎职案，江苏省江阴市人民法院刑事判决书（2014）澄刑初字第0832号。

在什么也不做的情况下，却自认为危害结果不可能发生，才是不可思议的。质言之，在行为人没有或者几乎没有履行任何职责的情况下，应当肯定行为人对这种违法状态的风险和最终的后果是有认识可能性的。正如有学者在分析日本酒店失火案时认为，"在（酒店管理人）完全没有配备任何防火设备的情况下，是比较容易肯定结果发生的预见可能性的"①。总之，对于这类不履职案件，不仅应当直接肯定其过失，而且要谨慎行为人用"多因一果""预见可能性低"等理由逃脱或者减轻罪责。②

后者如平某等食品监管渎职案③。被告人员平某、肖某在2010年3月曾发现袁某存在违法行为并对其进行处罚，而此后对于相关违法行为均无查处。由于两人是"派驻该市场工作的人员"，监管领域和事项非常明确，且在已经发现过相关违法行为后，再也没有进行过查处，所以两人对于酿成的后果具有具体的预见可能性，应当肯定过失责任。不难发现，在这类明显失察的案件中，行为人具备特别的认识契机，比如监管的领域和事项非常狭小且明确或者已经发现过违法行为，既然如此，就应该对特定违法行为或者相关的行政相对人保持高度警惕。此时行为人对于危害后果的认识显然是容易获得的，甚至可以说认识是具体的。类似的案例如樊某某、刘某玩忽职守案④。被告人是城市建设管理监察执法局五中队队长，在一小区2、3、5、7号楼均因违建被行政处罚的情况下，仍因疏于巡查，没有发现6号楼的违建行为，显然具有过失。对这类案件，不仅能够肯定容易的预见可能性，甚至满足了具体的预见可能性标准，有必要审查是否成立滥用职权、徇私舞弊等更严重的犯罪情形，但无论如何，该类案件至少构成过失渎职犯罪。

第二类，真诚履行职责型。这一类型是责任主义的重灾区，极其容易划向危惧感说。因为即便尽职尽责地履行了职责，仍可能有漏网之鱼，这是处于特

---

① 曹菲：《管理监督过失研究——多角度的审视与重构》，法律出版社2013年版，第276页。

② "多因一果"几乎是渎职犯罪之必然，但是诸多判决［如殷某某、王某某食品监管渎职案，河南省桐柏县人民法院刑事判决书（2015）桐刑初字第00145号］却将其作为量刑从轻或者减免的主要理由，这是需要反思的。

③ 参见平某等食品监管渎职案，河南省郑州市金水区人民法院刑事判决书（2013）金刑初字第1042号。

④ 参见樊某某等案，河南省叶县人民法院刑事判决书（2014）叶刑初字第24号。

定职责之人甚至一般人都可能产生的不安感和危惧感,如果以此肯定过失责任将造成客观归罪。例如,牛某某等食品监管渎职案①就有违反责任主义原则的风险。该案中,刘某某等人未能发现辖区内销售假肉的违法行为,法院认为该三人构成食品监管渎职罪,同时该分局负责全面工作的副局长牛某某"也曾多次参加巡查监管,负有不可推卸的责任",因此也构成本罪。但该案多处证人证言显示"工商每星期都来几次,一般是两三个人一起来(检查)""他们(刘某某等)分管这个市场,每周来三四次,有时一天中上下午都来,分局长牛某某也常来。来市场后,他们对每个商户都进行巡查,分局长牛某某也经常配合他们工作一起来。"可见,本案中的行为人均真诚地履行了职责,仅仅因为出现了一起食品安全事件,就认为行为人对此存在过失,是结果责任的典型体现。尤其是副局长牛某某因为"多次参加巡查监管"反而被认为应当卷入此案的认定思路,是典型的党政追责的严格责任逻辑,严重背离刑法责任主义原则。概言之,对于整体上尽职而仅在具体事故或事件中有失察失误的行为,不会对危害结果有容易的预见可能性,至多只有危惧感,这种危惧程度的预见可能性无法充实过失的归责基础。

五、结语

如何实现规范内的处罚正义,是刑事司法的长久命题。在风险刑法理论的热潮和解释论的主流研究范式之下,愈渐增多的学者在本就活性的立法中当然地解读出扩张性的司法内涵,食品、药品监管渎职罪亦不例外。但是,积极主义立法观能否当然地延伸至司法领域,值得深思。在立法没有保护前置化的罪名中,或许可以基于法益保护之迫切需要而进行扩张解释,而在刑法修订扩张构成要件后,就应当审慎进行进一步的犯罪化解释,维护刑法的谦抑性原则。本文从困扰司法实践的过失型食品、药品监管渎职罪的司法认定出发,探索出了一条能够有效限缩和涵摄(包括但不限于食品、药品)玩忽职守(过失)行为的路径,但是这一研究只是维护刑法理性主义尝试中的冰山一角,有待以此

---

① 参见牛某某等食品监管渎职、生产、销售伪劣产品案,河北省乐亭县人民法院刑事判决书(2014)乐刑初字第75号。

为基础展开更深入的过失犯限定的法理诠释和路径提炼,为"依法入罪、以理出罪"注入更为丰富和理性的内涵,促进刑事治理能力现代化。

(初审:郭淑媛;校对:苗萍)

佳译专苑

合规时代的公司治理*

[美]肖恩·格里菲斯**著 薛前强 高 尚***译

摘 要：合规是新的公司治理方式。合规职能是使公司行为适应法律、法规和社会规范的手段。以前，这可能被认为是一个典型的治理问题，由董事会自由裁量处理。然而，合规并不适合传统的公司治理模式。它并非来自董事会、州公司法或联邦证券法。相反，合规相当于是执法机构从外部强加给公司的一个内部治理结构。这一见解对公司法和公司治理具有重要的实践和理论意义。本文对当代合规职能进行了详细的描述性研究，并对其与当前公司治理概念的不兼容性进行了规范性说明。本文认为合规改变了美国企业的政治经济，挑战了治理效率，并使旧有的公司理论再次焕然一新。就政策面而言，本文呼吁在设计公司治理机制时要提高透明度，并限制政府的作用。

关键词：企业合规；公司治理；量刑指南；公司法

一位与董事会频繁互动的华尔街高管开玩笑说："如今，银行董事们唯一做

---

* 基金项目：本文为司法部 2021 年度法治建设与法学理论研究部级科研项目"后疫情时代公司应急治理法律问题研究"（21SFB4050）的阶段性成果。

** [美]肖恩·格里菲斯，福特汉姆法学院 T. J. Maloney 主席兼法学教授。感谢米里亚姆·贝尔、山姆·布埃尔、吉姆·范托、杰斯·法德拉、威尔·福斯特、汤姆·林、杰弗里·米勒、特洛伊·帕雷德斯、克里斯蒂娜·斯金纳和安迪·斯伯丁（Miriam Baer、Sam Buell、Jim Fanto、Jess Fardella、Will Foster、Tom Lin、Geoffrey Miller、Troy Paredes、Christina Skinner and Andy Spalding）对早期草稿的评论。我也非常感谢在 2015 年全国商法学者会议、2015 年伯克利—圣地亚哥会议、杨百翰大学法学院和福特汉姆法学院演讲后收到的评论和建议。感谢艾丽莎·布莱克—多沃德（Alissa Black-Dorward）和斯蒂芬妮·凯姆提（Steffanie Keim）提供的顶级研究协助。本文所表达的观点及错误均为我个人观点。

*** 薛前强，中央民族大学法学院讲师；高尚，中央民族大学法学院硕士生。

的更多的事情就是开会……监管机构几乎剥夺了董事会在危机前拥有的主要权力"①。

引　言

美国公司治理已然经历了一场悄然的革命。它基本职责中的大部分内容——监督和控制公司内部事务——已被合规所取代。虽然遵守法律法规不是一个新想法,但在公司内部建立一个独立的部门来发现和制止违反法律和政策的行为却是一个新的想法。美国公司已经见证了一个新时代的到来——合规时代。

毫无疑问,我们现在生活在一个合规时代。在过去十年里,合规已发展成为一个欣欣向荣的行业,在许多公司中,合规部门已成为与法律部门同等重要的部门。其通常由首席合规官(CCO)领导,他直接向首席执行官(CEO)报告,通常也向董事会报告。此外,公司已经开始疯狂地招聘合规员工,有的大型公司一次就增加了数百甚至数千名合规官。②

美国企业围绕合规进行的业务重组(reorganization)本身并不一定引人注目。毕竟,公司经常重组他们的业务,况且这种重组是在董事会的基本权力下进行的,所以不会挑战公司的基本权力结构。例如,建立一个由首席技术官领导的信息技术部门,很难被视为公司治理的根本性转变。然而,合规则完全不同。虽然在当代,合规为核心治理职能服务,但其起源却不能追溯到董事会授权或其他传统的治理权力来源。与其他治理结构不同,它的起源对公司来说是

---

① Susanne Craig, *At Banks, Board Pay Soars Amid Cutbacks*, N. Y. TIMES：DEALBOOK (31 March 2013), http：//dealbook. nytimes. com/2013/03/31/pay-for-boards-at-bankssoras-mid-cutbacks.

② See Sam Fleming, *The Age of the Compliance Officer Arrives*, FIN. TIMES (24 April 2014), http：//www. ft. com/intl/cms/s/0/cadd54a6-c3bd-11e3-a8e0-00l44feabdc0. html # axzz 3yHSCEAqQ. (他认为合规招聘和薪酬的激增,有可能给企业带来从高成本业务线退出的风险) Gregory J. Millman & Samuel Rubenfeld, *Compliance Officer：Dream Career？*, WALL ST. J. (15 January 2014), http：//www. wsj. com/articles/SB 10001424052702303330204579250722114538750; Aruna Viswanatha, *Wall Street's Hot Trade：Compliance Officers*, REUTERS (9 October 2013,), http：//www. reuters. com/article/2013/10/09/us-usa-bankscompliance-idUSBRE9980EE20131009.

外生性的。

合规的动力并不来自传统的公司利益关联人。换言之，不是来自股东、经理、员工、债权人或客户。相反，它来自政府。合规是政府通过事前激励、事后执法措施和正式的信号传递，施加给公司的一种事实上的强制要求。强制推行以合规为目的的治理结构是政府行使权力的一种新型方式。在推行这些结构时，政府不是在通过新的法律和法规时所做的那样，简单地制定公司所必须遵守的规则，也不是调整其传统工具（执法的数量和制裁的规模）以确保对现有法律和法规的遵守。相反，通过合规，政府规定了公司必须如何遵守和实施特定的治理结构，以改变公司开展业务的方式。①

此外，政府并不是通过州公司法或联邦证券法等传统手段，而是通过起诉和监管执法等手段来实现对合规的干预。② 因此，由此产生的改革既不是透明且符合政治立法程序的产物，也不是需要进行成本效益分析并征求公众意见的监管规则制定之产物。相反，它们是在达摩克利斯之剑下通过不透明的和解过程产生的。③ 因此，合规对公司法和公司治理理论均提出了深远的挑战。

当代的合规职能颠覆了这样一个概念，即公司治理安排既是、也应该是股东和管理者之间讨价还价的产物。合规改写了罗纳德·科斯（Ronald Coase）关于公司内部组织的著名论述。④ 合规官进入组织不一定（或不完全）是响应

---

① 关于制定和执行法律与实施治理结构之间的一些差异的讨论，详见第三部分之（一）。

② 本文认为，联邦检察官和执法人员在发展合规方面基本上是可以互换的。See Brandon L. Garrett, *Collaborative Organizational Prosecution*, in S. Barkow & Rachel E. Barkow eds., Prosecutors in the Boardroom: Using Criminal Law to Regulate Corporate Conduct, 2011, pp.154-155.（鉴于检察官和监管者之间的通力合作以及其执法行动的深远威慑力，对民事和刑事执法分离的僵化体制提出异议）联邦检察官和联邦机构之间的重要区别以及两者之间的互动关系在很大程度上超出了本文的范围。关于这些差异的讨论, see generally Daniel Richman, *Prosecutors and Their Agents*, *Agents and Their Prosecutors*, Columbia Law Review, Vol. 103: 749,（2003）. 监管检查，如在银行业进行的检查，构成了另一类合规干预，这在很大程度上与本文对执行情况的描述一致。See, e.g., Dennis Townley & Paula Caughey, *Regulatory Compliance Issues for Small Banks*, Aspatore, 2013.（描述了监管检查程序的负担如何增加）

③ 详见第一部分之（一），1。

④ Ronald Coase, *The Nature of the Firm*, Economica, Vol.4: 386, p.387 (1937). （"如果一个工人从Y部门调到X部门，他不是因为相对价格的变化，而是因为他被命令这样做。"）

"指导生产的企业家协调者"的要求,① 而是根据政府执法者的指示。从合规的角度来看,公司不再像是一组契约的联结,而是一个真实的实体,它会根据主权者的意愿受到惩罚和改造。因此,合规拒绝了关于公司的主流观点,转而支持陈旧的、基本上已被抛弃的公司理论。

此外,从外部强加给公司的内部治理,为其决策带来了大量外部利益和激励因素。一旦公司治理不再被视为是股东和管理者的专属领域,就会出现公司应该服务于何种目标的问题。因此,合规重新引发了关于"其他利益相关者"的争论——即公司是否应该为股东以外的利益相关者和财富最大化以外的利益服务。合规还提出了一个问题,即当局是否有正当的动机和正确的信息来敦促公司改革。如果他们没有,那么合规的发展可能只会导致公司被迫实施低效的治理结构。

然而,尽管其对现行公司法和公司治理的正统观念直接提出了挑战,但在主流的公司法文献中,合规基本上是缺失的。② 在刑法和监管执行方面的学术研究中确实出现了合规方面的讨论,特别是与起诉和针对公司案件解决有关问

---

① Ronald Coase, *The Nature of the Firm*, Economica, Vol. 4: 386, p. 388 (1937).

② 一些例外情况包括: Stephen Bainbridge, *Caremark and Enterprise Risk Management*, 34 Journal of Corporation Law 967 (2009); Lawrence A. Cunningham, *Deferred Prosecutions and Corporate Governance: An Integrated Approach to Investigation and Reform*, Florida Law Review, Vol. 66: 1, (2014); James Fanto, *Paternalistic Regulation of Public Company Management: Lessons from Bank Regulation*, Florida Law Review, Vol. 58: 859 (2006)(预示着合规时代的到来,他认为 SEC 应该采用银行监管模式来监管上市公司的治理); Kimberly D. Krawiec, *Cosmetic Compliance and the Failure of Negotiated Governance*, Washington University Law Quarterly, Vol. 81: 487, (2003) (以下简称 Krawiec, Cosmetic Compliance); Kimberly D. Krawiec, *Organizational Misconduct: Beyond the Principal-Agent Model*, Florida State University Law Review, Vol. 32: 571, (2005); Donald C. Langevoort, *Internal Controls After Sarbanes-Oxley: Revisiting Corporate Law's "Duty of Care as Responsibility for Systems"*, Journal of Corporation Law, Vol. 31: 949, (2006); Donald C. Langevoort, *Monitoring: The Behavioral Economics of Corporate Compliance with Law*, Columbia Business Law Review, Vol. 2002: 71, (2002); Omani Scott Simmons, *The Corporate Immune System: Governance from the Inside Out*, University of Illinois Law Review, Vol. 2013: 1131, (2013)(将合规作为公司治理"内部免疫系统"的一部分); Jennifer Arlen & Marcel Kahan, *Corporate Governance Regulation Through Non-Prosecution* (N.Y. Univ. Sch. of Law, Public Research Paper No. 16-04, 2016), http://papers.ssrn.com/sol3/papers.cfm? abstract_ id+2731351.

题的讨论。① 然而，主流的公司法研究仍然集中在代理成本问题上，并且由于合规基本不涉及代理成本，② 学界尚未意识到合规对其基本假设所带来的挑战。③ 因为在目前的模式下，合规看起来像是一种无法解释的现象，暴露了公司法理论中的缺陷。同样，合规本身也是有理论性不足的。

本文旨在通过将合规作为公司法和公司治理学者的一个研究领域来改变这种状况。本文的描述性论述部分记录了合规的起源，并展示了其在公司治理职能方面的成熟。本文中心论点是，当代的合规部门事实上是政府授权的产物，尽管只有高度管制行业的公司对此感受最为强烈，但它已成为整个市场普遍关注的问题。

本文的规范性论述部分引出了描述性论述部分的理论和实际意义。它展示了合规如何挑战公司的既定理论，并扰乱公司治理的政治经济传统。从根本上说，合规提出了一个基础性问题，即公司治理安排的制定者应该是谁。此外，文章的规范性论述还涉及了代理成本、信息不对称以及对公司效率的影响等更为实际的问题。最后，本文提供两个改革方向——一个是改变执法策略，另一个是增加透明度。然而，在这个阶段的辩论中，解决合规带来的问题可能不如提出这些问题更重要。这也正是本文的基本贡献——参与学术辩论，为检察官、政策制定者和研究公司法及公司治理的学者提供一个对话框架。

从这篇引言开始，文章的内容如下：第一部分记录了所有公司现在所处的合规时代，探究了合规的起源，并展示了合规在实践中的应用，正如今天公司

---

① See, e. g., Ian Ayres & John Braithwaite, *Responsive Regulation Transcending the Deregulation Debate*, Oxford University Press, 1992, pp. 101-132（讨论了合规是一种"强制的自我监管"）; Brandon Garrett, *Too Big to Jail: How Prosecutors Compromise with Corporation*, Harvard University Press, 2014（讨论了合规改革是公司起诉的常见结果）; Sharon Oded, *Corporate Compliance: New Approaches to Regulatory Enforcement*, Cheltenham, UK: Edward Elgar, 2013（说明了哪些执行政策最能有效地促使公司主动合规）; Miriam Hechler Baer, *Governing Corporate Compliance*, Boston College Law Review, Vol. 50: 949, (2009)（讨论了与"新治理"文献有关的公司合规问题）。

② 合规可能被理解为侧重于不同的代理成本问题，而不是主流公司法学术研究所关注的问题。See Sharon Oded, *Corporate Compliance: New Approaches to Regulatory Enforcement*, Cheltenham, UK: Edward Elgar, 2013, p10。（强调她在合规方面的工作"并没有解决公司管理层和股东之间由来已久的委托—代理问题，而是侧重于一个不同的代理问题；公司（或其管理层）和从事公司活动的公司雇员之间存在的问题"）。

③ 参见第 222 页脚注①-⑤。

所实际实行的那样。第二部分研究了我们现在所说的合规与传统意义上的公司治理之间的联系。它显示了合规职能如何在很大程度上取代了传统的公司治理模式,并强调了传统治理机构和执法机构对合规所采取的截然不同的方法。第三部分阐述了这一安排所固有的问题,论证了合规与主流公司法学术理论基础的不兼容性,以及对代理成本、外部性和信息不对称问题更务实的考虑。第四部分提供了两种方法来解决合规所带来的问题,其目的更多是为了开启关于合规的学术对话,而不是将问题搁置。最后,文章以一个简短的总结而结束。

一、公司合规

所有公司都存在于法律、法规和社会规范的关系之中。当代的合规职能是使公司行为适应这些约束手段。更具体而言,合规就是公司用来调整其行为以适应这些适用规范的一套内部流程。①

合规部门建立了内部机制,以发现违反法律法规的行为和防止此类行为的发生。因此,合规官建立并管理这样一种机制来防止洗钱、贿赂和欺诈行为。② 但

---

① Geoffreyp. Miller, *The Law of Governance*, *Risk Management*, *and Compliance*, Wolters Kluwer Law and Business, 2014, p. 3. (将合规定义为"一个组织试图确保员工和其他成员遵守适用规范的过程——这可以包括法律、法规的要求或组织的内部规则") accord Deloitte & Compliance Week, *In Focus*: 2014 *Compliance Trends Survey*, Deloitte (14 May 2014), http://www2.deloitte.com/content/dam/Deloitte/us/Documents/risk/us_ aers_ dcrs_ deloitte_ compliance_ week_ compliance_ survey_ 2014_ 05142014. pdf. (将合规定义为"其组织的行为与所宣称的价值观之间的一致性")

② 由于本文的目标是分析跨行业的合规性发展情况,这里避免了对特定行业合规性监管进行细节的探讨。这种选择的一个原因是,本文关注的是最大的跨行业合规风险,如欺诈和腐败。See Brandon Garrett, *Too Big to Jail*: *How Prosecutors Compromise with Corporation*, Harvard University Press, 2014, p. 5. 然而,合规官们经常将特定行业的法规作为他们的核心合规问题。See Deloitte & Compliance Week, In Focus: 2014 Compliance Trends Survey, Deloitte (14 May 2014), http://www2.deloitte.com/content/dam/Deloitte/us/Documents/risk/us_ aers_ dcrs_ deloitte_ compliance_ week_ compliance_ survey_ 2014_ 05142014. pdf, p. 11. See Pricewaterhousecoopers, *State of Compliance* 2014 *Survey*: *What it Means to be a* "*Chief*" *Compliance Officer*: *Today's Challenges*, *Tomorrow's Opportunities*, PWC, http://www.pwc.com/us/en/risk-management/state-of-compliance-survey/assets/pwc-state-of-compliance-2014-survey.pdf, pp. 17–18。

是，合规的范围大于法律和法规的执行。合规官还要负责管理各种各样的公司"道德"政策问题①和其他软性标准，如"声誉风险"也属于当代合规职能的范围。② 因为任何与企业有关的重大丑闻或不法行为都可能而且经常被定性为"合规失败"，因此合规职能部门实际上承担着使商业行为符合社会规范的一般责任。

由于违反社会规范的行为也可能导致重大损失，因此，合规职能可能被认为与风险管理存在很大重叠。③ 合规是"企业风险管理"的核心部分，它是一个管理系统，旨在对企业所有风险源提供一个综合的应对措施。④ 同样，业内人士经常谈论治理、风险和合规的合并问题。⑤ 因此，合规可以被视为一种风险或控制职能，其核心任务是最大限度地降低与不当行为有关的负面风险。

本部分采用了分析视角介绍当代合规职能，描述了它的来源、内容和作用。首先，追溯了合规起源。其次，提炼了合规的共同核心内容。最后，着眼于实际运用中的合规，描述了目前在各行各业中该职能的实践情况。

（一）来自联邦政府的起源

合规的起源可以追溯到联邦政府对公司事务的干预。政府对私法的侵入并

---

① See generally Detlev Nitsch et al. , *Why Code of Conduct Violations Go Unreported: A Conceptual Framework to Guide Intervention and Future Research*, Journal of Business Ethics, Vol. 57: 327, (2005); Daniel Rottig et al. , *Formal Infrastructure and Ethical Decision Making: An Empirical Investigation and Implications for Supply Management*, Decision Sciences, Vol. 42: 163, (2011).

② See Michele DeStefano, *Creating a Culture of Compliance: Why Departmentalization May Not Be the Answer*, Hastings Business Law Journal, Vol. 10: 71, pp. 95-100, (2014). （"首席合规官还会就业务和声誉风险提供建议。"）

③ 风险管理是公司的一项业务操作，通常侧重于对商业风险的定量建模。See Geoffreyp. Miller, *The Law of Governance, Risk Management, and Compliance*, Wolters Kluwer Law and Business, 2014, p. 2。

④ See Stephen Bainbridge, *Caremark and Enterprise Risk Management*, Journal of Corporation Law, Vol. 34: 967, p. 968, (2009). （"风险管理和法律合规只是在程度上不同，而不是在性质上不同。"）

⑤ See Economist Intelligence Unit, *The Economist, Governance, Risk And Compliance in Financial Services*, EIU (2008). http://www.eiu.com/report_dl.asp?mode=fi&fi=1083557493.PDF （提倡整合治理、风险和合规职能）；KPMG, *The Convergence Evolution: Global Survey into the Integration of Governance, Risk and Compliance*, KPMG (2012), https://www.kpmg.com/NO/NB/Nyheter-Innsikt/artikler-og-publikasjoner/rapporter/Rapporter-2013/Documents/The-Convergence-Evolution.pdf。

不是由监管者或立法者通过颁布公司法或证券法修正案所导致的——这是政府对公司事务的传统干预方式。相反,政府的执法机构一直在倡导合规。下面介绍了合规的起源以及联邦政府发挥的作用:首先,在公司刑事判决中为合规创造了一个角色;其次是修改起诉策略,广泛使用暂缓起诉和不起诉协议,合规改革在这些协议中占据了显著地位。

1.《量刑指南》

尽管有更早的前身,① 但目前的合规时代始于1991年美国量刑委员会通过的《组织量刑指南》(下文简称《指南》)。② 该《指南》规定了"胡萝卜加大棒"(a carrot and a stick)措施,以促使更多公司遵守联邦法律。胡萝卜即奖励措施——政府承诺如果公司实施并维持一个有效的合规计划就可以减轻处罚。③

---

① 从20世纪60年代的联邦反托拉斯起诉开始,到20世纪70年代对各种公司行为的定罪,包括贿赂、洗钱和污染,都是对合规的推动。See Foreign Corrupt Practices Act of 1977, 15 U.S.C. § 78dd-1 (2012)(海外行贿); Bank Secrecy Act of 1970, 31 U.S.C. § 5318 (h) (2012) [禁止洗钱,并规定了反洗钱(AML)合规的"四大支柱"]; National Environmental Policy Act of 1969, 42 U.S.C. § 4321 (2012)(污染)然而,在这些早期的法规下,执法往往是宽松的,惩罚也往往是轻微的,几乎没有提供什么动力来发展强有力的合规性项目。See Mark A. Cohen, *Corporate Crime and Punishment: An Update on Sentencing Practice in the Federal Courts*, 1988-1990, Boston University Law Review, Vol. 71: 247, pp. 254-256, (1991)。(数据显示,截至20世纪80年代中期,大多数公司的罚款都在1万美元以下,平均罚款刚刚超过4.8万美元)

② Jennifer Arlen, *The Potentially Perverse Effects of Corporate Criminal Liability*, Journal of Legal Studies, Vol. 23: 833, p. 839, (1994).

③ U.S. Sentencing Guidelines Manual § 8C2.5 (f) (U.S. Sentencing Comm'n 2015) [简称 Sentencing Guidelines], http://www.ussc.gov/sites/default/files/pdf/guidelinesmanual/2014/CHAPTER_8.pdf. (将维持有效的合规计划列为公司"罪责评分"的一个减分因素)各种政府机构以前都曾试图诱导公司实施合规计划。See, e.g., Jay A. Sigler & Joseph E. Murphy, *Interactive Corporate Compliance: An Alternative to Regulatory Compulsion*, Praeger, 1988, pp. 155-156. (讨论了职业健康与安全管理局的"星计划",该计划为具有严格合规计划的公司提供了监管豁免)然而,该指南是政府首次明确承诺在全球范围内减轻对合规行为的处罚。See Memorandum from William C. Hendricks III, *Chief of the Fraud Section Criminal Div., U.S. Dep't of Justice [DOJ], to all U.S. Attorneys*, in Aba public Contract Law Section, Report of the Special Committee on Voluntary Disclosure, 1987, pp. 6-7。(描述了在对国防承包商进行刑事调查的指控决策中合规的重要性)

大棒也即惩罚措施,大幅提高与刑事违法行为相关的处罚。①

奖励措施是在惩罚措施之后规定的。《指南》的早期草案增加了对公司的处罚,但没有提供减轻处罚的机会。② 作为回应,美国公司采取游说方式,试图建立一个信用体系以抵消罚款的增加,并以提供内部合规计划作为交易的基础。③ 行业协会也加入了这项活动。④ 其结果是将"有效的合规计划"列入了减轻处罚的因素清单。⑤

在对公司不法行为适用法律制裁时,赋予合规减少刑罚的正式作用后,《指南》又进一步阐明了使计划"有效"的必要要素。该指南草案侧重于四个部

---

① See Jennifer Arlen & Reinier Kraakman, *Controlling Corporate Misconduct: An Analysis of Corporate Liability Regimes*, New York University Law Review, Vol. 72: 687, p. 745, (1997).

② 例如,1989 年《指南》的初稿中就没有减轻刑罚的内容。See Nolan Ezra Clark, *Compliance Programs and the Corporate Sentencing Guidelines: Preventing Criminal and Civil Liability*, §2: 16, Westlaw (database updated Oct. 2015).

③ 这些公司包括通用电气、大西洋富田公司、百时美施贵宝公司、国际电话电报公司(ITT)和马丁·玛丽埃塔公司。See Nolan Ezra Clark, *Compliance Programs and the Corporate Sentencing Guidelines: Preventing Criminal and Civil Liability*, §2: 17, Westlaw (database updated Oct. 2015) [他说:"我最关心的事情是试图帮助你们找到一种平衡,一方面要对公司的不当行为进行量刑,另一方面又要鼓励公司制定有意义的合规计划。"(引用马丁·玛丽埃塔的总法律顾问的话)]; See Nolan Ezra Clark, *Compliance Programs and the Corporate Sentencing Guidelines: Preventing Criminal and Civil Liability*, §2: 17, Westlaw (database updated Oct. 2015)。["委员会应调整信用额……这样,如果一个公司已经制定并实施了严格的政策和培训,但却有一名低级别的员工误入歧途,可能就不会被罚款。"(引用通用电气等公司对量刑委员会提出的组织制裁的评论)]

④ 例如,在量刑委员会的一次会议上,商业圆桌会议敦促:我们坚信,合规项目是鼓励公司员工和代理人遵守法律、尊重法律的最佳方式。我们坚信,要减少公司犯罪的数量,最好的办法就是通过鼓励、加强、建立和扩大公司内部合规计划,以及公司内部管理和执行这些计划的有效性和活力。See Nolan Ezra Clark, *Compliance Programs and the Corporate Sentencing Guidelines: Preventing Criminal and Civil Liability*, §2: 22, Westlaw (database updated Oct. 2015)。(原件的第一处改动); See Nolan Ezra Clark, *Compliance Programs and the Corporate Sentencing Guidelines: Preventing Criminal and Civil Liability*, §2: 17, Westlaw (database updated Oct. 2015)。("一个实质性的合规项目应该得到大幅的罚款减免")

⑤ See Nolan Ezra Clark, *Compliance Programs and the Corporate Sentencing Guidelines: Preventing Criminal and Civil Liability*, §2: 18, Westlaw (database updated Oct. 2015).

分：政策和程序、沟通、监督和执行。① 此后，有效合规的概念被多次修订，② 多家权威机构提出了替代性概念。③ 尽管如此，该《指南》仍代表着政府不仅赋予企业合规计划以法律效力，还勾勒出了其基本内容。通过该《指南》，政府参与了合规计划的设计。

然而，《指南》并没有正式要求公司必须遵守该规定。它也没有强迫任何

---

① 1990 年秋季草案对"有效"合规的定义如下：第一，组织必须制定政策，确定员工应遵循的标准、规则和程序。第二，组织必须向员工有效地传达其政策，例如，通过培训计划和出版物。第三，组织必须进行尽职调查来确保其政策得到遵守，例如，利用合理设计的监察系统，查出员工的犯罪行为，以及建立并向员工宣传报告系统，使员工可以报告组织内的犯罪行为而不必担心受到报复。第四，这些政策必须得到执行，例如，通过建立惩戒机制。See Nolan Ezra Clark, *Compliance Programs and the Corporate Sentencing Guidelines: Preventing Criminal and Civil Liability*, § 2: 23, Westlaw (database updated Oct. 2015).

② 目前的《指南》有七个要素，包括：（1）规则，（2）高层参与和适当授权，（3）勤勉雇佣（diligence in hiring），（4）沟通和培训，（5）监测和测试，（6）激励相容，（7）适当的补救措施。See U. S. Sentencing Guidelines Manual, § 8B2. 1 (b).

③ see generally Bank Secrecy Act of 1970, 13 U. S. C. § § 5318 (h) (1) (A) - (D) (2012)（定义了"反洗钱"合规的四大支柱）; Volcker Rule, 17 C. F. R. § 75. 20 (b) (2014); Basel Comm. on Banking Supervision, Bank for Int'l Settlements, *Compliance and the Compliance Function in Banks*, BIS (2005), http://www.bis.org/publ/bcbs113.pdf; Comm. of Sponsoring Orgs. of the Treadway Comm'n, *Internal Control—Integrated Framework: Executive Summary*, THEIIA (2013), https://na.theiia.org/standards-guidance/topics/Documents/Executive_Summary.pdf; Comptroller of the Currency Adm'r of Nat'l Banks, *Bank Supervision Process: Controller Handbook*, OCC (2007), http://www.occ.gov/publications/publications-by-type/comptrollers-handbook/bsp-2.pdf, pp. 72-74; DOJ & SEC. & EXCH. COMWN [SEC], A Resource Guide to the U. S. Foreign Corrupt Practices Act 57-62 (2012); Ministry of Justice, *The Bribery Act 2010-Guidance*, Justice 2011, https://www.justice.gov.uk/downloads/legislation/bribery-act-2010-guidance.pdf（以下为 MOJ）; ORG. FOR ECON. CO-OPERATION & DEV., *Good Practice Guidance on Internal Controls, Ethics, And Compliance*, OECD 2010, http://www.oecd.org/daf/anti-bribery/44884389.pdf（以下为 OECD）; Letter from Deborah P. Bailey, Deputy Dir., Div. of Banking Supervision & Regulation, and Glenn E. Loney, Deputy Dir., Div. of Consumer and Cmty. Affairs, to Officer in Charge of Supervision & Appropriate Supervisory & Examination Staff at each Fed. Reserve Bank & Certain Orgs. Supervised by Fed. Reserve, SR 08-8/CA 08-11 (16 October 2008), http://www.federalreserve.gov/boarddocs/srletters/2008/sr0808.htm（以下为 SR Letter 08-8）; Leslie R. Caldwell, *Assistant Attorney Gen. for the Criminal Div.*, DOJ, Remarks at the 22nd Annual Ethics and Compliance Conference (1 October 2014).

公司遵守其对"有效"合规的展望。①《指南》只是规定了在公司被判决犯有刑事不当行为的案件中,法官可以判处的刑罚标准。② 当然,这样的案件很少。③ 因此,如果公诉人和被告公司未能达成和解,那么《指南》对于认定可能发生的情况最为重要。下面的主题是如何将合规纳入这种谈判当中的。

2. 执法策略

像大多数刑事案件一样,公司诉讼通常会达成庭外和解。④ 在《指南》出台后,联邦检察官开始向被告公司提供将合规计划考虑在内的和解方案。⑤ 为了使这种做法标准化,司法部(DOJ)明确提出了一套联邦起诉原则,以其作者的名字命名为"霍尔德备忘录"。⑥《霍尔德备忘录》要求检察官在权衡自愿披露和自愿合作等其他因素的同时,还要权衡"公司合规计划的存在和充分

---

① U. S. Sentencing Guidelines Manual § 8C2. 5 (f) (U. S. Sentencing Comm'n 2015), http://www.ussc.gov/sites/default/files/pdf/guidelinesmanual/2014/CHAPTER_ 8. pdf, p. 495.(介绍性评论)

② U. S. Sentencing Guidelines Manual § 8C2. 5 (f) (U. S. Sentencing Comm'n 2015), http://www.ussc.gov/sites/default/files/pdf/guidelinesmanual/2014/CHAPTER_ 8. pdf, p. 495.(介绍性评论)

③ See Peter J. Henning, *The Organizational Guidelines: R. I. P. ?*, Yale Law Journal Pocket Part, Vol. 116: 312, p. 312, (2007), http://yalelawjournal.org/forum/the-organizational-guidelines-rip. (相对于和解而言,公司定罪判决的稀少"意味着《组织指南》在很大程度上是无关紧要的")

④ 就公司而言,起诉此类案件在时间和资源方面的成本极高。Vikramaditya Khanna & Timothy L. Dickinson, *The Corporate Monitor: The New Corporate Czar?*, Michigan Law Review, Vol. 105: 1713, p. 1721, (2007). ("公司犯罪案件是困难、复杂且起诉成本昂贵的案件,往往会动用大量的资源")成功的起诉还可能带来严重的附带后果,比如企业倒闭。See Brandon Garrett, *Too Big to Jail: How Prosecutors Compromise with Corporation*, Harvard University Press, 2014, pp. 19-44。(讲述了安达信被起诉及随后垮台的故事)

⑤ See Mary Jo White, *Corporate Criminal Liability: What Has Gone Wrong?*, in 2 37th Annual Institute On Securities Regulation 815, 818 (2005). (描述了美国纽约南区检察官办公室在20世纪90年代初使用暂缓起诉协议的情况)

⑥ Memorandum from Eric Holder, Deputy Attorney Gen., to All Component Heads and U. S. Attorneys (16 June 1999), http://www.justice.gov/sites/default/files/criminal-fraud/legacy/2010/04/11/charging-corps. PDF. (下文简称 Holder Memorandum).

性"。① 然而，与《指南》不同的是，《霍尔德备忘录》并没有试图明确规定有效合规的要素。② 相反，它保留了检察官的自由裁量权，以确定一项计划是否被设计得合理和有效。③ 这些原则最终被纳入了《美国联邦检察官手册》（以下简称手册）。④ 该手册与《霍尔德备忘录》一样，没有明确规定有效合规的要素，并保留了检察官广泛的自由裁量权。⑤

在正式确认合规在起诉决策中的作用的同时，对商业组织的刑事起诉也发生了巨大变化。⑥ 在 2001 年和 2002 年的金融欺诈和会计丑闻之后，检察官试图

---

① Memorandum from Eric Holder, Deputy Attorney Gen., to All Component Heads and U. S. Attorneys (16 June 1999), http：//www.justice.gov/sites/default/files/criminal-fraud/legacy/2010/04/11/charging-corps. PDF, at para. Ⅱ. A. 4-6.

② Memorandum from Eric Holder, Deputy Attorney Gen., to All Component Heads and U. S. Attorneys (16 June 1999), http：//www.justice.gov/sites/default/files/criminal-fraud/legacy/2010/04/11/charging-corps. PDF, at para. Ⅶ. B. （"司法部没有关于公司合规计划的正式指南。"）

③ Memorandum from Eric Holder, Deputy Attorney Gen., to All Component Heads and U. S. Attorneys (16 June 1999), http：//www.justice.gov/sites/default/files/criminal-fraud/legacy/2010/04/11/charging-corps. PDF, at para. Ⅶ. B. （"在回答这些问题时，检察官应考虑合规计划的全面性、犯罪行为的程度和普遍性；涉及的公司员工人数、级别；不当行为的严重性、持续时间和频率，以及公司采取的补救措施，包括赔偿、纪律处分和修订公司合规计划。"）

④ DOJ, United States Attorneys' Manual § 9-28.700-900 (2015), https：//www.justice.gov/archive/usao/usam/index.html. （2018 年对 USAM 进行了全面修订，现为 Justice Manual（简称 JM），https：//www.justice.gov/jm/justice-manual）

⑤ DOJ, United States Attorneys' Manual § 9-28.800 .B (2015), https：//www.justice.gov/archive/usao/usam/index.html. （"司法部对公司合规计划没有公式化的要求。"）如果有什么区别的话，《手册》增加了检察官的自由裁量权，在检察官评估程序有效性时考虑的事项清单中增加了"诚信"。See DOJ, United States Attorneys' Manual § 9-28.700-900 (2015), https：//www.justice.gov/archive/usao/usam/index.html。

⑥ See Lawrence D. Finder & Ryan D. McConnell, *Devolution of Authority：The Department of Justice's Corporate Charging Policies*, St. Louis University Law Journal, Vol. 51：1, pp. 1-2, (2006). ［将"从 2002 年到 2005 年，司法部签订的不起诉协议（NPAs）和暂缓起诉协议……是前十年的两倍"这一事实与司法部对公司起诉政策的转变联系起来］

制定一项策略,即在不投入资源或不承担刑事起诉相关风险的情况下,对公司的不法行为进行调查和惩罚。① 解决方案是,检察机关以暂缓起诉协议(DPA)或不起诉协议(NPA)的形式,以有条件的不起诉承诺为交换条件让企业做出让步。② 暂缓起诉协议和不起诉协议减少了与起诉行为相关的成本——仍有调查成本,但没有审判,没有失败风险,也没有附带后果——同时提供了从被告公司那里获得巨额资金回收的前景。③ 毫不奇怪,它们的被使用频率已显著增加。④ 自从这种做法开始以来,政府已经签订了200多份这样的协议,⑤ 其速度从早期的每年一两份到现在的每年几十份。⑥

除了收取罚款外,暂缓起诉协议和不起诉协议还通常以政府对被告公司的

---

① See Brandon Garrett, *Too Big to Jail: How Prosecutors Compromise with Corporation*, Harvard University Press, 2014, pp. 54-60. [讨论创建反企业欺诈行动工作组(Corporate Fraud Task Force)以协调公司起诉,以及采用所谓的布鲁克林计划(Brooklyn Plan),根据该计划,企业将支付罚款并进行合规改革,以换取不起诉协议]

② 政府进行调查,但在NPA的情况下,不提出正式指控;在DPA的情况下,提出指控但同时暂停起诉。Benjamin M. Greenblum, *What Happens to a Prosecution Deferred? Judicial Oversight of Corporate Deferred Prosecution Agreements*, Columbia Law Review, Vol. 105: 1863, pp. 1863-1865, (2005).

③ See Leonard Orland, *The Transformation of Corporate Criminal Law*, Brooklyn Journal of Corporate Financial& Commerical Law, Vol. 1: 45, pp. 53, 57, (2006).

④ See Leonard Orland, *The Transformation of Corporate Criminal Law*, Brooklyn Journal of Corporate Financial& Commerical Law, Vol. 1: 45, pp. 45-46, (2006).

⑤ Wulf A. Kaal & Timothy Lacine, *The Effect of Deferred and Non-Prosecution Agreements on Corporate Governance: Evidence from 1993-2013*, Business Lawyer, Vol. 70: 61, p. 85 fig. 1, (2014). (自1993年至2013年期间公开发布的DPAs/NPAs)

⑥ See Wulf A. Kaal & Timothy Lacine, *The Effect of Deferred and Non-Prosecution Agreements on Corporate Governance: Evidence from 1993-2013*, Business Lawyer, Vol. 70: 61, p. 85 fig. 1, (2014) (自1993年至2013年发布的271份DPAs/NPAs); see also See Brandon Garrett, *Too Big to Jail: How Prosecutors Compromise with Corporation*, Harvard University Press, 2014, p. 65. (自2001年至2012年发布的255份DPAs/NPAs)

合规计划进行改革为条件。① 协议中的合规改革通常集中在政策和程序的改进、培训和员工监督方面。② 改革的具体内容通常不会在和解协议中详细描述，而是可能包含在与执法机关或行业监管机构单独签订的未披露协议中。③ 在暂缓起诉协议和不起诉协议的改革内容中，典型的改革包括：改善企业沟通和培训（占45%），修订合规政策（占27%），以及正式采用合规守则（占19%）。④ 该协议还对特定的业务流程进行改革——例如，要求关闭一条业务线或者对薪酬惯例进行更改。⑤ 协议通常要求聘用新的合规员工，⑥ 偶尔也会规定设立新的首

---

① See, e. g., United States v. HSBC Bank USA, N. A., 2013 WL 3306161, at *6-11 (E. D. N. Y. 1 July 2013); see Lawrence A. Cunningham, *Deferred Prosecutions and Corporate Governance: An Integrated Approach to Investigation and Reform*, Florida Law Review, Vol. 66: 1, pp. 2-3, (2014); see also Brandon Garrett, *Too Big to Jail: How Prosecutors Compromise with Corporation*, Harvard University Press, 2014, p. 72 ["大多数协议要求进行合规改革（63%，即255项协议中的160项）……而其他协议则提到了监管机构要求的合规改革（28%，即255项协议中的71项）"]; Wulf A. Kaal & Timothy Lacine, *The Effect of Deferred and Non-Prosecution Agreements on Corporate Governance: Evidence from 1993-2013*, Business Lawyer, Vol. 70: 61, p. 93 fig. 7, (2014). (从1993年到2013年，75%公开发布的协议实施了合规改革)

② Brandon Garrett, *Too Big to Jail: How Prosecutors Compromise with Corporation*, Harvard University Press, 2014, p. 72. ("协议要求上级批准新的政策、新的员工培训和新的员工监督形式，并要求他们提供定期报告，总结进展情况。")

③ Brandon Garrett, *Too Big to Jail: How Prosecutors Compromise with Corporation*, Harvard University Press, 2014, p. 74. (记载到在所研究的255项协议中，有71项涉及须与行业监管机构达成协议的合规改革) 缺乏具体性也可能反映了该公司在达成和解协议之前实施了合规改革，并得到了检察官的帮助和认可。See Brandon Garrett, *Too Big to Jail: How Prosecutors Compromise with Corporation*, Harvard University Press, 2014, pp. 74-75。(记载到255项协议中有162项涉及被告公司已采取的合规改革)

④ Wulf A. Kaal & Timothy Lacine, *The Effect of Deferred and Non-Prosecution Agreements on Corporate Governance: Evidence from 1993-2013*, Business Lawyer, Vol. 70: 61, p. 107 fig. 18, (2014).

⑤ Brandon Garrett, *Too Big to Jail: How Prosecutors Compromise with Corporation*, Harvard University Press, 2014, p. 72. (举例来说，其中包括要求一家会计师事务所关闭其私人税务业务，以及要求一家建筑商关闭其从事欺诈性抵押业务的子公司)

⑥ Brandon Garrett, *Too Big to Jail: How Prosecutors Compromise with Corporation*, Harvard University Press, 2014, p. 72. (报告称，在所研究的255份协议中，有88份协议规定了雇用新员工的问题)

席合规官（CCO）①或建立一个董事会级别的合规委员会。②协议还可能要求任命一名公司监督员，其工作是评估公司的合规情况并持续向检察官报告。③另外，还可能要求聘请外部顾问，通常是律师事务所来评估合规计划的有效性。④因此，执法当局通过和解协议开始了一项意义深远的改革计划。⑤正如一位学者总结的那样：

> 暂缓起诉协议、不起诉协议和州和解协议的条款中充斥着各种规定，这些规定远远超出了要求公司停止违反法律或为之前的违法行为买单的简单命令。这些协议强调新的商业模式和实践做法，其中包含的法规涵盖了从人事决策到公司向客户收费的方方面面。在很多情况下，检察官并没有停止对单个公司的监管；他们命令整个行业遵守新的条款。这些检察命令是在没有立法指导的情况下实施的，更没有相对明确的规则或明了的原则。⑥

---

① Wulf A. Kaal & Timothy Lacine, *The Effect of Deferred and Non-Prosecution Agreements on Corporate Governance: Evidence from 1993-2013*, Business Lawyer, Vol. 70: 61, p. 107 fig. 18, (2014). （在他们的样本中，发现11%的暂缓起诉协议或不起诉协议有此要求）

② Brandon Garrett, *Too Big to Jail: How Prosecutors Compromise with Corporation*, Harvard University Press, 2014, pp. 72-73; see also Wulf A. Kaal & Timothy Lacine, *The Effect of Deferred and Non-Prosecution Agreements on Corporate Governance: Evidence from 1993-2013*, Business Lawyer, Vol. 70: 61, p. 96 fig. 10, (2014). （报告称，尽管在所有包括董事会改革的协议中，有31%侧重于增加对董事会的报告，但只有8%的协议要求对委员会进行改革）

③ See generally Cristie Ford & David Hess, *Can Corporate Monitorships Improve Corporate Compliance?*, Journal of Corporation Law, Vol. 34: 679, (2008). （描述了作为和解协议一部分的公司监督制度的演变，并分析了其在实践中的运作方式）

④ See Brandon Garrett, *Too Big to Jail: How Prosecutors Compromise with Corporation*, Harvard University Press, 2014, pp. 174-178. （讨论了监督员的任命，并在所研究的255份协议中发现有65份规定了这种任命）

⑤ See Jennifer Arlen & Marcel Kahan, *Corporate Governance Regulation Through Non-Prosecution*, (N. Y. Univ. Sch. of Law, Public Research Paper No. 16-04, 2016), http://papers.ssrn.com/sol3/papers.cfm?abstract_id+2731351. （批评了检察官通过暂缓起诉协议或不起诉协议干预公司治理）。这种策略最近被引入到了英国。See Press Release, *The Serious Fraud Office, SFO Agrees First UK DPA with Standard Bank*, SFO (30 November 2015), https://www.sfo.gov.uk/2015/11/30/sfo-agrees-first-uk-dpa-with-standard-bank/。（英国当局签署的第一个暂缓不起诉协议）

⑥ Rachel E. Barkow, *The Prosecutor as Regulatory Agency*, in S. Barkow & Rachel E. Barkow eds., (*Prosecutors in the Boardroom: Using Criminal Law to Regulate Corporate Conduct*), 2011, p. 177.

除通过暂缓起诉协议、不起诉协议和其他和解协议对合规进行直接干预外，政府执法者还通过一些间接方式引导合规的发展。与普通法的发展过程类似，检察官提起的诉讼以及为解决这些诉讼而实现的改革，会对处境类似的公司产生先例性影响。① 公司会追踪执法活动，并留意执法机构称赞的或发现同行公司缺乏的合规要素。② 因此，暂缓起诉协议或不起诉协议对没有立即达成和解的公司有很强的信号作用，会促使它们采用与同行相类似的合规机制。③ 其结果可以被认为是"合规蔓延"，即由于和解的先例效应和同行企业的广泛模仿，合规特征趋于一致。

政府对合规的第二种间接干预方式是"有效"合规自身的灵活定义所固有的。④ 这种定义上的灵活性使得政府可以通过信号传递来影响合规，改变它认为是"有效"的内容。政府不仅是通过其执法和和解惯例来发出这些信号，还

---

① 然而，与普通法不同的是，这里没有裁决，也没有有意义的司法审查。See generally Albert W. Alschuler, *The Defense Attorney's Role in Plea Bargaining*, Yale Law Journal, Vol. 84: 1179, pp. 1291-1294, (1975). （注意到典型的认罪辩诉不仅涉及对被告承认其罪行的能力的司法审查，还涉及对认罪的事实依据的司法审查）NPA 根本不涉及司法审查，因为顾名思义，指控从未正式提交，而 DPA 涉及最小的司法审查，因为同时提交了指控和推迟起诉。See Benjamin M. Greenblum, *What Happens to a Prosecution Deferred? Judicial Oversight of Corporate Deferred Prosecution Agreements*, Columbia Law Review, Vol. 105: 1863, pp. 1863-1865, (2005).

② See Pricewaterhousecoopers, *State of Compliance 2014 Survey: What it Means to be a "Chief" Compliance Officer: Today's Challenges, Tomorrow's Opportunities*, PWC, http://www.pwc.com/us/en/risk-management/state-of-compliance-survey/assets/pwc-state-of-compliance-2014-survey.pdf, pp. 17-18.

③ See Price waterhousecoopers, *State of Compliance 2014 Survey: What it Means to be a "Chief" Compliance Officer: Today's Challenges, Tomorrow's Opportunities*, PWC, http://www.pwc.com/us/en/risk-management/state-of-compliance-survey/assets/pwc-state-of-compliance-2014-survey.pdf, p. 17. ["在合规失败的情况下，政府调查人员通常会将该组织的合规计划与类似的组织（在规模、复杂性、行业、地理覆盖范围等方面）进行比较。那些合规计划与同行不具可比性的公司可能会受到更严厉的处罚。"]

④ See Memorandum from Eric Holder, Deputy Attorney Gen., to All Component Heads and U.S. Attorneys (June 16, 1999), http://www.justice.gov/sites/default/files/criminal-fraud/legacy/2010/04/11/charging-corps.PDF, at para. Ⅶ.B; DOJ, United States Attorneys' Manual § 9-28.700-900 (2015), https://www.justice.gov/archive/usao/usam/index.html; DOJ, United States Attorneys' Manual § 9-28.800.B (2015), https://www.justice.gov/archive/usao/usam/index.html.

会通过政府人员的讲话和其他劝告性声明等方式。① 公司密切关注并相应地调整他们的计划。例如，由司法部和证券交易委员会（SEC）联合发布的《反海外腐败法资源指南》（FCPA）（简称《资源指南》）对有效的反海外腐败法合规计划的要素进行了广泛讨论，并列举了成功和失败的具体例子。② 该《资源指南》不是法律。事实上，它包含了几个极具争议的法律命题。③ 尽管如此，从业人员还是对其进行了仔细分析，并经常使用它来为客户提供建议。因此，《资源指南》可以被看作政府引导企业改革的一个工具。同样，各种政府官员发布的有关合规的非正式声明也是为了影响企业，以实施合规改革。④

总而言之，政府一直是发展合规的主导力量；首先是通过《指南》和《霍尔德备忘录》向公司提供激励措施，然后通过签订大量的暂缓起诉协议和不起诉协议和发表一系列劝告性声明。因此，合规可以被看作政府干预公司治理的产物，这也是本文要讨论的一个问题。⑤ 然而，在展开讨论之前，在定义合规方面还有很多工作要做。是否有可能提炼出合规的共同核心内容？如果有的话，

---

① See generally Nestor M. Davidson & Ethan J. Leib, *Regleprudence—at OIRA and Beyond*, Georgetown Law Journal, Vol. 103: 259, (2015). （讨论了类似于法律的习俗和惯例，其在法院和行政程序法管制范围之外管理着行政国家）

② 尽管《资源指南》承认其不存在"一刀切"的计划，但它强调高层承诺、明确的政策和程序、专门用于监督和监控的充足资源、定期风险评估、培训和建议、纪律措施、第三方审查、保密报告和内部调查，以及定期测试和审查。DOJ & SEC. & EXCH. COMWN [SEC], A Resource Guide to the U. S. Foreign Corrupt Practices Act 57-62 (2012). 《资源指南》还讨论了臭名昭著的 Garth Peterson 事件，将其作为有效合规导致企业衰退的一个例子。DOJ & SEC. & EXCH. COMWN [SEC], A Resource Guide to the U. S. Foreign Corrupt Practices Act 61 (2012).

③ See Mike Koehler, *Grading the Foreign Corrupt Practices Act Guidance*, White Collar Crime Report, Vol. 7: 961, (2012), http://papers.ssrn.com/sol3/papers.cfm?abstract_id=2189072. （认为《资源指南》"是一篇宣传文章……充斥着选择性的信息、半真半假的信息，更糟糕的是，还有明显虚假的信息"）

④ See, e.g., Thomas C. Baxter, *Keynote Address: The Changing Face of Corporate Compliance and Corporate Governance*, Fordham Journal of Corporate & Financial Law, Vol. 21: 61, p.63, (2016). （纽约联邦储备银行总理事会发表的演讲，敦促公司整合道德和合规）Leslie R. Caldwell, *Assistant Attorney Gen. for the Criminal Div.*, DOJ, Remarks at the 22nd Annual Ethics and Compliance Conference (1 October 2014). （讨论关于合规计划具体事项的执行政策）

⑤ 详见第二部分。

这些要素在实践中是如何运作的？这些问题将在接下来讨论。

（二）共同核心内容

许多权威人士都试图说明什么是或应该是合规。① 他们的努力通常是采取列举多因素清单的形式。这些清单在重点和详细程度上有很大不同，往往取决于监管环境，因此，合规要素的汇总可能会显得杂乱无章。② 然而，尽管侧重点不同，但仍有可能发现共同的主题。事实上，自《指南》草案首次提出"有

---

① 有关文本的部分列表，see generally Bank Secrecy Act of 1970, 13 U. S. C. § §5318 (h) (1) (A) - (D) (2012) (定义了"反洗钱"合规的四大支柱); Volcker Rule, 17 C. F. R. §75. 20 (b) (2014); Basel Comm. on Banking Supervision, Bank for Int'l Settlements, *Compliance and the Compliance Function in Banks*, BIS (2005), http://www.bis.org/publ/bcbs113.pdf; Comm. of Sponsoring Orgs. of the Treadway Comm'n, *Internal Control—Integrated Framework*: *Executive Summary*, THEIIA (2013), https://na.theiia.org/standards-guidance/topics/Documents/Executive_ Summary.pdf; Comptroller of the Currency Adm'r of Nat'l Banks, *Bank Supervision Process*: *Controller Handbook*, OCC (2007), http://www.occ.gov/publications/publications-by-type/comptrollers-handbook/bsp-2.pdf, pp. 72 - 74; DOJ & SEC. & EX-CH. COMWN [SEC], A Resource Guide to the U. S. Foreign Corrupt Practices Act 57 - 62 (2012); Ministry of Justice, *The Bribery Act 2010 - Guidance*, Justice 2011, https://www.justice.gov.uk/downloads/legislation/bribery-act-2010-guidance.pdf （以下为 MOJ）; ORG. FOR ECON. CO-OPERATION & DEV., *Good Practice Guidance on Internal Controls*, *Ethics*, *And Compliance*, OECD 2010, http://www.oecd.org/daf/anti-bribery/44884389.pdf （以下为 OECD）; Letter from Deborah P. Bailey, Deputy Dir., Div. of Banking Supervision & Regulation, and Glenn E. Loney, Deputy Dir., Div. of Consumer and Cmty. Affairs, to Officer in Charge of Supervision & Appropriate Supervisory & Examination Staff at each Fed. Reserve Bank & Certain Orgs. Supervised by Fed. Reserve, SR 08 - 8/CA 08 - 11 (16 October 2008), http://www.federalreserve.gov/boarddocs/srletters/2008/sr0808.htm （以下为 SR Letter 08-8）; Leslie R. Caldwell, *Assistant Attorney Gen. for the Criminal Div.*, DOJ, Remarks at the 22nd Annual Ethics and Compliance Conference (1 October 2014).

② See Geoffrey Miller, Professor of Law, N. Y. Univ. Sch. of Law, Remarks at *Fordham Journal of Corporate & Financial Law Symposium*: *Changing Face of Corporate Compliance and Corporate Governance* (9 February 2015). （作者存档的稿件）（以下称为合规研讨小组）[将这些清单与豪尔赫·路易斯·博尔赫斯（Jorge Luis Borges）的《天朝仁学广览》(The Celestial Emporium of Benevolent Knowledge) 中对动物不拘一格、杂乱无章的分类进行比较]

效"合规以来,合规的共同核心并没有什么变化。① 合规的共同核心主要包括四个职能要素:(1)结构性联系;(2)信息流;(3)监督和监控;(4)风险等级评估。下文将对每一要素进行更详细的论述。

1. 结构性联系

首先,当局一致强调要制定适合公司自身的合规政策和程序。② 当然,政策和程序的制定必须涵盖适用的法律和监管规则。但有关部门最近强调,政策和程序的制定应超越狭义的适用规则和条例,其目的是更广泛地促进合规文化。③

---

① 1990年秋季草案对"有效"合规的定义如下:第一,组织必须制定政策,确定员工应遵循的标准、规则和程序。第二,组织必须向员工有效地传达其政策,例如,通过培训计划和出版物。第三,组织必须进行尽职调查来确保其政策得到遵守,例如,利用合理设计的监察系统,查出员工的犯罪行为,以及建立并向员工宣传报告系统,使员工可以报告组织内的犯罪行为而不必担心受到报复。第四,这些政策必须得到执行,例如,通过建立惩戒机制。See Nolan Ezra Clark, *Compliance Programs and the Corporate Sentencing Guidelines: Preventing Criminal and Civil Liability*, §2:23, Westlaw (database updated Oct. 2015)。

② 用《指南》的话来说,"该组织应建立标准和程序,以预防和侦查犯罪行为。" U. S. Sentencing Guidelines Manual §8B. 21 (b) (1) (U.S. Sentencing Comm'n 2015); accord 31 U. S. C. §5318 (h) (1) (A) (2012) (内部政策、程序); Volcker Rule, 17 C. F. R. §75. 20 (b) (1) (2015) (书面政策,设计合理); DOJ & SEC. & EXCH. COMWN [SEC], A Resource Guide to the U. S. Foreign Corrupt Practices Act 57-58 (2012). (行为准则、政策、程序) Comptroller of the Currency Adm'r of Nat'l Banks, *Bank Supervision Process: Controller Handbook*, OCC (2007), http://www.occ.gov/publications/publications-by-type/comptrollers-handbook/bsp-2. pdf, p. 21 (既定政策、程序)。ORG. FOR ECON. CO-OPERATION & DEV., *Good Practice Guidance on Internal Controls, Ethics, And Compliance*, OECD 2010, http://www.oecd.org/daf/anti-bribery/44884389.pdf (政策清晰明确); Ministry of Justice, *The Bribery Act 2010-Guidance*, Justice 2011, https://www.justice.gov.uk/downloads/legislation/bribery-act-2010-guidance.pdf, p. 21. ("合适的程序"是"明确、实用、简便、能够有效实施和执行的") Leslie R. Caldwell, *Assistant Attorney Gen. for the Criminal Div.*, DOJ, Remarks at the 22nd Annual Ethics and Compliance Conference (1 October 2014)。(明确的政策,书面准则)

③ 例如:今天,合规中一个非常令人兴奋的领域是强大的道德文化如何影响公司行为的问题。这种行为变化的一个方面是,当文化是正确的时候,公司成员更倾向于遵守适用的规则。展望未来,我设想我们将看到更多的实证研究,表明将道德与合规相结合的好处,并将两者都交由一位值得信赖的公司官员负责,并有一个响亮的新名字——首席道德与合规官(the Chief Ethics and Compliance Officer)。随着我们进入下一个阶段,道德与合规将越来越多地成为一个计划的一部分。See, Thomas C. Baxter, *Keynote Address: The Changing Face of Corporate Compliance and Corporate Governance*, Fordham Journal of Corporate & Financial Law, Vol. 21: 61, p. 63, (2016)。

例如，最近在纽约联邦储备银行（Federal Reserve Bank of New York）召开的合规研讨会上，主题演讲①和知名从业者小组讨论都强调了将合规计划作为企业文化的杠杆。② 在制定政策和程序时，要广泛着眼于文化规范，而不是简单的监管规则，这表明了一种"法律条文和精神同在"的合规方法。

然而，即使是精心制定的政策和程序，其本身也是不够的。公司还必须将实行、持续管理和修订的责任下放。换言之，合规必须位于公司组织的某一个位置，在那里，负责的代理人拥有对它的特定权限，同时有足够的工作人员来执行必要的合规任务。③ 合规的权力不需要放置于首席合规官（CCO）那里，

---

① FED. Reserve Bank of N. Y., *Workshop On Reforming Culture And Behavior in the Financial Services Industry*, Newyorkfed（28 October 2014），https：//www.newyorkfed.org/medialibrary/media/newsevents/events/banking/2014/Summary-Culture-Workshop.pdf, p. 2. ［总结了巴克莱银行（Barclays）主席大卫·沃克（David Walker）的主题演讲，强调了政策和程序、培训、薪酬惯例和绩效指标］

② 研讨会的参与者经常强调合规在文化改革中的作用，以及在薪酬政策的设计中纳入对道德行为的激励措施。See FED. Reserve Bank of N. Y., *Workshop On Reforming Culture And Behavior in the Financial Services Industry*, Newyorkfed（28 October 2014），https：//www.newyorkfed.org/medialibrary/media/newsevents/events/banking/2014/Summary-Culture-Workshop.pdf, pp. 2-5。

③ U. S. Sentencing Guidelines Manual § 8 B2. 1（b）（2）（C）（U. S. Sentencing Comm'n 2015）（"应该委派组织内特定的人负责合规和道德计划的日常运营。"）；accord 31 U. S. C. § 5318（h）（1）（B）（指定首席合规官（CCO））；Basel Comm. on Banking Supervision, Bank for Int'l Settlements, *Compliance and the Compliance Function in Banks*, BIS（2005），http：//www.bis.org/publ/bcbs113.pdf, p. 10（独立的合规职能，指定特定的人员）；Comptroller of the Currency Adm'r of Nat'l Banks, *Bank Supervision Process：Controller Handbook*, OCC（2007），http：//www.occ.gov/publications/publications-by-type/comptrollers-handbook/bsp-2.pdf, p. 21（有能力的合规管理）；Letter from Deborah P. Bailey, Deputy Dir., Div. of Banking Supervision & Regulation, and Glenn E. Loney, Deputy Dir., Div. of Consumer and Cmty. Affairs, to Officer in Charge of Supervision & Appropriate Supervisory & Examination Staff at each Fed. Reserve Bank & Certain Orgs. Supervised by Fed. Reserve, SR 08-8/CA 08-11（16 October 2008），http：//www.federalreserve.gov/boarddocs/srletters/2008/sr0808.htm（独立的合规职员）；Leslie R. Caldwell, *Assistant Attorney Gen. for the Criminal Div.*, DOJ, Remarks at the 22nd Annual Ethics and Compliance Conference（1 October 2014）.（负责任的指定人）。与此相关，公司应进行尽职调查，以确保受聘担任这一职务的人员没有从事非法行为或与公司政策和程序不一致的行为 U. S. Sentencing Guidelines Manual § 8 B2. 1（b）（3）（U. S. Sentencing Comm'n 2015）。

尽管有些部门要求这样做。① 但合规的权力显然必须存在于组织中的某个地方，否则这些政策和程序就会变成无效且过时的"纸面合规"。② 此外，权威人士们坚持认为在高层管理人员的支持下，它应该在组织中占有较高的地位。③ 政策和程序与人员的结合使合规真正成为组织中的一部分，能够去适应和改变公司。这是合规的第一步——建立一个结构性联系。

2. 信息流

合规职能关注组织内部的信息流动。信息在企业内上下流动——从低层员工到高级管理层，从高级管理层到生产线上或远离权力核心的员工。④ 合规必须通过报告制度和培训来参与这两条信息流。通过报告，合规确保低层级的员工可以安全地向经理报告问题，并确保有关潜在违规行为的信息能够迅速地传达到组织中的适当级别。⑤ 因此，报告程序是有效合规的一个重要方面，许多

---

① See Bank Secrecy Act of 1970, 31 U.S.C. § 5318 (h) (1) (b); Basel Comm. on Banking Supervision, Bank for Int'l Settlements, *Compliance and the Compliance Function in Banks*, BIS (2005), http://www.bis.org/publ/bcbs113.pdf, pp. 7, 10; Letter from Deborah P. Bailey, Deputy Dir., Div. of Banking Supervision & Regulation, and Glenn E. Loney, Deputy Dir., Div. of Consumer and Cmty. Affairs, to Officer in Charge of Supervision & Appropriate Supervisory & Examination Staff at each Fed. Reserve Bank & Certain Orgs. Supervised by Fed. Reserve, SR 08-8/CA 08-11 (16 October 2008), http://www.federalreserve.gov/boarddocs/srletters/2008/sr0808.htm.

② See Kimberly D. Krawiec, *Cosmetic Compliance and the Failure of Negotiated Governance*, Washington University Law Quarterly, Vol. 81: 487, pp. 491-495, (2003). （解释了政策可能在纸面上看起来不错，但实际上并不符合要求）

③ See Leslie R. Caldwell, *Assistant Attorney Gen. for the Criminal Div.*, DOJ, Remarks at the 22nd Annual Ethics and Compliance Conference (1 October 2014). （"公司应将执行和监督合规计划的责任分配给高级管理人员……这些高管应有权直接向独立的监督机构报告，包括内部审计和董事会，并应拥有独立于管理层的自主权。"）

④ See, e.g., Lawrence E. Mitchell, *Structural Holes, CEOs, and Informational Monopolies: The Missing Link in Corporate Governance*, Brooklyn Law Review, Vol. 70: 1313, pp. 1351-1354, (2005) （描述了公司的"结构性漏洞"是如何鼓励欺诈行为的）

⑤ See U.S. Sentencing Guidelines Manual § 8 B2.1 (b) (5) (C) (U.S. Sentencing Comm'n 2015) （要求公司"建立并公布一个系统，其中可能包括允许匿名或保密的机制，使公司的雇员和代理人可以报告潜在或实际存在的犯罪行为或对此寻求指导，而不必担心遭到报复"）; accord DOJ & SEC. & EXCH. COMWN [SEC], A Resource Guide to the U.S. Foreign Corrupt Practices Act 57-62 (2012). （保密报告系统）Leslie R. Caldwell, *Assistant Attorney Gen. for the Criminal Div.*, DOJ, Remarks at the 22nd Annual Ethics and Compliance Conference (1 October 2014). （"公司应该有一个有效的系统，可以对违规行为进行保密性的内部报告。"）

机构都明确要求合规计划要有向首席执行官的报告渠道，通常还要向董事会报告。① 同样地，合规主管机构也一致强调培训。② 合规职能部门应就组织的政策和程序对员工进行培训，③ 并确保最高层的知情度和参与度。④

---

① U. S. Sentencing Guidelines Manual § 8 B21 (b) (2) (C) (U. S. Sentencing Comm'n 2015). ("负有业务责任的人员应定期向高层人员报告，并在适当情况下，向管理机构或管理机构的特定小组报告合规和道德计划的运行效果。为了履行这种业务责任，这些人员应获得足够的资源、适当的权力，并可直接与管理机构或管理机构的特定小组联系。") accord Basel Comm. on Banking Supervision, Bank for Int'l Settlements, *Compliance and the Compliance Function in Banks*, BIS (2005), http：//www. bis. org/publ/bcbs113. pdf, pp. 9-12（董事会参与）; Letter from Deborah P. Bailey, Deputy Dir. , Div. of Banking Supervision & Regulation, and Glenn E. Loney, Deputy Dir. , Div. of Consumer and Cmty. Affairs, to Officer in Charge of Supervision & Appropriate Supervisory & Examination Staff at each Fed. Reserve Bank & Certain Orgs. Supervised by Fed. Reserve, SR 08 - 8/CA 08 - 11 (16 October 2008), http：//www. federalreserve. gov/boarddocs/srletters/2008/sr0808. htm（全公司范围的参与）; Leslie R. Caldwell, *Assistant Attorney Gen. for the Criminal Div.*, DOJ, Remarks at the 22nd Annual Ethics and Compliance Conference (1 October 2014). (写到合规主管部门"应有权直接向独立监督机构报告，包括内部审计和董事会")

② See Leslie R. Caldwell, *Assistant Attorney Gen. for the Criminal Div.*, DOJ, Remarks at the 22nd Annual Ethics and Compliance Conference (1 October 2014). ("公司应实施旨在确保其合规准则能有效传达给所有董事、管理人员和员工的机制。这意味着反复沟通，频繁而有效的培训，以及在出现问题时提供指导的能力。")

③ See U. S. Sentencing Guidelines Manual § 8 B2.1 (b) (4) (U. S. Sentencing Comm'n 2015). (公司组织应采取合理的步骤，以切实可行的方式定期传达其标准和程序，以及合规和道德计划的其他方面……通过实施有效的培训计划，并以不同方式宣传有关每个人角色和责任的相关信息。") ; accord Volcker Rule, 17 C. F. R. § 75. 20 (b) (3) (2015). (明确责任和问责框架)

④ See U. S. Sentencing Guidelines Manual § 8 B2.1 (b) (2) (A) (U. S. Sentencing Comm'n 2015) ("组织的管理机构应了解合规与道德计划的内容和运作方式，并应对合规与道德计划的实施和有效性进行合理监督。") ; U. S. Sentencing Guidelines Manual § 8 B2. 1 (bX2) (B) (U. S. Sentencing Comm'n 2015) ("组织的高层人员应确保组织具有一个有效的合规和道德计划……高层人员中的特定个人应被指派对合规与道德计划负总责。") ; accord Leslie R. Caldwell, *Assistant Attorney Gen. for the Criminal Div.*, DOJ, Remarks at the 22nd Annual Ethics and Compliance Conference (1 October 2014). (强调"高层承诺"和"高层基调")

3. 监督和监控

合规的第三个基本职能是监督员工行为，以确保其遵守公司的政策和程序。① 监督从根本上讲是数据收集和分析。② 它可以通过对业务流程的随机合规审计，以及通过在指定的"控制室"实时进行的系统性业务监测来实现。③ 监控涉及对员工通信的监视。技术工具经常被用来进行数据筛选和风险甄别，④ 而这些工具的数据收集和数据处理能力只可能会提升而不会降低。⑤ 事实上，

---

① U. S. Sentencing Guidelines Manual § 8 B2.1 (b) (5) (A) (U. S. Sentencing Comm'n 2015). (要求采取合理步骤，"确保组织的合规和道德计划得到遵守，包括监控和审计以发现犯罪行为")

② U. S. Sentencing Guidelines Manual § 8 B2.1 (b) (5) (B) (U. S. Sentencing Comm'n 2015) (要求定期评估"组织的合规和道德计划的有效性"); accord Basel Comm. on Banking Supervision, Bank for Int'l Settlements, *Compliance and the Compliance Function in Banks*, BIS (2005), http：//www.bis.org/publ/bcbs113.pdf, p.8. (由内部审计定期审查) DOJ & SEC. & EXCH. COMWN [SEC], A Resource Guide to the U. S. Foreign Corrupt Practices Act 61–62 (2012). (通过"定期测试和审查"进行"持续改进") Leslie R. Caldwell, *Assistant Attorney Gen. for the Criminal Div.*, DOJ, Remarks at the 22nd Annual Ethics and Compliance Conference (1 October 2014). ("公司应定期对其合规准则进行审查和测试……合规计划必须随着法律、商业惯例、技术和文化的变化而发展。")

③ Compliance & Legal Div., Sec. Indus. Ass'n, *White Paper On the Role of Compliance*, SIFMA (2005), http：//www.sifma.org/uploadedfiles/societies/sifma_ compliance_ and_ legal_ society/role_ of_ compliance_ white_ paper%20 (2).pdf, p.5. ("合规部门的人员通常负责管理公司的'控制室'，除其他事项外，还管理业务部门之间的信息壁垒。例如，合规人员维护监视和受限列表，并在必要和适当的时候处理公司人员的越墙行为")

④ 例如，经纪公司可能会在受制裁的个人或组织名单中使用交易监控，或针对这些名单进行自动筛选。See, e.g., Bridger Insight XG, LexisNexis Risk Solution (15 April 2016), https：//risk.lexisnexis.com/products/bridger-insight-xg#bridger。(将软件产品宣传为"一个非常综合的合规平台")

⑤ Kenneth Bamberger, *Technologies of Compliance：Risk and Regulation in a Digital Age*, Texas Law Review, Vol.88：669, p.674, (2010). (描述了合规技术产品的市场是巨大且不断增长的)

合规官们已经报告说，他们捕获的数据可能比他们需要分析的还要多。① 因此，技术和合规的前沿包括采用"大数据"分析工具来监控公司。②

如果一个公司的监控工作发现了潜在的不当行为，很可能会进行内部调查。③ 员工必须接受审问，否则将面临解雇。④ 因此，内部调查将把公司监督工作中发现的问题封闭起来，其典型的结果是向政府提供重大不法行为的相关证据，以期能够减轻对公司的最终处罚。⑤

监管机构最近强调，监督和监控职能不仅适用于员工和公司内部的合规风

---

① See Stuart Breslow, Managing Dir. & Chief Compliance Officer, Morgan Stanley, & Alan Cohen, Exec. Vice President & Global Head of Compliance, Goldman Sachs Grps., Inc., Geoffrey Miller, Professor of Law, N.Y. Univ. Sch. of Law, Remarks at *Fordham Journal of Corporate & Financial Law Symposium*: *Changing Face of Corporate Compliance and Corporate Governance* (9 February 2015). （布雷斯洛指出，"我们的组织每天有 300 万次电子通讯，"科恩指出，"如果你从头到尾播放的话，我们每个月都在录制 10 年的声音。"）

② See Stuart Breslow, Managing Dir. & Chief Compliance Officer, Morgan Stanley, & Alan Cohen, Exec. Vice President & Global Head of Compliance, Goldman Sachs Grps., Inc., Geoffrey Miller, Professor of Law, N.Y. Univ. Sch. of Law, Remarks at *Fordham Journal of Corporate & Financial Law Symposium*: *Changing Face of Corporate Compliance and Corporate Governance* (9 February 2015). （布雷斯洛指出："在尝试使用大数据供应商方面，我们都在同一条船上……从组织内许多不同的数据源中收集大量信息。天啊，这太难了。"）

③ See Miriam H. Baer, *When the Corporation Investigates Itself*, in Jennifer H. Arlen ed., Research Handbook On Corporate Crime And Financial Misdealing, Edward Elgar Publishing Limited 2018, pp. 1-2. （总结了关于内部调查的文献，并分析了逃避侦查的问题）

④ 虽然潜在的不当行为可能是犯罪行为，而且结果很可能是被移交给政府，但接受公司内部调查的员工不会有米兰达警告，也不能主张第五修正案的保护。Bruce A. Green & Ellen S. Podgor, *Unregulated Internal Investigations*: *Achieving Fairness for Corporate Constituencies*, Boston College Law Review, Vol. 54: 73, p. 87, (2013); see also Miriam Hechler Baer, *Corporate Policing and Corporate Governance*: *What Can We Learn from Hewlett-Packard's Pretexting Scandal*?, University of Cincinnati Law Review, Vol. 77: 523, pp. 554-555, (2008)。（认为"警戒"和"治理"是不相容的，因为前者涉及欺骗，而后者宣扬透明）

⑤ See Leslie R. Caldwell, Assistant Attorney Gen. for the Criminal Div., DOJ, Remarks at the 22nd Annual Ethics and Compliance Conference (1 October 2014). （"公司应该建立一个有效的程序，有足够的资源来回应、调查和记录违规指控。"）

险来源，也适用于与公司签约的第三方。① 近几年来，至少在某些领域，第三方审查一直备受关注。例如，在腐败问题上，通过第三方来实施贿赂很容易规避相关规则，政府当局警告说，被监管的公司应该对第三方代理人进行广泛的尽职调查、培训和监督。② 在代理银行业务中也是如此。③ 在要求与目标公司有业务关系的第三方也采取有效合规时，④ 合规当局似乎是在表明，他们打算将合规的监督和监控职能扩展到公司边界以外。⑤

4. 风险等级评估

主管部门强调，合规职能要想有效，就必须执行这些规则。⑥ 此外，大多数机构还强调，内部执法工作应重点针对不合规风险最高的领域。为了实现这一点，公司必须定期进行合规风险等级评估，在评估中识别出突发风险，并与相关政策和控制流程相匹配，同时对剩余风险进行量化。合规的这一方面与公司的风险职能相重叠，可以将类似的流程应用于法律规则、监管标准和其他规范产生的相关风险。但它不仅仅是一个量化工作。合规风险评估具有战略性，

---

① See Leslie R. Caldwell, *Assistant Attorney Gen. for the Criminal Div.*, DOJ, Remarks at the 22nd Annual Ethics and Compliance Conference (1 October 2014). ("公司应制定与监督所有代理人和商业伙伴有关的合规要求。")

② DOJ & SEC. & EXCH. COMWN [SEC], A Resource Guide to the U.S. Foreign Corrupt Practices Act 60-61 (2012).

③ The Wolfsberg Group, *Wolfsberg Anti-Money Laundering Principles for Correspondent Banking*, Wolfsberg (2014), https://www.wolfsberg-principles.com/sites/default/files/wb/Wolfsberg-Correspondent-Banking-Principles-2014.pdf, pp. 1-2. (行业协会合规指南)

④ See Leslie R. Caldwell, *Assistant Attorney Gen. for the Criminal Div.*, DOJ, Remarks at the 22nd Annual Ethics and Compliance Conference (1 October 2014). ("我再怎么强调让第三方感到敏感的必要性也不为过。")

⑤ See Leslie R. Caldwell, *Assistant Attorney Gen. for the Criminal Div.*, DOJ, Remarks at the 22nd Annual Ethics and Compliance Conference (1 October 2014). ("这些合作伙伴需要明白，公司真的希望其合作伙伴能够合规。这通常意味着不仅仅是在合同中加入一个模板段落，让合作伙伴承诺遵守法律和公司政策。它还意味着警告，甚至会终止与那些行为不合规的合作伙伴的关系。")

⑥ See Leslie R. Caldwell, *Assistant Attorney Gen. for the Criminal Div.*, DOJ, Remarks at the 22nd Annual Ethics and Compliance Conference (1 October 2014). (强调公平执法，并指出："人们观察行为比观察他们所说的更仔细。当涉及到合规时，你必须既说又做。")

需要预先考虑和规划。定期风险评估也意味着定期修订。① 如果组织存在缺陷，公司就必须改革合规职能。② 因此，风险评估的实施又回到了政策和程序的设计中，同时还要确保合规职能的定期更新和持续的相关性。虽然有可能提炼出合规的共同核心，但这并不意味着所有公司都以同样的方式实施合规职能。事实上，这仍然存在着相当大的差异，特别是在不同行业的公司之间。这将是第一部分之（三）的主题。

（三）实践中的合规

在论述了合规的共同核心后，公司如何运作这一基本结构的问题仍然存在。这就是公司之间出现差异的地方，尤其是不同行业公司之间的差异。例如，某些行业的公司——最明显的是金融服务、制药和国防/航空航天——通常会被认为具有更发达的合规职能。③ 然而，在各个行业中，对合规进行一些投资是很常见的。④ 那么，合规在实践中是如何运作的？它涵盖了哪些问题？它是如何

---

① U. S. Sentencing Guidelines Manual § 8 B2. 1 cmt. n. 2 （U. S. Sentencing Comm'n 2015）. （"一个组织若未能纳入并遵循适用的行业惯例或政府法规所要求的标准，将不利于对有效的合规和道德计划的认定。"）

② U. S. Sentencing Guidelines Manual § 8 B2. 1 （b） （7） （U. S. Sentencing Comm'n 2015）. （"在发现犯罪行为后，该组织应采取合理的步骤，对犯罪行为作出适当的反应，并进一步预防类似的犯罪行为，包括对组织的合规和道德计划进行任何必要的修改"）

③ See Stuart Breslow, Managing Dir. & Chief Compliance Officer, Morgan Stanley, & Alan Cohen, Exec. Vice President & Global Head of Compliance, Goldman Sachs Grps. , Inc. , Geoffrey Miller, Professor of Law, N. Y. Univ. Sch. of Law, Remarks at *Fordham Journal of Corporate & Financial Law Symposium*: *Changing Face of Corporate Compliance and Corporate Governance* （9 February 2015）. （"金融服务业在合规方面远比其他任何行业都要成熟。除了制药业和一些航空业。"）虽然不在本文的讨论范围内，但合规的发展与这些行业的监管和执法模式有关。由于政府对恐怖主义融资的关注，以及应对金融危机的需要，金融服务的合规程度有所扩大。药品的合规主要涉及与药品营销有关的消费者保护问题，以及通过医疗保险/医疗补助与政府签订的合同。同样，国防/航空航天也与政府采购的要求有关。Compliance, *Aerospace Indus. Ass'n*, Aia-areospace （15 April 2016）, http：//www. aia-aerospace. org/industry_ issues/compliance/。

④ 此外，经历执法活动增加的行业可能也会看到合规方面的新发展。See, e. g. , Jesse Newman, *Criminal Cases Roil Food Industry*, WALL ST. J. （20 May 2015）, http：//www. wsj. com/articles/more-food-safety-lapses-prosecuted-as-crimes-1432165360。（报道了对食品行业公司的刑事调查和起诉越来越受到重视，以及该行业公司"加强食品安全的努力"）

组织的？它拥有多大的权力？

不幸的是，这些问题的答案依赖于非公开信息。公司不需要在其公开的文件中报告有关合规的信息。① 相反，对合规实际实施情况的最佳见解，必须从合规内部人员在采访和调查中给出的答案里收集。尽管这些信息来源与公司本身的系统性报告相差甚远，但它们仍能让外部人士一瞥当前的合规情况。②

1. 范围和组织

从调查来看，当代合规职能的任务远远超出了狭义上的确保遵守法律。在被问及最关注的领域时，合规官们提到了法律和监管风险，如"特定行业法规""贿赂/腐败""利益冲突"和"欺诈"，但他们也列出了几个其他领域，包括"战略风险""监管质量""业务连续性"和"消费者保护"。③ 合规范围的广度也可以从合规部门所维护的书面公司政策的各种主题中看出。例如，在最近的一项调查中，受访者列出了 25 个这样的主题，从"骚扰、歧视和利益冲突"这样的核心法律和监管问题，到最近关注的领域，包括"数据隐私""信息安全"和"社交媒体"。④ 事实上，合规倾向于将当前危机中出现的风险纳入其中。例如，在几起备受瞩目的企业数据泄露事件之后，"数据隐私和保密性"

---

① 详见下文第四部分之（二）（提倡公开披露合规细节）。

② 调查反馈可能不具有代表性。此外，接受调查的咨询公司也可能犯有过分强调合规重要性的错误，以便说服公司升级其合规部门，并推销其咨询服务，这并非巧合。

③ Deloitte & Compliance Week, *In Focus*: 2014 *Compliance Trends Survey*, Deloitte (14 May 2014), http://www2.deloitte.com/content/dam/Deloitte/us/Documents/risk/us_aers_dcrs_deloitte_compliance_week_compliance_survey_2014_05142014.pdf, p. 11. （注意到最常见的五个 CCO 职责是"合规培训""行为准则""举报人计划""遵守国内法规"和"合规战略与流程"，而最不常见的五个 CCO 职责是"监管备案""监管关系管理""档案管理""文化评估"和"业务连续性"）see also See Pricewaterhousecoopers, *State of Compliance* 2014 *Survey*: *What it Means to be a "Chief" Compliance Officer*: *Today's Challenges, Tomorrow's Opportunities*, PWC, http://www.pwc.com/us/en/risk-management/state-of-compliance-survey/assets/pwc-state-of-compliance-2014-survey.pdf, p. 4.

④ Soc'y of Corp. Compliance & Ethics & Nyse Governance Servs., *Compliance And Ethics Program Environment Report*, 2014, p. 42（以下简称 SCCE & NYSE REPORT）; see also See Pricewaterhousecoopers, *State of Compliance* 2014 *Survey*: *What it Means to be a "Chief" Compliance Officer*: *Today's Challenges, Tomorrow's Opportunities*, PWC, http://www.pwc.com/us/en/risk-management/state-of-compliance-survey/assets/pwc-state-of-compliance-2014-survey.pdf, p. 21.（强调社交媒体是合规范围内的一个领域）

被纳入合规的首要关注领域中。① 合规职能的反应特性突出了其作为下行风险部门的作用。

在组织方面，合规工作一直在向"部门化"稳步迈进。② 这一进程的高潮是建立一个完全独立于法务部门的合规部门，由首席合规官（CCO）领导，直接向首席执行官（CEO）报告，并与董事会或董事会的某个委员会保持定期联系。③ 最近的调查发现，绝大多数的公司都有首席合规官。④ 然而，首席合规官并不总是一个独立的职位，主要负责合规的高级职员也可能在法律或审计部门发挥

---

① See Pricewaterhousecoopers, *State of Compliance* 2014 *Survey*: *What it Means to be a* "*Chief*" *Compliance Officer*: *Today's Challenges*, *Tomorrow's Opportunities*, PWC, http://www.pwc.com/us/en/risk-management/state-of-compliance-survey/assets/pwc-state-of-compliance-2014-survey.pdf, p. 4. 最近引人注目的例子包括2013年12月塔吉特百货（Target）数据泄露事件和2014年12月摩根士丹利（Morgan Stanley）数据泄露事件。See Justin Baer, *U. S. Shifts Focus of Morgan Stanley Breach Probe*, WALL ST. J. (18 February 2015), http://www.wsj.com/articles/u-s-shifts-focus-of-morgan-stanley-breach-probe-1424305501. （描述了2014年12月摩根士丹利的客户信息遭到泄露）*Data Breach FAQ*, TARGET (15 April 2016), https://corporate.target.com/about/shopping-experience/payment-card-issue-faq。（向受塔吉特数据泄露影响的客人答问）

② See Michele DeStefano, *Creating a Culture of Compliance*: *Why Departmentalization May Not Be the Answer*, Hastings Business Law Journal, Vol. 10: 71, pp. 103-104, (2014). ["最近，（政府当局）强迫企业……建立一个独立的合规部门，并指定一位首席合规官，不向总法律顾问汇报，而是直接向首席执行官汇报，并可以直接与董事会联系。其他公司……也纷纷效仿"]

③ See, e. g., Pricewaterhousecoopers, *State of Compliance* 2014 *Survey*: *What it Means to be a* "*Chief*" *Compliance Officer*: *Today's Challenges*, *Tomorrow's Opportunities*, PWC, http://www.pwc.com/us/en/risk-management/state-of-compliance-survey/assets/pwc-state-of-compliance-2014-survey.pdf, p. 8. （提倡这种结构，声称"所有公司，无论规模大小或何种行业，都可以通过任命首席合规官而受益"，并指出受到政府调查的公司"往往发现自己后来需要建立和维持首席合规官的职能"）相反的观点是 see generally Vikramaditya Khanna, *An Analysis of Internal Governance and the Role of the General Counsel in Reducing Corporate Crime*, in in Jennifer H. Arlen ed., Research Handbook On Corporate Crime And Financial Misdealing, Edward Elgar Publishing Limited 2018. （总结文献，并认为将合规与法律分开可能会导致更低效的合规，因为它削弱了公司内部的信息流，并导致成本高昂的重复工作）

④ See Pricewaterhousecoopers, *State of Compliance* 2014 *Survey*: *What it Means to be a* "*Chief*" *Compliance Officer*: *Today's Challenges*, *Tomorrow's Opportunities*, PWC, http://www.pwc.com/us/en/risk-management/state-of-compliance-survey/assets/pwc-state-of-compliance-2014-survey.pdf, pp. 7-8. （尽管调查的受访者中69%的公司有CCO，但是大公司占88%，监管更严格的行业占86%）

作用。① 此外，尽管合规职能部门通常向首席执行官报告，但许多公司仍有合规官向法律部门或组织内的其他部门报告。② 尽管如此，合规官通常可以接触到董事会或董事会的某个委员会，并与之保持定期联系。③

2. 预算和员工

从预算和人员配置的角度看合规职能，可以看出各行业的合规预算变化情况。④ 尽管数据因公司规模的不同而有很大差异，但跨国公司和受管制行业的

---

① See Deloitte & Compliance Week, *In Focus*: 2014 *Compliance Trends Survey*, Deloitte (14 May 2014), http://www2.deloitte.com/content/dam/Deloitte/us/Documents/risk/us_aers_dcrs_deloitte_compliance_week_compliance_survey_2014_05142014.pdf, p. 5（发现50%的受访者有独立的CCO）; Pricewaterhousecoopers, *State of Compliance* 2014 *Survey*: *What it Means to be a "Chief" Compliance Officer*: *Today's Challenges, Tomorrow's Opportunities*, PWC, http://www.pwc.com/us/en/risk-management/state-of-compliance-survey/assets/pwc-state-of-compliance-2014-survey.pdf, p. 10.（报告说，54%的受访者表示CCO"身兼数职"）accord See Michele DeStefano, *Creating a Culture of Compliance*: *Why Departmentalization May Not Be the Answer*, Hastings Business Law Journal, Vol. 10: 71, p. 100, (2014).（总结研究结果，发现"总法律顾问同时担任首席合规官以及首席合规官向总法律顾问报告的公司数量似乎正在减少"）

② Pricewaterhousecoopers, *State of Compliance* 2014 *Survey*: *What it Means to be a "Chief" Compliance Officer*: *Today's Challenges, Tomorrow's Opportunities*, PWC, http://www.pwc.com/us/en/risk-management/state-of-compliance-survey/assets/pwc-state-of-compliance-2014-survey.pdf, p. 9（调查发现，34%的受访者向首席执行官报告，27%向法律部门报告，17%向董事会报告，8%向首席财务官报告，6%向首席风险官报告）; Soc'y of Corp. Compliance & Ethics & Nyse Governance Servs., *Compliance and Ethics Program Environment Report*, 2014, p. 11.（调查发现，38%的受访者向CEO报告，20%的人向其他高管或实体报告，19%的人向董事会报告，18%的人向首席法务官报告）

③ Soc'y of Corp. Compliance & Ethics & Nyse Governance Servs., *Compliance and Ethics Program Environment Report*, 2014, p. 12.（发现79%的首席合规官都向董事会汇报工作）; Soc'y of Corp. Compliance & Ethics & Nyse Governance Servs., *Compliance and Ethics Program Environment Report*, 2014, p. 6.（记载了与董事会联系的规律性）

④ Pricewaterhousecoopers, *State of Compliance* 2014 *Survey*: *What it Means to be a "Chief" Compliance Officer*: *Today's Challenges, Tomorrow's Opportunities*, PWC, http://www.pwc.com/us/en/risk-management/state-of-compliance-survey/assets/pwc-state-of-compliance-2014-survey.pdf, p. 14.

公司的平均合规预算都在数百万美元以上。① 此外,在 2014 年的一项调查中,大多数受访者表示,高度管制行业公司的合规预算正在增加,而较少管制行业的合规预算在增加或保持不变。② 只有很少的受访者报告合规预算减少。③ 2014 年的调查受访者们大多表示,至少有 6 名全职员工在从事合规工作。④ 同样,这些数字因行业和规模的不同而有很大差异,大公司会拥有更多的全职合规员工。⑤

3. 行业差异

正如预算和人员统计数据所显示的那样,将各种公司规模和行业类别的数据汇总起来,可能会掩盖它所揭示的信息。因此,基于各行各业的合规发展进行逐个审查可能会有助于分析。例如,对金融服务行业的一项调查显示,93%的此类公司都有一名首席合规官(CCO),其中绝大多数高级职员(73%)都

---

① Deloitte & Compliance Week, *In Focus: 2014 Compliance Trends Survey*, Deloitte (14 May 2014), http://www2.deloitte.com/content/dam/Deloitte/us/Documents/risk/us_aers_dcrs_deloitte_compliance_week_compliance_survey_2014_05142014.pdf, p. 9. (报告称,在所有知道合规预算的受访者中,有一半的人表示至少有 100 万美元) Ponemon Inst., *The True Cost of Compliance: A Benchmark Study of Multinational Organizations* (2011) (报告样本中跨国公司的平均合规预算超过 350 万美元); Pricewaterhousecoopers, *State of Compliance 2014 Survey: What it Means to be a "Chief" Compliance Officer: Today's Challenges, Tomorrow's Opportunities*, PWC, http://www.pwc.com/us/en/risk-management/state-of-compliance-survey/assets/pwc-state-of-compliance-2014-survey.pdf, p. 15. (记载到"在受到严格监管的行业中,42%的受访者的预算至少为 100 万美元")

② Pricewaterhousecoopers, *State of Compliance 2014 Survey: What it Means to be a "Chief" Compliance Officer: Today's Challenges, Tomorrow's Opportunities*, PWC, http://www.pwc.com/us/en/risk-management/state-of-compliance-survey/assets/pwc-state-of-compliance-2014-survey.pdf, p. 14.

③ Pricewaterhousecoopers, *State of Compliance 2014 Survey: What it Means to be a "Chief" Compliance Officer: Today's Challenges, Tomorrow's Opportunities*, PWC, http://www.pwc.com/us/en/risk-management/state-of-compliance-survey/assets/pwc-state-of-compliance-2014-survey.pdf, p. 14.

④ Deloitte & Compliance Week, *In Focus: 2014 Compliance Trends Survey*, Deloitte (14 May 2014), http://www2.deloitte.com/content/dam/Deloitte/us/Documents/risk/us_aers_dcrs_deloitte_compliance_week_compliance_survey_2014_05142014.pdf, p. 9.

⑤ See Soc'y of Corp. Compliance & Ethics & Nyse Governance Servs., *Compliance and Ethics Program Environment Report*, 2014, p. 26.

只负责合规工作。① 金融服务公司的合规预算往往越来越多,并主要集中在对特定行业的监管上。② 同样,在制药业的受访者中,绝大多数表示有专门的首席合规官(84%),担任独立的职务(62%),其中大多数直接向首席执行官报告(52%)。③ 制药公司也报告了预算的增加,并将他们的主要合规问题列为贿赂和腐败。④ 相比之下,尽管大多数制造业和零售业的受访者报告说有一名首席合规官,但他们中的绝大多数人都身兼数职。⑤ 制造业和零售业的受访者表示,他们的人员编制和预算持平,并分别将"贿赂/腐败"和"隐私和保密"列为他们最关注的合规问题。⑥

不同行业在合规方面的差异通常被视为是行业之间合规"成熟度"的差异

---

① Pricewaterhousecoopers, *State of Compliance 2014*: *Financial Services Industry Brief*, PWC (2014), https://www.pwc.com/us/en/risk-management/state-of-compliance-survey/assets/pwc-soc-financial-services.pdf, p. 3.

② Pricewaterhousecoopers, *State of Compliance 2014*: *Financial Services Industry Brief*, PWC (2014), https://www.pwc.com/us/en/risk-management/state-of-compliance-survey/assets/pwc-soc-financial-services.pdf, p. 5, 9.

③ Pricewaterhousecoopers, *State of Compliance 2014*: *Pharmaceutical and Life Sciences Industry Brief*, PWC (2014), https://www.pwc.com/us/en/risk-management/state-of-compliance-survey/assets/pwc-soc-pharma-and-life-sciences.pdf, pp. 6-8.

④ Pricewaterhousecoopers, *State of Compliance 2014*: *Pharmaceutical and Life Sciences Industry Brief*, PWC (2014), https://www.pwc.com/us/en/risk-management/state-of-compliance-survey/assets/pwc-soc-pharma-and-life-sciences.pdf, pp. 14-16.

⑤ Pricewaterhousecoopers, *State of Compliance 2014*: *Manufacturing Industry Brief*, PWC (2014), http://www.pwc.com/us/en/risk-management/state-of-compliance-survey/assets/pwc-soc-manufacturing.pdf, pp. 7-8. (以下简称 Manufacturing Brief)(报告称,60%的制造业受访者有 CCO,但其中 69%的人身兼多职); Pricewaterhousecoopers, *State of Compliance 2014*: *Retail and Consumer Industry Brief*, PWC (2014), http://www.pwc.com/us/en/risk-management/state-of-compliance-survey/assets/pwc-soc-retail-and-consumer.pdf, pp. 6-7. (以下简称 Retail and Consumer Brief). (报告称,在零售和消费行业中,48%的受访者有 CCO,其中 70%的人身兼多职)

⑥ Pricewaterhousecoopers, *State of Compliance 2014*: *Manufacturing Industry Brief*, PWC (2014), http://www.pwc.com/us/en/risk-management/state-of-compliance-survey/assets/pwc-soc-manufacturing.pdf, pp. 15-17, pp. 14-15.

问题,① 一些行业被认为在"合规成熟度曲线"上走得更远。② 这样的评论揭示了一种渐进式的合规观点,即未来在于更加广泛(和昂贵)的合规结构。③ 至少有一些证据表明,合规已经朝着这个方向发展了。例如,当沃尔玛因向外国官员行贿而受到联邦当局调查时,它设计了一个类似于金融机构的广泛的合规架构。④ 在这样做的时候,沃尔玛可能将银行业的合规结构视为黄金标准,因此它是避免未来困境的最佳方式。或者说,它可能是被持有这种观点的执法机构推动着采用这种架构。不管它的来源是什么,更广泛——也更昂贵的合规结构的趋同支持了那些将跨行业差异视为"成熟度"差异的人的观点。这种形式的趋同是否有意义,将在下文中进行探讨。

---

① See Stuart Breslow, Managing Dir. & Chief Compliance Officer, Morgan Stanley, & Alan Cohen, Exec. Vice President & Global Head of Compliance, Goldman Sachs Grps., Inc., Geoffrey Miller, Professor of Law, N. Y. Univ. Sch. of Law, Remarks at *Fordham Journal of Corporate & Financial Law Symposium*: *Changing Face of Corporate Compliance and Corporate Governance* (9 February 2015). ("金融服务业在合规方面远比其他任何行业都要成熟。除了制药业和一些航空业。")虽然不在本文的讨论范围内,但合规的发展与这些行业的监管和执法模式有关。由于政府对恐怖主义融资的关注,以及应对金融危机的需要,金融服务的合规程度有所扩大。药品的合规主要涉及与药品营销有关的消费者保护问题,以及通过医疗保险/医疗补助与政府签订的合同。同样,国防/航空航天也与政府采购的要求有关。Compliance, *Aerospace Indus. Ass'n*, Aia-areospace (15 April 2016), http://www.aia-aerospace.org/industry_issues/compliance/.

② Pricewaterhousecoopers, *State of Compliance* 2014 *Survey*: *What it Means to be a "Chief" Compliance Officer*: *Today's Challenges, Tomorrow's Opportunities*, PWC, http://www.pwc.com/us/en/risk-management/state-of-compliance-survey/assets/pwc-state-of-compliance-2014-survey.pdf, p. 10; see also Economist Intelligence Unit, *The Economist*, *Ascending The Maturing Curve*: *Effective Management of Enterprise Risk and Compliance*, 2011, p. 1. (报告结果显示了各行业合规"成熟度"的不同)

③ See Ronald E. Berenbeim, *Universal Conduct*: *An Ethics and Compliance Benchmarking Survey*, 2006, p. 5.

④ 与金融机构的合规一样,沃尔玛新的合规结构也是分等级的,并围绕总部的首席合规官进行集中管理。职责也按地区和风险划分,并分配给单独的合规经理,就像一家全球银行可能有一个首席合规官,但也按地区划分风险,并为反洗钱、贿赂与腐败、制裁和产品风险聘请单独的合规经理。See *Global Compliance Program Report on Fiscal Year 2014*, WAL-MART (15 April 2016), http://corporate.walmart.com/global-responsibility/global-compliance-program-report-on-fiscal-year-2014。

4. 衡量标准和有效性

尽管做出了上述这些努力，但仍然很难证明合规职能的有效性。① 政府没有进行干预并不能证明合规计划的有效性。② 因此，公司试图制定有效合规的衡量标准。为了评估其有效性，合规部门开始分析内部审计结果，跟踪热线电话，监控培训完成率，审查内部调查的处理情况，进行自我评估，调查员工，与同行公司进行比较，聘请外部专业人士来审查合规职能，并跟踪监管审查的表现。③ 然而，在一项研究中，只有52%的受访首席合规官表示，他们"有信心"或"非常有信心"说他们的组织所使用的衡量标准能让他们真正了解合规职能的有效性。④ 衡量标准往往是向后看而不是向前看的。⑤ 此外，许多合规衡量标准追踪的是"活动"而不是"影响"，从而表明合规可能很忙，但不一定有效。⑥ 因

---

① See Thomas C. Baxter, *Keynote Address*: *The Changing Face of Corporate Compliance and Corporate Governance*, Fordham Journal of Corporate & Financial Law, Vol. 21: 61, p. 65, (2016). （"我们只是没有一个工具可以提供一个准确并可靠的衡量有效性的标准。"）

② See Economist Intelligence Unit, *The Economist*, *Ascending the Maturing Curve*: *Effective Management of Enterprise Risk and Compliance*, 2011, p. 4. （报告说，大多数受访者认为他们的合规职能高于平均水平，直到他们遭遇失败）

③ Deloitte & Compliance Week, *In Focus*: 2014 *Compliance Trends Survey*, Deloitte (14 May 2014), http://www2.deloitte.com/content/dam/Deloitte/us/Documents/risk/us_ aers_ dcrs_ deloitte_ compliance_ week_ compliance_ survey_ 2014_ 05142014. pdf, p. 13.

④ Deloitte & Compliance Week, *In Focus*: 2014 *Compliance Trends Survey*, Deloitte (14 May 2014), http://www2.deloitte.com/content/dam/Deloitte/us/Documents/risk/us_ aers_ dcrs_ deloitte_ compliance_ week_ compliance_ survey_ 2014_ 05142014. pdf, p. 12.

⑤ 例如，尽管金融服务行业的首席合规官非常关注合规审计和风险评估，这两者都具有前瞻性，但其他行业的首席合规官报告说，他们主要是跟踪合规培训的完成率。Compare Pricewaterhousecoopers, *State of Compliance* 2014 *Survey*: *What it Means to be a "Chief" Compliance Officer*: *Today's Challenges, Tomorrow's Opportunities*, PWC, http://www.pwc.com/us/en/risk-management/state-of-compliance-survey/assets/pwc-state-of-compliance-2014-survey.pdf, p. 16, with Soc'y of Corp. Compliance & Ethics & Nyse Governance Servs., *Compliance and Ethics Program Environment Report*, 2014, pp. 93-94。

⑥ See Pricewaterhousecoopers, *State of Compliance* 2014 *Survey*: *What it Means to be a "Chief" Compliance Officer*: *Today's Challenges, Tomorrow's Opportunities*, PWC, http://www.pwc.com/us/en/risk-management/state-of-compliance-survey/assets/pwc-state-of-compliance-2014-survey.pdf, p. 16. （用下面的例子来说明这个问题："许多组织在其计划评估中使用培训完成率和热线指标。这些统计数据是有用的，但其他措施可能会更好地帮助管理层了解组织面临的风险是多还是少。"）

此，首席合规官们坦率地承认，尽管他们有衡量标准，但他们不知道他们的计划是否有效。① 用一家大型金融机构首席合规官的话说：

> 我们确实有评估监督和监测效果的衡量标准，但最终它是否是一个有效的合规计划？我们还没有搞清楚。我们确实知道我们有一个规模庞大的计划。我们只是不知道它是否有效。我们确实知道，就《联邦量刑指南》而言，我们有一个符合所有条件的计划。已经有独立的律师事务所来验证了这一点。我们确实知道我们的规模与其他公司相比如何……但是就……对组织的影响而言……我们不知道。②

换句话说，这些衡量标准并没有回答有效性这个关键问题。

二、公司治理

公司治理是指导和控制公司的一套机制。学术界③和管理当局④对这一定义有着广泛的共识。从这个定义来看，合规和治理之间的重叠是很明显的：合规

---

① See Geoffrey Miller, Professor of Law, N. Y. Univ. Sch. of Law, Remarks at *Fordham Journal of Corporate & Financial Law Symposium*: *Changing Face of Corporate Compliance and Corporate Governance* (9 February 2015). （主要金融机构的首席合规官这样描述其合规计划："我们拥有所有核心要素，甚至更多……但在预防和监测公司行为的工作中，对于从事违反规则或造成声誉损害或以其他方式造成不良影响的行为，我认为只有结果才能告诉我们这一点。"）

② See Geoffrey Miller, Professor of Law, N. Y. Univ. Sch. of Law, Remarks at *Fordham Journal of Corporate & Financial Law Symposium*: *Changing Face of Corporate Compliance and Corporate Governance* (9 February 2015). （另一个主要金融机构的首席合规官）

③ See, e. g., Stephen M. Bainbridge, *Corporate Governance After the Financial Crisis*, 2012, p. 2. （"广义的公司治理，包括制度结构、法律规则和最佳实践，它们决定了公司内部哪个机构有权做出特定决策，该机构的成员是如何选择的，以及指导决策的规范。"）; Margret M. Blair, *Ownership and Control*: *Rethinking Corporate Governance for the Twenty-First Century*, Brookings Institution Press, 1995, p. 3. （将公司治理定义为"一整套法律、文化和制度安排，这些安排决定了上市公司能做什么，谁控制它们，如何行使这种控制权，以及如何分配它们所从事活动的风险和回报"）; Geoffreyp. Miller, *The Law of Governance, Risk Management, and Compliance*, Wolters Kluwer Law and Business, 2014, p. 2. （写到治理"与一个组织内的控制结构有关"）

④ See Adrian Cadbury, *Report of the Committee on the Financial Aspects of Corporate Governance*, 1992, p. 4. （"公司治理是指导和控制公司的制度。"）

和治理都主张对内部机制的控制。① 这种重叠并不是完全重合。例如，合规对如何设计或改进产品或如何为运营提供资金等问题没有要求。然而，基本的合规机制——如政策和程序的设计、监控和执行——都会反馈到公司的基本业务运作中，以至于合规在某种程度上类似于"一般的公司治理活动"，② 一些公司认识到这种重叠后，已经合并了他们的治理、风险和控制职能。③

当然，重叠并不一定意味着冲突。如果合规和治理的目标完全一致，它们可以被视为是实现同一目标的互补手段。然而，事实并非如此。合规和治理来源不同，服务于不同的利益。无论是董事会、州公司法，还是联邦证券法，合规均不能参照传统的治理权力来进行解释。相反，合规是自成一体的。合规远没有被治理所取代，说它取代了传统的公司治理模式才更接近事实。

（一）董事会与合规

董事会是公司内生的基本治理机制，是公司内部管理权力的来源。④董事会

---

① 学者们一方面将合规定义为用于使组织行为符合相关规范的内部程序，另一方面将治理定义为指导和控制企业的机制。将合规定义为"一个组织试图确保员工和其他成员遵守适用规范的过程——这可以包括法律、法规的要求或组织的内部规则"；将合规定义为"其组织的行为与所宣称的价值观之间的一致性"；由于本文的目标是分析跨行业的合规性发展情况，这里避免了对特定行业合规性监管进行细节的探讨。这种选择的一个原因是，本文关注的是最大的跨行业合规风险，如欺诈和腐败；然而，合规官们经常将特定行业的法规作为他们的核心合规问题。公司治理是指导和控制公司的制度。

② Miriam Hechler Baer, *Governing Corporate Compliance*, Boston College Law Review, Vol. 50：949, pp. 951-952, (2009).

③ See Economist Intelligence Unit, *The Economist*, *Governance*, *Risk And Compliance in Financial Services*, EIU (2008), http：//www.eiu.com/report_dl.asp?mode=fi&fi=1083557493.PDF (提倡整合治理、风险和合规职能)；KPMG, *The Convergence Evolution*：*Global Survey into the Integration of Governance*, *Risk and Compliance*, KPMG (2012), https：//www.kpmg.com/NO/NB/Nyheter-Innsikt/artikler-og-publikasjoner/rapporter/Rapporter-2013/Documents/The-Convergence-Evolution.pdf.

④ See, e.g., Oliver E. Williamson, *The Economic Institution of Capitalism*, 1985, p. 306. ("因此，董事会是内生的，作为一种手段来保护那些面临被征用等重大风险的人的投资。")；Eugene F. Fama & Michael C. Jensen, *Separation of Ownership and Control*, Journal of Law and Economics, Vol. 26：301, p. 311, (1983) (将董事会描述为一个基本的决策控制系统)；see also DEL. CODE ANN. tit. 8, § 141 (a) (2015).

可以将这种权力下放,公司管理层的权力来自董事会的授权。① 然而,董事会保留了对公司的主要权力,有权随意改变公司的治理,只受章程和规章制度的约束。② 相比之下,合规并不是来自董事会的授权,也不是像其他管理结构那样完全从属于董事会。相反,合规是由董事会权力以外的外源性因素引起的。

从某种意义上说,合规明显受制于董事会的权威(authority)。首席合规官要向董事会报告,而不是董事会向合规官报告,同时,董事会委员会还要监督合规人员的配置和预算。然而,从更深的意义上来说,权威意味着做出决定的权力。因此,对于董事会来说,合规权威的问题最终会转化为董事会是否有权决定不实施合规职能的问题。如果是这样,那么董事会就保留了对合规的完全优先权,合规就可以被视为是董事会权力的简单授权。但是,如果董事会必须建立合规职能,那么合规的发展实际上已经取代了董事会的一些权力。

在某些行业,答案很简单。董事会必须设立一个合规职能部门,而且必须符合监管要求。例如,根据美联储的规定,银行必须具备合规职能。③ 同样地,证券法也要求投资顾问要保持合规职能。④ 在这些行业中,由于董事会实际上无法决定是否设立合规部门,因此,在合规职能的机构内部治理事项上,看到

---

① See, e.g., DEL. CODE ANN. tit. 8, § 141 (c).

② See, e.g., Stephen M. Bainbridge, *Director Primacy: The Means and Ends of Corporate Governance*, Northwestern University Law Review, Vol. 97: 547, pp. 559-560, (2003).

③ Letter from Deborah P. Bailey, Deputy Dir., Div. of Banking Supervision & Regulation, and Glenn E. Loney, Deputy Dir., Div. of Consumer and Cmty. Affairs, to Officer in Charge of Supervision & Appropriate Supervisory & Examination Staff at each Fed. Reserve Bank & Certain Orgs. Supervised by Fed. Reserve, SR 08-8/CA 08-11 (16 October 2008), http://www.federalreserve.gov/boarddocs/srletters/2008/sr0808.htm.

④ Dodd-Frank Wall Street Reform and Consumer Protection Act, Pub. L. No. 111-203, 124 Stat. 1376 (2010) [要求管理大量资产的投资顾问在美国证券交易委员会(SEC)注册并保持合规] 该法案还在SEC内部设立了合规检查办公室(Office of Compliance Inspections and Examinations) 以执行这一要求。See Office of Compliance Inspections and Examinations, SEC (15 April 2016), http://www.sec.gov/ocie。

董事会已经在一定程度上丧失了一些权威。①

在监管机构没有正式要求合规的行业中，联邦政府仍然通过《指南》和执法策略来强制执行合规义务。② 在某些情况下，这实际上是一种强制。如前所述，检察官经常要求签订延期起诉协议（DPA）和不起诉协议（NPA）的公司设置完善的合规计划。③ 在这种情况下，政府直接进行干预，迫使公司实行合规。在其他情况下，政府创造了强大的激励机制，以至于它们能够有效地按照授权运作。如上所述，政府在正式和非正式的声明中阐述了其对合规的愿景，然后通过执法和和解实践对这一愿景做出了可信的承诺。④ 公司密切关注这些信号，并经常采用其同行的做法，以避免落后于行业标准。⑤ 因此，尽管没有正式的授权，但没有合规计划，甚至是"无效"的计划的后果更严重，严重到可以有效地强制执行合规职能。没有公司可以说不。⑥ 通过这种方式，政府对美国公司施加了事实上的合规要求。

这种强制是以牺牲董事会的权威为代价。它不仅被强迫要做某事，还要以特定的方式去做——以便政府认为它是"有效的"——表明了其明显缺乏权威。董事会并没有将权威下放给合规部门，他们让出了权威。尽管董事会具有管理公司内部事务的传统权威，但合规的最终权威来源并不是董事会，而是来自政府。

---

① See John Carney, *Big-Bank Board Game Puts Shareholders in Second Place*, WALL ST. J. (5 April 2015), http：//www.wsj.com/articles/big-bank-board-game-puts-shareholders-in-second-place-heard-on-the-street-1428255363. （描述了监管对董事会权威的侵犯）；Susanne Craig, *At Banks*, *Board Pay Soars Amid Cutbacks*, N. Y. TIMES: DEALBOOK (31 March 2013), http：//dealbook.nytimes.com/2013/03/31/pay-for-boards-at-bankssoras-mid-cutbacks. （描述了监管对董事会权威的侵犯）董事会对这一职能的设计和运作保留了一些权威，但即便如此，董事会在行使这一权威时也并非完全自由。

② 详见第一部分之（一）。

③ 参见第212页脚注7-8，第213页脚注1-9，第214页脚注1。

④ 参见第214页脚注2-4，第215页脚注1-4。

⑤ 在合规失败的情况下，政府调查人员通常会将该组织的合规计划与类似的组织（在规模、复杂性、行业、地理覆盖范围等方面）进行比较。那些与同行不具可比性的公司可能会受到更严厉的处罚。

⑥ 但是，正如所指出的，不同行业对这一规定的执行在程度上有很大差异。参见第一部分之（三），3。

(二) 治理权力来源与合规

合规的外源性并没有使它完全独一无二。毕竟，公司治理也不完全是内生的，① 公司也存在于法律规定的治理框架内。外生性的公司治理的传统渊源是州公司法和联邦证券法。② 只要合规的推动力来自这些治理权威，它就仍然适合传统说法，即以公司与特拉华州和证券交易委员会之间的关系为重点。接下来的内容对这些传统的治理权力来源进行了研究，发现每个权力来源都缺乏对当代合规职能发展的解释。

1. 州公司法

州公司法规定了公司董事会对股东的职责。③ 这种关系在某些方面被定义得非常详细——例如，收购竞争中④的董事会责任以及股东签署的委托书中⑤补充披露的增量价值。然而，州公司法在合规方面却没有规定，或者说几乎没有规定。

---

① See D. Daniel Sokol, *Competition Policy and Comparative Corporate Governance of State-Owned Enterprises*, Brigham Young University Law Review, Vol. 2009: 1713, pp. 1717–1718, (2009). （讨论公司治理理论的外生性和内生性差异）

② 证券交易所也是治理权威的来源之一。See Paul G. Mahoney, *The Exchange as Regulator*, Virginia Law Review, Vol. 83: 1453, p. 1455, (1997). 然而，交易所日益成为政府行使监管权力的一种方式。See William A. Birdthistle & M. Todd Henderson, *Becoming a Fifth Branch*, Cornell Law Review, Vol. 99: 1, p. 5, (2013). （认为交易所作为自我监管的组织，正在成为政府的"第五部门"）Robert B. Thompson, *Corporate Federalism in the Administrative State: The SEC's Discretion to Move the Line Between the State and Federal Realms of Corporate Governance*, Notre Dame Law Review, Vol. 82: 1143, p. 1177, (2007). （讨论了通过交易所采取行动，美国证券交易委员会可以"将其影响力进一步扩大到传统地州法律保留的领域，而不是寻求直接通过联邦条例颁布同样的实质性规则"）因此，为了简洁起见，本报告中不包括这些内容。

③ 本部分将主要关注特拉华州的法律，该州的法律经常被公司选择适用，相当于国家公司法。See Ronald J. Gilson, *Globalizing Corporate Governance: Convergence of Form or Function*, American Journal of Comparative Law, Vol. 49: 329, p. 350, (2001). （"大多数美国上市公司的综合选择导致《特拉华普通公司法》成为事实上的全国性公司法。"）

④ See Revlon, Inc. v. MacAndrews & Forbes Holdings, Inc., 506 A. 2d 173, 185 (Del. 1986). （当公司被出售时，要对信托义务进行特别审查）see also Kahn v. M & F Worldwide Corp., 88 A. 3d 635, 644 (Del. 2014). （允许程序性保护——特别委员会批准和多数小股东批准——以改变对控股股东合并的审查标准）

⑤ See, e.g., In re Sauer-Danfoss Inc. S'holders Litig., 65 A. 3d 1116, 1137 (Del. Ch. 2011). （为并购诉讼和解中的费用裁决设定价格参数）

公司法并不涉及合规职能。① 相反，任何推动合规的动力都留给了解释信义义务标准的法院，在这种情况下，商业判断规则的应用有效地限制了合规的发展。② 当法院处理合规问题时，通常是驳回合规失败相当于违反信义义务的主张。例如，在 Graham v. Allis Chalmers Manufacturing Co. 一案中，特拉华州最高法院（Delaware Supreme Court）明确表示，没有明确的违法"危险信号"，董事会就没有义务设立合规计划。③ 后来，在 In re Caremark 一案中，艾伦大法官（Chancellor Allen）暗示，没有制订有效合规计划的董事会可能无法履行其监督职责。④ 然而，这种可能性在 Stone v. Ritter 一案中被排除了，特拉华州最高法院认为，法院不会调查一家公司的监督机制是否客观充分。⑤ 相反，法院

---

① 特拉华州的《普通公司法》和《示范商业公司法》中都没有合规的规定。See generally DEL. CODE ANN. tit. 8, ch. 1 (2010); Model Business Corporation Act (2008)。

② 商业判断规则是一种司法推定，即董事会本着诚信原则行事，符合公司的最佳利益，并在提供充分信息和深思熟虑的情况下行事。See Aronson v. Lewis, 473 A. 2d 805, 812 (Del. 1984); Stephen M. Bainbridge, *The Business Judgment Rule as Abstention Doctrine*, Vanderbilt Law Review, Vol. 57: 83, p. 87, (2004) （"商业判断规则……更好地被理解为弃权原则，根据该原则，法院事实上不审查委员会的决定，除非审查的严格前提条件得到满足"）; see also *Gagliardi v. Trifoods Intl, Inc.*, 683 A. 2d 1049, 1052 (Del. Ch. 1996)。（需要避免引起董事会规避风险，从而证明商业判断规则的合理性）

③ 188 A. 2d 125, 130 (Del. 1963). （他认为，在没有危险信号的情况下，董事们"没有义务……建立并运行一个公司的侦查系统来查出不法行为"）

④ In re Caremark Int'l Inc. Derivative Litig., 698 A. 2d 959, 970 (Del. Ch. 1996). （认为信义义务可能要求公司董事"善意判断公司的信息和报告系统在概念和设计上足以确保董事会及时注意到适当的信息"）

⑤ 911 A. 2d 362, 372-373 (Del. 2006). 回想起来，Caremark 案可能根本不应该受到关注——它只是一个批准衍生诉讼和解的决定。See In re Caremark, 698 A. 2d at 960. 为了批准这项只涉及公司治疗方法而不涉及金钱救济的和解，艾伦大法官必须首先决定，根据索赔主张的实质，该和解是公平的。In re Caremark, 698 A. 2d at 961. 换句话说，他必须决定这一索赔主张具有一定的积极价值，这是他在 Graham v. 诉 Allis Chalmers Manufacturing Co. 案规则下无法得出的结论。因此，他面临着一个严峻的选择——要么拒绝和解，要么反驳格雷厄姆案。See In re Caremark, 698 A. 2d at 969-970. 由于和解没有遭到反对，而且公共政策通常倾向于私下解决纠纷，因此他选择批准和解，但值得注意的是，批准条件附加了大幅减少律师费后才批准。In re Caremark, 698 A. 2d at 972. 因此，该决定对格雷厄姆案的反驳属于一种特殊情况，最终无法支撑后来对其施加的全部压力。See Jennifer Arlen, *The Story of AllisChalmers, Caremark, and Stone: Directors' Evolving Duty to Monitor*, in J. Mark Ramseyer ed., Corporate Law Stories, Foundation Press, 2009, pp. 323, 345-346。

将把调查限制在董事会未能监督公司的主观基础上。① 因此,尽管董事可以因故意(或过失)违反公司最佳利益而被追究责任,但他们不能因公司的合规或监督计划的客观不足或无效而被追究责任。② 如果在这一点上有任何疑问,那就是在金融危机期间,特拉华州进一步退缩,断然拒绝使用信义义务标准对促成危机的金融机构的董事会施加责任。③

公司法法庭偶尔也会发表关于合规的声明。信义义务的灵活性使法官可以根据具体案例来决定是否批准特定公司的做法。例如,2013 年衡平法院(Court of Chancery)的三项意见强调了主要在海外开展业务的特拉华州公司董事的监督责任。④ 这些案件再次强调了监督和控制系统的重要性,董事会一直在努力

---

① See Stone, 911 A. 2d at 369 规定了"受托人故意以促进公司最佳利益以外的目的行事,受托人故意违反适用的实在法,或受托人在面对已知的行动义务时故意不采取行动"的责任。quoting In re Walt Disney Co. Derivative Litig. , 906 A. 2d 27, 67 (Del. 2006)。

② 虽然 Stone 认为可以通过证明董事会"完全没有实施任何报告或信息系统或控制措施"来证明必要的心态要件,但对完全没有实施任何此类系统的强调,可以清楚地表明法院对判定有关合规计划的相对有效性的问题缺乏兴趣。See Stone, 911 A. 2d at 370. 因此,缺乏监督的主张被认为是"最难被接受的理论之一"。In re Fed. Nat'l Mortg. Ass'n Sec. , Derivative & "ERISA" Litig. , 503 F. Supp. 2d 9, 18 (D. D. C. 2007). 困难,但并非不可能。See, e. g. , Am. Int'l Grp. , Inc. v. Greenberg, 965 A. 2d 763, 799 (Del. Ch. 2009)。(拒绝驳回原告对 AIG 董事会在财务报告内部控制不足的指控,认为原告的指控支持了被告领导一个"犯罪组织"的推论)

③ See, e. g. , In re Goldman Sachs Grp. , Inc. S' holder Litig. , No. 5215-VCG, 2011 WL 4826104, at *20 (Del. Ch. Oct. 12, 2011) ["此处所讨论的行为多半涉及合法的商业决策,这些决策完全在管理层的判断范围之内……是管理层有权采取的合法(即使有风险)行为不是'危险信号',不会令董事会产生对违法行为的特别注意。"]; In re Citigroup Inc. S' holder Derivative Litig. , 964 A. 2d 106, 131 (Del. Ch. 2009). ("虽然让董事在监测和监督商业风险方面有同样的职责的看法很诱人,但把凯马克式的责任强加于董事们以监督企业风险是完全不同的。花旗集团的业务是承担和管理投资和其他商业风险。对未能监测'过度'风险的董事施加监督责任,也会让法院对董事商业判断的核心决定进行事后评估。")

④ See Rich ex rel. Fuqi Int'l, Inc. v. Yu Kwai Chong, 66 A. 3d 963, 982 - 984 (Del. Ch. 2013) (拒绝驳回对一家以外国为基地的特拉华州公司的监督索赔,因为该公司"没有任何有意义的控制措施",此外,董事会未能监督其已有的控制措施可能会导致责任); In re China Agritech, Inc. S' holder Derivative Litig. , No. 7163-VCL, 2013 WL 2181514, at *20-21 (Del. Ch. Feb. 21, 2013) (拒绝驳回对一家以外国为基地的特拉华州公司董事会提出的 Caremark 式的索赔,该公司被指控欺诈投资者); Transcript of Oral Argument at 17-18, 21, In re Puda Coal, Inc. Stockholders Litig. , No. 6476 - CS, 2013 WL 769400 (Del. Ch. Feb. 6, 2013) (以下简称 Puda Coal Transcript) . (强调以外国为基地的特拉华州公司的董事在会计控制方面的信义义务)

真诚地实施和核查这一系统。① 然而，这一领域的司法干预是偶发的，完全是针对具体事实，而且一般只限于具有极端事实的案件。因此，尽管公平地说，公司法鼓励公司建立一些基本的内部监督和报告制度，但它没有提供充分性的指导。公司法关注的是董事会实施该制度的动机，而不是制度本身的效力。②

因此，州公司法并没有对合规的发展做出有意义的贡献。无论合规是什么，它都不是公司法的产物。事实上，更正确的说法是，如果商业判断规则没有削弱"注意义务"，那么"合规"就做了公司法的"注意义务"可能会做的事情。如今，合规占据了公司法退出后留下的空间。

2. 联邦证券法

联邦证券法将美国证券交易委员会（以下简称"SEC"）确立为证券业的主要监管机构。③ 法律还创造了一种更普遍的联邦政府干预公司治理的机制。④ 这一点是通过注册要求实现的。所有的上市公司都必须在 SEC 注册，因此，它们必须接受它的监管。⑤ 通过 SEC，这一机制有效地确立了联邦政府作为治理权力的外生性来源。如果 SEC 不喜欢某一个治理条款，它可能就会阻碍公司的

---

① See, e.g., Transcript of Oral Argument at 17–21, In re Puda Coal, Inc. Stockholders Litig., No. 6476-CS, 2013 WL 769400 (Del. Ch. Feb. 6, 2013).（强调董事必须亲自到场，并拥有足够的语言技能来验证公司控制系统的充分性，以及负责管理该系统的律师和会计师的能力）

② See In re Caremark Int'l Inc. Derivative Litig., 698 A.2d 959, 971 (Del. Ch. 1996).（"一般来说，如果对公司损失中董事责任的索赔是基于对责任产生过程的无知为前提……那么只有董事会持续或系统性地未能实施监督……才能确定缺乏诚信，这是责任的一个必要条件。"）特拉华州可以为董事责任提供一个基础，即以虚假的方式实施合规制度，也就是说，没有诚信执行。See, e.g., Yu Kwai Chong, 66 A.3d at 984-985.

③ See *The Laws that Govern the Securities Industry*, SEC (1 October 2013), http://www.sec.gov/about/laws.shtml.

④ See generally Robert B. Thompson, *Preemption and Federalism in Corporate Governance: Protecting Shareholder Rights to Vote, Sell, and Sue*, Law & Contemporary Problems, Vol.62: 215, pp.215-225, (1999)（描述了联邦和州在公司治理方面的传统领域，以及联邦政府通过证券交易委员会参与制定更多公司治理规则的手段）; see also James Fanto, *Paternalistic Regulation of Public Company Management: Lessons from Bank Regulation*, Florida Law Review, Vol.58: 859, p.914, (2006)。（主张 SEC 发挥更广泛的公司治理作用）

⑤ See 15 U.S.C. § 781 (2012).

融资活动。① 正如我们将看到的,它也可以有效地要求注册公司采用特定的治理条款。

传统上,SEC 对公司治理的干预主要集中在提高财务报告的准确性上。② 然而,它也对上市公司提出了一些与财务报告没有明显关系的要求。例如,SEC 制定了有关收购和代理权争夺的规则,③ 要求股东就高管薪酬安排进行咨询投票,④ 并要求所有上市公司设立一个完全由独立董事组成的审计委员会。⑤ 该机构还规定了对所有上市公司的内部会计控制进行年度审计。⑥ 这些规则中的每一条都相当于政府对公司治理的干预,因为董事会没有自由选择的权利。⑦ 虽然这种干预往往是有争议的,但政府通过 SEC 的规则制定来规范公司治理的权力是公认的。⑧ 通过 SEC,政府有效地创造了公司治理的强制性条款。⑨ 也许可以用同样的方式来理解合规。

当政府通过 SEC 来监管公司治理时,它的行为也受到重要的制度约束,包

---

① See, e.g., Carl W. Schneider, *Arbitration in Corporate Governance Documents: An Idea the SEC Refuses to Accelerate*, Insights, Vol. 4: 21, p. 21, (1990). (讨论了 SEC 拒绝加速 IPO 生效,因为公司的组织文件中存在强制性的仲裁条款)

② See Roberta S. Karmel, Comm'r, SEC, *Speech to the Public Securities Association, Marco Island, Florida: What Should Be the Role of the SEC in the Public Securities Markets?*, SEC (20 October 1978), https://www.sec.gov/news/speech/1978/102078karmel.pdf. ("委员会的传统角色……主要是投资者保护的倡导者。")

③ 17 C.F.R. § 240.14a-2 (2015); see also 15 U.S.C. § 78m (d) – (f).

④ 17 C.F.R. § 240.14a-21 (2015); see also 15 U.S.C. § 78n-1.

⑤ 17 C.F.R. §§ 240.10A-2, 10A-3 (b) (2015); see also 15 U.S.C. §§ 78j-1 (m) (3) (A), 7201 (3).

⑥ 17 C.F.R. § 210.2-02 (2014); see also 15 U.S.C. § 7262 (a). 这一要求后来被解释为要求对公司内部会计控制的设计和有效运作进行审计。See Public Company Accounting Oversight Board, Release No. 2004–001, *Auditing Standard No. 2* (2004), PCAOB, http://pcaobus.org/Rules/Rulemaking/Docket008/2004-03-09_Release_2004-001-all.pdf。

⑦ See generally Stephen M. Bainbridge, *Director Primacy: The Means and Ends of Corporate Governance*, Northwestern University Law Review, Vol. 97: 547, p. 573, (2003). (将公司法的核心问题模拟为权力和责任之间的权衡)

⑧ *Edgar v. MITE Corp.*, 457 U.S. 624 (1982); see also Roberta S. Karmel, *Realizing the Dream of William O. Douglas-The Securities and Exchange Commission Takes Charge of Corporate Governance*, Delaware Journal of Corporate Law, Vol. 30: 79, p. 81, (2005).

⑨ See Frank H. Easterbrook & Daniel R. Fischel, *The Economic Structure of Corporate Law*, Harvard University Press, 1991.

括要求该机构进行有说服力的成本效益分析。① 华盛顿特区巡回法院在处理 SEC 的成本效益分析时，作出的三项主要决定强调了这一要求。② 特别是，这些决定强调必须确定一个令人信服的比较基线，③ 考虑成本较低的替代方案，④ 并注重边际成本和收益——即额外单位成本所取得的增量收益。⑤ 作为回应，SEC 发布了成本效益分析指南，⑥ 并承诺从相关基准开始，⑦ 确定拟议规则的合理替代方案，⑧ 并尽可能量化收益和成本。⑨ 正如华盛顿特区巡回法院所强调

---

① See Jill E. Fisch, *The Long Road Back*: *Business Roundtable and the Future of SEC Rule-making*, Seattle University Law Review, Vol. 36: 695, pp. 709 – 712, (2013); Eric Posner & Glen Weyl, *Benefit-Cost Paradigms in Financial Regulation* (*Coase-Sandor Inst. for Law & Econ.*, Working Paper No. 660, 2014), SSRN, http://ssrn.com/abstract=2346466, p. 2.

② See *Bus. Roundtable v. SEC*, 647 F. 3d 1144, 1151 (D. C. Cir. 2011) [撤销代理准入提案是基于有缺陷的成本效益分析，因为 SEC "贴现了（拟议规则）的成本，但没有贴现收益"]; *Am. Equity Inv. Life Ins. Co. v. SEC*, 613 F. 3d 166, 179 (D. C. Cir. 2010) (取消关于未能进行充分的成本效益分析的拟议规则，具体来说，是未能"确定在现有制度下是否存在充分的保护措施，使投资者能够作出知情的投资决定，并使卖方向投资者作出适当的建议"); *Chamber of Commerce v. SEC*, 412 F. 3d 133, 136 (D. C. Cir. 2005). (认为 SEC 违反了《行政程序法》，"未能充分考虑到共同基金为遵守这些条件将产生的成本")

③ Am. Equity, 613 F. 3d at 178. (强调比较基线的重要性)

④ Chamber of Commerce, 412 F. 3d at 145. (发现 SEC 有义务考虑"既不轻率又不越轨"的替代方案)

⑤ Bus. Roundtable, 647 F. 3d at 1150. (强调未能估计和贴现与效益有关的成本错误)

⑥ Memorandum from SEC Div. of Risk, Strategy & Fin. Innovation & Office of Gen. Counsel to Staff of the Rulewriting Divs. & Offices (16 March 2012), https://www.sec.gov/divisions/riskfin/rsfi_guidance_econ_analy_secrulemaking.pdf, p. 1.

⑦ Memorandum from SEC Div. of Risk, Strategy & Fin. Innovation & Office of Gen. Counsel to Staff of the Rulewriting Divs. & Offices (16 March 2012), https://www.sec.gov/divisions/riskfin/rsfi_guidance_econ_analy_secrulemaking.pdf, p. 6. ["基线作为一个主要的比较点，是因为……对拟议监管行动的经济分析是将现状……与拟议监管（或监管替代方案）生效后的预期状态进行比较。"]

⑧ Memorandum from SEC Div. of Risk, Strategy & Fin. Innovation & Office of Gen. Counsel to Staff of the Rulewriting Divs. & Offices (16 March 2012), https://www.sec.gov/divisions/riskfin/rsfi_guidance_econ_analy_secrulemaking.pdf, pp. 8–9.

⑨ Memorandum from SEC Div. of Risk, Strategy & Fin. Innovation & Office of Gen. Counsel to Staff of the Rulewriting Divs. & Offices (16 March 2012), https://www.sec.gov/divisions/riskfin/rsfi_guidance_econ_analy_secrulemaking.pdf, pp. 13–14. (要求在无法量化的情况下提供解释)

的，这种分析更广泛的目的不仅是让监管者了解相关的成本、效益和替代方案，还要让"公众和国会"了解，以他们的名义采取的行动，使监管者的行动公开，并可以受到公众的适当质疑。①

相比之下，当政府干预合规时，它并不是一个监管者，因此不受公众意见和成本效益分析的约束。② 相反，如上所述，政府通过执法措施来强制其遵守。③ 执法并不等于监管。④ 无论执法者是 SEC 还是司法部，都没有规定其实施的合规改革必须经过成本效益分析。⑤ 事实上，正如之前关于合规衡量标准的讨论所表明的那样，政府在这个标准下成功的可能性非常小。相反，合规计划和提高计划有效性的改革是通过不透明的和解程序强加给公司的，在这个过程中，政府掌握着主动权，而公司则将其要求作为一种战术上的让步，不管这些改革是否具有长期的战略意义。⑥

---

① See *Chamber of Commerce v. SEC*, 412 F. 3d 133, 144 (D. C. Cir. 2005).

② 详见第一部分之（一）。

③ 当然，民事原告也执行证券法的某些方面。然而，这些诉讼当事人通常是在政府强制行动之后采取行动的。See Sean J. Griffith, *Correcting Corporate Benefit: How to Fix Shareholder Litigation by Shifting the Doctrine on Fees*, Boston College Law Review, Vol. 56: 1, pp. 9-10, (2015). （讨论了"标签式"的诉讼）无论如何，民事原告在代表原告进行治理改革方面的作用不在本条的范围之内。

④ See Rachel E. Barkow, *The Prosecutor as Regulatory Agency*, in S. Barkow & Rachel E. Barkow eds., Prosecutors in the Boardroom: Using Criminal Law to Regulate Corporate Conduct, 2011, pp. 185-192. （认为"'检察官+监管者'的模式与基于严格分权的政府存在矛盾"，而且在目前的制度下存在问题，因为检察官相对不受约束，缺乏规范的专业条款来管理交给他们的事项）

⑤ 作为证券法的执行者，SEC 与司法部合作，对违反证券法的行为提起民事或刑事诉讼。在这种情况下，SEC 提出索赔，并像检察官一样，以支付金钱和进行合规改革来解决这些问题。See, e. g., In re Barclays Capital, Inc., Exchange Act Release No.73183, 109 SEC Docket 17 (23 September 2014), http://www.sec.gov/litigation/admin/2014/34 -73183.pdf. （巴克莱资本同意支付1500万美元的罚款，并同意任命一名独立顾问来对合规改革提出建议）Litigation Release No. 23159, SEC, SEC Charges Avon Products, Inc. with FCPA Violations (17 December 2014), https://www.sec.gov/litigation/litreleases/2014/lr23159.htm. （宣布与雅芳达成和解，支付6700万美元，并任命"一位独立的合规监督员，对其《反海外腐败法》（FCPA）合规项目进行为期18个月的审查，在这18个月内对其合规工作进行自我报告"）

⑥ See Miriam Hechler Baer, *Governing Corporate Compliance*, Boston College Law Review, Vol. 50: 949, pp. 952-953, (2009). （强调在裁决而非行政背景下形成的合规不透明）

总而言之，合规不能被理解为证券监管的产物。当政府通过联邦证券法对公司治理进行干预时，政府是作为一个监管者进行干预的。当政府对合规进行干预时，它是作为一个执法者进行干预的。这些干预模式之间存在着显著的差异，其进一步的影响将在下一部分进行探讨。

三、影响

到目前为止，本文将合规描述为公司内部的治理职能，它起源于公司之外，与传统的公司治理权力格格不入。合规不是董事会权力的授权，也不是州公司法或联邦证券法的产物。相反，合规是由政府执法者——检察官和监管执法者——颁布的事实上的公司治理标准，尽管他们既没有法定权力，又没有监管权力。①

本文现在将转向对公司法和公司治理理论的规范性影响分析。在此过程中，它将寻求构建当代合规职能所提出的更大的问题：当代合规职能是如何改变公司治理的政治经济假设？对公司效率可能产生的影响是什么？对公司理论有什么更广泛的影响？本部分将在接下来的内容中逐一讨论这些问题。

（一）合规的政治经济影响

合规是政府干预公司治理的一种独特形式。它不符合对公司治理在政治经济方面的传统解释，既不关注公司章程的州际竞争，② 又不关注威明顿和华盛顿之间的相互作用。③ 它是自成一体的。

---

① See Miriam Hechler Baer, *Governing Corporate Compliance*, Boston College Law Review, Vol. 50: 949, p. 976, (2009).

② Compare William L. Cary, *Federalism and Corporate Law: Reflections upon Delaware*, Yale Law Journal, Vol. 83: 663, pp. 701-705, (1974)（提出联邦建立公司统一标准，以减轻各州之间的"逐底竞争"），with Ralph K Winter, Jr., *State Law, Shareholder Protection, and the Theory of the Corporation*, Journal of Legal Study, Vol. 6: 251, pp. 289-292, (1977).（认为各州之间为吸引新企业注册而进行的竞争导致了有利于投资者的法律）

③ See, e.g., Mark J. Roe, *Delaware's Competition*, Harvard Law Review, Vol. 117: 588, (2003).（就特拉华州和联邦政府在公司法规则制定过程中的相互作用提出了模型）

1. 弱约束性

政府干预公司事务的传统模式是，在发生丑闻或察觉到市场失灵的情况下再进行立法。① 在此背景下，政府的代理人是立法者，而丑闻的背景是采取行动的重要动力。如果没有丑闻的环境，政府对公司事务的干预就会受到公司利益集团游说力量的制约。② 在丑闻环境下，民众要求加强公司问责制的呼声战胜了公司的游说，并推动立法者进行改革。③ 但民众的压力不可避免地会消退，而公司利益集团则试图限制改革的范围。其结果是形成改革和限缩的循环模式，④ 呈现出"监管正弦曲线"的形状。⑤

然而，合规代表了政府通过执法人员而不是立法者进行干预。检察官不会像立法者那样受到民众压力或公司游说的影响。⑥ 检察官注重自己的独立性和自由裁量权，基本上不受直接政治问责的影响。⑦ 因为他们不需要政治掩护，所以也不需要整个市场的丑闻来推动改革。当然，他们确实需要成功起诉的可

---

① See John C. Coffee, Jr., *The Political Economy of Dodd Frank: Why Financial Reform Tends to be Frustrated and Systematic Risk Perpetuated*, Cornell Law Review, Vol. 97: 1019, pp. 1028-1029, (2012).

② See John C. Coffee, Jr., *The Political Economy of Dodd Frank: Why Financial Reform Tends to be Frustrated and Systematic Risk Perpetuated*, Cornell Law Review, Vol. 97: 1019, pp. 1028-1029, (2012).

③ See John C. Coffee, Jr., *The Political Economy of Dodd Frank: Why Financial Reform Tends to be Frustrated and Systematic Risk Perpetuated*, Cornell Law Review, Vol. 97: 1019, pp. 1021-1022, (2012).

④ Mark J. Roe, *Delaware and Washington as Corporate Lawmakers*, Delaware Journal of Corporate Law, Vol. 34: 1, p. 8, (2009). （"华盛顿只是偶尔采取行动，它往往是有分歧的，而且它的议程上通常有比公司治理规则更重要的问题。"）

⑤ See John C. Coffee, Jr., *The Political Economy of Dodd Frank: Why Financial Reform Tends to be Frustrated and Systematic Risk Perpetuated*, Cornell Law Review, Vol. 97: 1019, p. 1029, (2012). （认为"监管从来不是一成不变的，而是在市场崩溃后增加，然后随着社会和市场恢复正常而减弱"，因为"反对强大的利益集团"所需的公众支持在不断减少）

⑥ 这并不是说检察官完全不受民众或其他政治压力的影响。See generally Daniel Richman, *Political Control of Federal Prosecutions: Looking Back and Looking Forward*, Duke Law Journal, Vol. 58: 2087, (2009)（探讨了对联邦刑事执法的政治控制）; David Zaring, *Litigating the Financial Crisis*, Virginia Law Review, Vol. 100: 1405, (2014)。

⑦ See generally Angela J. Davis, *The American Prosecutor: Independence, Power, and the Threat of Tyranny*, Iowa Law Review, Vol. 86: 393, p. 397, (2001). （认为"检察官日常行使的自由裁量权实际上是无限的"）

能性，但在公司对其代理人的行为负有严格责任的环境下，和解往往需要带来巨额罚款，所以在大多数的公司危机中他们都存在成功的必要因素。① 因此，检察官需要更小规模的事件——公司失灵而非市场失灵——来进行干预并推动改革。考虑到一家公司所进行的改革经常被业内同行所采用，所以政府通过其在合规方面的干预，可以对公司治理施加相对稳定的压力。

检察官不但能够比立法者更经常地干预公司治理；而且是通过和解协议而不是立法手段进行干预，这使政府通过干预来推动改革时有更多的自由。如上所述，他们不需要进行成本效益分析，而且与公开的立法程序相比，和解过程是封闭且不透明的。② 当国会干预公司事务时，受影响的利益集团有机会出席听证会，参与游说，并对拟议的规则提供意见。同样，当特拉华州的法官作出公司法声明时，如果他们的裁决破坏了股东和管理者之间微妙的平衡，他们就会受到退出的威胁。③

然而，即使是下达命令的法官，对执法行动中的和解也很少进行审查。④ 这些和解是由案件的当事人在私下协商达成的，没有通知也不涉及外部利益集团。尽管和解可能对一系列公司和外部利益产生先例性影响，但这些利益集团没有资格介入，也没有机会对结果提出异议，因为他们没有参与到案件中来。在这个过程中没有严格的司法监督，如果对结果不满意，他们也无处可去。因此，合规是由一个不负责任的政府代理人，在完全不透明的规则制定过程中形成的产物。

---

① See generally Miriam H. Baer, *Choosing Punishment*, Boston University Law Review, Vol. 92: 577, pp. 620-621 (2012).

② See generally Miriam H. Baer, *Choosing Punishment*, Boston University Law Review, Vol. 92: 577, pp. 620-621 (2012). （将监管与起诉进行对比）；Max Minzncr, *Why Agcncics Punish*, William & Mary Law Review, Vol. 53: 853, (2012). （讨论了在监管背景下的惩罚措施）

③ See Roberta Romano, *The Genius of American Corporate Law*, AEI Press, 1993, p. 9.

④ 这在 DPA 和 NPA 的背景下尤其如此，与认罪辩诉不同，它们最多只涉及最低限度的司法审查。See generally Albert W. Alschuler, *The Defense Attorney's Role in Plea Bargaining*, Yale Law Journal, Vol. 84: 1179, pp. 1291-1294, (1975) （注意到典型的认罪辩诉不仅涉及对被告承认其罪行的能力的司法审查，还涉及对认罪的事实依据的司法审查）。NPA 根本不涉及司法审查，因为顾名思义，指控从未正式提交，而 DPA 涉及最小的司法审查，因为同时提交了指控和推迟起诉。See Benjamin M. Greenblum, *What Happens to a Prosecution Deferred? Judicial Oversight of Corporate Deferred Prosecution Agreements*, Columbia Law Review, Vol. 105: 1863, pp. 1863-1865, (2005).

2. 其他利益相关者

与州法律相比，联邦法律对公司治理的观点更加多样化。[①] 传统上，州公司法只平衡两方的利益——管理者和股东[②]——而联邦法律可能会考虑到雇员、债权人、消费者、环境和其他社会责任问题的额外利益。[③] 当政府在处理合规问题时，会考虑谁的利益？当政府通过合规进行干预时，是否会将非股东群体的利益强加于公司身上？这应该吗？

美国的传统观点认为，公司治理安排是股东和管理者之间讨价还价的产物。事实上，美国公司治理的主流观点显然是以股东为中心的，把所有权和控制权分离所产生的"代理成本"或"机会主义"问题作为其核心关注点。[④] 正如桑杰·柏格特（Sanjai Bhagat）、布莱恩·博尔顿（Brian Bolton）和罗伯塔·罗曼诺（Roberta Romano）所表达的那样，"美国公司法和公司治理体系的关键焦点是所谓的代理问题：当公司的所有者——股东——不是处于控制地位的管理者

[①] See Mark J. Roe, *Delaware's Politics*, Harvard Law Review, Vol. 118: 2491, pp. 2502-2503, (2005). （"在国会，参与者的想法不同……不能从特拉华州拿走特许权税的利益集团可以在国会中发挥作用。我想到了美国劳工联合会-产业工会联合会（AFL-CIO），以及公共利益游说团体。"）

[②] 在传统模式下，各州为了提高税收而竞争公司特许权。因为只有股东和经理才能决定在哪里成立公司，所以各州在设计公司法时只考虑这些利益。See Roberta Romano, *The Genius of American Corporate Law*, AEI Press, 1993, pp. 8-9。

[③] 可比较 Mark J. Roe, *Delaware and Washington as Corporate Lawmakers*, Delaware Journal of Corporate Law, Vol. 34: 1, p. 17, (2009). （"当华盛顿就公司法采取行动时，它带来了另一种公共政策的倾向：美国的平民主义情绪和国家舆论，并非总是支持公司生产力和公司权力。"）

[④] 可比较 Michael C. Jensen & William H. Meckling, *Theory of the Firm: Managerial Behavior, Agency Costs and Captial Structure*, Journal of Financial Economics, Vol. 3: 305, (1976). （关注"代理成本"的问题）与 Oliver E. Williamson, *Mechanisms of Governance*, Oxford University Press, 1996, p. 173. （注意到代理理论所说的"代理成本"在交易成本经济学中被称为"机会主义"，"但关注点是一样的，因此这些只是术语上的差异"）。对于这个问题，无论如何描述，自伯利（Berle）和米恩斯（Means）以来一直是学术研究的焦点。See Adolph A. Berle, Jr. & Gardiner C. Means, *The Modern Corporation and Private Property*, The MacMillan Company, 1932, p. 121. （他质疑，在所有权分散和管理集中的情况下，是否还有"任何理由去假设那些控制现代公司的人会……选择为了所有者的利益来经营它"）

时，就会产生一种组织上的担忧"。① 当然，公司股东不是传统意义上的所有者。② 然而，股东与公司的关系在其存续期内是独特的，而且其资产权利的不确定性使其处于被侵害的独特风险之中。③ 公司治理是解决股东资产被侵害风险的方法。④

因此，公司治理被认为是一种准契约机制，旨在鼓励对现代公司的投资。⑤ 公司治理的主流定义通常反映了股东中心主义。⑥

---

① Sanjai Bhagat et al., *The Promise and Peril of Corporate Governance Indices*, Columbia Law Review, Vol. 108: 1803, p. 1809, (2008); accord Andrei Shleifer & Robert W. Vishny, *A Survey of Corporate Governance*, The Journal of Finance, Vol. 52: 737, p. 738, (1997). (将核心问题简化为"投资者如何让管理者把钱还给他们")

② See Eugene F. Fama, *Agency Problems and the Theory of the Firm*, The Journal of Political Economy, Vol. 88: 288, p. 290, (1980). ("资本所有权不应该与公司所有权相混淆……公司只是一组契约，涵盖了投入如何联结起来创造产出，以及产出的收益如何在投入之间分配……公司所有权是一个不相关的概念。")

③ 正如奥利弗·威廉姆森（Oliver Williamson）所描述的那样：股东作为一个群体，与公司有着独特的关系。他们是唯一的自愿群体，与公司的关系不需要定期更新（公众可以被认为是一个非自愿的群体，他们与公司的关系是不确定的）劳工、中间产品市场的供应商、债权人和消费者都有机会在合同续签时重新谈判条款。相比之下，股东是为公司的生命而投资的，如果清算发生，他们的权利会位于队列的最后。股东的独特之处在于，他们的投资与特定资产无关。他们投资的分散性，使股东在制定双边保障措施时处于巨大劣势（通常与保护投资相关）……如果不建立某种形式的保护，股东将不可避免地（面临被侵害的风险）。Oliver E. Williamson, *The Economic Institution of Capitalism*, 1985, pp. 304-305。

④ See Oliver E. Williamson, *The Economic Institution of Capitalism*, 1985, p. 305. （注意到对于大型现代公司来说，解决方案是"发明一种治理结构，让股权持有人认识到这是防止被侵害和严重管理不善的保障"）see also Oliver D. Hart, *Incomplete Contracts and the Theory of the Firm*, in Oliver E. Williamson & Sidney G. Winter eds., The Nature of the Firm, Origins, Evolution, and Development, Oxford University Press, 1993, pp. 138, 140-142. （将商业关系存续期间各方无法预测所有未来的意外情况，描述为导致公司形成的一种交易成本）。

⑤ See Frank H. Easterbrook & Daniel R. Fischel, *The Economic Structure of Corporate Law*, Harvard University Press, 1991. pp. 36-37. 关于公司的契约性认知有深远的知识渊源。See, e.g., Paul A. Samuelson, *Wages and Interest: A Modern Dissection of Marxian Economic Models*, American Economic Review, Vol. 47: 884, p. 894, (1957)。("在一个完全竞争的市场中，谁雇佣谁真的不重要：所以有劳动力雇用'资本'。")

⑥ See, e.g., *The CalPERS Corporate Governance Guidelines*, Corporate Governance, Vol. 7: 218, (1999) "公司治理是指决定公司发展方向和业绩的各个参与者之间的关系。主要参与者有：(1) 股东；(2) 管理层（以首席执行官为首）；(3) 董事会"。

这场辩论的另一方，有人认为公司治理应着眼于更广泛的利益。① 这种主张通常是以广泛的社会目标为框架。② 然而，从效率的角度来看，也可以提出另一种主张，即公司治理必须保护非股东利益相关者的利益，如管理层和劳工，以促使他们进行必要的投资来增加公司的长期价值。③ 如果说在公司治理中承认其他利益相关者的利益是美国的少数观点，那么在国外则未必如此，④ 特别是像德国这样承认其他利益相关方在董事会有代表权的国家。⑤

如果考虑这些问题的动力来自于股东，那么公司更广泛地参与社会问题，

---

① See, e. g., Lawrence E. Mitchell, *A Critical Look at Corporate Governance*, Vanderbilt Law Review, Vol. 45: 1263, p. 1272, (1992). (提倡一种治理模式，在这种模式下，董事会将充当"公司中不同利益群体之间的中介机构……负责确保公司的资产得到公平分配")这种观点由来已久。See E. Merrick Dodd, Jr., *For Whom Are Corporate Managers Trustees?*, Harvard Law Review, Vol. 45: 1145, p. 1153, (1932) (认为董事会应该作为广泛利益群体的受托人，包括股东、员工、供应商、客户和社区); Robert Dahl, *Power to the Workers?*, N. Y. REV. BOOKS, 1970, pp. 20, 23 (提议"董事会可以由三分之一的员工代表、三分之一的消费者代表以及三分之一的联邦、州和地方政府代表组成")。

② See Wolfgang Bessler et al., *Going Public: A Corporate Governance Perspective*, in Klaus J. Hopt et al. eds., Comparative Corporate Governance, Oxford: Clarendon Press, 1998, pp. 570, 571. (描述了一种观点，即"将公司治理辩论作为广泛问题的一部分，也即如何组织经济活动以实现与公平、公正、自由和公民责任相关的基本社会目标。")

③ See Margaret M. Blair & Lynn A. Stout, *A Team Production Theory of Corporate Law*, Virginia Law Review, Vol. 85: 247, p. 250, (1999). (将公司概念化为一个团队，不同的利益相关者都在为这个团队做出贡献，治理安排作为一个可信的承诺机制，通过这个机制，每个人都承诺不会侵占另一个人的财富) 最近，研究人员阐述了此观点的另一个版本，他们发现，采用交错董事会制度会产生积极的财富效应。See Martijn Cremers & Simone Sepe, *The Shareholder Value of Empowered Boards*, Stanford Law Review, Vol. 68: 837, (2016). (将他们的发现解释为，与需要做出可靠的承诺来追求长期价值有关)

④ See generally Martin Gelter, *Taming or Protecting the Modern Corporation? Shareholder-Stakeholder Debates in a Comparative Light*, NYU Journal of Law & Business, Vol. 7: 641, (2011).

⑤ See, e. g., Jean J. Du Plessis et al., *German Corporate Governance in International and Context*, 2012 (2d ed.), pp. 139-140. (讨论了德国的"共同决策"制度，在该制度下，劳工会获得董事会代表权); see also Martin Gelter, *Tilting the Balance Between Capital and Labor? The Effects of Regulatory Arbitrage in European Corporate Law on Employees*, Fordham International Law Journal, Vol. 33: 792, pp. 803-804 (2010). (列出了遵循与德国类似的董事会模式的国家)

并不一定与以股东为中心的治理模式相矛盾。① 然而，当政府将考虑其他利益相关者这一点强加给公司时，辩论经常爆发。② 合规为政府提供了实现这一目标的手段。

乍一看，当代的合规职能是一种工具，政府可以通过它将其他利益相关者的利益强加给公司，这是如此明显，以至于看起来微不足道。当然，合规反映了更广泛的社会利益。只要合规是为了防止违反法律和法规，只要法律和法规着眼于非股东的利益，合规就必须反映非股东的利益。影响公司的一系列法律和法规——防止欺诈、污染、贿赂、洗钱、虚假广告和危险工作场所的规则——往往在一些情况下会禁止某些行为，即使它会给股东带来利益。③ 合规职能只是反映了这种利益的集合。

然而，通过法律来保护非股东群体的利益与要求公司采用公司内部治理机制来实现该群体的利益之间存在着重要的区别。④ 正式的法律规则在界定公司的责任方面可能更加精确，而且在任何情况下，当它们的含义不明确或范围过于宽泛时，都有向公权力机构——法院——上诉的途径。相比之下，治理结构旨在提供超出基本法律要求的约束。⑤ 尤其是合规职能，旨在灌输超出狭义法律义务的行为规范。⑥ 这也是监管机构试图将合规与法律部门分开的部分

---

① See Frank H. Easterbrook & Daniel R. Fischel, *The Economic Structure of Corporate Law*, Harvard University Press, 1991, pp. 12-14; Oliver E. Williamson, *The Economic Institution of Capitalism*, 1985, pp. 323-325.

② See, e. g. , SEC, Release No. 34-67716, Conflict Minerals, 17 C. F. R. Parts 240 and 249B, SEC (2012), http：//www. sec. gov/rules/final/2012/34-67716. pdf.

③ See, e. g. , John C. Coffee, Jr. , *Reforming the Securities Class Action: An Essay on Deterrence and Its Implementation*, Columbia Law Review, Vol. 106：1534, p. 1560, (2006). （注意到欺诈行为在被发现之前是对股东有利的）

④ See generally See John Carney, *Big-Bank Board Game Puts Shareholders in Second Place*, WALL ST. J. (5 April 2015), http：//www. wsj. com/articles/big-bank-board-game-puts-shareholders-in-second-place-heard-on-the-street-1428255363. （描述了银行董事会面临的监管压力，要求他们将其他利益置于股东财富最大化之上）

⑤ 这是章程和规章制度的传统作用。

⑥ 研讨会的参与者经常强调合规在文化改革中的作用，以及在薪酬政策的设计中纳入对道德行为的激励措施。See FED. Reserve Bank of N. Y. , *Workshop On Reforming Culture And Behavior in the Financial Services Industry*, Newyorkfed (28 October 2014), https：//www. newyorkfed. org/medialibrary/media/newsevents/events/banking/2014/Summary-Culture-Workshop. pdf, pp. 2-5。

原因。①在其他利益相关者的利益基础上设计合规结构是将这些利益引入公司的一种方式,从而使公司服务于更广泛的社会利益。②此外,这也是政府机构坦率承认的一个目标。例如,纽约联邦储备委员会主席威廉·杜德利(William Dudley)曾明确表示,"金融公司的存在,在一定程度上是为了造福公众,而不仅仅是为他们的股东、雇员和客户。"③

当然,其他利益相关者群体在合规方面的作用是值得庆贺还是谴责,取决于人们在更广泛的辩论中所持的立场。公司是为其投资者创造财富的工具吗?还是在某种程度上,它们也是实现更广泛社会利益的工具?合规为那些希望推动公司扮演更广泛社会角色的人提供了一个机会,也为那些希望将其排除在外的人提出了挑战。至少,合规为研究公司法的理论家们提供了解决这些问题的新途径。

(二) 动机和信息

政府并不比任何其他大型组织更具有统一性,正如上文所讲述的那样,确定一套政府利益,并不一定意味着其代理人会忠实地执行这些利益。④ 政府的执法人员可能会依据自己的动机来处理特定类型的案件。⑤ 他们也可能有自己

---

① See Michele DeStefano, *Creating a Culture of Compliance*: *Why Departmentalization May Not Be the Answer*, Hastings Business Law Journal, Vol. 10: 71, pp. 103-104, (2014). ["最近,(政府当局)强迫企业……建立一个独立的合规部门,并指定一位首席合规官,不向总法律顾问汇报,而是直接向首席执行官汇报,并可以直接与董事会联系。其他公司……也纷纷效仿。"]

② 详见第一部分之 (二),1。

③ William C. Dudley, President, Fed. Reserve Bank of N.Y., *Concluding Remarks at the 2014 Workshop on Reforming Culture and Behavior in the Financial Services Industry* (20 October 2014). 美联储通过 "监管审查" 的过程实施合规改革,其作用是一种特殊的 "执行" 模式。See FED. Reserve Bank of N.Y., *Workshop On Reforming Culture And Behavior in the Financial Services Industry*, Newyorkfed (28 October 2014), https://www.newyorkfed.org/medialibrary/media/newsevents/events/banking/2014/Summary-Culture-Workshop.pdf, p.2。

④ See Larry E. Ribstein, *Agents Prosecuting Agents*, Journal of Law, Economics & Policy, Vol. 7: 617, p. 633, (2011).

⑤ 机构本身的利益可能不同于更广泛的政府利益。例如,检察机关可能会试图对会导致巨额和解或罚款的案件起诉,以便为自己筹集资金或至少向立法者证明其预算的合理性。这些案件可能并不总是与价值相符。

的理由对公司实施成本过高的合规计划。

1. 代理成本和外部性

检察官在选择案件时,可能会选择那些知名度较高或政治性较强的案件,希望能建立起自己的声誉,并转化为以后的职业机会。① 有政治野心的检察官可能会对引起公众愤怒的公司和个人提起诉讼。② 虽然这些案件有可能与最恶劣的犯罪行为相关,但也有可能主要与媒体报道和平民主义情绪相关,而没有考虑到证据的质量。③ 例如,需要找到一个坏人来平息公众的愤怒,这可能部分地解释了金融危机后内幕交易和不良银行家案件激增的原因。④ 另外,执法部门可能会对政治压力做出反应,对有政治关系的公司采取更宽容的态度。⑤ 在执法者可以利用和解协议来规避政治成本和举证责任的情况下,这些问题可能尤为突出。⑥

---

① See Stephen J. Choi & A. C. Pritchard, *Securities Law and Its Enforcers* (Aug. 2015) (未发表的手稿) (作者已存档) (讨论了 SEC 执法律师的后续职业生涯); see also Richard T. Boylan, *What Do Prosecutors Maximize? Evidence from Careers of U. S. Attorneys*, American Law & Economics Review, Vol. 7: 379, (2005). (提供了关于前美国检察官后来的职业生涯的证据)

② See Ellen S. Podgor, *The Tainted Federal Prosecutor in an Overcriminalized Justice System*, Washington and Lee Law Review, Vol. 67: 1569, pp. 1573-1577, (2010). (讨论了联邦检察官的政治动机)

③ See, e. g. , Sara Sun Beale, *The New Media's Influence on Criminal Justice Policy: How Market-Driven News Promotes Punitiveness*, William & Mary Law Review, Vol. 48: 397, pp. 442-443, (2006); see also Stephen J. Choi et al. , *Scandal Enforcement at the SEC: The Arc of the Option Backdating Investigations*, American Law & Economics Review, Vol. 15: 542, (2013). (研究了 SEC 的执法决定会围绕着期权回溯,开发现有证据表明,执法重点会随着媒体关注和政治重要性的变化而改变)

④ See generally Donald C. Langevoort, *"Fine Distinctions" in the Contemporary Law of Insider Trading*, Columbia Business Law Review, Vol. 2013: 429, p. 434, (2013). (强调内幕交易监管的"表达功能"和基本前提,即"特权阶层的贪婪和缺乏自我约束的表现……威胁到公共市场公平公开的官方身份")

⑤ Maria M. Correia, *Political Connections and SEC Enforcement*, Journal of Accounting and Economics, Vol. 57: 241, (2014) (发现游说力度越大的公司面临的 SEC 执法行动和处罚就越少); Jonas Heese, *Government Preferences and SEC Enforcement*, Harvard Bus. Sch. , Working Paper No. 15-054, 2015. (发现 SEC 对劳动密集型公司的执法力度减少,尤其是在总统选举年,因为这些公司位于政治竞争激烈的州)

⑥ 详见第一部分之(一),2(讨论了有利于和解协议的公司执行策略的演变)。

在和解协议中，检察官有明显的理由支持高额罚款，而不是低额罚款。① 然而，检察官在合规方面应该寻求什么，这个问题就不太清楚了。是在和解协议的交易中如何进行合规改革吗？

从检察官的角度来看，合规可以被看作一种将执法成本外包的手段。② 通过坚持要求公司设立合规职能部门来发现和报告违法行为，检察官可以将其一部分预算外部化。公司支付合规计划的费用，而检察官则节省了调查费用。因此，有多少合规的问题需要以传统外部性分析的逻辑来回答，最终的答案是：太多了。③ 因为政府从合规计划中获得了利益（以检测和调查的形式），但并不承担成本，它的动机是推动企业在合规方面进行过度投资。因此，就像他们有特殊的动机来提起具有新闻价值的案件一样，政府的执法者也有结构性的动机来强制企业进行过度的合规。④

当然，在检察官谈判桌对面的是公司管理者，他们的总体利益是将和解对公司的影响程度降到最低。相比大额罚款，经理们更喜欢小额罚款，因为罚款会侵蚀公司的利润，从而减少他们自己基于绩效的薪酬。因此，可以预计管理人员会在和解时拒绝检方的罚款要求。然而，在合规改革方面，情况可能有所不同。管理人员可能愿意接受合规改革，以换取罚款的减少或调查的提前终止。事实上，这种行为符合公司管理标准的"代理成本"模式。⑤ 罚款对薪酬有直

---

① 根据上述假设，更多的罚款可能会转化为更好的声誉，以及未来更多的职业选择。检察官不会因为不提起诉讼或愿意接受对方的和解要求而提高自己的声誉。

② See generally Lisa Kern Griffim, *Inside-Out Enforcement*, in S. Barkow & Rachel E-. Barkow eds., Prosecutors in the Boardroom: Using Criminal Law to Regulate Corporate Conduct, 2011, p. 110. （讨论了合规是检察工作外包的一种形式）

③ 外部性导致过度消费。J. J. Lafont, *Externalities*, in John Eatwell et al. eds., New Palgrave Dictionary of Economics, Vol. 2: 263, pp. 263-264, (1998)。

④ See Miriam Hechler Baer, *Governing Corporate Compliance*, Boston College Law Review, Vol. 50: 949, pp. 991-999, (2009). （他认为，检察官和私人律师都有推动公司在合规方面过度投资的动机）此外，一旦执法机构已经对一家企业施加了合规改革，他或她可能会转向下一个案件，而不是监测他或她实施的合规改革的质量，结果是过度的合规要求很少被修订。See Tom C. W. Lin, *The New Financial Industry*, Alabama Law Review, Vol. 65: 567, p. 602 n. 222, (2014). （注意监管改革的"粘性"）与此同时，如果行业规范聚合于过度的合规性要求上，日落条款在这方面可能没有什么帮助。在这种情况下，实施更温和的制度可能会使管理人员面临更大的执法风险。

⑤ 参见第 222 页脚注①-⑤。

接影响，而合规改革则不然。此外，考虑到公司倾向于模仿其同行的合规改革，引入成本高昂的合规改革很可能被竞争对手效仿，从而减轻改革对与高管薪酬相关的行业基准的影响。

2. 信息不对称性

关于公司应该采用或被强制采用哪些具体机制的问题，本文已经表明，合规官自己也不总是知道哪些机制在合规方面起作用。① 例如，很难（甚至不可能）表明对额外培训的投资是否会对员工的行为产生有意义的影响，或者某一形式的合规架构是否比另一种更好，或者对于一个特定的合规部门来说，人员配置或资源分配的正确标准是什么。如果合规官不能明确地回答这些问题，那么有很好的理由认为，不参与主体公司日常运作的多面手检察官们也不能回答这些问题。

无法证明合规的有效性引发了两个棘手的问题。首先，检察官为什么要因公司采用了有效性尚未得到证明的合规机制而给它们奖励？其次，检察官为什么要将未经证实的合规机制强加给公司？无论是哪种情况，检察官都可能依赖启发式方法。例如，反洗钱失败意味着需要更多的工作人员来防止洗钱。② 这有一定的道理，但一家公司应该增加多少工作人员？这是一个经验性的问题，

---

① See Geoffrey Miller, Professor of Law, N. Y. Univ. Sch. of Law, Remarks at *Fordham Journal of Corporate & Financial Law Symposium*: *Changing Face of Corporate Compliance and Corporate Governance* (9 February 2015). （主要金融机构的首席合规官这样描述其合规计划："我们拥有所有核心要素，甚至更多……但在预防和监测公司行为的工作中，对于从事违反规则或造成声誉损害或以其他方式造成不良影响的行为，我认为只有结果才能告诉我们这一点。"）See Geoffrey Miller, Professor of Law, N. Y. Univ. Sch. of Law, Remarks at *Fordham Journal of Corporate & Financial Law Symposium*: *Changing Face of Corporate Compliance and Corporate Governance* (9 February 2015). （另一个主要金融机构的首席合规官）

② See, e. g., Rachel Louise Ensign & Max Colchester, *HSBC Struggles in Battle Against Money Laundering*, WALL ST. J. (12 January 2015), http://www.wsj.com/articles/hsbc-struggles-in-battle-against-money-laundering-1421100133. （详细介绍了汇丰银行为遵守与洗钱调查有关的 DPA 所做的努力，包括花费数十亿美元和进行组织结构调整，使"汇丰银行25.8 万名员工中近 10% 的人从事风险和合规工作"）

目前还无法回答。因此，检察官的合规要求偶尔含糊不清也就不足为奇了，①要求公司进行"适当的尽职调查"，建立"有效的合规"，并根据现行标准定期审查合规情况，但都没有提供具体的内容。② 检察官们根本不知道该要求什么。除非他们能够将组织理论与经验证据结合起来，否则检察官们就是在用不确定的利益为公司增加成本。

当执法者在要求任命监督员或聘请外部顾问来审查公司合规计划的质量时，他们含蓄地承认自己缺乏信息。这是一个陷阱。除非第三方能够准确区分合规计划的好坏，否则强制第三方参与只是相当于将财富从公司转移到第三方。此外，我们有充分的理由怀疑，第三方专家并不比政府执法部门更了解什么是好的合规计划。他们都是局外人。

合规的核心信息问题可能导致逆向选择——即臭名昭著的"柠檬问题"。③当消费者无法区分优质和劣质商品时，他们的理性反应是对所有商品的价值进行折扣。④ 然而，这种折扣的效果是阻止高质量商品的所有者将他们的商品推向市场，在市场上他们会遭受折扣。⑤ 令人不快的结果是，尽管有折扣，由于低质量商品的所有者没有受到类似的阻挠，消费者还是会购买低质量的商品，

---

① Brandon Garrett, *Too Big to Jail：How Prosecutors Compromise with Corporation*, Harvard University Press, 2014, p. 74. （记载到在所研究的 255 项协议中，有 71 项涉及须与行业监管机构达成协议的合规改革）缺乏具体性也可能反映了该公司在达成和解协议之前实施了合规改革，并得到了检察官的帮助和认可。See Brandon Garrett, *Too Big to Jail：How Prosecutors Compromise with Corporation*, Harvard University Press, 2014, pp. 74-75。（记载到 255 项协议中有 162 项涉及被告公司已采取的合规改革）

② Brandon Garrett, *Too Big to Jail：How Prosecutors Compromise with Corporation*, Harvard University Press, 2014, p. 72.

③ See generally George A. Ackerlof, *The Market for "Lemons"：Quality Uncertainty and the Market Mechanism*, Quarterly Journal of Economics, Vol. 84：488, (1970).

④ See generally George A. Ackerlof, *The Market for "Lemons"：Quality Uncertainty and the Market Mechanism*, Quarterly Journal of Economics, Vol. 84：488, p. 489, (1970). （在消费者无法区分好车和坏车的情况下，通过类比开发模型，两者只得必须以相同的折扣价格进行交易，作者通过这个类比，建立了理论模型。）

⑤ See generally George A. Ackerlof, *The Market for "Lemons"：Quality Uncertainty and the Market Mechanism*, Quarterly Journal of Economics, Vol. 84：488, p. 489, (1970). （"坏车会赶走好车，因为它们的售价和好车一样。"）

并为它们支付过高的价格。①

在市场上寻找良好合规计划的公司也面临着类似的问题。好与坏无法区分开来。这将阻碍好计划的发展,并导致许多公司为坏计划支付过多的费用。这是一个双重悲剧。企业不仅多付了钱,还建立了可能无法防止未来违法行为的合规计划。

(三) 公司理论

国家强加的公司治理与当前的公司理论不一致,无论你的公司模型是来自"契约关系"② "交易成本经济学"③ 还是 "财产权"④ 理论。⑤ 在所有这些理论下,公司治理被理解为是契约性的,并受制于法规或司法判例所提供的强制性条款。合规相当于是公司外部对公司内部强制实施的治理。因此,它不符合目前关于公司的任何理论描述。

如果说有什么区别的话,那就是合规颠覆了公司主流理论背后的逻辑直觉。这些理论大多源于科斯对企业经营中契约不完全性的认识。⑥ 在一个持续的商业关系中,各方无法明确说明他们的合同关系随着时间的推移可能会出现的所有意外情况。其结果是公司的创建,其作用是通过权力结构和信义义务原则的

---

① See generally George A. Ackerlof, *The Market for "Lemons": Quality Uncertainty and the Market Mechanism*, Quarterly Journal of Economics, Vol. 84: 488, p. 489, (1970). ("大多数被交易的汽车都是'柠檬',好车可能根本不会被交易。")

② See Frank H. Easterbrook & Daniel R. Fischel, *The Economic Structure of Corporate Law*, Harvard University Press, 1991, pp. 8-12.

③ 公司的"交易成本"理论解释了这些成本对公司发展的影响。See, e.g., Oliver E. Williamson, *The Economic Institution of Capitalism*, 1985, pp. 17-18。

④ 公司的"财产产权"论以不完全契约为出发点,但也强调将公司核心的有形或无形资产的控制权分配给剩余索取者的重要性。See generally Oliver Hart & John Moore, *Property Rights and the Nature of the Firm*, Journal of Political Economy, Vol. 98: 1119, (1990)。

⑤ 几代人以来一直占据公司法学术主流地位的代理成本问题,可以与这些公司理论中的每一个理论相适应。See Michael C. Jensen & William H. Meckling, *Theory of the Firm: Managerial Behavior, Agency Costs and Captial Structure*, Journal of Financial Economics, Vol. 3: 305, pp. 305-306, (1976)。

⑥ See generally Ronald Coase, *The Nature of the Firm*, Economica, Vol. 4: 386, p. 387 (1937).

背景来协调契约的不完全性。① 根据这些原则，也许将合规概念化，并将其与其他监管结构区分开来的最佳方式是，将其描述为对不完全性问题的类似回应。② 因为监管者不可能明确规定所有可能导致规避或违反监管规则的突发事件，也不可能明确规定公司为防止违规所必须采取的每一个步骤，因此，他们要求公司设立合规部门，其基本职责是根据公司的持续经营行为来协调监管要求。换句话说，合规对于监管的不完全性来说，就像治理对于投资合同的不完全性一样。

虽然这种相似可能暗示了一种合规理论，但它并没有成功地将这种解释纳入到公司法理论中。如上所述，所有主流的公司理论在范围上都局限于公司的组成实体——即公司的合同相对方的交易成本。合规反映的是政府的交易成本，而不是公司的合同相对方的交易成本。换句话说，尽管有相似之处，但合规仍然是一种外生性的强加，而不是公司治理的内生要素。这就提出了一个理论问题：是什么赋予了政府通过合规来干预公司的权力？

这个问题的答案可能是，国家干预公司事务的权利来自君主在授予公司特许状方面的作用，这一论点可以追溯到英国公司形式的起源。③ 在授予公司特许状后，国王保留了对公司事务行使一定程度的控制权的权利。④ 当美国从英国分离出来后，美国各州就拥有了授予公司特许状的权力。⑤ 也许合规是主权

---

① See Edward B. Rock & Michael L. Wachter, *Islands of Conscious Power: Law, Norms, and the Self-Governing Corporation*, University of Pennsylvania Law Review, Vol. 149: 1619, pp. 1629-1630, (2001).

② See Ian Ayres & John Braithwaite, *Responsive Regulation Transcending the Deregulation Debate*, Oxford University Press, 1992, p103. （在分析"实行自我监管是将监管职能分包给私主体的一种形式"时，引用了科斯的灵感来源）

③ See 2 William Blackstone, Commentaries *472. （解释了在英国，对于特许成立一家公司"国王的同意是绝对必要的"）

④ See Ron Harris, *Industrializing English Law: Entrepreneurship and Business Organization*, Cambridge University Press, 2000, pp. 64-65.

⑤ 与英国君主不同，美国各州可自由授予营利性法人特许令。See Joseph K. Angell & Samuel Ames, *A Treatise on the Law of Private Corporations Aggregate*, (Boston, Little, Brown & Co. 2d ed), 1843, p. 38. ["在任何国家，公司都没有像在我们国家这样大量增加……在我们的社会中，几乎没有一个品德高尚的人至少是一个法人私人公司或协会的成员……此外，在立法机关的每届会议上，都会不断地出现征求成立公司的法案。"]

权利的一种当代表现，主权在授予公司特许状后，可以对公司事务进行干预。①

然而，美国法律很早以前就否认了这样的说法，即通过赋予各州授予特许状来干预公司事务的固有权利。在 1819 年著名的达特茅斯学院（Dartmouth College）案中，美国最高法院裁定，新罕布什尔州不能通过修改学院的特许状，把任命受托人的权力移交给州政府以此来控制学院。② 尽管州正式创立了公司，但州政府不能将其作为州权力的工具。马歇尔大法官（Justice Marshall）写道，公司"并不参与国家的民政管理，除非这是它创建的目的"。③ 相反，公司的存在是为了代表特许状中所规定的利益，并受到宪法合同条款的保护，免受国家干预。④

政府干预合规的另一个依据是"法人实在说"理论，这是 19 世纪末从德国传入英国和美国的理论，是商业组织法定权利的基础。⑤ 在 20 世纪早期到中期，法人实在说"有助于加强有限责任和商业判断规则，并可能对公司引入所得税制度负有部分责任，该制度将公司视为独立的应税实体"。⑥ 最重要的是，该理论支持从刑法的角度将公司视为一个人的存在。⑦ 从把公司当作一个真实

---

① 值得注意的是，根据这一理论，这项权利属于各州，而不是联邦政府。

② *Trs. of Dartmouth Coll. v. Woodward*, 17 U.S. (4 Wheat.) 518 (1819).

③ *Trs. of Dartmouth Coll. v. Woodward*, 17 U.S. (4 Wheat.) 636 (1819).

④ *Trs. of Dartmouth Coll. v. Woodward*, 17 U.S. (4 Wheat.) 654 (1819). （法人团体拥有完整的法律和衡平法权益，并为执行信托而完全代表捐赠人，其权利受宪法保护。）

⑤ 法人实在说理论主要由德国法学家奥托·冯·吉尔克（Otto von Gierke）提出，其影响通过弗雷德里克·威廉·梅特兰（Frederic William Maitland）和恩斯特·弗兰德（Ernst Frend）的著作传播开来。See Martin Gelter, *Taming or Protecting the Modern Corporation? Shareholder-Stakeholder Debates in a Comparative Light*, NYU Journal of Law & Business, Vol. 7: 641, pp. 665-666, (2011)。（讨论了吉尔克的影响）

⑥ Martin Petrin, *Reconceptualizing the Theory of the Firm: From Nature to Function*, Penn State Law Review, Vol. 118: 1, p. 12, (2013). （脚注省略）

⑦ Mark M. Hager, *Bodies Politic: The Progressive History of Organizational "Real Entity" Theory*, University of Pittsburgh Law Review, Vol. 50: 575, pp. 585, 588, (1989). （"吉尔克建立了这样一种理解，即法人实在说理论是支持责任的，而虚构理论是反对责任的。"）

的人来起诉,到通过寻求合规来"改造"它们,这并不需要很大的飞跃。①

"法人实在说"理论现在已被主流公司法理论所否定。② 当然,这并不意味着它是错误的,但它确实意味着合规的理论化程度严重不足。合规是刑法学者和从业人员所持有的公司概念与公司法学者和从业人员所持有的公司概念相联系的地方。目前,这两种概念是不相容的,这表明要么需要对公司法理论重新进行概念化,要么需要修正政府处理合规问题的方式。下一部分对后一种方法进行了论述,同时对前者留有开放性余地,因为它也许存在更多有趣的可能性。

四、进步性合规改革

公司遵守法律显然是一种社会公益。然而,正如上一部分所表明的,目前的合规结构是比较模糊的。如何才能改善这种状况呢?本部分提供了两种选择。第一,结束政府作为合规设计者的角色,允许公司仅基于效率的考虑采用(或不采用)合规计划,同时仍然要求它们对违反实体法的行为负责。第二,通过在证券法中规定的定期披露,不断提高合规职能的透明度。下文将对这两种方案进行分别探讨。

---

① See generally Miriam H. Baer, *Organizational Liability and the Tension Between Corporate and Criminal Law*, Journal of law and policy, Vol. 19:1, p. 10 (2010) ("有时,政府提出的改造与在个人层面消除犯罪行为没有什么关系,而是在实施有问题的治理条款。"); see also Brandon Garrett, *Too Big to Jail*: *How Prosecutors Compromise with Corporation*, Harvard University Press, 2014, p. 47 ("检察官说,核心目标是改造公司,努力帮助它们变得更好、更有道德。"); Peter Spivack & Sujit Raman, *Regulating the "New Regulators"*: *Current Trends in Deferred Prosecution Agreements*, American Criminal Law Review, Vol. 45:159, p. 161, (2008). ("在后安然时代,司法部官员似乎认为,公司刑事执法的主要作用是改革腐败的公司文化——即进行广泛的结构改革。")

② 用前大法官艾伦的话说:主流的法律学术观点没有将公司描述为一种社会机构。更确切地说,公司被看作市场的缩影,是各种真实的人之间的持续契约(显性或隐性)组成的网络。公司是"人"的概念被认为是一个无力且不重要的虚构。William T. Allen, *Contracts and Communities in Corporation Law*, Washington and Lee Law Review, Vol. 50:1395, p. 1400, (1993)。

（一）政府的退出

让政府退出合规业务，可以防止由一个基本不负责任的机构在不透明的过程中设计核心公司治理职能，该机构在组织设计方面没有专业知识，也没有能力衡量有效性。[①] 政府退出合规工作并不意味着退出执法工作。即使政府不再参与公司改革，它仍然有权力最大限度地执行法律；它仍然能够实施严厉的惩罚；而且，它仍然有权力进行和解，并对合作者给予奖励，[②] 它只是不能坚持进行合规改革。[③] 公司将对这种变化做出怎样的反应？公司是否会突然关闭其合规部门？

公司有强烈的动机去遵守法律，即使没有政府告诉他们具体如何去做。[④] 只要合规计划中包含的内容是遵纪守法的有效手段，公司至少会保留这些内容。但是，他们可能会抛弃合规计划的某些方面，这些方面不能证明合规产生的成本效益。换句话说，如果它完全由公司所有，合规将受制于公司内部的成本效益考量，并且公司可能会"在合规的制裁成本小于或等于不合规的制裁成本的

[①] 详见第三部分之（二）；see also Jennifer Arlen, *Removing Prosecutors from the Boardroom: Limiting Prosecutorial Discretion to Impose Structural Reforms*, in S. Barkow & Rachel E. Barkow eds., Prosecutors in the Boardroom: Using Criminal Law to Regulate Corporate Conduct, 2011, pp. 62-63。（认为"检察官不应该对未被起诉的公司进行结构性改革"）

[②] 有充分的理由承认合作是一个缓和因素。See Jennifer Arlen, *The Potentially Perverse Effects of Corporate Criminal Liability*, Journal of Legal Studies, Vol. 23: 833, p. 859, (1994).; Jennifer Arlen & Reinier Kraakman, *Controlling Corporate Misconduct: An Analysis of Corporate Liability Regimes*, New York University Law Review, Vol. 72: 687, pp. 746-747, (1997). 保留合作的作用可能意味着至少保留了当代合规职能中支持合作的重要部分——特别是监测和内部调查——但不是以执法机构授权的形式。

[③] See David M. Ublmann, *Deferred Prosecution and Non-Prosecution Agreements and the Erosion of Corporate Criminal Liability*, Maryland Law Review, Vol. 72: 1295, p. 1302, (2013).（认为 DPA 和 NPA 的使用限制了执法的威慑力，消除了社会对犯罪行为的谴责，并破坏了法治）

[④] But see Jennifer Arlen & Marcel Kahan, *Corporate Governance Regulation Through Non-Prosecution*, (N.Y. Univ. Sch. of Law, Public Research Paper No. 16-04, 2016), http://papers.ssrn.com/sol3/papers.cfm? abstract_ id+2731351.（为 DPA/ NPA 来为干预辩护，认为"监控代理成本"的存在，表明公司没有适当的动机去遵守法律）

情况下从事合规工作"①。

只要公司治理被看作是管理者和股东之间最终以财富最大化为目的而交易的产物，这就是一个理想的结果。即使不参与合规计划的设计，政府也保留了制裁的空间（以及刑事责任的可能性），作为防止公司不法行为的一个极其有力的工具。② 如果目前的制裁水平不足以阻止公司的不当行为，政府就应该提高制裁级别，从而改变目标公司的价值计算。③ 从公司的角度来看，一旦不当行为不再是价值最大化的，基于效率的合规计划在发现和阻止公司不当行为方面将不会比政府设计的计划差（甚至可能更强）。

这种安排既有理论意义，也有实践意义。一旦公司能自主合规，他们就会寻求更好、成本更低的方式来引导组织行为。他们会进行试验，摆脱自《量刑指南》起草以来一直作为合规基础的核心要素。④ 例如，如果投资文化或技术比雇佣成百上千名员工进行"了解你的客户"（Know Your Customer）的尽职调查

---

① Geoffrey P. Miller, *An Economic Analysis of Effective Compliance Programs*, in Jennifer H. Arlen ed., Research Handbook On Corporate Crime And Financial Misdealing, Edward Elgar Publishing Limited 2018.

② See Gary S. Becker, *Crime and Punishment: An Economic Approach*, Journal of Political Economy, Vol. 76: 169, p. 185, (1968); A. Mitchell Polinsky & Steven Shavell, *Enforcement Costs and the Optimal Magnitude and Probability of Fines*, Journal of Law and Economics, Vol. 35: 133, pp. 133-136, (1992).

③ A. Mitchell Polinsky & Steven Shavell, *Enforcement Costs and the Optimal Magnitude and Probability of Fines*, Journal of Law and Economics, Vol. 35: 133, pp. 133-136, (1992).

④ 1990年秋季草案对"有效"合规的定义如下：第一，组织必须制定政策，确定员工应遵循的标准、规则和程序。第二，组织必须向员工有效地传达其政策，例如，通过培训计划和出版物。第三，组织必须进行尽职调查来确保其政策得到遵守，例如，利用合理设计的监察系统，查出员工的犯罪行为，以及建立并向员工宣传报告系统，使员工可以报告组织内的犯罪行为而不必担心受到报复。第四，这些政策必须得到执行，例如，通过建立惩戒机制。See Nolan Ezra Clark, *Compliance Programs and the Corporate Sentencing Guidelines: Preventing Criminal and Civil Liability*, §2: 23, Westlaw (database updated Oct. 2015); 目前的《指南》有七个要素，包括：(1) 规则，(2) 高层参与和适当授权，(3) 勤勉雇佣，(4) 沟通和培训，(5) 监测和测试，(6) 激励措施的一致性，(7) 适当的补救措施。See U. S. Sentencing Guidelines Manual, §8B2.1 (b)。

更有利于促进合规，那么公司就会尝试这种做法。① 同样，公司可能会根据新出现的文件，调整他们的合规计划，这些文件表明，围绕制裁和监督组织的合规计划相比围绕程序公平、共识和尊重的组织体系来说效果更差（而且更昂贵）。② 试验结果将带来创新，也许还会带来更有效的合规架构。③ 此外，一旦公司开始试验，合规结构将更加多样化，资本市场将有更大的机会在此基础上进行区分，但前提是合规的透明度要更高——这是下面要讨论的问题。

（二）提高合规职能的透明度

由于政府完全退出合规监管似乎不太可能，因此有必要考虑改革的其他途

---

① 正如一家大型金融机构的首席合规官所说：我不确定雇佣成千上万的新毕业生查看开户文件的投资回报是什么。我们最好雇佣成千上万的技术专家，他们能真正找出洗钱者或从事不当行为的人。我们还没有走那条路，很大程度上是因为大多数的和解已经导致了人员的增加……增加人员比搞清如何发现潜在的不当行为并阻止它更为容易。See Geoffrey Miller, Professor of Law, N. Y. Univ. Sch. of Law, Remarks at *Fordham Journal of Corporate & Financial Law Symposium*: *Changing Face of Corporate Compliance and Corporate Governance* (9 February 2015).

② See, e. g., Todd Haugh, *Criminalized Compliance*（未发表的手稿）（认为目前的合规方法失败了，因为它们引入了刑法的非合法性特征）; Tom R. Tyler, *Psychology and the Deterrence of Corporate Crime*, in Jennifer H. Arlen ed., Research Handbook On Corporate Crime And Financial Misdealing, Edward Elgar Publishing Limited 2018, pp. 1-2. （回顾经验证据表明，基于同意的合规模式优于基于强制的合规模式）。在其他法律领域也有类似的论点。See, e.g, Anthony V. Alfieri, *The Fall of Legal Ethics and the Rise of Risk Management*, The Georgetown law journal, Vol. 94: 1909, (2006) （描述和批判了风险管理规范在法律行业监管中的重要性）; Russell G. Pearce & Eli Wald, *Rethinking Lawyer Regulation*: *How A Relational Approach Would Improve Professional Rules and Roles*, Michigan State Law Review, Vol. 2012: 513, (2012)。（批评了职业行为监管的指挥与控制模式，而提倡一种围绕广泛原则组织起来的基于关系的监管方法）

③ See Roberta Romano, *For Diversity in the International Regulation of Financial Institutions*: *Critiquing and Recalibrating the Basel Architecture*, (Yale Law & Econ. Research Paper No. 452), SSRN (2013), http://ssrn.com/abstract=2127749, p. 77. （他认为监管实验"将产生信息，并使正在进行的假设测试正式化，以寻求更好的监管解决方案"）see also Sean J. Griffith, *Substituted Compliance and Systemic Risk*: *How to Make a Global Market in Derivatives Regulation*, Minnesota Law Review, Vol. 98: 1291, pp. 1358-1359, (2014). （在衍生监管方面提出了监管多样性的论点）

径。为此，一些评论家最近建议在和解时加强司法审查。① 尽管有证据表明，至少有一些法官对在公司起诉中使用延缓起诉协议或不起诉协议表示不满，但几乎没有证据表明，司法部门进行更多的参与可以改善合规改革。法官们在评论执法行动的解决方案时，往往批评政府未能追究个人责任，或未能获得更多的罚款。② 他们往往不关注合规改革的效果。事实上，法官并没有能力评估和解改革的质量，就像检察官们在实施改革时一样，甚至可能更差。③

因此，一个更有希望的监管战略可能是，不把重点放在合规改革的实质上，

---

① See, e.g., Brandon Garrett, *Too Big to Jail: How Prosecutors Compromise with Corporation*, Harvard University Press, 2014, p. 282（主张将 DPA 程序的更大控制权交给为公众利益服务的法官）; Lawrence A. Cunningham, *Deferred Prosecutions and Corporate Governance: An Integrated Approach to Investigation and Reform*, Florida Law Review, Vol. 66: 1, p. 50, (2014).（主张加强对起诉理由的司法审查）

② 其中包括拉科夫法官拒绝批准 SEC 2011 年 11 月与花旗集团（Citigroup）达成的和解协议，以及格里森法官在 2012 年 12 月与汇丰银行（HSBC）达成的和解协议中对改革进行持续监督。See Peter J. Henning, *Behind Rakoff's Rejection of Citigroup Settlement*, N.Y. TIMES: DEALBOOK (28 November 2011), http://dealbook.nytimes.com/2011/11/28/behind-judge-rakoffs-rejection-of-s-e-c-citigroup-settlement/?_r=1 [https://perma.cc/XYQ9-UZXU].（讨论了 SEC 诉花旗环球金融有限公司一案）; Christie Smythe, *HSBC Judge Approves $1.9B Drug-Money Laundering Accord*, BLOOMBERG (3 July 2013). http://www.bloomberg.com/news/articles/2013-07-02/hsbc-judge-approves-1-9b-drug-money-laundering-accord.（讨论美国诉美国汇丰银行案）; see also United States v. Fokker Servs. B.V., 79 F. Supp. 3d 160 (D.D.C. 2015)（认为与被指控的行为相比，DPA 过于宽容）appeal filed, No. 15-3016 (D.C. Cir. Feb. 23, 2015), and No. 15-3017 (D.C. Cir. Mar. 10, 2015).（一名初审法官以和解过于宽大为由拒绝和解，司法部对此提出上诉）

③ 法官们没有机会去了解什么是合规的，什么是不合规的。大多数合规和解方案从未在他们面前出现过。See Benjamin M. Greenblum, *What Happens to a Prosecution Deferred? Judicial Oversight of Corporate Deferred Prosecution Agreements*, Columbia Law Review, Vol. 105: 1863, pp. 1869-1870, (2005).["除非适用的规约另有规定，否则延期的决定一般不受司法审查。例如，《美国法典》（U.S. Code）没有规定对联邦延期决定提供司法审查。至于那些试图挑战检察官在延期结束时起诉的自由裁量权的违法者，联邦法院只在延期协议是一项具有可执行条款的合同时进行干预。"] 而最终提交给法官的合规和解协议缺乏任何对抗性因素，导致法官在面临批准该解决方案时出现严重的信息不对称。See generally in re Trulia, Inc. Stockholder Litig., 129 A-3d 884, 893.(Del. Ch. 2016)[注意到在批准集体诉讼和解的情况下，各方不再是对抗性的，法院"收到了颂扬（和解）价值和主张批准拟议和解的简报和宣誓书，但很少收到表达反对观点的材料"]

而是放在合规职能的透明度上。注重披露而非实质内容,这与更普遍的证券法的监管策略相似,其目的只是为资本市场提供必要的信息,以便对公司进行区分。① 披露合规细节将使专业人士能够研究和了解那些有效和无效的合规机制。它还将使市场专业人员能够根据合规职能的质量对不同的公司进行区分。如果他们进行相应的投资,资本市场本身就能激励公司改善其合规职能。政府可以通过采用一项由 SEC 执行的规则,要求上市公司披露合规细节来实现这一目标。

强制性合规披露的重点是结构性细节,例如,合规是如何组织的,它与业务部门和其他控制职能部门(如风险和内部审计)的关系如何,哪些风险分配给了合规,合规如何分配人员和技术资源来管理这些风险,战略业务决策是否以及如何涉及合规,在发生冲突时合规官的权力和期望是什么,升级和报告结构如何运作,以及合规是否以及在多大程度上影响高管薪酬。这些计划的细节可以根据有效性指标进行分类和比较,如报告不当行为事件、政府调查和制裁给付。作为相替代或相叠加的选项,还可以要求公司披露其合规计划绩效的标准化数据,以便在一组公司之间更直接地比较量化指标。② 目前还没有公司主动披露这一信息。③ 此外,强制上市公司披露大量信息的联邦证券法,并没有强制要求任何的合规披露。它应该有这样的规定。④

强制性的合规披露将触发公司对已有信息的发布。许多公司都在跟踪计划的有效性。那些拥有这些信息但没有这样做的公司可以将其汇编起来。这些信息并不具有竞争敏感性。它不包括可能给竞争对手带来优势的商业计划或战略。或者,如果所要求的合规披露确实暗示了具有竞争敏感性的信息,公司可以向

---

① 详见第二部分之(二),2。
② 绩效数据可以集中在量化指标上,如合规计划被审计的频率和得分情况,项目回答员工或技术工具提出的问题的速度,培训完成率和公司达到培训目标的速度,以及员工在培训评估中的得分情况。
③ 没有自愿披露并不自动意味着信息没有用处。公司没有发布有用的信息,可能是由于搭便车效应、先发劣势,以及没有标准格式使投资者去处理这些信息。See Frank H. Easterbrook & Daniel R. Fischel, *The Economic Structure of Corporate Law*, Harvard University Press, 1991, pp. 300-304。
④ 行业协会也可能通过其成员的同意,在匿名的基础上汇编这些信息。但是,如果没有标准化和防止拒不合作的手段,私人数据收集似乎是监管授权的次优解决方案。

SEC 申请豁免披露条款。

信息披露将产生巨大的好处。首先，披露合规的细节将使有关各方——合规官、政策制定者和执行者——了解合规的实际效果。对有效性的宣称将是经验之谈，而不是轶事。合规计划将更好地发挥作用，因为效率较低的结构将会失去影响力，从而更有效地发现和阻止公司的不当行为。其次，对合规细节的披露将使资本市场参与者能够区分不同公司的合规计划。投资者会认识到，更好的合规意味着更小的风险损失，从而将愿意为合规性更好的公司支付溢价。① 这反过来又会导致一个良性循环，即股价溢价会进一步激励公司采用强有力的合规职能，从而降低了下行风险，减少了不当行为，并提高股价。

五、结语

本文认为，合规是一种与当代公司理论不相容的治理职能。合规所暴露出来的理论与实践的不一致性，为重新思考公司理论与重新激发起沉睡的辩论提供了机会。本文试图展开对话，呼吁各专业的学者以及从业人员和政策制定者，参与到当代合规职能所引发的重要理论和实践问题中来。

(初审：沙桐；校对：陈怡文)

---

① 这里的损失不仅包括罚款和其他法律制裁，还包括不当行为本身产生的损失——例如，未被薄弱的合规计划发现的"流氓交易员"（rogue trader）所产生的损失。See generally Mark N. Wexler, *Financial Edgework and the Persistence of Rogue Traders*, Business & Society Review, Vol. 115: 1, pp. 3-7, (2010)。("流氓交易员"现象的历史概况)

佳译专苑

大数据价格歧视：
美国反垄断监管模式刍议[*]

拉姆西·伍德考克[**]著　梅　鑫　丁粮柯[***]译

摘　要：不断扩张的大数据价格歧视对反垄断法维持的生产者与消费者之间的财富分配格局造成了巨大冲击，随着消费者信息数据的不断积累以及程序算法等分析工具的不断强化，企业将能够几乎无误地分析出任一消费者在特定时间购买任一商品时所能承受的最大化价格，并通过价格定制来攫取消费者的所有经济剩余。未来的大数据价格歧视必将使现行的反垄断机制失效，因此反垄断法必须放弃总福利标准，采用消费者福利标准。反垄断法需要将定价权的形成、存在和行使过程纳入监管范围，具体而言，有三种解决方案可供选择：第一种方案是通过美国反行业经营者集中运动直接削弱企业的定价权，从而限制企业价格歧视时对消费者设定尽可能是最高价格的能力。第二种方案是政府运用大数据来保护消费者福利。第三种方案是直接禁止商品价格定制行为。其中前两种解决方案并不禁止企业定制价格，但是禁止企业实施损害消费者利益的行为。简言之，大数据时代的来临标志着自由市场的终结，反垄断法有必要从美国历史经验中提炼出适合大数据价格歧视的监管模式。

关键词：大数据价格歧视；价格定制；经济剩余；价格监管；反垄断法

---

[*]　原文 Ramsi A. Woodcock, *Big Data, Price Discrimination, and Antitrust*, Hastings Law Journal, Vol. 68：1371, pp. 1371-1420, (2017)。翻译已获得作者授权，中译文摘要和关键词均为译者所加，部分脚注内容略有删改。

[**]　拉姆西·伍德考克，肯塔基大学法学院和盖盾商业与经济学院助理教授。作者感谢乔纳森·贝克、埃利亚斯·多伊彻、艾纳·埃尔豪格、延斯·乌韦·弗兰克、格伦·W. 哈里森、约翰·柯克伍德、威廉·科瓦契奇、迈克·舒斯特等人和曼海姆竞争和创新中心等机构对本文初稿的评论与帮助。

[***]　梅鑫，中共中央党校（国家行政学院）政治和法律教研部博士生；丁粮柯，中共中央党校（国家行政学院）政治和法律教研部博士生。

引 言

不久之后,任何消费者可能都无法再实现划算的交易。例如,肥皂卖家都将能够知晓消费者的详细信息,包括消费者的收入水平、工资发放日期、房租贷款到期时间,甚至消费者是否需要为下周的朋友聚会提前节省资金。① 肥皂卖家将足够了解消费者的习惯,包括其购买肥皂的频率、购买其他卫生用品的花销金额以及是否存在洁癖等心理特征,卖家将能预测消费者此时是否急切地需要一块新的肥皂。② 基于此,卖家将为消费者定制个性化的价格,该价格是消费者所能接受的最高价格,卖家无须担心消费者是否会购买,而消费者将以不同的价格购买同一块肥皂。消费者可能尝试通过更换卖家来逃避大数据定制化的陷阱,但是许多市场是被一小撮大公司所控制,他们几乎都会以同样的方式为消费者定制价格。消费者可能试图通过伪装来"骗过"卖家,但是企业庞大的数据收集量使得他们能够击败任何匿名化的尝试。消费者可能通过戴口罩来避免商店的面部识别,但是商店仍然可以通过他们在过道行走的步幅长度、

---

① See Beckett. Lois, *Everything We Know About What Data Brokers Know About You*, Pro Publica(13 June 2014),https://www.propublica.org/article/everything-we-know-about-what-data-brokers-know-about-you.(报告称,一家数据公司收集了约38%美国雇员详细的工资和支付存根信息)餐饮预订的数据可以直接从 Open Table 等预订网站中获得,或通过数据经纪人来购买浏览和搜索历史数据,抑或通过重复访问 Open Table 或餐厅网站推断得出。See Benjamin Reed Shiller, *First-Degree Price Discrimination Using Big Data*, Working Papers, 30 January 2014, pp.6-7.(描述了研究人员从数据经纪人处购买了数万人的网络浏览历史数据)

② 包括心理健康状况在内的健康状况,可以从购买的数据中推断出来。See Beckett. Lois, *Everything We Know About What Data Brokers Know About You*, Pro Publica(13June 2014), https://www.propublica.org/article/everything-we-know-about-what-data-brokers-know-about-you.(报道称,有一家健康保险公司最近购买了超过300万消费者与健康相关的消费数据)

停车场的汽车或者其他无数的个人特征来确定消费者,使得消费者"无地可藏"。① 消费者可能通过浏览器的无痕浏览来模糊其个人的信息,但是他们设置浏览器窗口的大小、信用卡在线支付的速度等浏览方式都将暴露他们的身份。② 而且商家可以通过拒绝出售商品给那些他们无法识别的人来阻止成功匿名的消费者。③

正如上述未来的场景显示的,大数据价格歧视对反垄断法所维持的生产者与消费者之间的财富分配格局造成了巨大冲击。④ 反垄断法通过避免企业获取过多的定价权,艰难地在消费者和生产者之间维持着财富的公平分配。反垄断法的实施效果是有限的,但是略微令人宽慰的是,即便是更为强大的企业,在涨价方面仍然有最高定价的限度。企业提高统一售价的幅度越大,意味着越多的消费者将被排除在市场之外。超过一定限度后,商家提高售价所多赚取的利润就无法弥补提高售价所导致的市场收缩损失,所以垄断企业尽量避免将商品定价过高,为消费者保留了一部分的财富剩余。

本文思考的是,如果信息时代的不断推进消灭了这部分财富剩余,反垄断

---

① See, e.g. Ryan O'Hare, *Nowhere to Run: Software Can Identify You by the Way You WALK Even in Grainy CCTV Footage-and Putting on a Limp Won't Fool It*, Daily Mail (15 February 2016), https://www.dailymail.co.uk/sciencetech/article-3447957/Nowhere-run-Software-identify-way-WALK-using-grainy-CCTV-footage.html. (识别步态的技术); Akiva A. Miller, *What Do We Worry About When We Worry About Price Discrimination? The Law and Ethics of Using Personal Information for Pricing*, Journal of Technology Law & Policy, Vol. 19: 41, pp. 45, 52 (2014). ("新的面部识别技术允许卖家通过有时隐藏在人体模型中的商店内摄像头来识别和追踪购物者。在不久的将来,零售商可能会通过员工佩戴的可穿戴相机来跟踪客户")(引文中的脚注略)。

② See Erik Larkin, *Browser Fingerprints: A Big Privacy Threat*, PC WORLD (Mar. 26, 2010), https://www.pcworld.com/article/192648/browser_fingerprints.html.

③ Cf. Jerome Joseph, *Big Data: Catalyst For A Privacy Conversation*, Indiana Law Review, Vol. 48: 213, pp. 213, 231 (2014). (描述了一名妇女被观察到通过用现金购买与婴儿有关的物品来向数据经纪人隐瞒其怀孕信息,导致她被零售商标记为潜在的犯罪行为人)

④ 至少有一个行业的未来已经到来了。See, Eric Newcomer, *Uber Starts Charging What It Thinks You're Willing to Pay*, BLOOMBERG (19 May 2017), https://www.bloomberg.com/news/articles/2017-05-19/uber-s-future-mayrely-on-predicting-how-much*you-re-willing-to-pay. 本文中"反垄断"一词用作名词时,是指整个反垄断制度,可以理解为不仅包括反垄断法的规则,还包括反垄断学者、律师和执法者的理论和实践。具体的反垄断规定及其来源将会被标明,因为它们与笔者的观点相关。

法将何去何从。笔者的研究基于一个假设：大数据使企业无需对任何消费者群体统一定价，而是以对每位消费者的定制化价格代之，这将使得企业在对部分消费者涨价的同时，无须担心其他消费者被排除在市场之外，实践中这种行为被称为价格歧视（price discrimination）。① 笔者假设，随着消费者信息数据的不断积累以及程序算法等分析工具的不断强化，企业将能够几乎无误地分析出任一消费者在特定时间购买任一商品时所能承受的最大化价格。② 其造成的结果是企业从顾客手中攫取利润的行为，将不会存在任何自然的限制。

未来的大数据价格歧视必将使现行的反垄断机制失效。目前的反垄断监管建立在防止排除竞争行为形成定价权的基础上，而并非削弱现有的定价权并规制其行使的方式。例如反垄断法禁止企业通过兼并竞争者的方式达成垄断，但不禁止企业成为垄断者并实施涨价行为。③ 当企业在新兴市场中建立定价权，从消费者处获取更多财富时，这种监管模式是有效的。但企业很快就能学会运用大数据，行使现有的定价权来增加财富份额。大数据放大了企业现有定价权的作用，并非创造额外的定价权，从而挑战了生产者与消费者间的财富分配格局。

大数据价格歧视的蔓延将迫使反垄断法放弃总体福利标准，避免终局性地认定垄断行为的危害。反垄断领域一直在争论究竟是维持现有的消费者福利标准，仅避免消费者利益受损；还是采取总体福利标准，将社会经济视作整体，避免社会整体经济利益受损，搁置审查社会财富在生产者与消费者间的分配状况。在大数据价格歧视时代采用总体福利标准，将使得反垄断规则僵化过时，

---

① Ibid.；See, White House, *Report on Big Data and Differential Pricing*, Feburary 2015, https：//obamawhitehouse. archives. gov/sites/default/files/whitehouse_ files/docs/Big_ Data_ Report_ Nonembargo_ v2. pdf. （"大数据指的是从多个来源收集大量数据的能力，并由此产生新的观测、测量和预测"）；Jerome Joseph, *Big Data：Catalyst for a Privacy Conversation*, Indiana Law Review, Vol. 48：213, pp. 214-217, 2014. （回答关于"何为大数据"的问题）

② 这是对技术发展方向的一个预测。笔者将在第一部分详细说明。然而本文的重点并不是要证明这一预测是正确的，而是将其作为审视政策后果的基础。

③ See Lanham (Trademark) Act, §18, 15 U.S.C. (2012). （禁止可能……实质地……减弱市场竞争的企业合并）；United States v. Aluminum Co. of Am., 148 F. 2d 416, 429 (2d Cir. 1945). （认为"企业的规模并不决定企业的过错大小"）；Herbert Hovenkamp, *Federal Antitrust Policy：The Law of Competition and Its Practice*, West Group, 2011, p. 296. （"以垄断价格出售产品本身并不足以表明某人成为非法的垄断者"）

因为价格歧视允许企业行使定价权使总体福利最大化。大数据价格歧视扩大了市场规模、增加了总体福利，因为大企业得以降低价格、将原本无力购买商品的顾客纳入市场。相较而言，维持现有的消费者福利标准将使反垄断比现在更为重要，因为大数据价格歧视通过向每位消费者定制可容忍的最高价格，使消费者遭受比统一定价更大的损失。因此大数据价格歧视使反垄断很容易做出选择：是在总体福利标准下让自身显得过时，还是在消费者福利标准下让自身显得高度相关。

反垄断可以维持保护消费者的现行目标。然而，如果反垄断法仍然仅规制垄断权力的形成过程，而不将垄断权力的存在和运行纳入监管，那么反垄断法将难以胜任保护消费者这一使命。笔者认为有三种解决方案。其中前两种解决方案并不禁止企业定制价格，但是禁止企业在损害消费者利益时定制价格的行为。企业可以识别无力承担商品价格的消费者并对其降低商品价格，但不得对其他消费者设定其可接受的最大化的价格以攫取消费者接受的商品的全部价值。

第一个方案是通过美国反行业集中运动直接削弱企业的定价权，从而限制企业价格歧视时对消费者设定尽可能高价格的能力。这一方案可以通过重新解释反垄断法来禁止企业拥有定价权，而不仅仅是获取定价权。另外这一方案可以通过执行曾在20世纪中期由专家提出后被终止的反经营者集中立法计划来实现。

第二个方案是政府运用大数据来留存消费者福利。这一方案建立在美国利率管制传统的基础之上，通过设立独立的机构来为产品定价。定价机构不仅能够保障消费者现有的财富份额，还可以通过价格定制避免其他无力承担商品成本的消费者被排除出市场。大数据将赋予监管机构极大的灵活性，比如允许他们向穷人提供补贴，并通过向富人涨价来弥补。联邦贸易委员会（The Federal Trade Commission, FTC）基于其独立性、广泛的贸易监管权力以及作为数据监管机构的所拥有的经验，适合承担商品价格监管职责。

第三个方案是禁止价格定制行为。① 尽管这一方案能够维持现有的财富分

---

① 参见第四部分之（四）。在本文中，笔者将对不同主体收取不同价格的过程称为好的"价格定制"，将价格定制为消费者愿意支付的最高限度的行为称为"价格歧视"。关于价格歧视定义的更多内容，参见第二部分之（一）。关于如何实施价格定制禁令的讨论，See Ramsi A. Woodcock, *Personalized Pricing as Monopolization*, Connecticut Law Review, Vol. 51：311, pp. 311-374 (2019).

配格局，但是相较于前两种方案，其缺点在于无法为穷人削价。但是在消费者福利标准能够更为有效和公平地调整财富分配之前，禁止价格定制仍然优于放任价格歧视。放任价格歧视尽管可以增加社会总体福利，但无法阻止财富由消费者端向生产者端转移。

除反垄断之外，大数据法律研究关注于允许政府①、商业机构②和黑客③获取过多数据的后果。这些研究承认价格歧视是潜在的问题，但也关注其他问题，④这些问题包括大数据强化了对穷人和少数族裔等弱势群体的歧视，⑤ 服务个性化定制导致了消费者难以了解其他消费者的"过滤气泡"（Fliter Bubbles）。⑥ 关

---

① See, e.g. Matthew Tokson, *Automation and the Fourth Amendment*, Iowa Law Review, Vol. 96: 581, pp. 585-586 (2011). （认为向计算机发布和由计算机处理的数据应该得到宪法第四修正案的保护）; Julie E. Cohen, *What Privacy is for*, Harvard Law Review, Vol. 126: 1904, p. 1931 (2013). （认为使用大数据来个性化公共管理，比如根据需要调整残疾人的福利，会威胁到公民的隐私和尊严）

② See, e.g. Jerome. Joseph, *Big Data: Catalyst for A Privacy Conversation*, Indiana Law Review, Vol. 48: 213, pp. 218-223 (2014).

③ See, e.g. Justin (Gus) Hurwitz, *Data Security and the FTC's UnCommon Law*, Iowa Law Review, Vol. 101: 955, pp. 955-990 (2016); James T. Graves et al, *Big Data and Bad Data: On the Sensitivity of Security Policy to Imperfect Information*, The University of Chicago Law Review, Vol. 83: 117, pp. 117-137 (2016).

④ See, e.g. Jerome Joseph, *Big Data: Catalyst for A Privacy Conversation*, Indiana Law Review, Vol. 48: 213, pp. 218-241 (2014). （认识到大数据会导致价格歧视，但将这种影响视为与大数据相关的更广泛的隐私问题的一部分）笔者只考虑的是大数据价格歧视对消费者福利的影响。Hal Varian 和他的合作者研究了在竞争性市场中，当消费者能够控制他们显示的数据数量时，大数据价格歧视对消费者福利的影响。See Hal R. Varian, *Computer Mediated Transactions*, American Economic Review, Vol. 100: 1, p. 6 (2010). （总结而言，当消费者控制数据时，大数据价格歧视的危害是有限的。当市场充分竞争时，大数据价格歧视对消费者的益处是最大的）笔者担心的是消费者无法控制公司收集在他们身上的数据数量，而且市场缺乏竞争。

⑤ See Lior Jacob Strahilevitz, *Toward a Positive Theory of Privacy Law*, Harvard Law Review, Vol. 126: 2010, pp. 2027-2032 (2013). （讨论大数据对代理业务使用的影响，比如通过种族来预测客户是否有价值并值得特别关注）Cynthia Dwork & Deirdre K. Mulligan, *It's Not Privacy, and It's Not Fair*, Stanford Law Review Online, Vol. 66: 35, p. 37, (2013); White House, *Report on Big Data and Differential Pricing*, Feburary 2015, https://obamawhitehouse.archives.gov/sites/default/files/whitehouse_files/docs/Big_Data_Report_Nonembargo_v2.pdf.

⑥ See, e.g. Jerome Joseph, *Big Data: Catalyst for A Privacy Conversation*, Indiana Law Review, Vol. 48: 213, pp. 220-223, (2014).

于大数据和反垄断的研究试图展示,现有规则如何能够缓解大数据对消费者的与价格歧视无关的潜在损害。大数据能够赋予企业相较于竞争对手不可逾越的优势,并诱使企业阻止竞争对手获取数据。① 例如谷歌可能通过合同条款禁止用户使用其竞争对手的搜索引擎,从而阻碍竞争对手获取用户信息来优化其搜索引擎的算法。② 学者研究指出,现有的反垄断法规定了企业不得禁止竞争对手从自己的产品中获取数据。③ 但是研究也指出反垄断法应当促进隐私保护领域的竞争。④ 因此当企业尝试并购一个赋予用户更大的隐私控制权的竞争对手时,该企业应当受到反垄断法的质疑。⑤

少数观点质疑大数据价格歧视⑥不足以构成对反垄断法的挑战,尽管其中

---

① Maurice E. Stucke & Allen P. Grunes, *Big Data and Competition Policy*, Oxford University Press, 2016, p. 70.
② See Ibid. p. 289.
③ Ibid.
④ See Ibid. pp. 259-261.
⑤ See Ibid. pp. 131-134.
⑥ 唯一专门致力于价格歧视、反垄断和大数据的成果是 Douglas M. Kochelek, *Data Mining and Antitrust*, Harvard Journal of Law & Technology, Vol. 22: 515, p. 516, (2009). (认为价格歧视违反了反垄断政策,但不违反反垄断法) 唯一涉及反垄断领域大数据和价格歧视解决办法的成果是 Akiva A. Miller, *What Do We Worry About When We Worry About Price Discrimination? The Law and Ethics of Using Personal Information for Pricing*, Journal of Technology Law & Policy, Vol. 19: 41, pp. 69-70, 73-74, 84-87, 104 (2014). (经济意义上的消费者损害、公平和欺骗,作为大数据价格歧视的潜在问题,导致反垄断法难以提供有效补救措施,因为实施价格歧视不需要定价权,米勒建议通过公开定价和监管数据搜集行为来进行补救)。对大数据和价格歧视解决办法的简要讨论和其他可能的政策回应,包含在 Ariel Ezrachi & Maurice E. Stucke, *Virtual Competition: The Promise and Perils of the Algorithm Driven Economy*, Harvard University Press, 2016, pp. 83-130, 221, 226-229. (认为大数据正在强化公司价格歧视的能力,并总结认为竞争法并不禁止价格歧视,并建议政府通过隐私监管和赞助竞争对手来对抗实施价格歧视的企业) 至少还有另一项成果附带涉及到反垄断和大数据价格歧视。See Nathan Newman, *The Costs of Lost Privacy: Consumer Harm and Rising Economic Inequality in the Age of Google*, William Mitchell Law Review, Vol. 40: 849, pp. 865-876 (2014). (认为大数据价格歧视不适用于 Robinson-Patman 法案,反垄断法应当进行修改,禁止谷歌对其广告服务购买者进行价格歧视,谷歌在搜索方面的垄断能力有助于其收集数据,并使第三方能够利用谷歌收集的数据实施价格歧视,因为谷歌的搜索引擎垄断能力阻止了其他竞争者通过为消费者提供更大的隐私和数据的控制权来与谷歌竞争)。对在大数据之前的消费者交易活动的反垄断和价格歧视, See Mark Klock, *Unconscionability and Price Discrimination*, Tennessee Law Review, Vol. 69: 317, pp. 357-368 (2002). (结论是反垄断法并不直接禁止针对消费者的价格歧视,而是反对向零售商实施价格歧视)

部分学者认为应当重新解释反垄断法，将大数据价格歧视认定为对反垄断法规定的违反。① 本文在四个方面不同意这些研究。第一，不同于其他观点认为大数据只包含了消费者购买意愿的不完整信息，② 笔者认为大数据终将使企业获得关于消费者购买意愿的高度精确信息，从而允许企业实施完美的价格歧视。第二，笔者认为反垄断法对大数据价格歧视的监管能力不足，根源在于反垄断法注重对定价权形成过程的监管，对定价权的存在和行使过程关注度不够。第三，完美的价格歧视使总体福利标准下的反垄断规则丧失了合理性。第四，笔者认为反经营者集中和价格监管均是应对大数据价格歧视的补救方法。③

---

① See Akiva A. Miller, *What Do We Worry About When We Worry About Price Discrimination? The Law and Ethics of Using Personal Information for Pricing*, Journal of Technology Law & Policy, Vol. 19: 41, pp. 69-70, 73-74 (2014). （认为价格歧视通常并不违反反垄断法）Douglas M. Kochelek, *Data Mining and Antitrust*, Harvard Journal of Law & Technology, Vol. 22: 515, p. 516 (2009). （结论是大数据价格歧视并不违反反垄断法，但需要对反垄断原则进行"立法或司法的增强"以防止大数据价格歧视损害消费者利益）Ariel Ezrachi & Maurice E. Stucke, *Virtual Competition: The Promise And Perils Of The Algorithm-Driven Economy*, Harvard University Press, 2016, pp. 101-221. ["目前的反垄断规则并不适用于非串通行为歧视（定义包括价格歧视）"] 笔者在第四部分之（四）部分讨论禁止价格歧视的优点。

② See, Douglas M. Kochelek, *Data Mining and Antitrust*, Harvard Journal of Law & Technology, Vol. 22: 515, p. 529 (2009). （认为"完美的价格歧视仅在理论上存在"）See, Akiva A. Miller, *What Do We Worry About When We Worry About Price Discrimination? The Law and Ethics of Using Personal Information for Pricing*, Journal of Technology Law & Policy, Vol. 19: 41, p. 58 (2014). （"对一级价格歧视的可怕后果的关注是被夸大和误导的"）Ezrachi 和 Stucke 似乎同意笔者的假设。See Ariel Ezrachi & Maurice E. Stucke, *Virtual Competition: The Promise And Perils Of The Algorithm-Driven Economy*, Harvard University Press, 2016, p. 100. （"随着数据收集量的增加，消费者数据分析和分类能力的提高，自我学习的计算机算法将不断接近于完美的价格歧视"）

③ 现有的处理方法侧重于将隐私监管作为补救措施。See Akiva A. Miller, *What Do We Worry About When We Worry About Price Discrimination? The Law and Ethics of Using Personal Information for Pricing*, Journal of Technology Law & Policy, Vol. 19: 41, pp. 69, 104 (2014). （建议限制收集消费者数据和强制公开卖方的定价过程，作为应对大数据价格歧视的可能反应）；Ariel Ezrachi & Maurice E. Stucke, *Virtual Competition: The Promise And Perils Of The Algorithm-Driven Economy*, Harvard University Press, 2016, pp. 226-228. （认为迫使公司公开承认其使用大数据价格歧视将使消费者更加重视隐私的重要性，并且应当默认实施隐私保护，并且消费者应当事前选择是否允许企业采集其数据）。埃兹拉希和斯塔基认为政府可以利用大数据来进行价格监管，但他们只考虑使用这种监管来实现有竞争力的价格而非达成再分配或者其他方面的社会正义；他们还认为政府赞助的市场准入作为一种反经营者集中的倡议，可以成为应对价格歧视的补救措施；然而他们并不将反经营者集中作为一种更广泛意义上的补救措施。

本文首先介绍一些关于经济剩余（"生产创造的财富"的另一种称谓）和反垄断法是否应当保障消费者经济剩余份额的争论的背景故事。笔者认为消费者与生产者之间的经济剩余分配格局必须得到反垄断法的保护。随后，笔者分析了价格歧视对经济剩余的影响，举例证明大数据将强化价格歧视，并认为价格歧视的扩张蔓延将导致总体福利标准下的反垄断规则僵化过时。笔者认为，当前的反垄断法无法回应大数据价格歧视蔓延导致的财富分配结果，因为反垄断法注重对定价权形成过程的监管，对定价权的存在和行使过程关注度不够。笔者随后审视了保障现有分配格局的办法，并描述了如何设计方法来削弱经济中的定价权，尤其是通过反经营者集中来实现这一目标。笔者还探讨了价格监管方式实现同等效果的可能性。最后，笔者比较了反经营者集中和价格监管，并探讨了禁止大数据价格歧视的优点。

一、反垄断的福利经济学

（一）经济剩余

本文的分析围绕经济剩余这个概念展开，因此有必要在此予以简单介绍。生产需要耗费成本。产品的价值体现为消费者愿意支付的最高价格。价值同成本的差值即是经济剩余或福利。产品价格将经济盈余在生产者（企业）和消费者之间进行分配。如果产品价格等于产品的价值，那么消费者将会将其从产品中获得的全部剩余支付给生产者。如果产品价格等于成本，那么生产者不会得到消费者所享有的价值。而介于价值和成本之间的价格会将经济剩余切割分配给生产者和消费者。[①]

产品价格等于生产成本并不会阻碍生产者生产，因为相较于生产者将生产资料用于其他用途，以成本价格出售能够使生产者获得足够的补偿从而使生产者更倾向于继续生产。相似地，产品价格等于产品价值并不会阻碍消费者购买，因为相较于将生产资料用于购买其他产品，以产品的最大化价格购买仍然是足

[①] 关于经济剩余的介绍和数值的例子，See Ramsi A. Woodcock, *Property, Efficiency, the Commons, and Theft*, Research Handbook on Political Economy and Law, Vol. 2015: 531, pp. 531-562 (2015)。

够低的,因此消费者更倾向于购买该产品。①

生产者可以通过三种方式来增加经济剩余。第一种方式是生产者通过改进产品让消费者愿意以更高的最大化价格购买。② 第二种方式是生产者可以降低生产的成本。③ 第三种方式是生产者可以生产额外的产品,将其以成本价及以上的价格销售给额外的消费者。当生产者无法以成本及以上的价格将产品销售给所有顾客时,可能是因为生产者收取了垄断价格并远远高过某些消费者的承受范围,此时经济剩余将低于其可能达到的最大值。④ 这些损失掉的经济剩余被称为无谓损失(deadweight loss),这个市场可视为无效率的。⑤ 笔者将生产者与消费者之间可交换的经济剩余称为总福利,其中消费者享有的剩余份额称为消费者剩余或消费者福利,生产者享有的剩余份额为生产者剩余或生产者福利,或者简称为利润。

(二)消费者福利标准和总福利标准

自从 20 世纪 70 年代反垄断研究自发终止了对促进市场竞争的担忧并转向福利分析,反垄断领域一直在争论究竟是应当单独保护消费者福利,还是将消

---

① 这里的"足够"是指消费或者生产的数额超过了令双方都漠不关心的程度。

② 产品改进推动需求增长的观念已经过时了。See Edward Chamberlin, *The Theory of Monopolistic Competition: a Re-Orientation of the Theory of Value*, Harvard University Press, 1938, pp. 96-97. ("如果任何卖家能通过改进他的'产品'来增加利润……改善就会增加需求……而且增加成本") 对于最近研究成果的介绍,See F. M. Scherer, *First Mover Advantages and Optimal Patent Protection*, The Journal of Technology Transfer, Vol. 40: 559, pp. 563-565 (2015)。

③ 对这种过程的改进的现代处理始于 William D. Nordhaus, *Invention Growth and Welfare: A Theoretical Treatment of Technological Change*, MIT Press, 1969, pp. 1-168。

④ See Herbert Hovenkamp, *Federal Antitrust Policy: The Law of Competition and Its Practice*, West Group, 2011, pp. 19-21. (将无谓损失扩大定义为当消费者"不愿意以垄断价格购买垄断产品,即使他们愿意以有竞争力的价格购买垄断产品")

⑤ See Andrew I. Gavil Et Al., *Antitrust Law in Perspective: Cases, Concepts and Problems in Competition Policy*, West Academic Publishing, 2008, pp. 28-29. ("无谓损失是指总盈余的减少。无谓损失的扩大是因为一些有社会价值的购买无法达成") (文献内部引用略)。

费者福利和生产者福利视作整体一并进行保护。① 消费者福利标准防止生产者以牺牲消费者为代价增加其剩余份额,从而迫使生产者扩大总福利来增加其财富。总福利标准允许生产者从消费者处获取剩余,只要生产者这样做不会破坏一些剩余。因此从消费者的角度看,总福利标准允许生产者从消费者处偷取经济剩余,只要他们偷取的过程不浪费。目前而言,消费者福利标准已被广泛接受。②

通常而言这种区别并不重要:一项造成生产者和消费者共同群体损害的行为也会分别损害生产者和消费者,削弱总福利和消费者福利。③ 但是这掩盖了总福利和消费者福利争论中高度象征性的利害关系。如果采用消费者福利标准,那么反垄断就是在监管消费者和生产者之间的财富分配。④ 这取悦了那些想要

---

① 对于从竞争到福利的转变,See Herbert Hovenkamp, *United States Competition Policy in Crisis*: 1890-1955, Minnesota Law Review, Vol. 94: 311, pp. 360-362, 2009. (描述了经营者集中的方法是如何失宠的); Richard Schmalensee, *Thoughts on the Chicago Legacy in U. S. Antitrust*, in Robert Pitofsky eds., *How The Chicago School Overshot the Mark*: the effect of Conservative Economic Analysis on U. S. Antitrust, Oxford University Press, 2008, pp. 11-13. (对今日执行的福利标准的观察) Ramsi A. Woodcock, *The Antitrust Duty to Charge Low Prices*, Cardozo Law Review, Vol. 39: 1741, pp. 1741-1781 (2018). (描述了20世纪70年代放弃将竞争作为反垄断的一个目标) 关于福利标准争论的简要介绍,See Jonathan B. Baker, *Economics and Politics*: Perspectives on the Goals and Future of Antitrust, Fordham Law Review, Vol. 81: 2175, p. 2176 (2012)。

② See Steven C. Salop, *Question*: What Is the Real and Proper Antitrust Welfare Standard? Answer: The True Consumer Welfare Standard, Loyola Consumer Law Review, Vol. 22: 336, pp. 339-347 (2009). (调查已接受消费者福利标准制度和原则的领域)。

③ See, e. g. Richard Schmalensee, *Thoughts on the Chicago Legacy in U. S. Antitrust*, in Robert Pitofsky eds., *How The Chicago School Overshot the Mark*: the effect og Conservative Economic Analysis on U. S. Astitrust, Oxford University Press, 2008, p. 13. (对总福利与消费者福利标准区别的描述"在实践中并不关键"); Jonathan B. Baker, *Competition Policy as a Political Bargain*, Antitrust Law Journal, Vol. 73: 483, p. 516 (2006). ("当审查某项行为是否损害竞争时,这两种福利标准通常会导致相同的结论")

④ Cf. Jonathan B. Baker, *Competition Policy as a Political Bargain*, Antitrust Law Journal, Vol. 73: 483, p. 516 (2006). (对消费者经济剩余标准的辩护主要是基于其公平地分配财富给消费者)

通过监管分配财富的群体，但激怒了那些视此为通向农奴制度的群体。①

这场争论的双方并未呼吁保护生产者福利。这可能是因为在市场层面，没有什么能对过热到需要降温的生产者剩余构成威胁。在大多数市场中，消费者数量庞大且欠缺组织，而生产者数量稀少且组织程度高，这导致消费者无力要求从生产者中获取更多的经济剩余。② 相反，这种力量配比有利于经济剩余从消费者处转移到生产者处。消费者福利标准避免了这种现象的发生。生产者更中意于总福利标准，因为在要求生产者不得在增加其经济剩余份额的过程中破坏经济剩余的前提下，总福利标准仅仅加重了生产者的生产负担，并未破坏生产者从消费者处获取经济剩余的能力。

正如法律辩论中常见的，关于总福利和消费者福利的辩论双方，大多避免强调各自立场的优点，而是转而对反垄断法的立法原意进行争论。消费者福利支持者和总福利支持者均认为反垄断法立法原意倾向于各自的立场。③ 这种代

---

① See Lee Anne Fennell & Richard H. Mcadams, *The Distributive Deficit in Law and Economics*, Minnesota Law Review, Vol. 100: 1051, p. 1056 (2015)（强调通过监管制度推行的财富再分配有时是出于政治原因）Friedrich A. Von Hayek & Bruce Caldwell, *The Road To Serfdom: Text and Documents*, Routledge, 2008, pp. 1-295.（认为政府试图通过经济监管来再分配财富导致了暴政）

② 衡量一般行业中消费者与生产者力量失衡的一个粗略标准是人口与企业实体总数的比例。2010 年美国共有 3.09 亿人和 2800 万家企业，比例约为 10∶1。See SBA office of Advocacy, *Frequently Asked Questions About Small Business*, SBA (1 September 2012), https://www.sba.gov/sites/default/files/FAQ_Sept_2012.pdf; Paul Mackun & Steven Wilson, *Population Distribution and Change: 2000 to 2010: 2010 Census Briefs*, U.S. CENSUS BUREAU (24 March 2011), https://www.census.gov/newsroom/blogs/random-samplings/2011/03/population-distribution-and-change-2000-to-2010.html. 如果卖家很少、消费者众多，那么通常会认为消费者是被定价者，而卖家是定价者。See, e.g. David M. Kreps, *A Course in Microeconomic Theory*, Princeton University Press, 1990, pp. 299-315.（"在垄断市场中，我们想象很多买家和一个产品供应商……买家被认为是被定价者……垄断企业在数量上的优势使它有信心定价和坚持价格或者规定'不买就走'"）

③ Compare John B. Kirkwood & Robert H. Lande, *The Fundamental Goal of Antitrust: Protecting Consumers, Not Increasing Efficiency*, Notre Dame Law Review, Vol. 84: 191, pp. 201-211 (2008), with Robert H. Bork, *The Antitrust Paradox: A Policy at War with Itself*, Free Press, 1993, pp. 56-66.

表立法者原意的争论显然是荒谬的。① 探讨立法者原意的相关性是有限的，因为已经死亡的立法者对于法律的适用没有意义。此外，反垄断法庭与执法者都有忽视立法者意图的悠久传统，甚至相悖于先例。② 对立法者原意的最佳猜测是反垄断法应该保护小企业。③ 如果一个人接受了大企业通常比小企业更有效率的预设，总福利标准的合理性便会削弱。但是小企业并不是消费者，因此这也不足以直接支持消费者福利标准更为合理的观点。

（三）作为经济剩余一部分的反垄断

乔纳森·贝克指出，关于反垄断法应该采用何种合适的标准的争论，必须置于反垄断政治的背景之中才能理解。④ 他指出，"二战"后的反垄断法是大企业一方与消费者及其盟友一方的政治妥协。⑤ 大企业想要获得所有的经济剩余。因此，大企业渴望一个放任的市场制度（laissez faire），使其可以通过在所有市

---

① See Jonathan B. Baker, *Economics and Politics: Perspectives on the Goals and Future of Antitrust*, Fordham Law Review, Vol. 81: 2175, p. 2176 (2012). （将关于反垄断法立法原意的争论描述为一场关于芝加哥学派在反垄断法领域获胜的"代理之战"）

② See Ibid. pp. 2176-2177 [表明立法者原意与反垄断法适用无关，因为美国联邦最高法院已经"接受了谢尔曼法（The Sherman Act）的动态可能性"]（引文中的脚注略）; See Andrew I. Gavil Et Al., *Antitrust Law In Perspective: Cases, Concepts and Problems in Competition Policy*, West Academic Publishing, 2008, pp. 28-29. （描述美国企业兼并监管者不再坚持美国联邦最高法院的先例，并认为"现代的美国企业兼并监管政策的基石是，对缺乏法院亲自直接引导的行为，法院不再坚持其曾经的表述。熟悉美国法律体系权威性的研究者如果对此有所困惑，是可以被原谅的"）。

③ See Herbert Hovenkamp, *Federal Antitrust Policy: The Law of Competition and Its Practice*, West Group, 2011, pp. 60-61. （一种更具解释力的理论是，谢尔曼法是在小企业的请求下通过的，这些小企业因更大、更有效率的公司成立而备受伤害。如果我们回顾19世纪美国人的意识形态，而不是……利益集团……美国人反对大公司的基本原理似乎非常重要）

④ See Jonathan B. Baker, *Economics and Politics: Perspectives on the Goals and Future of Antitrust*, Fordham Law Review, Vol. 81: 2175, pp. 2180-2182, 2012.

⑤ See Ibid. p. 2184. （反垄断规则实现了效率，但其分配后果很重要，因为市场竞争的政策需要维持政治性的支持）; See Jonathan B. Baker, *Competition Policy as a Political Bargain*, Antitrust Law Journal, Vol. 73: 483, pp. 485-486 (2006). （将反垄断描述为"生产者"和"消费者"之间的交易，其中"生产者"被定义为"大企业"，"消费者"被理解为包括"囊括消费者、农民、工人的小企业和那些生活被大企业增长破坏或威胁的群体"）

场中卡特尔化（Cartelization）和企业兼并来最大化其定价权。① 消费者希望从大企业处获取所有的经济剩余，因此他们希望价格监管者能够在每个行业设定尽可能低的产品价格。② 贝克认为反垄断法作为一种妥协，通过释放与市场竞争相关的收益，使得生产者和消费者比实施双方各自认为的市场制度获益更多。③

贝克认为反垄断法允许大企业对经济剩余进行再分配，但其程度并非消费者所反抗的那么夸张。④ 这个精确的概念发生了变化。⑤ 20世纪中期的反垄断

---

① 反垄断法预设了自由放任必将导致垄断。如果没有反垄断监管，一个竞争者将最终击败一切。贝克认为大企业不仅要求自由放任，而且要求政府保证大企业的垄断权力。See Jonathan B. Baker, *Competition Policy as a Political Bargain*, Antitrust Law Journal, Vol. 73: 483, pp. 485-486 (2006). ["如果没有反垄断法，市场权力将导致任何给定的行业充满盖然性，而非确定性……政府可以通过偏好卡特尔的政策来提高成功的概率，例如政府执行私人（横向垄断）卡特尔协议或基于现有企业的要求排除新的竞争"]

② See Jonathan B. Baker, *Competition Policy as a Political Bargain*, Antitrust Law Journal, Vol. 73: 483, pp. 485-486 (2006). （认为消费者倡导政府通过"立法或监管"来实施"价格控制制度"，"保证商品价格尽可能地低"，实现经济剩余由生产者向消费者转移，从生产者处"寻租"）。

③ See Jonathan B. Baker, *Economics and Politics: Perspectives on the Goals and Future of Antitrust*, Fordham Law Review, Vol. 81: 2175, p. 2183 (2012). （美国采用竞争政策作为经济监管的主要方法，以实现获得和分享竞争的效率收益这一普遍经济目标）; See Jonathan B. Baker, *Competition Policy as a Political Bargain*, Antitrust Law Journal, Vol. 73: 483, pp. 524-525 (2006). （定义对大企业和消费者的回报，以显示竞争带来的效率收益）。据推测，贝克支持许多认为竞争增加总福利的反垄断标准的观点，包括通过避免无谓损失来实现总福利增长的观点。See W. Kip Viscusi Et Al., *Economics of Regulation and Antitrust*, MIT Press, 2005, pp. 80-92. （讨论垄断的成本）。贝克还认为竞争促进了有利于消费者的创新。See Jonathan B. Baker, *Exclusionary Conduct of Dominant Firms, R&D Competition, and Innovation*, Review of Industrial Organization, Vol. 48: 269, pp. 269-287 (2016).

④ See Jonathan B. Baker, *Economics and Politics: Perspectives on the Goals and Future of Antitrust*, Fordham Law Review, Vol. 81: 2175, p. 2184 (2012). （只要消费者和生产者两个群体都不认为应当放弃自身主张并拒绝政治上动员寻求不同的政策，那么两方的交易就会持续下去）

⑤ See Jonathan B. Baker, *Competition Policy as a Political Bargain*, Antitrust Law Journal, Vol. 73: 483, p. 486 (2006). （由此导致的界限为法院具体化反垄断原则提供了大量可供解释的空间）。

法倾向于保护消费者，但是从20世纪80年代开始，反垄断法倾向于保护大企业。① 贝克认为，当市场制度给予了消费者过度的照顾，以至于消费者威胁要疏远大企业而取消交易时，总福利标准是合适的，因为它允许大企业增加其经济剩余的份额。② 当市场制度给予了生产者过度的照顾，导致消费者要群起反抗时，消费者福利标准是合适的，因为它避免了消费者经济剩余份额继续被侵蚀。③ 贝克认为，近年来反垄断法在生产者与消费者的利益交易中过于偏向大企业，在允许部分非常有益于总福利但损害消费者利益的情况下，消费者福利标准在未来一段时间内是合适的。④

将反垄断法视作生产者与消费者在全部经济领域中关于经济剩余分配的妥协是有用的。⑤ 笔者认为反垄断法在任何时刻都潜在地决定着所有经济领域中生产者和消费者的财富分配格局，这可以通过加总经济中所有市场的消费者福利和生产者福利来计算。正如笔者下文将描述的，如果反垄断法不进行修改，大数据价格歧视将削减消费者福利以及与之相关的生产者福利的总体规模。⑥ 如果反垄断被理解为支持生产者和消费者就财富分配达成妥协，那么反垄断法必须被修改，以维持目前的分配格局。⑦

二、价格歧视

（一）基础

价格歧视（price discrimination）是指卖家根据每个买家对同一产品愿意支

---

① See Jonathan B. Baker, *Economics and Politics: Perspectives on the Goals and Future of Antitrust*, Fordham Law Review, Vol. 81: 2175, p. 2185 (2012).
② See Ibid. p. 2184.
③ See Ibid. pp. 2185-2186.
④ See Ibid. p. 2186.
⑤ 笔者与贝克的不同之处在于，笔者不认为反垄断创造的竞争是唯一可能使总福利最大化的经济结构。贝克提出的国家保障的垄断权力或者定价权监管方法的极限，可能同反垄断制度一样有效。如果并非这样，大数据价格歧视使得垄断者或者政府价格监管机构更有效地定价这一事实，表明了其他制度也可以同样有效。参见第四部分之（二）。
⑥ 参见第二部分之（三）。
⑦ 参见第四部分。

付的最大金额，向不同的买家收取不同的价格。① 为了实现价格歧视，卖方必须知晓每个买家愿意支付的最高价格，避免因为过高价格而无法出售。② 卖方还必须能够防止低价买家将其购得的商品转售给高价买家。③ 否则低价买家会从卖家手中购买所有的商品，转售给能够高价购买的买家。④ "无转售套利"是价格歧视所必须普遍满足的先决条件：任何竞争对手，无论他是低价购买并转售者抑或其他任何人，都无法降低歧视性价格。这意味卖家必须拥有一定程度的力量将竞争者排除出市场，从而拥有涨价并实施有效价格歧视的能力。⑤

---

① 从技术上讲，价格歧视是指以不同的收益率销售相同的产品。如果销售给两个主体的产品在成本上相同但是销售价格不同，那么这种行为就构成价格歧视。但是如果销售给两个主体的产品成本和销售价格并不相同，只是两者商品的收益率相同，那么这种行为不构成价格歧视。See, e.g. Herbert Hovenkamp, *Federal Antitrust Policy: The Law of Competition and Its Practice*, West Group, 2011, p. 621. （将仅收取不同价格的形成称为"差别定价"）本文中笔者做了一个简化的假设，即每个消费者只购买一种类型的商品，并且所有类型商品的成本都是相同的。关于价格歧视的概念定义以此假设展开。这一假设便于研究价格歧视，但是笔者的研究结果同等适用于那些不同产品成本存在差异，买家购买不同类型的商品并被按照不同类型的商品分别定制价格的市场。

经济学家区分了三层价格歧视。一级价格歧视中卖家会根据买家购买每个商品的意愿来定制价格。See Akiva A. Miller, *What Do We Worry About When We Worry About Price Discrimination? The Law and Ethics of Using Personal Information for Pricing*, Journal of Technology Law & Policy, Vol. 19: 41, p. 55 (2014). 二级价格歧视根据产品的性质或数量定制价格，例如批量购买折扣。三级价格歧视根据群体的身份资格定制价格，例如对资深会员打折；本文中涉及的价格歧视是一级价格歧视。

② See, e.g. David M. Kreps, *A Course in Microeconomic Theory*, Princeton University Press, 1990, p. 306. （将垄断者知晓"每一消费者的具体信息"作为垄断者实施"不买就走"规定的必要条件）

③ See Ibid. （将垄断者"控制任何商品转售行为"的能力作为垄断者实施"不买就走"规定的必要条件）

④ See Ibid.

⑤ See Herbert Hovenkamp, *Federal Antitrust Policy: The Law of Competition and Its Practice*, West Group, 2011, p. 623. （持续的价格歧视要求卖家……至少有一定的市场力量……在竞争性的市场中，不受卖家欢迎的买家只会寻找另一个愿意以有竞争力的价格出售的卖家）

(二) 大数据

本文假设定价权充斥于美国的经济。① 目前的价格歧视尚未达到完全盛行的程度不应归咎于产品定价权的缺失。相反，是由于目前廉价地确定商品最高价格和防止套利能力的缺失。② 大数据将降低卖家实现上述两种能力的成本。监管制度的缺失助长了数据采集行为，③ 互联网允许生产者积累关于消费者的大量数据，从而允许企业廉价地确定消费者所愿支付的最高价格。④ 生产者将能对消费者售以最大化价格，消费者只能"不买就走"（take-it-or-leave-it），因

---

① 笔者的观点分为两个方面。首先市场定价权是普遍存在的，因为产品的普遍差异化以及卖家对不同商品拥有一定的定价权。See Edward Hastings Chamberlain, *The Theory of Monopolistic Competition: a Re-Orientation of the Theory of Value*, Harvard University Press, 1938, pp. 56-57. （通过不仅观察产品的质量，而且观察产品的包装、位置以及卖家的声誉，可以得出结论："明显的是，几乎所有的产品都存在至少略微的区别，这在广泛的经济活动是十分重要的"）Herbert Hovenkamp, *Federal Antitrust Policy: The Law of Competition and Its Practice*, West Group, 2011, p. 623n1. （如果产品有所不同，客户可能会用不同价格购买不同品牌产品。价格歧视也有可能存在，即使这些公司没有串通）。第二个方面，笔者认为美国大部分的同质化产品市场和存在替代产品的差异化产品市场都缺乏充分的竞争。（规模经济、卡特尔化和垄断、专利体系造成的缺陷市场和许多其他现象扰乱了一般市场体系的各个方面）

② See David M. Kreps, *A Course in Microeconomic Theory*, Princeton University Press, 1990, p. 308. （垄断企业似乎不太可能拥有足够的知识和力量实施"价格歧视"）

③ 关于大数据只会导致有限价格歧视的观点是基于一种假设，即法律禁止了某些形式的数据收集或者至少允许消费者决定何时公开他们的数据。See Alessandro Acquisti & Hal R. Varian, *Conditioning Prices on Purchase History*, Marketing Science, Vol. 24: 367, pp. 367-368 (2005). （认为价格定制对消费者的危害是有限的，因为消费者可以使用匿名化技术和不参与忠诚计划（loyalty programs）等策略来限制卖方获取他们的信息）在第三部分之（四）部分中，笔者简要地分析了通过数据收集的限制措施来补救大数据价格歧视的影响。但在描述大数据价格监管的问题方面，笔者不甚了解，因为笔者认为目前对数据收集行为的限制无法防止大数据价格歧视。

④ 对于企业收集关于消费者的各类数据以及企业如何利用数据估计消费者的最高支付意愿的调查，See Ariel Ezrachi & Maurice E. Stucke, *Virtual Competition: The Promise And Perils Of The Algorithm-Driven Economy*, Harvard University Press, 2016, pp. 101-113; Akiva A. Miller, *What Do We Worry About When We Worry About Price Discrimination? The Law and Ethics of Using Personal Information for Pricing*, Journal of Technology Law & Policy, Vol. 19: 41, pp. 45-54 (2014)。

为商家有高度的自信知晓消费者所能接受的最高价格。① 令人遗憾的是，大数据将使企业解决套利问题，因为它将允许企业识别那些将转售的低价买家并对其砍单。② 随着消费者数据量的不断增加和数据分析成本的下降，大数据的兴起将使整个经济中的价格歧视成为可能。③

最近的一项研究通过消费者网页浏览历史来确定个人消费者订阅网飞公司的概率，这项研究证明了大数据的潜力。数据分析公司与主流网站合作来具体地识别网页访问者，记录消费者的网页浏览历史。④ 本杰明·希勒购买了2006年约61,000名电脑使用者访问约4800个网站的浏览记录。通过推测每次访问网飞（Netflix）网站浏览超过两页的人可能订阅了网飞的DVD租赁服务，⑤ 希勒运用网页浏览行为的数据分析出色地预测了消费者是否会订阅网飞。⑥ 例如，他发现使用维基百科的人更有可能订阅网飞，在周二和周四白天浏览互联网的

---

① See Ariel Ezrachi & Maurice E. Stucke, *Virtual Competition*: *The Promise and Perils Of The Algorithm-Driven Economy*, Harvard University Press, 2016, p. 100. （"随着定价算法的进步和各种类型和数量个人数据的收集，网络公司将能更加接近于我们的预期价格。他们可能发现完美的价格歧视和增加利润的路径是不可抗拒的。他们将在改进定价算法的许多独立变量上展开竞争，并更准确地将个人分类为更小的子组……随着数据收集量的增加与消费者数据分析分类能力的提升，自我学习的计算机算法将不断接近完美的价格歧视"）

② 互联网使销售变得更容易，但并未促进套利。Cf. White House, *Report on Big Data and Differential Pricing*, Feburary 2015, https：//obamawhitehouse.archives.gov/sites/default/files/whitehouse_files/docs/Big_Data_Report_Nonembargo_v2.pdf, pp. 14-15 （"互联网也增强了套利者通过更为便捷的转售削弱差异化定价的能力"）。

③ See Benjamin Reed Shiller, *First-Degree Price Discrimination Using Big Data*, Working Papers, 30 January 2014, pp. 6-7. （指出一级价格歧视"在实践中极其罕见，因为卖家根本无法获得关于个人预期价格的必要信息。时间一直在变化"）Cf. Richard A. Posner, *Antitrust Law*, University of Chicago Press, 2001, p. 80. （"完美的价格歧视……是永远无法实现的"）。

④ See Chris Jay Hoofnagle et al., *Behavioral Advertising*: *The Offer You Can not Refuse*, Harvard Law & Policy Review, Vol. 6：273, pp. 276-277, 281-285, （2012）. （讨论第三方cookies和其他跟踪方法）

⑤ See Benjamin Reed Shiller, *First-Degree Price Discrimination Using Big Data*, Working Papers, 30 January 2014, pp. 5-7. （描述了研究人员从数据经纪人处购买了数万人的网络浏览历史数据）。

⑥ Ibid. pp. 10-11.

人则不太可能订阅。① 希勒利用这些指标来确定数据库中的每个消费者订阅网飞的可能性，结果发现一些消费者的订阅概率低至 0%，而另一些消费者订阅概率高达 99.8%。② 缺乏这些指标和大数据的助力，希勒表示其只能判断数据库中的每个消费者有 16% 的概率订阅网飞。③ 希勒估计，如果网飞运用他的数据对较小订阅概率的消费者降低订阅价格并对高概率订阅的消费者涨价，网飞的利润能够增加 12%，消费者经济剩余则会下降 8%。④

　　这项研究结论的不同寻常之处在于，希勒实际使用的数据量是极少的。尽管希勒所使用的网页浏览数据相对许多消费者而言是庞大的，但是对网飞公司所掌握的那些希勒无法获取的数据而言简直是九牛一毛。希勒需要猜测其数据库中哪些人订阅了网飞，而网飞知道用户是谁。网飞还知道其客户的观看偏好、支付方式和购买历史，所有这些都将优化网飞预测的效果，增加其从消费者处获取的经济剩余数量。与希勒不同的是，网飞还可以使用测试价格确定每个消费者需求曲线的精确形状。⑤ 目前尚无足够证据证明企业已经开始实施价格定制。⑥ 但

---

①　Ibid. p. 5.

②　Ibid. p. 4.

③　Ibid.

④　Ibid.

⑤　See White House, *Report on Big Data and Differential Pricing*, Feburary 2015, https：//obamawhitehouse. archives. gov/sites/default/files/whitehouse_ files/docs/Big_ Data_ Report_ Nonembargo_ v2. pdf, pp. 10-11. （讨论企业如何通过随时间改变价格或随机分配价格来"探索不同消费者的需求曲线"）笔者感谢格伦·W. 哈里森指出，运用信息技术与消费者动态互动的能力使公司能够生成有关消费者支付意愿的数据，而他们可能无法从其他渠道收集到这些数据。例如通过强迫消费者通过拍卖过程来购买，企业便可以确定消费者支付费用的意愿，而不需要在拍卖过程开始之前对消费者有所了解。See Hal R. Varian, *Online Ad Auctions*, American Economic Review, Vol. 99：430, p. 430 (2009). （描述搜索引擎如何使用广告拍卖来最大化其从广告商处获取的价值）使用测试价格是该数据提取方法的一种原始形式。

⑥　White House, *Report on Big Data and Differential Pricing*, Feburary 2015, https：//obamawhitehouse. archives. gov/sites/default/files/whitehouse_ files/docs/Big_ Data_ Report_ Nonembargo_ v2. pdf, p. 13. （"个性化定价案例相对稀少的现状表明，企业在实施价格歧视方面行动缓慢或十分隐蔽，可能是因为消费者会做出负面回应，也可能是因为目前的大数据价格歧视方法仍有待开发"）不过至少 UBER 宣布将实施价格定制。See Jerome Joseph, *Big Data：Catalyst for A Privacy Conversation*, Indiana Law Review, Vol. 48：213, p. 231, (2014).

考虑到这种做法在早期阶段已经发挥的巨大威力，企业最终会实施大数据价格歧视。

（三）影响

为了重视大数据将导致普遍性价格歧视的影响，首先必须考虑当前消费者和生产者之间的财富分配格局。目前生产者无法对每位消费者定制价格，因此卖家对所有买家收取一样的价格。① 这就在价格上涨和由其导致的损益之间形成了权衡，确保了即使是垄断企业生产者也无法从消费者手中获取全部的经济剩余。当统一的价格上涨，更多消费者被排除出市场，削减了生产者所能盈利的消费者数量。最终导致消费者数量减少带来的损失超过了对剩余消费者收取更高价格所获得的收益。② 为了避免将太多本身购买意愿较低的消费者排除出市场，垄断生产者将无法将价格上涨到其他消费者所愿意支付的最高水平，消费者得以留存部分经济剩余。因此，即便是在垄断的市场中，消费者作为一个整体仍然得以成功留存部分消费者福利。

实施价格歧视的生产者不会面临这样的权衡。通过按照每个消费者愿意支付的最大限度来定制价格，垄断生产商可以在不将任何消费者排除出市场的前提下从每个消费者处获取最大的经济剩余。③ 其结果是统一定价的垄断者对消费者剩余的有限再分配被价格歧视的垄断者对消费者剩余的完全再分配所取

---

① 生产者通常为不同群体定制价格，但生产者对群体内部的所有成员收取相同的价格。See Herbert Hovenkamp, *Federal Antitrust Policy: The Law of Competition and Its Practice*, West Group, 2011, p. 625. （描述二级和三级价格歧视的共同点：根据支付意愿，向不同消费者群体收取不同价格）大数据允许企业最终将每个群体的规模缩小为一个人，使生产者向每个消费者收取不同的价格。

② See Andrew I. Gavil Et Al., *Antitrust Law In Perspective: Cases, Concepts and Problems in Competition Policy*, West Academic Publishing, 2008, p. 26. （观察到一个卡特尔提高价格是否会盈利"取决于……卡特尔将失去多少销售额……以及利润率……从那些损失的销售额中"）

③ See Herbert Hovenkamp, *Federal Antitrust Policy: The Law of Competition and Its Practice*, West Group, 2011, pp. 624-625. （"在一级价格歧视或者'完美'的价格歧视中，每一个买家都必须为每个单独的商品支付最高的费用"）

代。① 因此，价格歧视对生产者已经具有定价权并已经收取统一垄断价格的市场有两方面影响。② 一方面价格歧视允许生产者对那些原本将以统一价格购买商品的买家涨价。③ 这导致经济剩余从消费者处流向生产者。另一方面是价格歧视允许生产者对那些原本按照统一价格会被排除出市场的买家降价。④ 这些买家现在能够购买商品，从而消除无谓损失并增加总体福利。⑤ 但是价格歧视允许生产者按照这些新买家愿意支付的最大限度定制价格，否定了这些新买家留存经济剩余的可能，使企业获得这些新买家的全部经济剩余。⑥

这两方面结合起来增加了总福利，而这些福利全部再分配给了生产者，消费者没有任何福利留存。这些福利包括统一定价的垄断中消费者原本能够获得的部分经济剩余，以及生产者通过价格歧视创造的额外经济剩余。价格歧视使消费者的情况更加恶化并消除了生产者获取独有利润时的无谓损失。⑦ 笔者将大数据价格歧视的兴起称为经济的"清洗"（scouring）运动，因为价格歧视允

---

① See Herbert Hovenkamp, *Federal Antitrust Policy: The Law of Competition and Its Practice*, West Group, 2011, p. 625. （在完美的价格歧视下，竞争市场中全部的消费者剩余将变成垄断者的利润）

② See Herbert Hovenkamp, *Federal Antitrust Policy: The Law of Competition and Its Practice*, West Group, 2011, p. 625. （识别这些影响）如果市场上的定价权是由于寡头垄断，那么只有在寡头垄断者销售的竞争产品足够差异化时，所描述的影响才会发生。See Lars Stole, *Price Discrimination and Imperfect Competition*, Social Inclusion Practices Handbook, Vol. 3: 1, p. 34, （2003）.

③ See Andrew I. Gavil Et Al., *Antitrust Law In Perspective: Cases, Concepts and Problems in Competition Policy*, West Academic Publishing, 2008, p. 876. （指出价格歧视可以通过"允许卖方向买家群体涨价"来损害买家）

④ See Andrew I. Gavil Et Al., *Antitrust Law In Perspective: Cases, Concepts and Problems in Competition Policy*, West Academic Publishing, 2008, p. 876. （指出价格歧视可以使"那些原本无力购买特定商品的消费者享受该商品"）

⑤ See Richard A. Posner, *Antitrust Law*, University of Chicago Press, 2001, p. 37. （指出价格歧视"消除了垄断的无谓损失成本，而不是寻租成本"）

⑥ 笔者在图1的额外获取（Caption Accompanying）中解释了这两方面的影响。

⑦ See Herbert Hovenkamp, *Federal Antitrust Policy: The Law of Competition and Its Practice*, West Group, 2011, p. 625. （"一级价格歧视通常被认为和完美竞争一样有效，尽管一个结果是……消费者更为贫穷，卖家更为富裕"）

许企业清洗了在原有统一定价的垄断市场中消费者残存的经济剩余。①

美元体系下,市场经济容忍价格歧视行为可能会产生巨大的影响。如果价格歧视在 2015 年完全实现并且没有任何配套举措来禁止其对经济剩余再分配施加影响,那么粗略估计下,价格歧视将导致美国的消费者福利减少 6720 亿美元,并将有一半的经济剩余由穷人转移至富人。这一估算成果可以依靠 20 世纪中叶经济学家们的研究得出,经济学家们曾测算了经济中无谓损失的总规模,以确定在总福利标准下反垄断的收益数额。早先的研究表明,至少从总体福利的角度看,无谓损失的规模其实很小,因此反垄断的意义不大。② 但是后来的研究表明无谓损失的规模要大得多:至少要占到总体福利的 4%。③ 这表明从价格歧视中获取的消除无谓损失的总体福利占总福利的 4%,因此基于研究的一些假设,价格歧视相对于统一垄断价格所造成的消费者福利损失也一定占到总福利的 4%。④ 2015 年,美国获取了 16.8 万亿美元 GDP 的总福利,如果仍然保持 4%水平,那么消费者福利损失以及大数据价格歧视获得的总福利收益,仅在

---

① See, e.g. David M. Kreps, *A Course in Microeconomic Theory*, Princeton University Press, 1990, p.306. (指出价格歧视"从消费者处提取了所有的原本将从有关商品中获得的盈余") James Boyle, *Cruel, Mean, or Lavish? Economic Analysis, Price Discrimination and Digital Intellectual Property*, Vanderbilt Law Review, Vol. 53: 2007, pp. 2025-2026, (2008); Douglas M. Kochelek, *Data Mining and Antitrust*, Harvard Journal of Law & Technology, Vol. 22: 515, p.516, (2009).

② See Arnold C. Harberger, *Monopoly and Resource Allocation*, American Economic Review, Vol. 44: 77, p.82, (1954). (结论是 1924 年至 1928 年间,垄断造成的无谓损失总额占经济总量的千分之一)

③ See Keith Cowling & Dennis C. Mueller, *The Social Costs of Monopoly Power*, Journal of Economics, Vol. 88: 727, pp. 736-737, 740 (1978). (发现总福利损失高达经济的 13%)

④ Cowling and Mueller 认为需求是线性的,公司可以实现利润最大化。See Keith Cowling & Dennis C. Mueller, *The Social Costs of Monopoly Power*, Journal of Economics, Vol. 88: 727, p.729 (1978) (如果需求是线性的并且企业实现利润最大化,结论是无谓损失是利润的一半); W. Kip Viscusi Et Al., *Economics of Regulation and Antitrust*, MIT Press, 2005, pp. 90-91. (讨论了 Cowling and Mueller 研究背后的假设) 在统一的定价下,消费者福利等于无谓损失。(由于边际收益下降的速度是需求的两倍,因此垄断价格下的需求数量同非垄断价格的需求数量是相等的。由于需求以恒定的速度下降,消费者对需求数量的价值必然等于消费者对非需求数量价值。) Cowling and Mueller 对无谓损失的估计也是对统一垄断价格下消费者福利的估计。价格歧视消除了这种福利,使他们的研究也成为对从统一定价到价格歧视垄断下消费者福利损失的估计。

2015 年就将达到 6720 亿美元。假设从消费者处重新分配给生产者的经济剩余中有大约一半没有由消费者作为生产者的角色予以收回①并且消费者比生产者更穷，② 如果大数据价格歧视在 2015 年普遍存在，那么财富从消费者到生产者以及从穷人到富人的净再分配将至少达到 3360 亿美元。如果根据 20 世纪 60 年代的利润数据和保守假设得出的 4% 的份额在今天可能由于经济的更为集中而被更新，那么上述估计的数值可能会更大并导致消费者剩余的更大损失。③

（四）总福利标准的消亡

由于价格歧视在消除了无谓损失的同时又将消费者的财富重新分配给卖家，因此价格歧视总是既增加总福利又降低了消费者福利。④ 这使得价格歧视成为消费者福利标准和总福利标准争论中的重大问题。消费者福利标准支持者一定反对价格歧视，而总福利标准支持者拥护价格歧视。⑤

由于大数据将使价格歧视普遍存在，因此它将迫使反垄断最终在这两个标

---

① Cf. Kenneth J. Arrow & Joseph P. Kalt, *Why Oil Prices Should Be Decontrolled*, Regulation & Governance, Vol. 3: 13, p. 17 (1979). （假设由于油价上涨，从消费者重新分配给生产者的经济剩余有大约一半不会被消费者作为生产者的角色收回）

② 财富的分配是不平等的。See Thomas Piketty & Emmanuel Saez, *Income Inequality in the United States* 1913–1998, The Quarterly Journal of Economics, Vol. 118: 1, p. 10 (2003). （与本文相关的最新数据显示，最富有的 10% 的人在 2015 年控制了 47.8% 的财富）(http: //eml. berkeley. edu/~saez/TabFig2015prel. xls) 如果笔者假设穷人并未拥有企业而是从企业处购买商品，那么任何消费者以其能力无法被补偿的、从消费者到生产者的经济剩余再分配，都将如生产者计划的那样，是从穷人到富人的再分配。See Phillip Areeda Et Al., *Antitrust Analysis: Problems, Tex, Cases*, Wolters Kluwer, 2004, p. 20. （企业老板往往比消费者更富有）。

③ 根据研究的模式，更高的利润会转化为更大的无谓损失。See Keith Cowling & Dennis C. Mueller, *The Social Costs of Monopoly Power*, Journal of Economics, Vol. 88: 727, pp. 735–736, 738–739 (1978). （"如果人们认为垄断性权力越来越多……或者在其他行业不那么普遍，笔者的估计就必须提高或降低"）

④ See Jonathan B. Baker, *Competition Policy as a Political Bargain*, Antitrust Law Journal, Vol. 73: 483, p. 516 (2006). （"从超过边际成本的统一定价转向完美的价格歧视将增加总剩余，同时减少消费者剩余"）

⑤ See Jonathan B. Baker, *Competition Policy as a Political Bargain*, Antitrust Law Journal, Vol. 73: 483, p. 518 (2006). （指出"促进价格歧视的做法"在"消费者福利标准审查下是不合理的，但在总福利标准下是合理的"）

准之间作出选择。这个选择造成的后果差别是明显的。如果反垄断法采取总体福利标准,那么反垄断法将被立刻废除。在一个垄断者能够实施有效价格歧视的市场中,垄断行为将不会损害总体福利。因此也不再有任何理由去谴责价格歧视行为。① 如果反垄断维持现有的消费者福利标准,那么大数据价格歧视与反垄断将比任何时候都更紧密相连,因为大数据价格歧视放大了定价权对消费者的损害。

一直有观点认为,垄断对总福利的主要危害不是统一定价导致的无谓损失,而是公司在创造和维护自身定价权过程中导致的资源浪费。② 这种浪费可以高达整个垄断企业的利润,因为试图获得垄断地位的企业愿意花费高达这一数额的成本,来期待将来享受这一数额作为回报。③ 如果垄断的危害包括这种浪费,那么大数据价格歧视就会增加对总福利的损害。④ 事实上,如果垄断造成浪费,大数据对总福利和消费者福利造成了威胁,那么随着大数据价格歧视的蔓延,将不再需要在这两个标准之间做出选择。⑤ 但是没有理由相信,大多数垄断会

---

① 除非价格歧视的管理或执行代价高昂。See Douglas M. Kochelek, *Data Mining and Antitrust*, Harvard Journal of Law & Technology, Vol. 22: 515, p. 516 (2009). ("虽然完美的价格歧视和完美的竞争导致相同数量的商品消费,但价格歧视在套利转移、防止套利、歧视性价格制定和实施方面造成了资源浪费。此外,由于完美的价格歧视只在理论上存在,所以价格歧视造成的无谓损失可能超过不完全竞争市场中的价格歧视") 上述问题会随着公司改进其价格歧视水平而消失。

② See Richard A. Posner, *The Social Costs of Monopoly and Regulation*, Journal of Political Economy, Vol. 83: 807, p. 809 (1975). ("获得垄断地位本身是一种竞争活动,因此获得垄断地位的边际成本完全等于作为垄断者的预期利润")

③ Ibid.

④ Ibid. p. 822. ("即使实现了完美的价格歧视,使得垄断的无谓损失为零,但是垄断价格歧视的社会成本仍然要高于统一价格的垄断")

⑤ See Douglas M. Kochelek, *Data Mining and Antitrust*, Harvard Journal of Law & Technology, Vol. 22: 515, p. 523 (2009). (认为价格歧视减少了总福利,因为价格歧视者一定会在维持其定价权上浪费资源,消费者会在套利上浪费资源,因此从这种程度上看,价格歧视是不完美的,不合理的定价也带来销售额的损失)

造成资源的浪费。合理的假设是许多垄断并不会造成资源浪费。①

三、目前法律的不足

按照目前的法律解释，反垄断法难以阻止大数据价格歧视将财富从消费者处重新分配给生产者。反垄断法不能直接禁止价格歧视，因为目前的规则只能在少数情况下限制价格歧视。② 反垄断法也不能间接地监管经济中的定价权，因为目前法律只监管定价权的形成而不包括定价权的行使。③ 大数据价格歧视正是通过改变企业行使定价权的方式对消费者定制价格，而非设定统一的出售价格，从而获取更多的经济剩余。④ 不能够削弱现有定价权的监管就无法应对大数据价格歧视。如果反垄断法对定价权的形成严格监管，那么从长远来看，大数据价格歧视问题会被解决，因为经济中所有层次的权力将会逐渐弱化并最终消失，而不是被替代。但是，目前对定价权形成过程的监管并不全面，残存的定价权正在逐渐增强，因此加剧了价格歧视对消费者的威胁。⑤

---

① See Franklin M. Fisher, *Comment, The Social Costs of Monopoly and Regulation: Posner Reconsidered*, Journal of Political Economy, Vol. 93: 410, p. 414 (1985). ［事实上，现有的垄断企业可以进行高于成本的垄断性寻租（事实上，在必要性不发生改变的情况下，现有的垄断企业愿意花费更多）］另外法律对企业垄断性权力的规定可能会使企业避免在创造和维持垄断地位上浪费成本和资源。如果国会承认这些垄断权力，那么在总福利标准下，价格歧视将不会造成危害，而且大数据价格歧视下，对保障消费者福利标准的需求将再次出现。Edmund W. Kitch 认为专利系统便是以这种方式运作的。在产品的商业前景与潜在垄断尚不明确的情况下，专利法通过允许发明者获得排他性的控制权避免了浪费资源的竞争，从而鼓励发明者进行创新和获得垄断利润。See Edmund W. Kitch, *The Nature and Function of the Patent System*, The Journal of Law and Economics, Vol. 20: 265, p. 266 (1977).
② 参见第四部分之（一）。
③ 参见第四部分之（二）。
④ 参见第二部分之（三）。
⑤ Cf. Jonathan B. Baker, *Economics and Politics: Perspectives on the Goals and Future of Antitrust*, Fordham Law Review, Vol. 81: 2175, pp. 2185-2186 (2012).（呼吁调整反垄断法以有利于消费者，因为近年来支持生产者的规则可能违反反垄断法与消费者的政治交易，让消费者认为最好放弃反垄断和竞争转而支持价格监管）

(一)《罗宾逊—帕特曼法》(The Robinson-Patman Act)

《罗宾逊—帕特曼法》禁止部分形式的价格歧视。① 然而由于该法旨在保护小零售商不失去生产商给予大型连锁企业的批发折扣,因此该法只保护那些相较于竞争对手接受了不公正价格的群体。由于消费者在产品销售过程中不存在互相竞争关系,因此通常而言不被《罗宾逊—帕特曼法》保护。② 此外,该法仅适用于实体商品的销售,难以适用于服务业。③ 由于其仅适用于较小的范围,《罗宾逊—帕特曼法》很少被适用。④

(二) 反垄断法的其他规定

目前的反垄断法规定专注于对公司的定价权进行监管,无法有效回应大数据价格歧视。为了正视目前反垄断法规定的不足,有必要对财富分配、定价权和反垄断法之间的关系进行总体的审视。消费者和生产者之间普遍的财富总体分配格局取决于经济中现存的定价权。如果市场中存在着较多的定价权,那么财富分配会倾向于生产者;反之,财富分配会倾向于消费者。定价权的规模取

---

① Lanham (Trademark) Act § 13 (a), 15 U.S.C. (2012).

② Lanham (Trademark) Act § 13 (a), 15 U.S.C. (2012)(禁止价格歧视,"如果这种歧视的影响可能是实质性削弱竞争或者在任何商业领域制造垄断,抑或有损、破坏或防止竞争……");See Frederick M. Rowe, *Price Discrimination Under The Robinson-Patman Act*, Little, Brown and Company, 1962, p.173. (注意到消费者之间的"某些竞争性联系"违反了《罗宾逊—帕特曼法》)

③ Lanham (Trademark) Act § 13 (a), 15 U.S.C. (2012)(将针对"不同商品购买者"实施价格歧视认定为违法);Mark Klock, *Unconscionability and Price Discrimination*, Tennessee Law Review, Vol.69: 317, p.358 (2002). (注意到《罗宾逊—帕特曼法》无法适用于服务业的严重性)

④ Herbert Hovenkamp, *Federal Antitrust Policy: The Law of Competition and Its Practice*, West Group, 2011, p.629. (注意到司法部自1977年就没有执行过《罗宾逊—帕特曼法》,联邦贸易委员会也"在很大程度上忽略了它")

决于定价权形成和消亡的速度。大企业处于不断被创造和消亡的过程中。① 市场是否越来越受到定价权的支配，取决于大公司的诞生数量是否大于死亡数量。

在放任的制度下，政府缺乏对定价权的监管，定价权的形成速度往往超过消亡速度，因此，从长期来看，市场中的定价权会达到最大值，消费者福利将趋向为零。② 在消费者福利标准下，反垄断法的职责是防止消费者福利的减少。③ 直接的价格监管可以迫使大企业对消费者售以低价从而缓解消费者福利的减少趋势。④ 反垄断监管的另一种方式是削弱现有的定价权。可以通过加快定价权消亡速度来实现，例如通过"排除经营者集中"来拆分大企业。⑤ 也可以通过降低定价权形成速度来确保定价权自然消亡的速度大于形成速度，定价权不会被替代。⑥

目前的反垄断规则主要聚焦于通过减少定价权的形成来削弱现存的定价权。反垄断法几乎不会尝试降低定价权的消亡速度。但反垄断法对禁止定价权形成的规定存在许多例外，未能使定价权形成速度低于消亡速度，以至于目前反垄断法事实上允许定价权的增长。贝克呼吁实施附条件的消费者福利标准来避免定价权的蔓延式增长。⑦ 定价权通过三种途径形成：企业兼并，企业将竞争对

---

① See Richard A. Posner, *Antitrust Law*, University of Chicago Press, 2001, p. 114. （"随着时间的推移……我们预计经营者集中……龙头公司收取的垄断价格会引诱新的竞争对手加入市场"）; Joseph A. Schumpeter, *Capitalism, Socialism, And Democracy*, Harper Perennial Modern Classics, 1975, p. 87. （"现实与危险并存的是，新技术削弱了旨在通过限制产出、保护现有地位和最大化利润举措的长期性和重要性"）

② Cf. Robert Liefmann, *Monopoly or Competition as the Basis of a Government Trust Policy*, The Quarterly Journal of Economics, Vol. 29：308, p. 315 (1915). （"竞争被推向极端便变成了垄断。竞争的极点是垄断，而且所有的竞争都努力想达成垄断"）See Richard A. Posner, *Antitrust Law*, University of Chicago Press, 2001, p. 114. （"如果经营者持续集中，我们将从何处寻求解释？"）

③ 参见第二部分之（四）。
④ 笔者在后文认为，这种方法可以用来应对大数据的价格歧视。参见第四部分之二。
⑤ 参见第四部分之（一）之1。
⑥ 参见第四部分之（一）之2。
⑦ See Jonathan B. Baker, *Economics and Politics：Perspectives on the Goals and Future of Antitrust*, Fordham Law Review, Vol. 81：2175, pp. 2185-2186 (2012).

手排除出市场，或者企业足够幸运①到竞争对手由于经营不善或者不可抗力而消亡。② 为了阻止定价权的形成，反垄断法必须在这三种途径上发力。当前反垄断法实施效果很差的原因是它不禁止企业通过运气获取定价权③并为企业合并和将竞争对手排除出市场的行为制定了太多豁免情形。④

豁免情形包括以下几个方面。在寡头情形中，企业通过与市场中少量的竞争对手协调商品价格或产出数量而无需达成明确的协议，⑤ 这是经济中定价权

---

① See Oliver E. Williamson, *Dominant Firms and the Monopoly Problem: Market Failure Considerations*, Harvard Law Review, Vol. 85: 1512, p. 1518 (1972). ("尽管一个行业的所有企业可能都遵循着确定且无例外情形的秩序，但是占据主导地位的公司可能通过一系列不寻常的偶然事件而领先于竞争对手")

② See Thomas G. Krattenmaker et al., *Monopoly Power and Market Power in Antitrust Law*, Georgetown Law Journal, Vol. 76: 241, p. 249 (1987). (将串通描述为"斯蒂格勒安权力 [Stiglerian power]"，将排斥描述为"拜尼安权力（Bainian power）"); Oliver E. Williamson, *Dominant Firms and the Monopoly Problem: Market Failure Considerations*, Harvard Law Review, Vol. 85: 1512, pp. 1518-1522, 1972. (讨论由"历史事故"引起的垄断行为)

③ See United States v. Aluminum Co. of Am., 148 F. 2d 416, 429 (2d Cir. 1945). ["人们可能无意中发现自己处于垄断地位，并会自动说：也就是说，既无意结束现有的竞争，也无意在没有竞争时防止竞争；他们可能会偶然成为垄断者……这样不仅不公平，而且可能违反了国会的意图（也违反了谢尔曼法）"]

④ 反垄断法监管的总则性条款是《罗宾逊—帕特曼法》的第1章，其禁止"任何协议和企业联合……限制贸易。"Lanham (Trademark) Act § 1, 15 U.S.C. (2012). 《克莱顿法》(The Clayton Act) 为监管企业合并的规定提供了依据，其禁止企业"实质性……削弱竞争。"Lanham (Trademark) Act § 18, 15 U.S.C. (2012); See Andrew I. Gavil et al., *Antitrust Law in Perspective: Cases, Concepts and Problems in Competition Policy*, West Academic Publishing, 2008, pp. 452-455. (对企业排除竞争对手行为的反垄断监管的原则性规定是《罗宾逊—帕特曼法》的第2章，其认为"任何人实施垄断……贸易或商业"都违反了法律规定)

⑤ See Herbert Hovenkamp, *Federal Antitrust Policy: The Law of Competition and Its Practice*, West Group, 2011, pp. 172-178; W. Kip Viscusi et al., *Economics of Regulation and Antitrust*, MIT Press, 2005, p. 106; Richard Schmalensee, *Thoughts on the Chicago Legacy in U.S. Antitrust*, in Robert Pitofsky eds., *How The Chicago School Overshot the Mark: the effect of Conservative Economic Analysis on U.S. Antitrust*, Oxford University Press, 2008, p. 15. ("我认为大多数经济学家仍然认为，经营者集中助长了串通行为") 对于较小市场中企业往往不互相竞争的观点，有人表示反对。See William J. Baumol, *Horizontal Collusion and Innovation*, Journal of Economics, Vol. 102: 129, p. 131 (1992). ("自从可竞争市场理论出现，很明显的是，即使一个行业的公司数量严重减少或少数企业产出的资产份额显著增加，他们也不需要增加垄断权力。两个处境艰难且好斗的竞争对手相较于十几家公司能够更有效地压低价格，它们都倾向于生存和让对手生存")

的重要来源,① 但是反垄断法仅禁止市场竞争者通过明确的协议达成垄断,即使是非正式的垄断合作协议也被认定合法。②

反垄断法执法者也并未将企业兼并视作一般的检查事项,仅对大企业的兼并行为进行监管,导致小企业仍然可以在许多小市场中保持垄断。③ 甚至在许

---

① 美国的经营者集中程度很高而且还在不断攀升。See The Economist, *Too Much of a Good Thing*, The Economist(Mar. 26, 2016), http://www.economist.com/news/briefing/21695385-profits-are-too-high-america-needs-giant-dose-competitiontoo-much-good-thing.(总结到根据美国经济普查数据分析,在1997年至2012年期间,每个行业前四家公司的平均市场份额从26%上升到了32%)See White House Council of Econ. Advisors, *Benefits of Competition and Indicators of Market Power*, April 2016, https://obamawhitehouse.archives.gov/sites/default/files/page/files/20160414_cea_competition_issue_brief.pdf.(观察到美国近期经营者集中研究指标和美国统计局经营者集中的数据以及新业务的下降,都与美国经营者集中的蔓延相一致)无需观察定价权的来源,无论是明确的价格操纵还是特定企业对市场的绝对垄断,美国几乎所有行业都受到了影响。例如制造行业没有被统计局认定为垄断。See U. S. Census Bureau, *Concentration Ratios*: 2002, May 2006, https://www.census.gov/prod/ec02/ec0231sr1.pdf. 无论未被发现和起诉的卡特尔的问题有多严重,很难想象在如此多的行业中都存在卡特尔,这些行业中的公司数量很少。事实上,随着企业间共谋的不断增加,卡特尔愈发难以实现,因此可以合理假设卡特尔只在那些市场竞争者数量稀少的寡头垄断行业发生。See Richard A. Posner, *Antitrust Law*, University of Chicago Press, 2001, p. 80["卡特尔(此处广泛定义为包括任何串通定价行为)包括《谢尔曼法》在大部分行业已经消灭的形式完整的企业完整联合体和不需要直接串通的企业联合体"]; William J. Baumol, *Horizontal Collusion and Innovation*, Journal of Economics, Vol. 102: 129, p. 131 (1992).(将经营者集中和卡特尔的危险联系起来)。

② See Richard A. Posner, *Antitrust Law*, University of Chicago Press, 2001, p. 53.("一旦法官和律师思维中认定反垄断法仅涉及明确的串通,那么隐性的共谋必然会被认定超出了反垄断法的管辖范围,因为根据定义,反垄断法只涉及明确可察觉的协议或沟通行为")Herbert Hovenkamp, *Federal Antitrust Policy: The Law of Competition and Its Practice*, West Group, 2011, p. 179.("反垄断法在寡头垄断监管方面难以成功的一个原因是,反垄断法固守普通法上'协议'的定义而忽视了竞争性企业间的战略沟通行为")William E. Kovacic et al., *Plus Factors and Agreement in Antitrust Law*, Michigan Law Review, Vol. 110: 393, p. 401 (2011).("如果原告仅表明其与被告存在相互依存关系但只是模仿其竞争对手的定价行为,那么法院无法认定他们存在'协议定价'")

③ See Herbert Hovenkamp, *Federal Antitrust Policy: The Law of Competition and Its Practice*, West Group, 2011, p. 545.("大多数企业兼并是合法的")只有大规模的企业兼并在实施之前必须向监管者报告。Lanham (Trademark) Act § 18 (a), 15 U. S. C. (2012); See Herbert Hovenkamp, *Federal Antitrust Policy: The Law of Competition and Its Practice*, West Group, 2011, p. 648。

多大企业兼并中,反垄断执法者也只重点检查那些会将企业数量降低到三家以下并产生许多新定价权的企业兼并。① 反垄断法监管企业将竞争对手排除出市场的行为,但是其所认定的排除行为适用情形很少。② 反垄断法豁免了企业基于财产权所实施的排除行为。③ 因此企业可以禁止竞争对手使用其拥有的财产,例如市中心的不动产或知识产权。④ 反垄断法也豁免了企业通过创新或产品改

---

① See Andrew I. Gavil et al., *Antitrust Law in Perspective: Cases, Concepts and Problems in Competition Policy*, West Academic Publishing, 2008, p. 454; John E. Kwoka, Jr., *Does Merger Control Work? A Retrospective on US Enforcement Actions and Merger Outcomes*, Antitrust Law Journal, Vol. 78: 619, pp. 631-632 (2013). (据报道,在关于20世纪80年代到21世纪的53项企业合并回顾研究中,除了两项之外,有75%的企业兼并后价格上涨,平均增长9%) 在20世纪80年代反垄断执法方式改变之前,反垄断执法冲击了许多小规模的企业兼并。See Andrew I. Gavil et al., *Antitrust Law in Perspective: Cases, Concepts and Problems in Competition Policy*, West Academic Publishing, 2008, pp. 435-434 (描述执法方面的变化); *United States v. Von's Grocery Co.*, 384 U.S. 270 (1966). (涉及对8%市场份额企业兼并的挑战)。

② 反垄断法所认定的排除行为是指非竞争对手的双方达成的协议,协议要求垄断企业间通过合作将价格设定低于成本从而将竞争对手排除出市场,使消费者倾向与不从竞争对手处购买商品,使竞争对手利润下降直至被排除出市场。See Herbert Hovenkamp, *Federal Antitrust Policy: The Law of Competition and Its Practice*, West Group, 2011, pp. 317-321, 370-372, 435, 478-479. (讨论排他交易、掠夺性定价、捆绑销售和拒绝交易) 第一种和第三种做法通常被视为企业串通和排除竞争,因为它们可能涉及协议。See Herbert Hovenkamp, *Federal Antitrust Policy: The Law of Competition and Its Practice*, West Group, 2011, pp. 435, 478. 这些分类都包括了一些相关的实践。

③ 关于反垄断法偏向于支持基于财产的排除竞争观点的详细阐述,See Ramsi A. Woodcock, *Inconsistency in Antitrust*, University of Miami Law Review, Vol. 68: 105, pp. 119-123 (2013)。

④ See *United States v. Colgate & Co.*, 250 U.S. 300 (1919). (卖方有权拒绝出售给无意于垄断的人) Herbert Hovenkamp, *Federal Antitrust Policy: The Law of Competition and Its Practice*, West Group, 2011, p. 362. (引用了"一连串完整的决定",表明"专利所有者没有反垄断义务必须将其专利许可给他人使用") 试图根据关键投入的监管来制定所有反垄断政策,Ramsi A. Woodcock, *Inconsistency in Antitrust*, University of Miami Law Review, Vol. 68: 105, pp. 136-141 (2013)。

进实施的排除竞争行为。① 当企业需要通过更高的产品定价来支付包括奖励创新在内的成本时，反垄断法豁免企业通过创新所实施的排除竞争行为，即使排除竞争行为将使产品价格高于激励企业创新的限度。因此苹果可以将 iPhone 售以 800 美元，即使在 600 美元价格时苹果仍会创造出 iPhone。

如果反垄断能加快定价权消亡的速度，那么反垄断法不对定价权的形成施加严格监管自当无需多虑。但是反垄断法几乎不会破坏已经形成的定价权。当企业或企业集团通过满足反垄断法豁免的定价权形成情形或者通过反垄断执法的漏洞获得了定价权，该企业或集团便可以按照其意志自由地行使定价权。唯一的例外是卡特尔，卡特尔的形成及之后都会受到反垄断法的控诉。② 虽然企业兼并后仍需接受反垄断执法机构的调查，但是实践中仅有 1/5 的企业兼并受到了调查，尽管有证据表明大多数企业兼并会导致产品涨价。③ 反垄断法的

---

① See Herbert Hovenkamp, *Federal Antitrust Policy: The Law of Competition and Its Practice*, West Group, 2011, pp. 292-296. (《谢尔曼法》并不谴责仅通过卓越技能和智力获得整个市场的人); United States v. Aluminum Co. of Am., 148 F. 2d 416, 430 (2d Cir. 1945). ("生产者可能成为一群竞争对手中的幸存者，仅仅是因为他高超的技能、远见和所处行业。因此，此处可以提出一个有力的论点，尽管结果可能导致公众面临垄断的威胁，但是《谢尔曼法》并不谴责这些行为，因为这些行为体现了该法案的目的：让劳动者获得完整的价值")

② See *United States v. Socony-Vacuum Oil Co.*, 310 U.S. 150, 213, 224 n.59 (1940). ["今日合理的价格可能因为经济和商业的变化成为明日的不合理价格……（所有的统一定价协议都是违法的）无论统一定价协议是完全新生的、成功的抑或失败的……（统一定价协议）都应被禁止，因为其对经济核心系统造成实际或潜在的威胁"]

③ See *United States v. EI du Pont de Nemours & Co.*, 353 U.S. 586, 622 623 (1957), (认为《克莱顿法案》规定的漏洞与政府执法的懈怠导致企业兼并时刻冲击着社会经济) (Burton, J., 持不同意见); U.S. Department Of Justice Antitrust Division, *Antitrust Division Workload Statistics FY*, 2006-2015, 1-2. [HSR 审查的数据显示，对非 HSR 企业兼并的审查一般占到企业兼并审查的 19%（译者注：HSR 指美国《1976 年哈特—斯科特—罗迪诺反垄断改进法》(Hart-Scott-Rodino Antitrust Improvements Act)，根据该法案，企业在实施兼并、收购或转让之前需要向美国联邦贸易委员会和司法部提交详细材料，由上述机构审查行为是否违反反垄断法）]; J. Thomas Rosch, *Consummated Merger Challenges-The Past Is Never Dead*, presented at ABA Section of Antitrust Law Spring Meeting (2012). (认为 FTC 审查的企业兼并案件中，大约有 20% 完成了企业兼并); John E. Kwoka, Jr., *Does Merger Control Work? A Retrospective on US Enforcement Actions and Merger Outcomes*, Antitrust Law Journal, Vol. 78: 619, pp. 631-632 (2013). (在回顾调查中，75% 的企业兼并后价格会上涨)

"行为要求"可以使所有现存的垄断企业免受反垄断法调查,只要他们不从事反垄断法所禁止的少数几项行为。① 正如上文所描述的,寡头地位从其形成到发展都不会受到反垄断法的调查。②

最近对转售价格维持禁令的取消,彰显了近年来反垄断法回避监管垄断权力。③ 转售价格维持禁令阻止垄断产品制造商提高对消费者的出售价格。④ 如果经销商通过商品折扣来竞争,拥有定价权的制造商也难以控制其产品的价格。一旦分销商投入资金购买制造商产品,在竞争激烈的情况下,分销商可能会以低于成本的价格出售商品。当分销商与制造商协商产品价格时,分销商预期地认为生产商可对商品打折,因此其以批发价付款的意愿较低。对生产商而言,这降低了商品有效需求并推低了商品价格。但是通过转售价格维持禁令,生产商能使所有分销商之间互相保证不打价格战,从而允许分销商接受更高的批发

---

① See *United States v. Aluminum Co. of Am.*, 148 F. 2d 416, 429 (2d Cir. 1945). ("企业的大小并不能决定企业的过错……企业必须有"排除"竞争对手"的行为); See Herbert Hovenkamp, *Federal Antitrust Policy*: *The Law of Competition and Its Practice*, West Group, 2011, p.296. ("垄断必须是利用垄断权力实施了某些排除竞争的行为,以垄断价格出售产品并不足以认定其是非法垄断者")

② See Herbert Hovenkamp, *Federal Antitrust Policy*: *The Law of Competition and Its Practice*, West Group, 2011, p.549. ("我们谴责强化寡头地位的企业兼并,一旦企业兼并实现了寡头地位,那么反垄断法将发挥作用")

③ *Leegin Creative Leather Prods. v. PSKS, Inc.*, 551 U.S. 877, 907 (2007).

④ 笔者此处给出的转售价格维持描述不同于对这种做法的两种主要批评,即它促进了零售商或制造商的串通。See Thomas R. Overstreet, Jr., *Resale Price Maintenance*: *Economic Theories And Empirical Evidence*, Bureau of Economics (November 1983), https://www.ftc.gov/reports/resale-price-maintenance-economic-theories-empirical-evidence. 与笔者相近的观点是,Raymond Deneckere et al., *Demand Uncertainty and Price Maintenance*: *Markdowns as Destructive Competition*, American Economic Review, Vol. 87: 619, pp. 619-641 (1997). Deneckere et al. 认为,当需求降低时,零售商会不顾一切地降价。See, Raymond Deneckere et al., *Demand Uncertainty and Price Maintenance*: *Markdowns as Destructive Competition*, American Economic Review, Vol. 87: 619, pp. 619-620 (1997). 考虑到这一点,他们往往保持低库存,并将生产利润降低到垄断水平以下。通过运用价格维持策略来消除需求下降时价格暴跌的风险,生产商能诱使零售商保持足够库存,从而最大化其垄断利润。这解决了笔者的问题,即当市场中不存在转售价格维持时,生产成本一定为零。如果生产成本不为零,无论生产商以多少价格出售,零售商都难以在毁灭性的竞争中收回损失,最终导致零售商不愿意从生产商处进货。

价格和生产商向其收费。联邦最高法院在2009年废止了转售价格维持禁令。①

(三) 结果

目前来看，反垄断法无法阻止大数据价格歧视将财富从消费者处再分配给生产者。目前，反垄断法只有监管定价权的形成并且执法效果不佳，无法削弱现有的定价权。在此基础之上，大数据价格歧视削弱了消费者福利。假设在目前的法律规定下，大数据价格歧视的蔓延不会影响定价权的形成和消亡速度，大数据价格歧视将引发整体经济中消费者福利的一次性下降，因为它允许企业运用定价权从消费者处获取更多的经济剩余。如果定价权形成速度仍如目前一样超过消亡速度，在经历一次经济清洗之后，消费者福利将继续下降。定价权的形成速度将同之前一致。这将导致消费者福利受到相较于以前的更大程度地削弱，因为当生产者在市场中获得了定价权，生产者将放弃统一定价策略而采取价格歧视行为，随着定价权的增长，消费者的受损程度会越来越高。

四、解决措施

由于许多原因，政策制定者应该努力防止大数据价格歧视对财富进行再分配。如果贝克认为反垄断是政治交易的观点是正确的，那么大数据价格歧视下的再分配将导致消费者的群体反抗。② 如果人们认为反垄断法目前确立的经济剩余分配格局是公平的，那么就必须维持现状。消费者福利标准可以理解为一种要求，即当定价权对消费者造成比以前更大的伤害时，反垄断原则应当作出改变以消除这种威胁。③ 如果决策者选择采取行动，他们有三个选择：(1) 降低经济中的定价权水平；(2) 价格监管；(3) 彻底禁止大数据价格歧视。

---

① *Leegin Creative Leather Prods. v. PSKS, Inc.*, 551 U. S. 877, 907 (2007).

② See Jonathan B. Baker, *Economics and Politics: Perspectives on the Goals and Future of Antitrust*, Fordham Law Review, Vol. 81: 2175, pp. 2185-2186 (2012). （从另一方面看，"剥削消费者也将瓦解政治交易本身"）

③ 笔者在上文解释了这一点，See Ramsi A. Woodcock, *The Antitrust Duty to Charge Low Prices*, Cardozo Law Review, Vol. 39: 1741, pp. 1741-1781 (2018).

(一) 定价权的削弱

经济中定价权的削弱可以通过反经营者集中或者弥补定价权形成中的监管漏洞来实现。弥补定价权形成中的监管漏洞将使定价权的形成速度低于消亡的速度。随着时间的推移,大企业会崩溃并为小企业所取代,经济中定价权水平将会下降。反经营者集中将会拆分现存的拥有高定价权的公司,导致市场中定价权水平的一次性降低。如果现行的法律平衡了定价权的形成和消亡,那么定价权将会持续性地被削弱。如果定价权的形成速度超过消亡速度,那么定价权的削弱将是暂时的,定价权将会缓慢地增长,除非反经营者集中运动与反垄断法改革紧密结合或者随着定价权的增加,实施周期性的反经营者集中。

1. 反经营者集中

(1) 行政上

反经营者集中可以通过立法授权行政机构实施来实现,也可以通过法院和执法者重新解释法律规定来实现。这两种方法都曾被考虑过或者实施过。在20世纪中期,反垄断执法的鼎盛时期,反垄断研究领域的支柱性学者力图推动美国经济中反经营者集中的行政化,建立独立的机构来实施反经营者集中。[1] 该

---

[1] See Carl Kaysen & Donald F. Turner, *Antitrust Policy: An Economic and Legal Analysis*, Harvard University Press, 1959, pp. 1-345. 凯森后来担任肯尼迪政府的副国家安全顾问,在哈佛大学任教,并成为普林斯顿大学高级研究所所长。Bryan Marquard, *Carl Kaysen*, 89, *MIT Professor, Economist, and JFK Adviser*, The Boston Globe (9 February 2010), http://archive.boston.com/bostonglobe/obituaries/articles/2010/02/09/carl_kaysen_89_mit_professor_economist_and_jfk_adviser/?page=2. 特纳在哈佛法学院任教,并任职于约翰逊政府领导的美国司法部反垄断部门。Stephen G. Breyer, *Donald F. Turner*, *Antitrust Bull*, Vol. 41: 725, p. 725 (1996). 由芝加哥大学法学院院长领导的白宫特别小组也提出了类似的提议,并得到了之后的诺贝尔奖得主 George Stigler 的支持。See Phil C. Neal et al., *Report of the White House Task Force on Antitrust Policy*, Antitrust Law & Economics Review, Vol. 2: 11, p. 11 (1968); Richard Schmalensee, *Thoughts on the Chicago Legacy in U. S. Antitrust*, in Robert Pitofsky eds., How The Chicago School Overshot the Mark: the effect of Conservative Economic Analysis on U. S. Antitrust, Oxford University Press, 2008, pp. 11-13. 考虑提出这一提议的时代支持执法的特点,See Herbert Hovenkamp, *Federal Antitrust Policy: The Law of Competition and Its Practice*, West Group, 2011, pp. 354-359。

机构将有权拆分一系列行业的大企业，并从中培养规模较小的竞争对手。① 反经营者集中运动在20世纪70年代达到顶峰，当时立法已进入参议院阶段但未获得批准。② 在20世纪80年代早期，这项运动终止了。③

反经营者集中运动的反对者认为，经营者集中和消费者福利受损之间的因果联系是微弱的。他们的理由分为两部分：第一是经营者集中有时不会导致价格上涨，因为即使是少量的企业也可以相互竞争。事实上，有些人认为，即使市场中只有一家企业，产品价格也会具有竞争力，因为企业担心更高的产品价格会鼓励其他人踏足该市场。④ 计量经济学未能证实经营者集中和经营利润之间的紧密联系，也支持了这一观点。⑤ 第二点是他们认为导致更高价格的经营者集中可能是良性的，因为售以更高的产品价格需要企业提高创造力或者具备

---

① See Carl Kaysen & Donald F. Turner, *Antitrust Policy：An Economic and Legal Analysis*, Harvard University Press, 1959, p. 160.

② 1972年提交到参议院的一项法案主张建立行业重组委员会，负责调查特定行业并可在特别的行业重组法院提起诉讼，对诉讼决定不服的则直接上诉至联邦最高法院。See *The Industrial Reorganization Act：An Antitrust Proposal to Restructure the American Economy*, Columbia Law Review, Vol. 73：635, pp. 639-640 (1973). （提供了对该法案的概述）行业重组委员会的持续年限为15年，当其完成反经营者集中任务便可告解散。行业并可在特别的行业重组法院提起诉讼，对诉讼决定不服的则直接上诉至联邦最高法院。See *The Industrial Reorganization Act：An Antitrust Proposal to Restructure the American Economy*, Columbia Law Review, Vol. 73：635, p. 639 (1973).

③ See Richard Schmalensee, *Thoughts on the Chicago Legacy in U. S. Antitrust*, in Robert Pitofsky eds., How The Chicago School Overshot the Mark：the effect of Conservative Economic Analysis on U. S. Antitrust, Oxford University Press, 2008, p. 14. （"在里根政府执政之前，反垄断法的主基调已发生了重大转变，以至于无过错原则的反经营者集中已不被纳入其中"）；William E. Kovacic, *Failed Expectations：The Troubled Past and Uncertain Future of the Sherman Act as a Tool for Deconcentration*, Iowa Law Review, Vol. 74：1105, pp. 1136-1137 (1989). （提供了对"反经营者集中运动"的证明）

④ See Harold Demsetz, *Why Regulate Utilities?*, The Journal of Law and Economics, Vol. 11：55, pp. 56-57 (1968).

⑤ Richard Schmalensee, *Inter-Industry Studies of Structure and Performance*, in Richard Schmalensee & Robert D Willig eds., Social Inclusion Practices Handbook, Vol. 2：951, p. 976 (1989). （文章回顾了那些显示因果关系薄弱的文献）；Richard Schmalensee, *Thoughts on the Chicago Legacy in U. S. Antitrust*, in Robert Pitofsky eds., How The Chicago School Overshot the Mark：the effect of Conservative Economic Analysis on U. S. Antitrust, Oxford University Press, 2008, p. 15. （文章观察到，弱因果关系表明反经营者集中对利润的影响很小）

更好的管理技能，而这些最终又有利于消费者。① 这些观点对著名的反经营者集中案 Airlie House Conference 发挥了巨大作用，并最终导致反经营者集中运动的终止。②

反经营者集中的反对者的旧观点并不反对使用反经营者集中来补正大数据价格歧视。他们对经营者集中与商品高价之间因果联系的抨击难以令人信服，即便它确实导致了反经营者集中运动的政治失败。即便经营者集中和定价权之间的联系已经弱化为单纯的统计学问题，至少从一定程度上看，企业拆分一定能在所有市场中削弱定价权，除了在有些市场中，少数人担心现有的竞争已经足够充分，已经推动价格下探到最低的限度。反经营者集中的反对者总是试图表明经营者集中的市场可以具有竞争性。但是他们并未揭示经营者集中在许多市场中并非定价权的来源，或者反经营者集中并不能削弱定价权。

反对者认为产品高价能吸引更好企业（至少认为反经营者集中行为不能纠正大数据价格歧视行为）的观点则更缺乏说服力，因为反经营者集中不会削减企业目前享有的经济剩余份额，只会阻止份额的进一步增长。如果目前的商品价格已经足够高，足以用来吸引人才，那么在反经营者集中运动下，价格仍然会继续处于高位，因为反经营者集中运动只关注大数据价格歧视。一旦一个人认可了反经营者集中运动恢复经济剩余分配格局的合法性，那么企业利润因此

---

① See Harold Demsetz, *Industry Structure, Market Rivalry, and Public Policy*, The Journal of Law and Economics, Vol. 16: 1, p. 3 (1973). （认为利润可以激励企业提供更好的服务）; Richard Schmalensee, *Thoughts on the Chicago Legacy in U. S. Antitrust*, in Robert Pitofsky eds., *How The Chicago School Overshot the Mark: the effect of Conservative Economic Analysis on U. S. Antitrust*, Oxford University Press, 2008, p. 15. （解释了为何德姆塞茨认为一些行业的利润可能继续上升，因为一些公司比其他公司更有效率，而拆分它们只会破坏整个行业的良好业绩）观察到过量利润的原因可能是对利润和成本之间区别的误解, See Ramsi A. Woodcock, *Inconsistency in Antitrust*, University of Miami Law Review, Vol. 68: 105, p. 135 (2013).

② See *Industrial Concentration: The New Learning*, in Harvey J. Goldschmid et al. eds. (1974) （收录了该会议中的文献）; William E. Kovacic, *Failed Expectations: The Troubled Past and Uncertain Future of the Sherman Act as a Tool for Deconcentration*, Iowa Law Review, Vol. 74: 1105, pp. 1138-1139 (1989). （讨论 Airlie House Conference 的重要性）

减少的危险反而成为优点。① 今天有部分人认为，目前企业的经济剩余份额不足以吸引最好的企业。② 从他们的角度来看，大数据价格歧视的到来是一个好消息，因为它允许企业支付目前无法承担的产品改进的成本。③ 认识到现状亟须改变是十分重要的。面对大数据价格歧视，反经营者集中运动如果不继续前行，将只是一个维持现状的政策。

（2）司法上

反经营者集中也可以通过法院适用现行反垄断法来实施，不仅禁止企业获

---

① 迈克·舒斯特向笔者指出，尽管反经营者集中运动可能不会将生产者福利降低到今天的一般水平以下，但它将经济剩余分配给更多的公司。他指出，如果某一行业的企业目前以最小有效规模（minimum efficient scale, MES）运营，那么将生产者福利分配给该行业更多的企业将避免这些企业承担巨大的固定成本。适当执行反经营者集中运动不会使这种行业的经营者过度分散。这项运动可能会通过加强对不存在规模效率低的问题的行业的分散化来弥补这些行业失去的消费者福利。这个问题也可以通过促进成立研发领域的合资企业和增加基础设施固定投资来缓解。See Herbert Hovenkamp, *Federal Antitrust Policy: The Law of Competition and Its Practice*, West Group, 2011, pp. 212, 218. （该文章注意到，不是为固定价格而成立的合资企业仍应受到合理性原则的审查，"成立合资企业的传统豁免理由是，它们可以使两家及以上的企业共同以最小有效规模开展活动……而一家企业则无法实施"）如果进行反经营者集中运动的行业中的企业数量过于庞大，那么规模效率问题将使得反经营者集中运动无法发挥重新分配经济剩余的功能。See F. M. Scherer, *Economies of Scale and Industrial Concentration*, in Harvey J. Goldschmid et al. eds., Industrial Concentration: The New Learning, Little, Brown and Company, 1974, p. 16. （讨论美国的工业是否以最小有效规模生产）在笔者讨论的第四部分之（二）中，价格管制将是一种更好的补救办法，但是反经营者集中仍可发挥部分的补救功能。

② See, e. g. Geoffrey A. Manne & Joshua D. Wright, *Innovation and the Limits of Antitrust*, Journal of Competition Law & Economics, Vol. 6: 153, pp. 170-183, 196-197 (2010). （认为反垄断法曾有剥夺企业用于创新的利润并呼吁为新产品引入建立安全港的历史）

③ 关于价格歧视是增加用于研发的准利润的方式的典型例子参见 Ward S. Bowman, *Patent and Antitrust Law: A Legal And Economic appraisal*, University of Chicago Press, 1973. 这种方式在大数据下的另一个版本揭示了价格歧视并不关注经济剩余的分配结果，Irina D. Manta & David S. Olson, *Hello Barbie: First They Will Monitor You, Then They Will Discriminate Against You Perfectly*, Alabama Law Review, Vol. 67: 135, pp. 135-188 (2015). Manta 和 Olson 认为应该取消知识产权法中的首次销售原则，以帮助知识产权持有人防止套利并更有效地利用大数据进行价格歧视。Irina D. Manta & David S. Olson, *Hello Barbie: First They Will Monitor You, Then They Will Discriminate Against You Perfectly*, Alabama Law Review, Vol. 67: 135, p. 136 (2015). 另外，笔者认为，上述作者并未意识到，长远来看，单靠大数据足以防止套利，因为大数据允许公司识别套利者并拒绝向其出售商品。参见第四部分之（四）。

取市场定价权，还禁止企业单纯地拥有市场定价权。这一方法断断续续但也历史悠久，早在20世纪便已开始，并在20世纪40年代到70年代期间呈现不同的活跃程度。① 20世纪中期对美国铝业公司（Alcoa）的起诉和拆分即是最好的例证。反垄断执法者和法院一直声称他们并未实际参与这一时期的反经营者集中，而是假装监管目标是那些排除竞争对手的行为，这意味着大企业的形成是非法的，而大企业的存在本身并不违反法律。② 这迫使法院和执法者对排除竞争对手行为有时作出荒谬的法律解释。例如在美国铝业公司（Alcoa）案中，法院认为垄断企业的越界行为是其扩大了生产规模以满足市场需求。作为应对大数据价格歧视的回应，司法机关实施反经营者集中可以延续早期司法机关反经营者集中运动的做法，伪装成仅监管定价权的形成过程。但是如果今日的法院明确地接受拥有市场定价权本身可能违反反垄断法的观点，反垄断执法者就可以免于尴尬。③

通过直接或间接的方式来实施司法层面的反经营者集中，反垄断法将投入更多精力去起诉和拆分那些将会获取更为巨大垄断权力的企业兼并者，即便该企业的兼并行为于数十年前便已完成。反垄断法还将明确或含蓄地消除认定垄断行为的要求，拆分现有的垄断企业，即便企业是基于财产权或通过创新实施了排除竞争行为或者基于历史原因获取了垄断地位。最后反垄断法将允许拆分

---

① See William E. Kovacic, *Failed Expectations: The Troubled Past and Uncertain Future of the Sherman Act as a Tool for Deconcentration*, Iowa Law Review, Vol. 74: 1105, pp. 1112-1126, 1989. （该文章提供了这些反经营者集中运动的历史材料）。

② See *United States v. Aluminum Co. of Am.*, 148 F. 2d 416, 429 (2d Cir. 1945). （"认为企业规模大小并不决定企业的过错"）。

③ See Alfred F. Dougherty Jr., *Elimination of the Conduct Requirement in Government Monopolization Cases: A Proposed Revision of the Sherman Act*, Antitrust Law & Economics Review, Vol. 10: 37, p. 55 (1978). （"司法机关很少将企业是否实施不良行为认定为垄断的必要条件，而是考虑市场中是否存在实质性、持续的垄断权以及反垄断法是否提供有效、有益的补救措施"）。（引文中的脚注略）; *United States v. Aluminum Co. of Am.*, 148 F. 2d 416, 431 (2d Cir. 1945). （"没有什么能迫使美国铝业公司的产能在其他竞争者进入市场前继续翻倍。美国铝业公司坚持认为它从未排除竞争对手；但是它利用自身在技术、贸易渠道、人力资源等方面的优势，从不放过任何可以使自己进一步发展壮大的新机遇，利用这些机遇所积累的优势来打压行业中新的对手"）; Duncan Kennedy, *A Critique Of Adjudication: Fin De Siècle*, Harvard University Press, 1998, pp. 56-67。（讨论了裁决中认定的恶意行为）

寡头企业，即便这些寡头企业尚不足以单独认定为垄断企业。①

2. 强化现有法律规定

削减定价权的另一种方式是阻止定价权的形成而不是阻止定价权的存在，这可以通过恢复"二战"后三十年内法院对定价权形成的更为严格的监管来实现。那些包括禁止大型企业兼并的监管措施被认为可以实现消费者经济剩余份额的增长，使企业定价权的形成速度低于消亡速度。② 为了进一步降低定价权的形成速度，反垄断法可以突破只是恢复过去的规则，将寡头情形视为非法串通，将产品改进视为非法将竞争对手排除出市场，甚至谴责更小规模的企业合并。③

3. 定价权削弱和差异化产品

产品的差异化并不阻碍行政或司法途径对定价权的削弱。几乎每一种产品都是差异化的，从某种意义上讲，其与竞品在内的其他产品并不相同。④ 因此，任何给定的产品都有两个市场，狭小的市场充满了相同的产品，广阔的市场充满并不相同但更为接近的替代品。因为只有一个生产者生产所有差异化产品（这就是产品差异化的含义），所以每个生产者在狭小市场中总是拥有对差异化产品的定价权而无需考虑更广阔市场的竞争水平。⑤ 由于没有其他企业能提供相同的产品，所以消费者在狭小的市场中不仅仅基于价格做购买决定，从而允

---

① See Herbert Hovenkamp, *Federal Antitrust Policy: The Law of Competition and Its Practice*, West Group, 2011, p. 293.（法院通常要求，企业占据至少70%的市场份额时才能被认定为占有支配地位）

② See Jonathan B. Baker, *Economics and Politics: Perspectives on the Goals and Future of Antitrust*, Fordham Law Review, Vol. 81: 2175, p. 2185（2012）.（20世纪70年代反垄断法修改前实施的规则"可能比当前的规则阻止了更多的反竞争行为"）反垄断法修改前曾经认定的企业串通和排除行为的一系列规定可能会卷土重来。See Jonathan B. Baker, *Economics and Politics: Perspectives on the Goals and Future of Antitrust*, Fordham Law Review, Vol. 81: 2175, p. 2184（2012）。

③ 有关寡头情形和产品改进的安全港的讨论，参见第四部分。将产品改进视为非法排除竞争对手的行为并不会阻碍创新，只要救济措施能够给予创新者足够的激励，救济措施包括强制许可。

④ See Jonathan B. Baker, *Competition Policy as a Political Bargain*, Antitrust Law Journal, Vol. 73: 483, p. 516（2006）.

⑤ See Herbert Hovenkamp, *Federal Antitrust Policy: The Law of Competition and Its Practice*, West Group, 2011, p. 623.（"在许多市场中，有竞争力的产品之间并不彼此相同……有鉴于此，制造商面临的需求曲线略有下降并可能收取高于边际成本的价格"）

许企业在这个市场上稍微提高价格,而不必担心客户流失到竞争对手那边。所有的价格歧视都发生在狭小的市场中,因为企业只能为自己的产品定价。企业所面临的需求曲线总是其产品在狭小市场中的需求曲线。

尽管在差异化产品的狭小市场中不能消除定价权,反经营者集中仍然可以帮助消费者。通过允许更差异化但更具竞争力的产品进入市场以削弱更广阔市场中的定价权,消费者经济剩余的增加,是因为竞争产品的扩散降低了消费者对任何一种产品的有效需求,尽管每个差异化产品的狭小市场仍被垄断。替代品的存在使消费者愿意为特定产品支付价格设定上限,即使消费者的价值较低,该价格仍然低于消费者在没有替代产品时愿意支付的价格。结果是竞争替代品的存在使消费者在购买商品时能有一定程度的经济剩余。

然而在价格上限以下,消费者仍然由生产者支配,因为生产者在价格上限之下收取最高价格的能力仅受到生产者利用大数据收取歧视价格的能力的约束。广阔市场中定价权的削减将增加竞争性商品的数量,提高竞争性商品的质量,这将会降低消费者对某一特定商品或服务的需求,从而降低了商品价格甚至是定制化价格。通过反经营者集中和其他旨在减少市场定价权的措施,可以恢复消费者在差异化产品市场中的经济剩余份额。

这一分析的重要含义是定价权削弱作为解决差异化产品市场中大数据价格歧视问题的方法,并不会增加无谓损失。企业定价权的削弱并不会阻止公司继续进行价格歧视,而只是压缩他们从消费者处获得的经济剩余。在竞争更激烈的更广阔市场中销售差异化产品的企业可以定制商品价格,以确保其产品能够销售给每一个愿意支付成本的消费者。定价权的削弱保护了消费者,使其在价格歧视下不必丧失全部福利收益。①

(二) 价格监管

针对大数据价格歧视的价格监管方式是让监管机构对所有实施价格歧视的主体施加再分配的要求。根据这种方法,监管机构将利用大数据参与每个市场的价格监管。当一家企业使用大数据确定消费者将支付的最高价格时,该企业

---

① See Hal R. Varian, *Competition and Market Power*, in Hal R. Varian et al. eds., The Economics of Information Technology: Anintroduction, Cambridge University Press, 2014, p. 1. (该文章注意到,企业在一个竞争激烈的市场中进行价格歧视时,消费者福利能够最大化)

事实上明确了产品需求曲线。监管机构可以使用同样的数据来强制规定企业必须留给消费者的经济剩余水平，并运用数据核实企业是否服从了监管。

有效价格监管的一个主要障碍是受监管公司对商品成本进行策略性的伪造。大数据确保了价格监管机构在不需要知道垄断企业的真实成本情况下，依旧可以防止垄断企业利用大数据价格歧视从消费者处获取比统一定价更多的经济剩余。根据传统的价格监管方法，公司提交成本数据，监管机构根据企业的所耗成本设置一定的百分比返还给企业。① 这促使企业进行超支，通过提高"虚假"的成本来增加按照百分比计算的更多返还。②

大数据价格监管将通过挖掘需求数据的可利用性来避免这一问题。了解需求曲线将使监管机构能够计算出垄断企业将收取的统一价格以及与之相关的消费者福利水平。③ 监管机构可以坚持这个基本原则，即一般情况下任何价格歧视计划都不能导致消费者福利低于这个水平。因为监管机构知道需求曲线的形状，所以监管机构可以决定任何定价方案中的消费者福利水平，并拒绝低于这一水平的定价方案。监管机构将不再需要企业成本的信息。

保证消费者福利的水平不会低于统一垄断价格下普遍的福利水平，因为当前绝大多数的市场提供的是差异化的产品，他们都统一地收取垄断价格。正如

---

① See W. Kip Viscusi et al., *Economics of Regulation and Antitrust*, MIT Press, 2005, pp. 430-432. （该文章讨论了"传统的按照百分比返还的监管方式"）

② See Ibid. pp. 133-135, 419. （该文章讨论 Averch-Johnson 效应，并观察到"受价格监管的公司具有夸大其成本的动机"）

③ Martin Loeb 和 Wesley Magat 也探索只运用需求曲线和价格信息来确定消费者福利水平。See Martin Loeb & Wesley A. Magat, *A Decentralized Method for Utility Regulation*, The Journal of Law and Economics, Vol. 22: 399, pp. 399-404 (1979). 他们认为，拥有关于需求曲线优质信息的监管机构应该利用它来计算企业所设定价格下的消费者福利，并向公司提供等于该福利数额的补贴。See Martin Loeb & Wesley A. Magat, *A Decentralized Method for Utility Regulation*, The Journal of Law and Economics, Vol. 22: 399, p. 400 (1979). Loeb 和 Magat 并未呼吁监管机构直接设定商品价格，因为他们担心监管机构没有关于监管公司生产成本的良好信息，因此监管机构无法确保其设定的消费者福利水平足够高以及生产商有足够的经济剩余来覆盖其成本。See Martin Loeb & Wesley A. Magat, *A Decentralized Method for Utility Regulation*, The Journal of Law and Economics, Vol. 22: 399, p. 402 (1979). （"所提议的监管方案消除了监管机构对企业成本数据的需求，因为价格决策被分散化了"）笔者在本文中表明，当公司有权进行价格歧视时，监管的目标应该是限制消费者福利不得下降到统一定价的垄断水平以下，因此，监管机构无需知道商品成本即可有效地制定具体价格。

笔者在第四部分之（一）之 3 中提到的，在那些笔者称为狭小的市场中，一家企业总是有定价权，因为没有其他企业销售相同的产品。而在目前大数据价格歧视的前夜，公司使用这种定价权在这些市场中收取统一的垄断价格，使在统一的垄断价格下的消费者福利成为当前的消费者福利水平。

传统价格监管中确定成本的难题被避免了，出于同样的原因，旧有的出于成本百分比回报而反对排除经营者集中的理由也不适用。[①] 价格监管的目标是为消费者保留他们今天享有的经济剩余份额。如果生产商今天获得了足够的奖励，在价格监管的模式下其奖励也便足够了。[②] 然而，这种监管方法中无须确定企业生产成本的优点不应被夸大。大数据革命使监管机构更容易了解消费者特征，同时也使监管者更容易了解企业的生产成本。因此最终监管机构将能够超越当前所保持的消费者福利水平设定产品价格，以最大化消费者福利，而这只有在监管机构知道企业成本的情况下才有可能实现，如果监管机构希望这样做的话。

大数据价格监管不需要委托政府为公司设定价格。相反，监管机构可以简单地要求消费者福利不低于当前水平，然后使用公司自己的需求曲线数据来检测企业行为是否合规，或者向公司提供政府自己的大数据来帮助公司遵守规定。尽管这样做会受制于消费者福利水平的要求，但是监管机构通过允许公司继续定制价格，激励企业自己运用定价权来消除无谓损失而不需要监管机构这样做，这保持了价格定制好的一面。通过将商品卖给愿意支付生产成本的所有消费者，企业得以更轻松地通过定价来满足监管机构对保留特定数额消费者福利的要求并扩大经济剩余和消除无谓损失，同时企业可以获得更多的经济剩余。因此企业将谨慎地调整价格，不仅是因为要满足价格监管机构提出的保障消费者福利的要求，还因为企业需要消除无谓损失。

通过大数据价格监管，监管机构不仅可以要求消费者福利的水平，还可以要求哪些消费者获得经济剩余和哪些消费者不获得经济剩余，因为大数据不仅

[①] 参见第四部分之（一）之 1。

[②] Daniel Spulber 观察到"在信息不对称的情况下，监管机构介入分配机制将面临双重劣势"，因为监管机构缺乏消费者的需求信息和企业的成本信息。Daniel F. Spulber, *Regulation and Markets*, MIT Press, 1989, p. 300. 大数据消除了监管机构对消费者的信息劣势。恢复消费者经济剩余水平的目标使监管机构无须了解企业的成本，这消除了监管机构的第二个信息劣势。事实上，大数据可能也直接消除了企业在成本方面的任何信息优势，因为公司现在能同追踪消费者一样有效地追踪生产成本，而拥有大数据的监管机构可以直接介入这些信息。不过，关于生产成本的大数据并非本文的主题。

允许监管者对每一个顾客定制价格,也将每个顾客的大量数据提供给了监管者。因此,例如,监管机构可能要求购买意愿低的消费者免费获得产品,而购买意愿高的消费者承受价格歧视。市场中购买意愿高的消费者同时也是更富有的买家,这种方法将最大可能地实现贫富间财富的再分配。当然了,购买意愿较低的买家并不总是穷人。① 因为大数据可以让企业了解买家的财富水平,所以大数据可能被用来识别那些收入最低的买家,而不仅仅是那些购买意愿最低的买家。② 监管机构甚至可以同时容忍消费者福利的部分减少,并继续通过将剩余的消费者福利重新分配给那些收入最低的买家来减少财富的不平等。③

实施上述渐进式的价格歧视策略可能在政治上很困难。然而大数据价格监管的优点是它可以实现消费者间福利的广泛分配。还有一种不那么激进的分配方案,这种方案将允许所有买家分享经济剩余,无论其财富水平的高低或者购买意愿的有无。这种方式的实施方法是根据每个消费者愿意支付的最高价格的比例在消费者间分配经济剩余。因此,愿意支付 10 美元的消费者可以被收取 5 美元,愿意支付 5 美元的消费者可以被收取 2.5 美元,愿意支付 2.5 美元的消费者可以被收取 1.25 美元,从而允许每个消费者都能享受部分经济剩余。

图 1-1 至图 1-4 较为完整地展现了笔者的价格监管方案。其中,图 1-1 阴影三角形区域是统一的垄断价格下的消费者福利。右下角三角形是相关的无谓损失。不受监管的价格歧视消除了无谓损失和消费者福利。在这种情况下,需求线以下的整个区域都属于生产者。图 1-2 展现了一个向低价值消费者免费提

---

① 这发生在穷人无法摆脱特定垄断市场的情形中。例如,那些穷得买不起汽车的人只能去附近的一家超市,这使得即使该超市提供的生活必需品价格非常高,穷人们也必须支付。富人在同一超市可能不愿支付高价,因为他们可以开车去超市的竞争对手处购买。Cf. Akiva A. Miller, *What Do We Worry About When We Worry About Price Discrimination? The Law and Ethics of Using Personal Information for Pricing*, Journal of Technology Law & Policy, Vol. 19:41, p. 53 (2014). (该文章注意到零售商给居住在竞争对手附近的消费者打折,并倾向于对"购物选择更少"的穷人收取高价)

② See Akiva A. Miller, *What Do We Worry About When We Worry About Price Discrimination? The Law and Ethics of Using Personal Information for Pricing*, Journal of Technology Law & Policy, Vol. 19:41, p. 94 (2014). (认为数据经纪商提供了消费者的收入数据)

③ 比例监管机构长期以来试图通过监管来实现财富再分配或社会目标,See W. Kip Viscusi et al., *Economics of Regulation and Antitrust*, MIT Press, 2005, pp. 412-418, 445-447. (该文章讨论非线性定价、Ramsey 定价、20 世纪中叶普遍电话服务的接入以及电价的过度歧视原则) 大数据使这些目标更容易实现。

供产品同时对高价值消费者价格歧视的价格监管方案。无谓损失被消除了,消费者福利(阴影区域)位于需求线以下最低的区域。图1-3显示了一个价格监管方案(虚线),其中,每个消费者支付了商品价值的固定比例。① 消费者福利(阴影区域)分布在商品的所有单位。此处同样没有无谓损失,在商品上花费最多价值的消费者享受最大的经济剩余,在商品上花费最少价值的消费者享受最少的经济剩余。图1-4中所有消费者都再次享受了经济剩余,但其中在商品上花费最多价值的消费者享受最少的经济剩余,花费最少价值的消费者免费获得了商品。这四张图中的阴影三角形面积是相等的。因此每一个图都符合政府规定的消费者福利的最低水平。

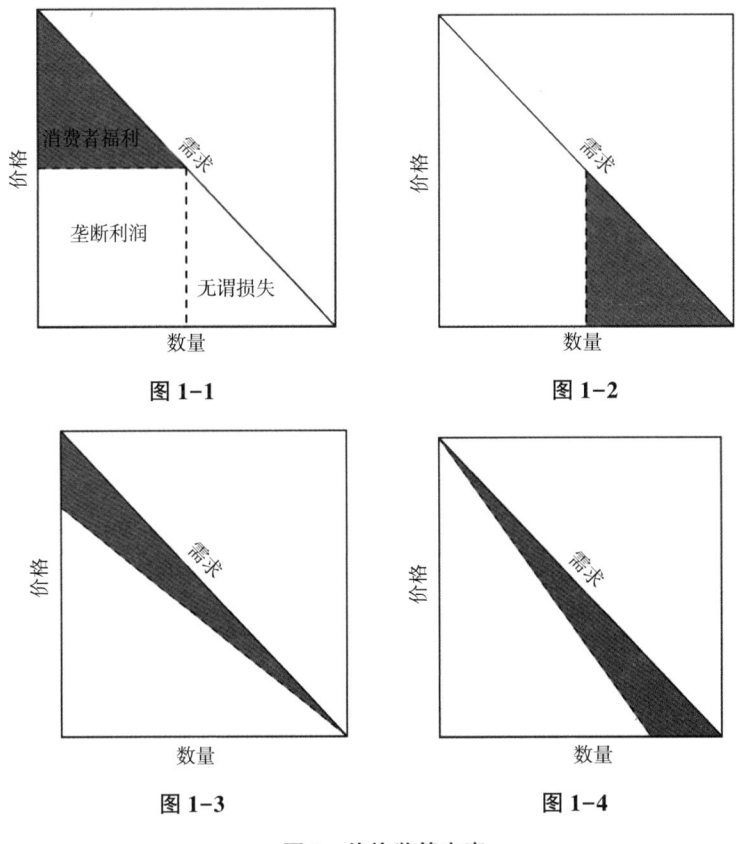

图1 价格监管方案

---

① 为了便于说明,笔者在解释图表时,假设销售的每个单位商品都是由不同消费者购买的。

佳译专苑

图注：图1-1显示了对特定商品的单位的需求。代表下坡需求线之下图表总面积一半的内容是指所有单元商品被出售时所创造的总福利。当统一定价时，卖方将以水平虚线的价格和垂直虚线的数量出售，所得利润等于这两条线划定的方块。三角形右下角代表无谓损失，垄断者未能将单位产品的销售价值超过垂直虚线包围的区域。左上角的消费者福利三角形是消费者能够以统一垄断价格享受的超过支付价格的价值。价格歧视允许卖方控制消费者福利三角和无谓损失三角，从而享受商品的全部价值（即位于需求线下的图总面积的全部一半）。

图1-2显示了对特定商品单位的需求。假设每个消费者只购买一单位的商品。那些对垂直虚线左侧的部分商品设定价值的消费者，都被收取一个等于消费者对该单位价值的价格。也就是说，价格等于对垂直虚线左边的单位的需求。所有其他的消费者不收取任何费用。结果，总消费者福利（阴影区域）只由那些重视位于垂直虚线右侧的商品单位的消费者享有。价格被设定是为了确保由该阴影区域所代表的总消费者福利和其他三个图表定价例子所描述的消费者福利规模相等。也就是说，垂直虚线被设定是为了确保阴影区域的面积与其他三个图的阴影区域相等。

图1-3显示了对特定商品单位的需求。假设每个消费者只购买一单位的商品。每一个都收取用虚线表示的价格，这是消费者对商品价值的恒定比例。选择这个比例是用来确保消费者总福利和其他三个图表的福利规模相等。也就是说，虚线被设定是为了确保阴影区域面积与其他图中的阴影区域相等。

图1-4显示了对特定商品单位的需求。假设每个消费者只购买一单位的商品。这里的价格以虚线表示，随着消费者对单位的价值而上升。也就是说，价格和需求都从右向左一起上升。对商品施加最大价值的消费者会支付与该价值相同的价格（导致价格和需求线在左上角相交）。对商品价值最低的消费者不为此付费，导致价格线在下降到零之前在右下角。价格被设定是为了确保以阴影区域所代表的总消费者福利的规模与其他三个图的消费者福利相同。也就是说，价格线被设定是为了确保阴影区域的面积与其他图的阴影区域相等。

这个价格监管方案要求建立一个一般意义上的价格监管机构，其有权生成自己的大数据并访问企业收集的数据。监管机构所拥有的数据量越大，越能精确地估计商品的需求曲线。[①] 目前尚不清楚企业是否会在价格监管下继续投资大数据。消除企业通过价格歧视增加其经济剩余份额的能力，将减弱企业投资大数据的动机。然而这并不是一个糟糕的结果。政府要么通过投资大数据以参与上述有效的价格监管，要么大数据总体投资将下降，从而得以保持现有的统一价格和与之相关的消费者福利水平。虽然后一种结果不会消除与统一定价相关的无谓损失，但正如基于数据的价格监管一样，它仍然会给消费者留下优于

---

① 笔者并不是说数据越多越能提高准确性或者耗费精力去收集更多数据是值得的，而只是说，以正确的价格和适当的方法分析越多正确类型的数据，就越能提高准确性。See, e. g. Benjamin Reed Shiller, *First-Degree Price Discrimination Using Big Data*, Working Papers, 30 January 2014, pp. 8-10. （讨论数据集中大量的不同数据造成数据过量的问题）

自由放任的结果。

笔者这个方案听起来有点像国家中央计划，但它在两个重要方面与国家中央计划有所不同。首先是大数据会使经济计划比以往更加有效。① 有效经济计划的主要障碍是难以获取供求信息，大数据大大减少了这种担忧。② 第二是此处的经济计划是有限的，因为它不会告知公司如何组织生产，而只告知他们产品可能收取的价格。因此它完全符合美国比例监管的长期传统。③

价格监管方法也给宏观经济监管机构提供了一个新的政策杠杆。它将允许监管机构通过调整特定行业的价格来直接调节通货膨胀，而不使用迟钝的比例政策工具。④ 这可能通过要求企业为消费者留存不同的经济剩余数量来实现，也将导致企业改变价格来服从价格监管。⑤

---

① Cf. Ariel Ezrachi & Maurice E. Stucke, *Virtual Competition: The Promise And Perils Of The Algorithm-Driven Economy*, Harvard University Press, 2016, pp. 212-216. （讨论大数据将使中央计划更加容易的可能性）

② See Daniel F. Spulber, *Regulation And Markets*, MIT Press, 1989, p. 300. （"市场竞争分配资源的主要价值在于让消费者拥有符合个人偏好的最佳信息，让企业拥有其技术的最佳信息……监管机构……处于信息不对称的不利地位"）另一个障碍是监管机构的腐败，它不属于本文的讨论范围。See Ernesto Dal Bò, *Regulatory Capture: A Review*, Oxford Review of Economic Policy, Vol. 22: 203, pp. 203-225 (2006). （回顾有关规制俘获的研究）

③ See Richard A. Epstein, *The History of Public Utility Rate Regulation in the United States Supreme Court: Of Reasonable and Nondiscriminatory Rates*, Journal of Supreme Court History, Vol. 38: 345, pp. 346-348 (2013). [该文章概述了从17世纪到现在英美法（Anglo-American law）价格监管的历史，并将价格监管作为介于极端无政府状态和管制经济也叫充公型（confiscation）经济的中间概念]

④ See Glenn Hoggarth, *Introduction to Monetary Policy*, Handbooks in Central Banking, Vol. 1: 1, p. 5 (1996). （"大多数央行货币政策的关键目标是保持低通胀和稳定。然而在市场经济中，央行不能直接调控通货膨胀。他们必须使用利率等工具，而利率对经济的影响是不确定的"）

⑤ 笔者此处思考的是预期——增强的 Phillips 曲线和新凯恩斯经济学。See John M. Roberts, *New Keynesian Economics and the Phillips Curve*, Journal of Money, Credit and Banking, Vol. 27: 975, pp. 979-980 (1995). 商品预期价格上涨，工人希望涨工资来支付上涨的价格，最终导致通货膨胀。See Edmund S. Phelps, *Phillips Curves, Expectations of Inflation and Optimal Unemployment over Time*, Economica, Vol. 34: 254, pp. 255-256 (1967). 大数据价格监管带来的有限降价，将最有可能提出涨工资需求的工人作为主要买方群体，因此可能打破通货膨胀的周期规律。Cf. Hugh Rockoff, *Drastic Measures: A History Of Wage And Price Controls In The United States*, Cambridge University Press, 2004, p. 4. （"主流经济学家一致认为，

联邦贸易委员会是联邦机构中唯一适合从事大数据价格监管的机构。它的监管职责已经发展到竞争以外的所有贸易范围。① 联邦贸易委员会在经济学家群体的帮助下，可以实现价格管制这一高度技术性目标，并发挥监管贸易的技术性专长。② 联邦贸易委员会机构的独立性特点，对获取大量私人消费者数据而言至关重要，因此联邦贸易委员会必须远离政治操纵。③ 联邦贸易委员会目前作为数据保护监督机构，唯一有资格成为消费者数据的守护者和使用者。④

联邦贸易委员会可能足以在现有权力下监管定价权，但国会必须出台相应

在适当情况下的临时控制有助于应对通货膨胀。这种可能性的存在是因为通胀预期在通胀过程中的作用"）使用大数据价格监管来对抗通货膨胀的想法与美国经济大萧条期间通过卡特尔化来阻止通货紧缩的措施有关，而且几乎肯定需要立法制裁。See Stephen Martin, *Depression Cartels*, *Market Structure*, *and Performance*, in Dennis C. Mueller et al. eds., Competition, Efficiency, And Welfare: Essays In Honor Of Manfred Neumann, 2012, p.85. （讨论大萧条期间的卡特尔）

① See Richard A. Posner, *The Federal Trade Commission*, The University of Chicago Law Review, Vol.37: 47, p.61 (1969). （虽然成立联邦贸易委员会最初是为了解决垄断问题，但在其成立的第二个十年间，其90%的命令都是针对欺诈行为而不是垄断行为）；Earl W. Kintner & Christopher Smith, *The Emergence of the Federal Trade Commission as a Formidable Consumer Protection Agency*, Mercer Law Review, Vol.26: 651, pp.651-652 (1975). （该文章讨论使联邦贸易委员会成为监管机构的法律和判例法的修改，"（联邦贸易委员会）加强了对消费者不公平行为的禁止，无论企业的这些行为是有损竞争对手还是违反了反垄断法"）

② See David Balto, *Returning to the Elman Vision of the Federal Trade Commission: Reassessing the Approach to FTC Remedies*, Antitrust Law Journal, Vol.72: 1113, p.1115 (2005); William E. Kovacic, *Administrative Adjudication and the Use of New Economic Approaches in Antitrust Analysis*, George Mason Law Review, Vol.5: 313, p.314 (1997).

③ See Marshall J. Breger & Gary J. Edles, *Established by Practice: The Theory and Operation of Independent Federal Agencies*, Administrative Law Review, Vol.52: 1111, pp.1117, 1132-1133 (2000). （"联邦贸易委员会以州际贸易委员会（ICC）为样板，力图实现权力的独立性与权威性。许多人认为，实现有效商业监管的唯一途径是建立一个完全远离政治冲突的贸易委员会"）；William E. Kovacic & Marc Winerman, *The Federal Trade Commission as an Independent Agency: Autonomy, Legitimacy and Effectiveness*, Iowa Law Review, Vol.100: 2085, pp.2085-2113 (2014). （讨论联邦贸易委员会的独立性）

④ See David Alan Zetoony, *The 10 Year Anniversary of the FTC's Data Security Program: Has the Commission Finally Gotten Too Big for Its Breaches*, Stanford Technology Law Review, Vol.2011: 1, pp.2-3 (2011). （文章提供了联邦贸易委员会数据保护工作的简要历史记录）

的法案，因为价格监管需要国会扩大联邦贸易委员会的财政预算。① 联邦贸易委员会目前有权监管"不公平的竞争方法……和不公平或欺骗性的行为或实践"以及伤害消费者的行为，而不管这些行为是否对市场竞争有影响。② 因为大数据价格歧视纯粹是对消费者的伤害，这足以使联邦贸易委员会开始价格监管，从严格意义上讲，并不需要国会采取行动。虽然联邦贸易委员会只被明确授权发布停止和终止命令，但法院并没有阻止联邦贸易委员会使用这一权力来管理专利的强制许可、强制执行某些商业行为的详细命令，以及要求企业强制性出售业务部门。③ 普遍的价格监管与这些救济措施在规模上有所不同，但没

---

① 关于监管执行的预算必须纳入反垄断政策考量范围的争论，See Ramsi A. Woodcock, *The Hidden Rules of a Modest Antitrust*, Minnesota Law Review, Vol. 105: 2095, pp. 2114-2116, 2118-2123 (2021).

② Lanham (Trademark) Act § 45 (a) (1), 15 U.S.C. (2012); *FTC v. Sperry & Hutchinson Co.*, 405 U.S. 233, 239, 245-246 (1972). （认为联邦贸易委员会可能"禁止不公平的做法……对消费者的影响，无论行为性质上是否是竞争性行为或者是否对竞争造成影响"）Harry First, *Unfair Drug Prices and Section* 5, 2015 Antitrust Chronicle-Competition Policy International 1, 3-7 (2015). （该文章呼吁联邦贸易委员会利用这一规定来监管药品高价格）令人困惑的是，鉴于这种语言表述的宽泛性，美国总统行政办公室似乎承认只有价格歧视涉嫌欺诈时，联邦贸易委员会才能发挥作用。See White House, *Report on Big Data and Differential Pricing*, Feburary 2015, https://obamawhitehouse.archives.gov/sites/default/files/whitehouse_files/docs/Big_Data_Report_Nonembargo_v2.pdf, p. 17. （"差异性定价会成为欺诈行为。在类似情况下，《联邦贸易委员会法》第 5 条通常赋予联邦贸易委员会足够的权力来禁止'欺诈性行为'"）笔者认为，《谢尔曼法》（Sherman Act）作为一种有限的补救措施，应该被解读为是联邦贸易委员会谴责商品高价的法律依据。Ramsi A. Woodcock, *The Antitrust Duty to Charge Low Prices*, Cardozo Law Review, Vol. 39: 1741, pp. 1741-1781 (2018) ［应意识到（不履行）收取低价的义务将承担象征性损害赔偿责任］; *FTC v. Cement Inst.*, 333 U.S. 683, 691 (1948). （认为联邦贸易委员会可以执行《谢尔曼法》）

③ See David Balto, *Returning to the Elman Vision of the Federal Trade Commission: Reassessing the Approach to FTC Remedies*, Antitrust Law Journal, Vol. 72: 1113, pp. 1114-1115 (2005). （文章提到，联邦贸易委员会有权下令企业剥离业务，实施"强制性专利许可"和"制定要求积极行为的命令"，如强制要求企业建立信息防火墙，接受联邦贸易委员会工作人员的"定期检查"）*Charles Pfizer & Co. v. FTC*, 401 F. 2d 574, 586 (6th Cir. 1968). （认同联邦贸易委员会的强制性专利许可令）; *FTC v. Ruberoid Co.*, 343 U.S. 470, 473 (1952). （国会将制定……的主要责任交给联邦贸易委员会，由联邦贸易委员会下达命令，国会希望联邦贸易委员会能够制定救济措施以处理市场竞争领域的问题。因此，正如我们说过的，除非联邦贸易委员会采取的救济措施与企业被发现的违法行为没有合理关系，否则法院不会进行干预）（引文中的脚注略）

有种类上的不同。联邦贸易委员会可能对参与价格歧视的企业提起行政诉讼并寻求救济措施,这些救济措施包括从这些企业中实时获取消费者信息,也包括对企业的商品出售价格进行实时控制。

(三) 定价权削弱与价格监管的区别

价格监管方法相较于定价权削弱方法的长处是,价格监管涉及消费者福利保护问题的核心,而定价权削弱则是具有不确定性的间接操作。例如,为了实现反经营者集中情况下特定水平的消费者福利,反垄断执法者必须能够预测企业被拆分后各部分企业在市场中的行为。[1] 但尚不清楚为什么政府在可以直接定价的条件下还要去麻烦地预测公司的定价行为。

定价权削弱的优点包括以下几点:第一,通过重新解释现有的反垄断原则,可以在无需立法干预的情况下实现反经营者集中,更有力地阻止定价权形成。第二,定价权削弱在政治上更为可行,因为过去已经有反经营者集中的运动和关于定价权形成的更为严格的规定。[2] 全部经济领域的监管对于美国制度体系而言并不陌生,这在两次世界大战期间和1971年尼克松政府时期都曾实施过。但是那些时期的全经济领域监管都是应对通货膨胀的暂时性手段,旨在打击价格歧视的永久性价格监管将有所新意。[3] 第三,排除经营者集中维护了其他利

---

[1] 为了讨论拆分企业时将价格影响纳入考虑范围的必要性,即使拆分的目标不是为了保持特定水平的消费者福利, See Ramsi A. Woodcock, *Inconsistency in Antitrust*, University of Miami Law Review, Vol. 68: 105, pp. 158-162 (2013). 将公司拆分成许多部分并非总是能在市场上引起竞争,防止关注价格的需求。以错误的方式拆分公司或者将企业拆分成太多部分会导致商品价格过低、市场无法持续以及其他问题,最终破坏原本可行的市场。See Michael A. Heller, *The Tragedy of the Anticommons: Property in the Transition from Marx to Markets*, Harvard Law Review, Vol. 111: 621, pp. 623-624 (1998). (该文章注意到,当产权在过多的主体间被分割,权利主体间的交流困难将导致产权利用率低下); Michael D. Whinston, *Lectures On Antitrust Economics*, MIT Press, 2008, pp. 16-17. (讨论毁灭性的竞争) 反经营者集中永远是间接的价格监管。

[2] 参见第四部分之 (一) 1, 2。

[3] 如果人们接受贝克的论点,即反垄断是一种政治交易,大企业可能会认为价格监管违反了该交易,是一种对政治交易的反抗。See Jonathan B. Baker, *Economics and Politics: Perspectives on the Goals and Future of Antitrust*, Fordham Law Review, Vol. 81: 2175, p. 2183 (2012). (将反垄断描述为极端"产业政策与直接监管"和自由放任之间的妥协);参见第一部分之 (三)。但是,如果价格监管旨在恢复目前的经济剩余分配状态,大企业这样的观点就是错误的。这类价格监管只是通过其他替代手段维持目前的政治交易。

益，包括削弱了大企业的政治性权力和促进了小企业的发展，这些利益十分重要但仿佛被目前的反垄断法政策所忽视。① 这也体现了反经营者集中的第四个优势，相较于价格监管，反经营者集中不易被监管目标所规制俘获并产生腐败问题，因为将会有多个机构来实施反经营者集中，而且他们都只是少量地与任何特定行业进行接触。如果需要破坏反经营者集中行动，特别是在司法上和私人原告的帮助下实施破坏行为，将会涉及联邦贸易委员会和司法部（Department of Justice, DOJ）反垄断部门这两个主要的反垄断执行机构，以及原告的律师。② 反经营者集中将是一个缓慢的过程，对一个行业进行严格的审查之后必然是长期的自由放任，因为市场中的小微企业将会互相竞争。③ 相较而言，价格监管机构必须持续监管价格，与可能产生腐败的行业形成长久的联系。④

（四）禁止价格定制

应对大数据价格歧视的最后一个可能的解决方法是尝试禁止企业为个人消费者定制价格，这可能包括禁止数据采集行为、禁止大数据定价，⑤ 禁止企业采取措施防止消费者套利。⑥ 对这类禁令的主要反对意见是禁令使企业无法为商品定制价格。反经营者集中和价格监管方法都避免了消费者在价格定制中受

---

① See Robert H. Lande, *Wealth Transfers as the Original and Primary Concern of Antitrust: The Efficiency Interpretation Challenged*, Hastings Law Journal, Vol. 34: 65, pp. 96-105 (1982). （认为反垄断法的次要政策是减少大企业的政治权力并保护小企业）。

② See Herbert Hovenkamp, *Federal Antitrust Policy: The Law of Competition and Its Practice*, West Group, 2011, pp. 642, 652. 反垄断法也由州司法部长执行。15 U.S.C. §15c, 26 (2012) （分别授权损害赔偿和禁令救济） *Georgia v. Pennsylvania R. Co.*, 324 U.S. 439 (1945) （将15 U.S.C. §26适用于各州）

③ 《行业重组法》（The Industrial Reorganization Act）甚至似乎将反经营者集中视为一次性事务，认为将在15年后终止所有的反经营者集中行为。

④ See Ernesto Dal Bò, *Regulatory Capture: A Review*, Oxford Review of Economic Policy, Vol. 22: 203, pp. 217-218 (2006). （该文章回顾了有关监管和工业就业中规制俘获和"旋转门"的研究）

⑤ See Ramsi A. Woodcock, *Personalized Pricing as Monopolization*, Connecticut Law Review, Vol. 51: 311, pp. 311-374 (2019). （该文章认为，禁止大数据价格歧视可以被解释为《谢尔曼法》第2节所包含的内容）。

⑥ See Ibid. 禁止防止套利的一种方法是将套利视为《谢尔曼法》第2节之下的非法排除竞争对手行为，该文章概述了这种方法。

损，但并未消除价格定制本身，这使公司仍能设法定制价格以适应所有愿意支付生产成本的消费者，从而消除了无谓损失。① 相较而言，禁止价格调整将保持当前的经济剩余分配格局，但也将永久地保持与统一定价相关的无谓损失。

在限制企业定制价格的众多方式中，禁止数据采集行为优于直接禁止价格定制和禁止企业抵制套利。直接禁止价格定制或禁止企业抵制套利方式的缺点是企业可以通过大数据定制产品而非定制价格，从而规避这些禁令。网飞已经根据观众个人的喜好定制为其推荐的电影。② 终有一天它可能会根据个人用户的幻想来定制推荐的电影名单。这一方式将使企业在抵制套利行为的同时，通过减少提供给不同消费者商品的可替代性来规避抵制套利禁令。这将破坏企业定制禁令，因为网飞可能会辩称，它对每个观众提供的产品是不同的，因此当它向每个观众收取不同的价格时，它不是为相同的产品定制价格，而只是对不同的产品收取不同的价格。

法院可能会通过将企业的这类行为认定为定制化服务而非定制化商品，从而回避对行为性质的争论。③ 法院可能认为，每个观众从网飞处购买了相同的观看服务，网飞提供了一个定制化的观看体验，就像每个脚大小相同的买家购买了相同尺寸的鞋，但每一双鞋均需要适应不同买家的走路方式。抵制消费者转售其服务就等于防止套利，公司需要抵制转售服务以实现有效的价格歧视，这使公司违反了套利禁令。企业定制服务价格也将违反价格定制禁令。无论防止企业规避商品定制禁令和套利禁令是多么有效，直接禁止数据采集行为并不需要区分服务与商品。数据采集禁令使企业既丧失了对服务（价格）进行定制的能力，又丧失了对商品（价格）进行定制的能力。

---

① 笔者在第四部分之（一）3. 反经营者集中的例子和 W. Kip Viscusi et al., *Economics of Regulation and Antitrust*, MIT Press, 2005, pp. 412-418, 445-447. 之后的价格监管图表中讨论了这些结果。

② See Tom Vanderbilt, *The Science Behind the Netflix Algorithms That Decide What You'll Watch Next*, WIRED（7 August 2013），http：//www.wired.com/2013/08/qq_netflix-algorithm/.

③ Ramsi A. Woodcock, *Personalized Pricing as Monopolization*, Connecticut Law Review, Vol. 51：311, pp. 334-335 (2019).

结　语

　　买卖双方曾经在集市上单独讨价还价，各自有大致相同的权力从交易中获得经济剩余。现代社会中，卖方成为了大企业，其权力远远超过任何个人买家。无论这种现状面临的情形多么严峻，这一现状总是被一个令人愉快的事实所缓和，即由于买家数量过于庞大，卖家无法与个体消费者做生意，卖家只能与作为一个群体的买家做生意。消费者群体如同无意识的牛群，商品价格就像是放牧人的指挥棒一样，尽管能够有效地召集和引导大量的消费者，但其无法精确地对待每一个消费者，因此这也迫使大企业作出相应的妥协。即便大企业拥有强大的定价权同时反垄断法效率低下，大公司仍被迫将部分经济剩余份额留给消费者。在信息时代，消费者的匿名性以及基于庞大的群体数量所积累的安全感将逐渐消失，个体消费者对抗大企业的堡垒行将坍塌。卖家将如同希腊神话中的赫卡同克瑞斯（Hecatoncheir），能够用成百上千的手臂抓取每一只牛犊（消费者），用成百上千的眼睛注视着每一只牛犊（消费者）。毫无疑问的是，这种状态不应继续存在下去。现在的问题不是是否应当终止这种买卖状态，而是在经历争论之后如何终结这种状态。

　　解决办法必须是终结当前的自由市场，结束自由宽松的反垄断政策和监管模式。自由市场吸引力的基础建立在买卖双方存在权力平衡的假设之上，这种平衡足以确保双方在任何交易中都享有一部分的经济剩余。由于在自由主义不断衰落中的垄断市场中，消费者如同牛群不安地反抗着放牧人的控制，因此市场得以通过看不见的手在买卖双方之间进行经济剩余的分配。信息的力量打破了消费者"牛群"同卖家"牧羊人"关于经济剩余分配的平衡。

　　大数据的运用标志着自由市场的终结。大数据也孕育了一个可能比以往任何时刻都更为有效的监管体制，其监管方式可从历史经验中探寻。

（初审：李嘉宁；校对：颜韵）

转向国际贸易和投资的地缘经济秩序*

安西娅·罗伯茨等**著 刘 禹 王 茜***译

摘 要：新自由主义秩序在后"冷战"时期的很长时间内都在蓬勃发展，构建了相对经济一体化、法治化的国际经济秩序。然而自全球金融危机以来，经济政策安全化和战略政策经济化日益加剧，国际贸易和投资法规则、规范和制度发生重大变化，国际经济秩序正在向新的地缘经济秩序转变，安全政策超越国际经济，各国加强经贸保护措施，防止科技外溢，减少贸易逆差，从而维护相对利益。这也使得保护措施与保护主义愈发模糊。本文揭示两种秩序的根本逻辑差异，探究中美技术/贸易战的发展如何推动两种秩序的转变，以期思考这种转变对于全球经济治理的若干影响。

关键词：新自由主义秩序；地缘经济秩序；国际贸易；去法治化

引 言

最近的事态发展表明，国际经济秩序正在由后冷战时期的新自由主义秩序（neoliberal order）过渡到新的地缘经济秩序（geoeconomic order）。[①] 这种向新

---

* 原文 Anthea Roberts, Henrique Choer Moraes & Victor Ferguson, *Toward a Geoeconomic Order in International Trade and Investment*, Journal of International Economic Law, Vol. 22: 655, pp. 655-676 (2019). 翻译已获得作者授权，中译文摘要和关键词均为译者所加。

** 安西娅·罗伯茨，澳大利亚国立大学监管与全球治理学院教授；亨里克·乔尔·莫雷斯，巴西驻欧盟使团外交官，比利时鲁汶大学全球治理研究中心博士研究生；维克多·弗格森，澳大利亚国立大学政治与国际关系学院博士研究生。

*** 刘禹，法学博士，北京工商大学法学院讲师；王茜，北京工商大学法学院硕士研究生。

① 本文以早期一系列博客文章中的想法为基础。See Anthea Roberts et al., *The Geoeconomic World Order*, Lawfare, 19 November 2018。

秩序的转变,以"经济政策安全化和战略政策经济化"的日益强化为特征,① 可能将见证国际贸易和投资法规则、规范和制度正在发生的重大变化。笔者揭示这些秩序的根本逻辑差异,探究这种转变是如何由不断发展的中美技术/贸易战推动的,并思考这种转变对全球经济治理的影响。②

一、国际经济和安全秩序

在某一特定的社会体系中,"秩序"可以被概念化为相对可预测的一组行为、相互影响和结果。③ 世界政治某一领域中的特定秩序往往由特定规则(规则、标准、制度)和行为模式(行动、反应、结果)来定义,它们共同反映行为体如何理解和应用这些规则。在国际贸易和投资领域中,我们正在见证新的规则和行为模式的出现,它们预示着秩序的转变。

自第二次世界大战结束以来,始终存在两种主要的国际经济和安全秩序,尽管它们的存在时间并不完全重叠。④ 第一种经济秩序出现于20世纪40年代到70年代,其植根于自由主义原则,并以布雷顿森林体系为基础。⑤ 第二种经济秩序出现于20世纪70年代到80年代的经济动荡之后,其核心思想通常被称为新自由主义(neoliberalism)或华盛顿共识(the Washington Consensus)。⑥ 这一制度更加强调市场力量,鼓励进一步减少规制、实现自由化和私有化,并减

---

① Michael Wesley, *Australia and the Rise of Geoeconomics*, Centre of Gravity, Vol. 29: 1, p. 4 (2016).

② 在此过程中,笔者借鉴以实证主义和解释主义本体论为前提的作品,假设物质因素(如军事装备、能源资源)和非物质因素(如思想、身份)在世界政治中都具有因果关系。

③ Shiping Tang, *Order: A Conceptual Analysis*, Chinese Political Science Review, Vol. 1: 30, p. 34 (2016).

④ See Daniel Drezner, *Counter-Hegemonic Strategies in the Global Economy*, Security Studies, Vol. 28: 505, pp. 505-531 (2019).

⑤ See John Gerard Ruggie, *International Regimes, Transactions, and Change: Embedded Liberalism in the Postwar Economic Order*, International Organization, Vol. 36: 379, pp. 379-415 (1982).

⑥ See Andrew Lang, *World Trade Law after Neoliberalism: Re-Imagining the Global Economic Order*, Oxford University Press, 2011; Quinn Slobodian, *Globalists: The End of Empire and the Birth of Neoliberalism*, Harvard University Press, 2018.

少国家在市场中的作用。

就安全秩序而言，可以分为冷战时期（从20世纪40年代末到90年代初）和后冷战时期（从1991年至今）。在后冷战时期，新自由主义经济秩序日益国际化和法治化。① 这一高度全球化的后冷战经济秩序也即新自由主义秩序，自2008年金融危机以来一直承受着越来越大的压力，这也为新地缘经济秩序的出现铺平道路。当对比新兴地缘经济秩序和新自由主义秩序时，笔者主要是将最近的和形成中的实践与冷战后的新自由主义秩序进行对比。

评论家们以不同方式使用"地缘经济"一词。一些人用其描述微观层面的行为，例如罗伯特·布莱克韦尔（Robert Blackwill）和詹妮弗·哈里斯（Jennifer Harris）。他们将地缘经济学（geoeconomics）定义为"利用经济手段促进和捍卫国家利益，并产生有益的地缘政治结果"。② 其他人则用它来描述宏观层面的变化，例如爱德华·卢特沃克（Edward Luttwak）在"冷战"结束后，认为国家间的竞争和较量将主要发生在经济领域而非军事领域：

> 商业手段正在取代军事手段，用可支配的资本代替火力，用民用创新代替军事技术推动，并通过市场渗透代替驻军和基地。这已经导致"地缘经济学"的出现……这是我能想到的描述冲突逻辑与商业手段混合的最佳术语。③

笔者使用"地缘经济秩序"一词描述在国际贸易和投资法治理下经济与安全关系的宏观变化。地缘政治力量发生变化，导致主要国家间的行为模式出现差异，其中最为显著的是中国和美国。新秩序的特点是更加注重相对而非绝对的经济利益对安全的影响，更为关注经济相互依赖和数字互通所带来的安全风险、技术发展的激烈竞争，以及创造出越来越多的安全例外，使得难以分辨安全例外出于保护还是保护主义的动机。

在概述这种向地缘经济秩序的转变时，笔者并未表示一种秩序已经完全取

---

① 丹尼·罗德里克（Dani Rodrik）将这种日益国际化的趋势被描述为"超全球化"。See Dani Rodrik, *The Globalization Paradox：Democracy and the Future of the World Economy*, W. W. Norton & Co, 2011, pp. 200-201.

② Robert D. Blackwill & Jennifer M. Harris, *War by Other Means：Geoeconomics and Statecraft*, Harvard University Press, 2016. Also see Mikael Wigell, *Conceptualizing Regional Powers' Geoeconomic Strategies：Neo-Imperialism, Neo-Mercantilism, Hegemony, and Liberal Institutionalism*, Asia Europe Journal, Vol. 14：135, pp. 135-151 (2016).

③ Edward Luttwak, *From Geopolitics to Geo-Economics：Logic of Conflict, Grammar of Commerce*, The National Interest, Vol. 20：17, pp. 17-19 (1900).

代了另一种秩序,或者旧有秩序完全缺乏安全性,也非意指我们今天看到的所有事态发展都是增加安全关切的结果,或者在新秩序中安全问题总是压倒经济利益。相反,笔者正在用宽泛的笔触和理想的类型表述经济和安全之间的平衡和关系一直发生着怎样的变化。尤其是,虽然过去"经济"思维模式主导国际贸易和投资法的日常运作,但现在"安全"关切于该制度的核心发挥着更为突出的作用。

(一) 新自由主义秩序的逻辑

安全不是后冷战时期新自由主义秩序的核心。尽管该秩序并不缺失安全,但安全往往只是作为新自由主义秩序的正当理由和例外,而不会影响其日常运作。

根据下文讨论的美国政策理念和偏好,达成贸易和投资协议有助于增进经济依赖,而这反过来又将通过增加国家相互冲突的成本促进和平与合作,安全能够证明旧有秩序的正当性。①"通过世界贸易实现世界和平"的口号就是这一思想的总结。

安全也代表着新自由主义秩序中未广泛使用的例外。"二战"后缔结的大多数贸易和投资协定均包含措辞广泛的国家安全例外条款。② 然而,由于害怕打开潘多拉魔盒,各国在援引这些条款时都表现出克制:他们意识到难以监管国家安全例外,广泛援引这些条款最终将破坏贸易和投资规则。③

但是,制度的日常运行往往不会引发安全问题。相反,支撑贸易和投资条约的普通实质性规则反映的是"经济"思维模式,而不是"安全"思维模式。经济思维模式主要关注的是,通过提高各经济体内部及之间的效益,使从事国际贸易和投资的国家获得最大经济利益。由于经济相互依赖加深而引发的潜在安全问题,在各部门中受到的关注相对较少。

---

① See Erik Gartzke, *The Capitalist Peace*, American Journal of Political Science, Vol. 51: 166, pp. 169-170 (2007).

② 各条约对于这些条款是否被定义为自我判断、各国对于是否允许善意审查自我判断条款存在分歧。See J. Benton Heath, *The New National Security Challenge to the Economic Order*, Yale Law Journal, Vol. 129: 924, p. 1020 (2020)。

③ Keith Johnson, *Trump Opened "Pandora's Box" With Tariffs*, Foreign Policy, 14 March 2018.

根据古典经济理论，自由贸易是有益的，因为其允许各国集中生产自己的最优产品，并和其他国家进行贸易，以此发挥自己的比较优势。① 自由贸易呈现出一种双赢的局面：通过合作做大蛋糕，每个国家拥有的份额随之变大。各国可能会就如何分配这块蛋糕展开激烈的争辩，但基本假设是，各方均能够在绝对经济条件下"获胜"，否则它们就不会参与贸易。②

为实现提高经济效益的目标，贸易和投资条约旨在克服经济民族主义和重商主义，例如，减少保护主义和植入不歧视原则。为达到同样的目的，众企业重组其供应链，以最大限度地提高效率和经济效益，从而在各国间（包括朋友和潜在对手）建立了深厚的互依关系。促使争端解决高度法治化的举措包括建立世界贸易组织（WTO）、广泛适用投资者-东道国仲裁，它们让上述目标得以实现。

当时主流观点认为，WTO 的法律和争端解决框架通过限制政府对市场的干预、提高争端可预测性等措施刺激经济效率。③ 贸易和投资制度的规则导向导致（主要是法律）专家知识社群的扩大，鼓励由律师而非政治家或外交官来规治。④ 尽管 WTO 的制度设计和运行不乏政治因素影响，⑤ 但该制度的法治化在某种程度上使其日常运行免受世界政治更广泛议题的侵扰，⑥ 这些举措将安全和战略关切排除在外。

---

① David Ricardo, *On the Principles of Political Economy and Taxation*, John Murray, 1817.

② 也有学者批评这种推论，例如丹尼·罗德里克（Dani Rodrik），他认为许多现代贸易和投资协议最终都为大型跨国公司的寻租利益服务。See Dani Rodrik, *What Do Trade Agreements Really Do*?, NBER Working Paper, February 2018.

③ Jeffrey L. Dunoff, *The Death of the Trade Regime*, European Journal of International Law, Vol. 10：733, p. 746 (1999).

④ J. H. H. Weiler, *The Rule of Lawyers and the Ethos of Diplomats*, Journal of World Trade, Vol. 35：191, p. 191 (2001); Taylor St John, *The Rise of Investor-State Arbitration：Politics, Law, and Unintended Consequences*, Oxford University Press, 2018.

⑤ Joost Pauwelyn, *The Transformation of World Trade*, Michigan Law Review, Vol. 104：1, p. 1 (2005).

⑥ Robert Howse, *From Politics to Technocracy—and Back Again：the Fate of the Multilateral Trading Regime*, American Journal of International Law, Vol. 96：94, p. 98 (2002).

(二) 新兴地缘经济秩序的逻辑

新兴地缘经济秩序的关键特征是将重点从绝对利益（基于正和博弈的假设）转移到相对利益（基于对零和博弈的担忧，即一方利益不成比例或一方利益等于另一方损失）。① 一些主要行动主体对其描述已从强调合作转向竞争和冲突。经济与安全之间不断变化的关系削弱了行动主体对于贸易政策的一些传统理性选择解释。②

新秩序的另一特征是对待贸易与和平间关系的方式不同，反思这样一种考虑：也许长期和平（通常与霸权稳定时期相关）能够创造条件加深经济的相互依赖，但加深经济的相互依赖不能带来和平。③ 当不惧怕战略对手经济增长时，霸权国通常会支持自由贸易。在这样一个相对和平的时期，霸权国可以把主要精力放在自己的绝对经济利益上，却在很大程度上忽视了相对经济实力的变化。④

但当霸权国与战略对手的相对经济规模迫近到一定程度时，霸权国对自由贸易的呼声就会减弱，转而青睐适用强化的保护主义。之所以产生这种变化，是因为经济实力最终巩固依赖包括军事力量在内的其他形式的实力，而大国往往将这些实力理解为相对的或零和的概念。⑤ 随着经济实力的接近，尤其是当相对经济导致两极化时，⑥ 霸权国的安全感逐渐降低，其关注重点从绝对经济

---

① 关于相对利益问题和国际贸易。See Peter Liberman, *Trading with the Enemy: Security and Relative Economic Gains*, International Security, Vol. 21: 147, pp. 147-175 (1996)。

② Anne van Aaken & Jürgen Kurtz, *Beyond Rational Choice: International Trade Law and The Behavioral Political Economy of Protectionism*, Journal of International Economic Law, Vol. 22: 601, pp. 601-628 (2019).

③ See Robert Gilpin, *War and Change in World Politics*, Cambridge University Press, 1981.

④ See Robert O. Keohane, *After Hegemony: Cooperation and Discord in the World Political Economy*, Princeton University Press, 1984.

⑤ See Paul M. Kennedy, *The Rise and Fall of the Great Powers: Economic Change and Military Conflict from 1500 to the Present*, Random House, 1987.

⑥ See Peter Liberman, *Trading with the Enemy: Security and Relative Economic Gains*, International Security, Vol. 21: 147, pp. 147-175 (1996).

利益转移到相对战略力量。①

伴随这种转变，又出现了另一种认识，其支撑地缘经济秩序中的行为模式：相互依赖可以提高经济效率，但也可能产生战略弱点，例如依赖外国提供对于大国经济发展和军事能力提升所必需的关键技术。② 在地缘经济秩序中，从更重"经济"模式向更重"安全"模式的相对转变，涉及从追求经济效率到追求更强适应性的转变，包括通过增强自主能力实现这种转变。

地缘经济秩序的一个重要属性是再探与相互依赖有关的利弊，以及相对而言，各国更倾向于"武器化互依"（weaponise interdependence），同时寻求降低这种武器化带来的风险。③ 各国创造经济互依关系，系出于其目的或意识能够转化为政策优势，如中国正在实施的"一带一路"倡议（The Belt and Road Initiative）。④ 在互依关系中，关键的不对称性也可以被较强的一方作为战略杠杆加以利用或武器化。

因此，武器化互依具有一种"用之则失"的特性。如果各国认为其他国家或行为体正在利用经济互依关系获得战略优势，它们渴望自主的动机就会加强，特别是当被视为滥用互依关系的行为体是体系的中心或主导结点时。示例包括其他国家建立替代支付制度，以避免美国控制环球同业银行金融电讯协会（SWIFT），并借此实施制裁。⑤ 中国决定增强技术上的自主性，也可以理解为是对美国切断中兴通讯和华为关键技术供应线的回应。

为了重新调整经济与安全之间的关系，各国愈加依赖国家安全主张，以规避国际贸易和投资义务，并限制乃至取消司法审查。这体现在外国投资审查程序的普及上，近年来许多国家颁布或考虑制定更为严格的投资监管规则；这也表现在长期监管程序下越来越多的调查中，如美国的外国投资委员会（CFIUS）

---

① David Singh Grewal, *Network Power: The Social Dynamics of Globalization*, Yale University Press, 2008, p. 236.

② See Mark Leonard ed., *Connectivity Wars: Why Migration, Finance and Trade are the Geo-economic Battlegrounds of the Future*, European Council on Foreign Relations, 2016.

③ Henry Farrell & Abraham Newman, *Weaponized Interdependence: How Global Economic Networks Shape State Coercion*, International Security, Vol. 44: 42, pp. 42-79 (2019).

④ Gregory Shaffer & Henry Gao, *A New Chinese Economic Law Order?*, Journal of International Economic Law, Vol. 23: 607, pp. 607-635 (2020).

⑤ Henry Farrell and Abraham Newman, *America's Misuse of Its Financial Infrastructure*, National Interest, 15 April 2019.

等(见图1);这还表现在普遍以国家安全为由使限制出口合法化(如美国对华为的禁令)、在贸易领域加征关税(如美国对钢铁和铝征收关税)和数据本地化(如中国的网络安全法)。

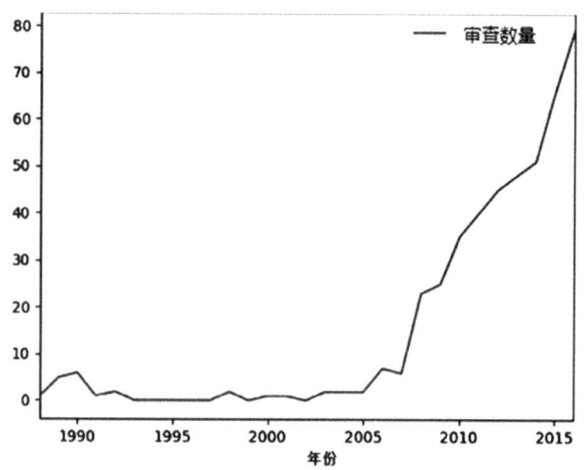

图1 1990—2015年美国外国投资委员会审查数量

安西娅·罗伯茨等:《地缘经济学:经济与安全的变量关系》,载Lawfare网2018年11月27日,https://www.lawfareblog.com/geoeconomics-variable-relationship-betweeneconomics-and-security。

二、中美竞争:起因与后果

许多国家长期以来必须平衡和融合其经济和安全利益,而美国政策中这些领域的相对分离和趋同,已经对上述秩序的转变起到至关重要的推动作用。事实上,美国不仅在"二战"后建立国际经济秩序的过程中发挥了关键作用,它还同样是推动建立新地缘经济秩序行动的推力之一。此外,促成这一转变的重要因素之一是中国作为经济和战略对手的崛起,这也引发了新兴的技术/贸易战。

(一)经济与安全竞争的融合

在第二次世界大战后,经济秩序出现经济领域和安全领域的相对分离,部分原因是美国不认为自己具有经济和战略对手。"冷战"时期,美国在经济和战略上存在多个竞争对手,这些对手的情况各不相同。美国和苏联是战略对手,但随着时间的推移,苏联显然不再是美国的经济对手。20世纪70年代和80年代，日本成为美国的经济对手，但它是美国的安全盟友，并非战略对手。①

"冷战"后，美国取得经济和战略上的主导地位，所以在这两个领域缺乏能够与之匹敌的竞争对手。在新的单极世界，共产主义的威胁消失，资本主义成为当时主导经济的意识形态。新自由主义经济模式在世界银行和国际货币基金组织等不同国际组织的支持下迅速传播。随着经济利益和安全不断增强、不再紧张，美国欢迎苏联国家和中国加入世界经济，认为这将促进世界和平与繁荣。

同时，美国认为这一时期的安全威胁主要来自伊拉克和伊朗等"歹徒政权"（rough states），"9·11事件"后的安全威胁则来自基地组织、塔利班和"伊斯兰国"等非国家行为体。在中东以及从伊拉克到阿富汗再到利比亚的一系列战场运作中，美国的战略重点能力得到强有力的锻炼。② 当发动这些战争时，美国确实使用了一些经济手段，比如利用经济制裁打击恐怖主义融资和核武器扩散。③ 但目标国家一般在经济上处于边缘地位，并且仍然将武器化互依隔离在高度法治化的贸易及投资领域之外。

在地缘经济秩序中，经济和安全格局重构的核心驱动力之一，是中国作为美国经济和安全对手的崛起，而造成的日益加剧的地缘政治竞争。在绝对经济方面，中美两国都在新自由主义秩序下获得了巨大发展，但就相对经济而言，中国已经开始缩小差距。这种变化在21世纪头10年的末期变得十分明显，当时美国经济加速全球金融危机，引发了对华盛顿共识模式的信任危机，而此时中国成为世界第二大经济体。④ 在华盛顿，经济竞争力崛起的中国被视为一种威胁，这促使美国在2011年实施"重返亚洲"（pivot to Asia）政策，并加入《跨太平洋伙伴关系协定》（TPP）。

与此同时，中美间的不平等在减少，美国国内的不平等却在增加。自20世纪70年代以来，从贸易和技术潮到缺乏有效的再分配政策等，诸多因素造成美

---

① See generally Wendy Wu, *Why China's U. S. trade stand-off is not a replay of Japan's in the 1980s*, South China Morning Post, 16 April 2018.

② James B. Steinberg et al., *The New National Security Strategy and Preemption*, Brookings Policy Brief, 21 December 2002.

③ Juan Zarate, *Treasury's War: The Unleashing of a New Era of Financial Warfare*, Public Affairs, 2013; Peter Harrell & Elizabeth Rosenberg, *Economic Dominance, Financial Technology, and the Future of U. S. Economic Coercion*, Center for New American Security, 29 April 2019.

④ Christopher Layne, *The US-Chinese power shift and the end of the Pax Americana*, International Affairs, Vol. 94: 89, p. 89 (2018).

国国内的不平等加剧,最终形成反对国际贸易和投资的民粹主义情绪。① 由此产生的民粹主义和保护主义政治环境,导致所有参加 2016 年美国总统竞选的主要候选人均否定 TPP 协定。一些美国评论员和政界人士认为,问题在于当前需要通过改善再分配等措施,在美国国内实现更大程度的贫富平等。还有人则把注意力转移到国外,比如唐纳德·特朗普(Donald Trump)。他声称中国正在"侵蚀"美国经济,并"窃取"美国的就业机会,因此承诺将"把我们的工作带回国内",并对那些"作弊"的经济对手采取强硬措施。②

中美两国在经济和政治制度上的差异既加剧两国间的竞争,又被两国用于为竞争辩护。③ 在经济上,美国一般倡导支持自由市场的新自由主义意识形态,而中国则更多采用国家主导型经济模式,这意味着它们具有不同的优势,并试图根据不同的规则进行创造和发挥。这既导致美国指责接受国家补贴的中国企业没有进行公平竞争,且现有规则不足以惩戒中国,也导致中国驳斥美国试图将其经济模式强加于其他国家,而国际法不要求采取一刀切的做法。

政治上,这两个大国也存在极大差异。美国把中国描绘为具有侵略性的,中国则认为美国是霸权主义且伪善的,④ 指出其干涉别国内政的罪名,并指责它企图阻挠中国的发展。⑤ 一些美国评论家主张"另类对待"(othering) 中国,

---

① Gregory Shaffer, *Retooling Trade Agreements for Social Inclusion*, University of Illinois Law Review, 2019, also see Social Science Research Network, https://papers.ssrn.com/sol3/papers.cfm? abstract_ id=3217392.

② See Nicolas Lamp, *How Should We Think about the Winners and Losers from Globalization? Three Narratives and their Implications for the Redesign of International Economic Agreements*, European Journal of International Law, Vol. 30:1359, pp. 1359–1397 (2019); Anthea Roberts, *Being Charged by an Elephant: A story of globalization and inequality*, EJIL: Talk!, 19 April 2017.

③ See, e.g. Kenneth G. Lieberthal, *U. S., China Must Overcome Mutual Distrust*, Brookings, Op-Ed, Apr. 10, 2012, https://www.brookings.edu/opinions/u-s-china-must-overcome-mutual-distrust/.

④ See, e.g. Zhang Jiadong, *How China, US misunderstand each other*, Global Times, 1 August 2018; *The American hypocrisy when it comes to maritime rule of law*, People's Daily, 12 July 2016.

⑤ Jake Werner, *China Is Cheating at a Rigged Game*, Foreign Policy, 8 August 2018.

以帮助克服国内分歧，增强社会凝聚力，尽管如此行动"有时会限制商业关系"。① 另外一些评论家则警告称，如此行动无异于成为危险的"替罪羊"，分散人们对国内问题的注意力。②

在地缘经济秩序中，中美两国日益激烈的经济和战略竞争，正在一个深度经济一体化和不断数字互通的世界中上演，这正在改变人们对有关互依的战略机遇和风险的看法。相比之下，"冷战"结束后，美国和苏联这两个战略对手之间几乎没有经济往来。③ 在后冷战时期，中美经济相互深度融合。虽然在新自由主义秩序下，深度融合被认为能够促进和平与繁荣，但当前中美战略竞争的出现，导致人们重新思考相互依赖所带来的风险。

当经济对手同时被视作战略对手时，对相互依赖的担忧可能会被放大。相较优先考虑相互依赖带来的经济利益，战略对手更有可能寻求创造汤姆·赖特（Tom Wright）所称的"独立领域"（spheres of independence），至少在某些领域隔断它们的融合以降低脆弱性。④ 在信息通信技术（ICT）领域，对相互依赖的关切正在变得至关重要。例如，美国担心中国企业建设 5G 网络等关键基础设施并访问敏感数据，中国担心美国切断半导体等关键信息通信技术部件的供应。

随着全球进入第四次工业革命，美国与中国之间的战略竞争日益激烈。在这场革命中，人工智能（AI）等技术的发展可能创造出尚且未知却规模巨大的经济利益和安全风险。尽管美国在许多领域享有技术霸主地位，但中国研发资金的激增以及在人工智能等领域的最新突破，已经引发美国的担忧。5G 和物联网的发展也将带来无与伦比的数据积累，这些数据可以用于推动经济创新和军事进步，进而将加大当前竞争的风险。

尤其是自 2017 年到 2018 年，这些事态发展导致美国政策出现显著变化。

---

① Jeff D. Colgan & Robert O. Keohane, *The Liberal Order Is Rigged: Fix It Now or Watch It Wither*, Foreign Affairs, Vol. 96：36, pp. 36–44 (2017).

② Benjamin Shobert, *Blaming China: It Might Feel Good but It Won't Fix America's Economy*, Potomac Books, 2018; Stephen S. Roach, *America's False Narrative on China*, Project Syndicate, 26 April 2019.

③ Jonathan Kirshner, *Political Economy in Security Studies after the Cold War*, Review of International Political Economy, Vol. 5：64, pp. 64–91 (1998).

④ Thomas Wright, *Sifting through Interdependence*, The Washington Quarterly, Vol. 36：7, pp. 7–23 (2013).

特朗普总统上任后，美国退出 TPP 协定，且加倍将中国视为威胁。《2017 年美国国家安全战略》将中国视为"战略对手"，并宣称"经济安全就是国家安全"。① 美国国防部支持这一方案并得出结论：美国的"制造业和国防工业基地必须是安全的、强健的、自主的和完备的"，② 为保障供应链和保护国内工业铺平道路。

美国"经济安全"的概念在抵御经济民族主义的规则和国家安全的例外之间架起可能会坍塌的桥梁，且创造了一项可能会吞噬规则的例外。③ 显然，经济安全对于国家安全具有重要意义：如果某一国家缺乏经济繁荣，或者必须依赖包括潜在对手在内的外国获取关键的国防物资，那么它将无法自卫。但是，如果国家安全要求某一国家经济繁荣、具有全球竞争力和军事自主能力，包括增加产能，正如美国的一些政策声明所表示的那样，④ 那么它就可以被用于为从钢和铝到帐篷等所有物品提供保护。⑤

如果经济安全就是国家安全，那么如何在保护和保护主义之间划清界限？经济安全下的合法化措施具有类似罗夏墨迹测试（Rorschach inkblot test）的特性：从安全思维模式的角度来看像是保护，从经济思维模式的角度来看则像是

---

① J. H. H. Weiler, *The Rule of Lawyers and the Ethos of Diplomats*, Journal of World Trade, Vol. 35: 191, p. 191 (2001); Taylor St John, *The Rise of Investor-State Arbitration: Politics, Law, and Unintended Consequences*, Oxford University Press, 2018.

② United States Department of Defense, *Assessing and Strengthening the Manufacturing and Defense Industrial Base and Supply Chain Resiliency of the United States*, Sept, 2018, p. 7, http://defense.gov/Strengthening DefenseIndustrial Base.

③ 尽管笔者关注的是大国竞争，这种竞争也正在推动美国对国家安全的某些诉求，但许多国家还在健康和气候变化等领域对国家安全例外采用更广泛的解释。See J. Benton Heath, *The New National Security Challenge to the Economic Order*, Yale Law Journal, Vol. 129: 924, p. 1020 (2020).

④ White House, *A New National Security Strategy for a New Era*, Dec. 18, 2017, https://www.whitehouse.gov/articles/new-national-security-strategy-new-era/.

⑤ See, e.g. United States Trade Representative, *Statement by Ambassador Robert E. Lighthizer on Retaliatory Duties*, Press Release, 26 June 2018（"特朗普总统在钢铁和铝贸易方面采取行动以保护我们的国家安全利益。这些行动是完全合法和正当的……"）; Peter Navarro, *America's Military-Industrial Base Is at Risk*, New York Times, 4 October 2018.（"即使是低端但科技含量更高的阵地也处于危险之中"）

保护主义（见图2）。有鉴于此，国际经济法学者一直对美国的钢铁关税提出批评。① 然而，出于交织的经济和安全原因，将国家安全问题扩大到以前不被视为具有战略意义的部门，使得很难在保护和保护主义之间划清界限，特别是在不严格进行善意司法审查的情况下。②

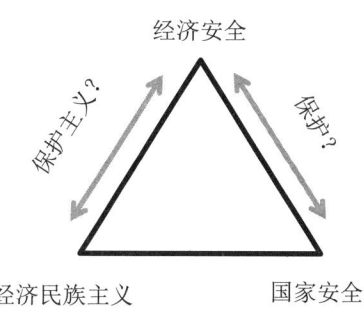

图 2　经济安全三角

将经济安全视为国家安全也可能造成一种永久的例外状态，从而使跨越时间和空间的广泛保护或保护主义措施合法化。通过在经济、政治和安全领域混淆"竞争"（competition）、"冲突"（conflct）和"较量"（rivalry）的概念，很难知悉威胁何时可能被理解为开始或结束。

（二）中美科技/贸易战

这些动态发展揭示的领域之一是中美技术竞争。美国在技术创新方面处于世界领先地位，并借此增强自己的经济和军事优势。作为一个崛起中的大国，中国面临"创新的迫切需求"：其需要获得并开发新技术以享受长期增长，继续在全球价值链上攀升，且武装自己以对抗具备更先进军事能力的主要战略对

---

① Jennifer Hillman, *Trump Tariffs Threaten National Security*, New York Times, 1 June 2018.
② 2019年世贸组织关于关贸总协定第XXI条的裁决承认，每个国家认为有必要保护的特定利益"将取决于有关国家的特殊情况和看法"（WTO Panel Report, *Russia—Measures Concerning Traffic In Transit*, WT/DS512/R, adopted 5 April 2019, paragraph 7.131.）尽管如此，仍不应期望每个WTO成员都诉诸第21条"作为规避其在GATT 1994中所承担义务的手段"。（paragraph 7.133）

手。① 其试图通过结合安德鲁·肯尼迪（Andrew Kennedy）和达伦·林（Darren Lim）所描述的"制造"（making）、"交易"（transacting）和"获取"（taking）来缩小这一技术差距：

- "制造"包括支持国内企业发展本土创新和制造能力，以便中国在创造和生产新技术时能够更加自主。例如，《中国制造2025》产业政策旨在刺激中国在关键新兴技术领域的创新和技术进步。
- "交易"涉及与外国实体进行商业交易，最终转让关键技术。这一目标可以通过若干方式实施，或是国内企业收购、投资外国技术公司，或要求希望在中国投资的外国公司与国内公司合作，或转让部分知识产权以换取市场准入。
- "获取"意味着从外国及国外企业免费获得现有技术。这一目标可以通过若干合法手段实现，例如，收集公开发表的学术论文等开源材料，或派遣中国学生出国留学。

相比之下，笔者认为，作为技术主导者，美国面临保持其"技术霸权"的紧迫时刻。因此，捍卫现有的技术优势，遏制竞争对手的技术抱负，且加大自身技术进步的力度以维持创新优势，符合美国的自身利益。

对于与经济和战略对手开放贸易、投资、研究及发展是安全风险（因为知识和物质转让的可能性）还是安全利益（因为促进最有可能维持创新优势的技术产业欣欣向荣）存在观点分歧。② 根据当时的主流观点，对于如何在开放与封闭之间达到最佳平衡，现任科技大国可能因此寻求通过结合"屏蔽"（shielding）、"扼杀"（stifling）和"刺激"（spurring）的方式来维持自己的领先地位，这在美国最近的行动和辩论中可以看到。

- "屏蔽"包括保护国内科技知识不被竞争对手获取和交易。在美国目前采取的做法中，屏蔽包括起诉中国国民和企业充当工业间谍；抵制"强迫技术转让"；扩大 CFIUS 的活动范围，允许审查和阻止任

---

① Andrew B. Kennedy & Darren J. Lim, *The Innovation Imperative: Technology and US-China Rivalry in the Twenty-First Century*, International Affairs, Vol. 94：553, pp. 553-572 (2020).

② 对比"控制鹰派"的观点，他们认为向竞争对手出口技术是一种安全风险，而"跑得更快"的倡导者认为，出口对于保持科技产业竞争力是至关重要的。See Hugo Meijer, *Trading with the Enemy: The Making of US Export Control Policy toward the People's Republic of China*, Oxford University Press, 2016。

何企业涉及"关键技术"（包括"新兴技术和基础技术"）、"关键基础设施"或者"可能以威胁国家安全的方式利用美国公民的敏感个人数据"之外的所有非被动外国投资。①

• "扼杀"包括采取行动遏制战略对手的生产能力。② 美国在这方面的做法包括征收单边关税，其目的之一是向中国施压，使其缓和支持高科技产业的产业政策；③ 对"新兴技术和基础技术"采取新的出口管制，以防止量子计算、机器人技术和人工智能等下一代技术的转让；④ 禁止向中兴通讯、华为等中国企业出售半导体等部件；⑤ 并企图阻止国内⑥外⑦购买或采用华为和5G等中国技术。

• "刺激"意味着寻求鼓励技术创新。例如，增加政府的研发资金，采取更广泛的产业政策，吸引世界各地的优秀人才，并设法确保国内企业在国外市场上具有竞争优势。美国一直努力为本国企业开拓

---

① See Stephanie Zable, *The Foreign Investment Risk Review Modernization Act of 2018*, Lawfare, 2 August 2018.

② 有些行为，例如，通过限制在美国学习和工作的中国 STEM 学生和教授来限制知识转移，可能具有屏蔽（防止中国人利用现有技术）和扼杀（限制人的能力来减缓中国创新）因素。关于这些措施。See Todd Shields, *Top U. S. Universities ShunCash From Huawei Under Trump Pressure*, Bloomberg, 12 March 2019; Benjamin Wermund, *Republicans push bill to prevent spying on "sensitive" university research*, Politico, 12 March 2019。

③ See White House Office of Trade and Manufacturing Policy, *How China's Economic Aggression Threatens the Technologies and Intellectual Property of the United States and the World*, June, 2018, https：//www.whitehouse.gov/wp-content/uploads/2018/06/FINAL-China-Technology-Report-6. 18. 18-PDF. pdf.

④ See Cindy Whang, *The Diverging Path: Changes in Dual-Use Export Control Regime for the United States and the European Union and its Implications*, Society of International Economic Law (SIEL), Sixth Biennial Global Conference, July, 2018, https：//ssrn. com/abstract = 3209598.

⑤ Shawn Donnan, *U. S. Places Huawei and Scores of Affiliates on Export Blacklist*, Bloomberg, 17 May 2019; Alan Rappeport, *U. S. to Block Sales to Chinese Tech Company Over Security Concerns*, New York Times, 29 October 2018.

⑥ White House, *Executive Order on Securing the Information and Communications Technology and Services Supply Chain*, May. 15, 2019, https：//www. whitehouse. gov/presidential-actions/executive order-securing-information-communications-technology-services-supply-chain/.

⑦ Parmy Olson, *U. S. Would Rethink Intelligence Ties if Allies Use Huawei Technology*, Wall Street Journal, 29 April 2019.

海外市场，长期以来始终吸引和留住外国人才。但多年来，美国对研究经费的支持以及产业政策的力度和连贯性均有所减弱，导致目前出现关于是否应当重振此类措施的争论。① 政治学家已经将"创新性的不安全感"确定为"刺激"技术创新的关键因素，当某一国家对外部安全威胁的认知重于国内利益相关方之间内部分配斗争的阻力时，就会出现这种情况。②

一些美国学者认为，这些措施是必要的。这样两个经济体才能"脱钩"（decouple），以制衡中国的"技术民族主义"。③ 对此，中国愈发强调"自力更生"的重要意义，④ 认为"只有靠我们自己的双手掌握关键核心技术，我们才能……从根本上维护国家的经济安全、国防安全以及其他领域的安全。"⑤ 因此，现任霸权国的进攻和防御行动可能会刺激挑战者进一步的进攻和防御行动，且二者均可能提高独立程度。

随着数据成为中心战场，经济和技术的竞争可能会加剧，因为数据具有未知且潜在的巨大经济效益和安全风险，尤其是考虑到其在驱动人工智能技术方面的作用。⑥ 例如，基于担心访问敏感数据，最近 CFIUS 要求中国企业从同性恋约会应用程序（Grindr）和个人健康应用程序（Patients Like Me）中撤资。⑦

---

① Kenneth Rapoza, *Senator Rubio: The U. S. Has No Industrial Policy To Counter China Made In* 2025, Forbes, 12 February 2019.

② Mark Zachary Taylor, *The Politics of Innovation*, Oxford University Press, 2016.

③ See, e. g. Kathrin Hille & Demetri Sevastopulo, *Congressional body calls for probes into US-China ties*, Financial Times, 14 November 2018; Katherine Koleski & Nargiza Salidjanova, *China's Technonationalism Toolbox: A Primer*, U. S. -China Economic and Security Review Commission Issue Brief, 28 March 2018.

④ Orange Wang & Zhou Xin, *Xi Jinping says trade war pushes China to rely on itself and "that's not a bad thing"*, South China Morning Post, 26 September 2018.

⑤ *Core technology depends on one's own efforts: President Xi*, People's Daily, 19 April 2018.

⑥ Dan Ciuriak, *Digital Trade: Is Data Treaty-Ready?*, CIGI Paper 162, Centre for International Governance Innovation, February 2018.

⑦ Sarah Bauerle Danzman & Geoffrey Gertz, *Is it a threat to U. S. security that China owns Grindr, a gay dating app?*, Brookings, Op-Ed, Apr. 8, 2019, https://www.brookings.edu/opinions/is-it-a-threat-to-us-security-that-china-owns-grindr-a-gay-dating-app/; Zen Soo, *iCarbonX could be the latest Chinese company forced to sell stake in U. S. firm over national security concerns*, South China Morning Post, 6 April 2019.

中国已经声称大数据是一种"基本战略资源",并寻求通过国内数据本土化来保护这一战略资产,① 这属于中国保护其"网络空间主权"的宏观政策。②

这些事态发展表明,中美两国正在采取积极措施,通过在某些战略领域,尤其是在信息通信技术领域,向更广泛的独立领域迈进,以减少两国经济上的相互依赖。问题不在于相互依赖与独立二者取一,而在于何种程度的相互依赖和独立是可取的和可能的,以及在哪些领域、采取何种预防措施。这是一个竞争和合作"管控互依"(managed interdependence)的未来。③

三、对全球经济治理的影响

在新兴地缘经济秩序中,经济和安全的重新调整以及中美日益激烈的技术/贸易竞争可能产生哪些后果?为了回答这个问题,不妨把中美两国想象成齐聚一堂进行比赛的两支顶级球队。二者皆是世界级的,然而它们的优势不同,且参与的游戏版本亦不同。④

美国队就像世界杯冠军,它们踢的是英式足球。球员们快速灵活,移动流畅,突出个人风格和战术,却缺乏团队配合。球员们戴着护胫垫,但未被充分保护。团队追求快速与创新,即速度快且富有创造力;每个球员都能以惊人的速度和娴熟的技巧向多个方向传球。

与直觉相反,中国队就像超级碗冠军。它们踢的是美式足球,也称橄榄球。它们的踢法更注重团队配合。球员们获得包括头盔、胸垫在内的全身防护,比赛时没有那么快速或灵活。但球队在内部合作方面非常成功,它们让球沿着球

---

① See Central Committee of the Communist Party of China, *The 13th Five-Year Plan for Economic and Social Development of the People's Republic of China* 2016–2020, Central Compilation and Translation Press, Chapter 27.

② Samm Sacks, *Beijing Wants to Rewrite the Rules of the Internet*, The Atlantic, 18 June 2018.

③ Henrique Choer Moraes, *The turn to managed interdependence: a glimpse into the future of international economic law?*, EJIL: Talk!, 14 August 2018.

④ 笔者感谢蒂莫西·斯特拉特福德(Timothy Stratford)的足球比喻。See Ross Chainey, *Don't understand the US-China trade war? This metaphor could help*, World Economic Forum, Sep. 18, 2018 (quoting Timothy P. Stratford), https://www.weforum.org/agenda/2018/09/china-united-states-tradewar-sports-metaphor/。

场的特定方向移动,并在比赛过程中一路战胜对手。

当然,这个比喻夸大了二者的区别。在美国的"自由市场"范式中,可以发现国家与市场的诸多联系,国防资金在互联网等创新中的作用就是证据。①就中国而言,其模式已经远远偏离了纯粹由中央控制的"国家资本主义"模式。地方政府在培养不同发展路径方面的作用,② 以及极具竞争力的私营企业(包括创新型信息通信技术公司)遍布众多领域,均能够证明上述结论。③

评论家们正在激烈讨论美中经济模式的差异是代表程度上的差异还是种类上的差异。④ 答案取决于所使用的抽象层次:一方面,英式足球和美式足球属于不同的游戏,好比伍人英(Mark Wu)提及的国际贸易体制中中国企业特殊性质的处理问题;另一方面,英式足球和美式足球又都是足球的变种,正如安德鲁·朗格(Andrew Lang)描述的将不同种类的市场经济融入国际贸易体系的问题。⑤

当"两支球队"都在全球经济领域"踢足球"时,笔者设想出四种后果:(i)很难就比赛规则达成共识("有选择的多边主义"和"去一的多边主义");(ii)行动将趋向政治化,取消中立裁判解决争端(去法治化);

---

① Mariana Mazzucato, *The Entrepreneurial State: Debunking Public vs. Private Sector Myths*, Anthem, 2013.

② Teresa Wang, *Here's Why Chinese Local Governments Might Be the World's Largest Tech Incubators*, Medium, 17 January 2019.

③ Kai-Fu Lee, *AI Superpowers: China, Silicon Valley, and the New World Order*, Houghton Mifflin Harcourt, 2018; Paul Triolo, *China's AI trajectory is set by entrepreneurs and international collaboration, not by government edict*, Sup China, Apr. 19, 2019, https://supchina.com/2019/04/19/chinas-aitrajectory-is-set-by-entrepreneurs-and-international-collaboration-not-by-government-edict/.

④ 关于中美代表资本主义不同种类的论点。See Christopher McNally, *Sino-Capitalism: China's Reemergence and the International Political Economy*, World Politics, Vol. 64: 741, pp. 741-776 (2012); Tobias ten Brink, *Paradoxes of Prosperity in China's New Capitalism*, Journal of Current Chinese Affairs, Vol. 42: 17, pp. 17-44 (2013). 关于两种方法在种类上而不是程度上不同的论点。See Mark Wu, *The "China, Inc." Challenge to Global Trade Governance*, Harvard International Law Journal, Vol. 57: 261, pp. 269-270 (2016)。

⑤ Mark Wu, *The "China, Inc." Challenge to Global Trade Governance*, Harvard International Law Journal, Vol. 57: 261, pp. 269-270 (2016); Andrew Lang, *Market Distortions and Institutional Variety in the Global Trading System*, Journal of International Economic Law, Vol. 22: 677, pp. 677-719 (2019).

（iii）每个队伍分别致力于在有影响力的特定领域，与志同道合或相互依赖的国家进行英式足球和美式足球比赛（具有影响力的部门）；（iv）当它们必须在同一场地上相遇时，各队将调整它们青睐的比赛方法，以便更有效地展开竞争（比赛中的融合）。

（一）选择性多边主义和去一的多边主义

中美两国在博弈中的差异将使双方更难就现行多边规则的适用和新规则的形成达成共识，笔者所称的"有选择的多边主义""去一的多边主义"以及诸边技术的使用可能导致上述后果。

美国声称中国在"作弊"。自"二战"结束，美国几乎资助建立所有的主要国际机构，习惯于（不成比例地）制定国际游戏规则，以及采用自己的规则作为中立的国际规则。美国将主张允许中国加入这场游戏，但前提是随着时间的推移，中国将遵循其帮助建立的自由市场规则和游戏精神，并在此过程中变得更加自由和民主。① 这正是美国在WTO所表达的观点，当时它声称"中国自2001年加入WTO以来，始终未曾向更为充分地接受以市场为基础的政策和做法迈进"。②

中国反驳称其没有"作弊"，因为足够灵活的规则允许其选择比赛风格。自加入WTO以来，中国已经显著改变其做法，通过开放服务市场、取消对外国投资的限制以及减少国有企业在经济中的作用等方式，接受诸多自由市场原则。现行规则并未要求采取单一模式"踢足球"或经营经济，中国的许多做法不违反规则，且对于经济发展至关重要。③ 事实上，中国在补贴、投资监管、数据流动等多项贸易规则上的立场与美国、欧盟等行为体长期持有的立场明显

---

① See Philip Levy, *Was Letting China Into the WTO a Mistake?*, Foreign Affairs, Apr. 2, 2018, https://www.foreignaffairs.com/articles/china/2018-04-02/was-letting-china-wto-mistake; Kurt Campbell & Ely Ratner, *The China Reckoning: How Beijing Defined American Expectations*, Foreign Affairs, Vol. 97: 60, pp. 60-70 (2018).

② Statement by Ambassador Dennis Shea, *Views on China's trade-disruptive economic model and implications for the WTO*, WTO General Council, Geneva, 26 July 2018, https://geneva.usmission.gov/2018/07/27/55299/.

③ WTO General Council, Minutes of Meeting on 26 July 2018, WT/GC/M/173, at agenda item 6, paragraphs 1.278 and 1.310.

相悖。①

美国与欧盟面临的部分问题是，在产业补贴等问题上，现行规则并没有明确禁止中国的行为。② 可以肯定的是，国际贸易体系在过去一直能够找到解决方案，使具有特定经济模式的国家能够在其规则下生存，从日本到苏联皆是如此。③ 然而，不断变化的经济和地缘政治力量阻碍新规则的制定；由西方国家制定规则并推行至其他国家的时代业已一去不复返，尤其是推行给目前享有同中国般影响力和规模的国家更加困难。在日益多极化的世界中，若要制定新规则，则必须包含来自所有主要国家的意见，并且反映它们的利益。

随着权力日益分散于想法不同的大国之间，以多边方式达成协议或某一大国在另一大国反对其核心利益时强推多边协议的空间将缩小。④ 多边主义将变得更具选择性，只存在于不侵犯大国核心利益或其竞争的领域。

当一方足够强大时，它也可能寻求建立去一多边主义的模式。这涉及制定准多边规则时，与一个相对广泛且具有代表性的第三方国家集团联合，对另一方施加更大的压力。对于这种路径，诸如欧盟等第三方的作用可能就像摇摆选票。例如，在 WTO 改革方面，欧盟目前正与中国和印度合作，鼓励程序改革以制衡美国。但它也与美国和日本合作，鼓励实质性改革以制衡中国。

（二）国际经济法的去法治化

除却在规则上存在分歧，地缘经济竞争中的大国还可能寻求维护或加强各自对于适用规则之解释和执行的控制。特别是在国家安全问题上，各国通常希望从垂直（从国际到国内层面）和水平（从司法领域到行政决定）两个方向重导决策权。随着经济关系越来越受到政治影响，以及接受第三方强制裁决的国

---

① World Trade Organization, *China's proposal on WTO reform*, Communication from China, document WT/GC/W/773, 13 May 2019.

② Mark Wu, *The "China, Inc." Challenge to Global Trade Governance*, Harvard International Law Journal, Vol. 57: 261, pp. 269 - 270 (2016); Pascal Lamy, *Trump's protectionism might just save the WTO*, Tribune Content Agency, Opinion, 14 November 2018.

③ Petros C. Mavroidis & André Sapir, *China and the World Trade Organisation: Towards a Better Fit*, Bruegel Working Papers, 11 June 2019.

④ Daniel Drezner, *All Politics is Global: Explaining International Regulatory Regimes*, Princeton University Press, 2007; Michael O'sullivan, *The Levelling—What's Next After Globalization*, Public Affairs, 2019, p. 213.

际规则更难达成，有关国际经济制度的义务、准确性和授权水准将降低。①

对此，美国采取四项关键举措：（1）扩大"国家安全"的范围，包括"经济安全"以及保护范围广泛的"战略"或"关键"产业和基础设施，且没有明确的限制；（2）声称援引国家安全是完全不可审查的，此外还阻碍 WTO 上诉机构的运行；②（3）通过 CFIUS 等程序，在不受司法审查的情况下强化国内行政机构决策；（4）试图与中国达成完全不受第三方争议解决机制约束的贸易协议。③

就此，中国不太可能在其认为关键的领域接受新国际规则，比如网络主权和数据自由流动等，更不可能同意将这些规则置于强制性的第三方争端解决机制之内。对于数据本土化等问题，中国在适用国内立法方面保留了很大程度的自由裁量权，其认为这是"国家网络安全"的一部分。④ 格雷戈里·谢弗（Gregory Shafer）和高树超（Henry Gao）还指出，在"一带一路"倡议的基础之上，中国正在推出一个由谅解备忘录和私法合同组合而成的"软法"系统，这是一种基于重要经济纽带和私法秩序的参与模式，而非国际公法下沉重的法律义务。⑤

美国的路径是在国内层面处理国际问题，而中国则是避免在国际层面解决国内问题。因此，贸易和投资政策政治化程度可能增加，但司法化程度降低，这将使得规则相比新自由主义秩序缺乏可预测性。

（三）努力创造具有影响力的部门

在未就新规则达成多边协议的情况下，我们应当期待中美两国在国家层面上发展自己的规则，并将其范式推行给志同道合或相互依赖的国家和地区。这

---

① Kenneth Abbott et al., *The Concept of Legalization*, International Organization, Vol. 54：401, pp. 401-419 (2018).

② See, e.g. Third Party Oral Statement of the United States of America, *Russia—Measures Concerning Traffic in Transit*, DS512, 25 January 2018.

③ Shawn Donnan & Jenny Leonard, *Trump Stirs Alarm That He May Be Giving China a New Trade Weapon*, Bloomberg, 17 April 2019.

④ World Trade Organization, *Council for Trade in Services*, *Report of the meeting held on 6 October 2017— Note by the Secretariat*, S/C/M/133, 6 November 2017, paragraph 6.59.

⑤ Gregory Shaffer & Henry Gao, *A New Chinese Economic Law Order?*, Journal of International Economic Law, Vol. 23：607, pp. 607-635 (2020).

种做法好比中美两国要离开特定领域的共同赛场，去参与各自更为青睐的比赛。笔者可以从美国经济脱钩尝试和中国数字化尝试中清楚地看到这些发展。

在经济上，美国正试图向其他国家施压，让它们在中美两国之间作出抉择。例如，美国在《美墨加协定》中加入"毒丸条款"，要求各缔约国若想同非市场经济体（这里特指中国）进行自由贸易协定谈判，就必须通知其他缔约国，并允许其他缔约国在与中国达成自由贸易协定时单方面终止协议。① 相较实际效果，该条款似乎具有更大的象征意义，② 但美国希望在未来的协定中复制该条款。③

美国还援引对国家安全的担忧，限制中国企业在5G技术推广中的影响力，增加未来分羹5G体系的可能性。④ 美国还鼓励盟国禁止华为参与下一代计算机和电话网络的建设，否则美国不会与之分享情报。⑤ 例如，澳大利亚等一些盟国已经彻底封杀华为，英国等其他盟国则作出妥协，禁止华为进入其系统核心。

美国试图将更严格的投资监管范式推行到志同道合的国家。比如，美国国会指示总统"敦促和帮助美国盟国及伙伴建立与CFIUS对应的程序，通过监管外国投资筛查国家安全风险……"⑥ 英国、澳大利亚、加拿大和德国在内的多个美国盟国已经或正在考虑制定更为严格的投资监管规则。中国和俄罗斯在内的美国战略对手同样如此。

中国在数字化脱钩方面占据优势地位，已经巩固其"防火长城"（Great

---

① James Politi, *Trump's "poison pill" in China trade fight*, Financial Times, 9 October 2018.

② Geraldo Vidigal, *A Really Big Button that Doesn't Do Anything? The "Anti-China Clause" in U.S. Trade Agreements*, Amsterdam Law School Research Paper 2019 – 43, Apr. 24, 2019, https：//ssrn.com/abstract=3377492.

③ David Lawder & Karen Freifeld, *Exclusive：U.S. Commerce's Ross eyes anti-China "poison pill" for new trade deals*, Reuters, 6 October 2018.

④ Eurasia Group, *White Paper：The Geopolitics of 5G*, Nov. 15, 2018, https：//www.eurasiagroup.net/live-post/the-geopolitics-of-5g.

⑤ Parmy Olson, *U.S. Would Rethink Intelligence Ties if Allies Use Huawei Technology*, Wall Street Journal, 29 April 2019.

⑥ John S. McCain National Defense Authorization Act for Fiscal Year 2019, 164 Cong. Rec. S3403 (June 11, 2018), s 1702（a）（6）.

Fire-wall）。① 政府通过打击使用虚拟专网访问受审查信息源等举措，加强对互联网的控制和监管。中国的互联网发展相对独立，出现阿里巴巴、腾讯、百度等互联网巨头，以及微信等特色应用程序和超级应用程序。知名互联网专家、谷歌前首席执行官埃里克·施密特（Eric Schmidt）预测，全球在 10 年到 15 年内将出现两类截然不同的互联网：一类是美国主导的互联网，一类是中国主导的互联网。②

同在经济领域的美国一般，中国也试图在网络领域提升自己的影响力。中国与"一带一路"国家加强互联互通的努力延伸到数字基础设施，也即所谓的"数字丝路"（Digital Silk Road）。③ 中国一位高层人士表示，这一举措的背后，是人们希望看到中国网络媒介在"一带一路"沿线中，"应当成为建设数字丝路、促进跨境交流的驱动者"④。中国正在向感兴趣的伙伴宣传其互联网治理和网络安全的方法，⑤ 并在世界会议、国际组织和其他论坛上积极推广中国范式。⑥

虽然中国通过数据本土化等脱钩举措，表现出似乎不愿加入支撑互联网互依的基础设施和系统，但其愿意和有意参与的国家一同提升网络的互依性。这种方法可能涉及访问其他国家的数据，表明中国希望自己进行数据本土化，但不太可能将这种方法推广至其他国家，尤其是海外经营的中国企业所处的国家。

试图努力建立独立部门并不意味着忽视在多边层面上影响规则的斗争。例

---

① See Margaret E. Roberts, *Censored: Distraction and Diversion Inside China's Great Fire-wall*, Princeton University Press, 2018.

② Isobel Asher Hamilton, *Google's ex-CEO Eric Schmidt says the internet will split in two by 2028*, Business Insider (Australia), 21 September 2018.

③ Rachel Brown, *Beijing's Silk Road Goes Digital*, Council on Foreign Relations, Asia Unbound, 6 June 2017.

④ He Yini, *Internet media should drive digital Silk Road: Ren*, China Daily, July. 17, 2015, http://www.chinadaily.com.cn/business/fourmoninternet/2015-07/17/content_ 21308346.htm.

⑤ Samm Sacks, *Beijing Wants to Rewrite the Rules of the Internet*, The Atlantic, 18 June 2018. Also see Adam Segal, *When China Rules the Web: Technology in Service of the State*, Foreign Affairs, Vol. 97: 5, p. 10 (2018).

⑥ See *China to hold 5th World Internet Conference in November*, China Daily, 28 September 2018. 中国使用不同论坛宣传其数字贸易治理愿景的示例。See Henry Gao, *Digital or Trade? The Contrasting Approaches of China and US to Digital Trade*, Journal of International Economic Law, Vol. 21: 297, pp. 308-315 (2018)。

如，从目前中美两国在制定技术产业行业标准方面的竞争中就可以看出这一点。① 但是，大国建立相对独立的领域会为有影响力的部门创造条件，这可能会使第三国处于必须在两个大国之间作出选择的尴尬境地，至少在贸易协定、供应链和数字通讯连接等特定领域诚然如是。如果不存在或不可能存在自主，第三国或许可以通过在基础设施资助、援助金等领域对抗中美两国来达成更好的交易。

（四）"比赛"风格的融合

尽管中美两国可能会在军事供应链、信息通信技术系统等关乎核心安全利益的关键领域寻求培育其独立领域，但两国在许多领域仍将在同一赛场上继续进行相互合作和竞争。作为回应，双方都可能调整自己青睐的风格以适应对方的风格。中国足球队已经更为分散和能够快速移动，而美国足球队可能会更加集中协调和准备更多防护。

美国在投资监管、出口管制等领域采取的一些防御性举措足以说明上述改变，它们体现在呼吁美国政府增加对新兴技术研发的投资、调整产业政策等方面。② 同样的情形亦在欧洲有所反映，也即呼吁修订欧盟反垄断规则，以培养能够与中国企业竞争的"欧洲冠军"。③ 这些西方国家实际上提出，如果中国不能"升级"达到它们的标准，它们就有理由"拉平"规则，以同样的方式对待中国。

两种比赛风格的分歧会被夸大到不着边际，这样两队的差别看似十分显著，然而实践中，"比赛"风格会在一定程度上趋同。例如，美国反对中国的国家主导型经济模式，理由是将为中美两国的企业创造不公平的竞争环境。但特朗普政府用"爱国资本主义"（patriotic capitalism）来回应。④ 比如，通过呼吁谷歌不要只考虑收入，不参与蜻蜓搜索应用程序（Dragonfy search application）等

---

① Alan Beattie, *Technology: how the US, EU and China compete to set industry standards*, Financial Times, 24 July 2019.

② See, e.g. Veronique de Rugy, *Why Are Republicans Embracing Economic State Planning?*, New York Times, 5 March 2019.

③ See, e.g. Federation of German Industries (BDI), *Partner and Systemic Competitor—How Do We Deal with China's State-Controlled Economy?*, Policy Paper, January 2019.

④ Rana Foroohar, *Patriotic capitalism*, Financial Times, 8 October 2018.

受审查的项目。① 同样，美国也在谴责《中国制造 2025》计划和国家补贴，但许多美国的行为体也在更多地谈论强化美国产业政策与政府研发资金。

思考这个过程的方法是把每个国家想象成"三重螺旋"（triple helix），其涉及的三股力量为国家、企业与大学。相比美国的"三重螺旋"，中国的"三重螺旋"更具协调性和关联性，军民融合和政府审查等举措足以证明这点。② 中国此前的一些行动可被理解为放松其"三重螺旋"的纽带，而美国的一些行动可以被视作加强其"三重螺旋"的联系。例如，美国政府愈发关注美国大学接受中国资助以及与中国合作等问题。③ 无论一国如何抽象地思考怎样的一体化水平是理想的，它都可能改变其方法，以应对来自另一个具有不同一体化水平国家的竞争。

结论

在这篇文章中，笔者认为，国际经济秩序似乎正在朝着地缘经济秩序迈进。这一转变标志着它与后冷战时期的新自由主义秩序大相径庭，因为它对贸易和投资制度的关键支柱构成挑战，尤其是愈发援引安全考量来避免贸易投资承诺和解决争端。正如在中美技术贸易战中所见，由于保护与保护主义间的界线越发模糊，且有效司法解决争端的前景日渐暗淡，地缘经济秩序对于经济经营者而言意味着更大的司法不确定性。

中美两国是新兴地缘经济秩序中最重要的行为体，但它们并不是唯一相关的行为体。在这个新秩序中，无论经济和安全问题最终能否达成平衡，均不仅取决于这些国家的内部决策，而是取决于第二方之反应，包含 WTO 等国际组织和第三国，以及企业和大学等私人行为体。中美关系也许嵌入至由其他参与

---

① Demetri Sevastopulo & Hannah Kuchler, *Mike Pence accuses China of anti-Trump meddling in midterm elections*, Financial Times, 5 October 2018. Also see Yasmin Tadjdeh, *Dunford Knocks Tech Companies that Work with China, Not Pentagon*, National Defense Magazine, 13 May 2019.

② 当然，美国的企业、大学和政府之间的旋转门并不意味着美国各螺旋线是完全分开的，尽管美国政府没有像中国政府那样具有可以指导企业和大学的能力。

③ Taisei Hoyama, *US universities under pressure to keep Huawei at arm's length*, Nikkei Asian Review, 17 March 2019.

者组成的网络，其中许多人可能会试图缓和大国竞争，阻碍在经济或数字脱钩方面作出的努力，或是允许安全问题凌驾于经济考量。分析的下一步在于了解这些第三方行为体将如何作出反应，以及会产生怎样的影响。

（初审：李港；校对：李嘉宁）

《中财法律评论》稿件征集公告

《中财法律评论》是由中央财经大学法学院主办、当代中国出版社公开出版的法学学术连续出版物,由全日制学生自主负责文章的编辑和审校。自2008年创办以来连续出版,至今已出版14卷,其品质的连续性在国内同类著作中名列前茅。作者群体除国内外主流法学院校的研究生外,更有优秀中青年学者、法官等实务工作者。

《中财法律评论》坚持学术自由、自主、自律之原则,坚守学术初心,致力于为作者开放"有品格的平台",为读者输送"有价值的思想"。本书旨在打造一流的学生自办学术著作,不断提升自身的学术品格和学术影响力,现面向广大法学研究者和法律从业者征集稿件。

本书长年收稿,不对来稿做字数上限要求(鼓励富有真知灼见的长文),不以任何形式向作者收取费用。所有投稿在形式上应当符合国家著作权规定、公认学术规范和本书编辑体例;在内容上应当选题新颖合理、论证充分有力、逻辑清晰明了、结构严谨周密、数据真实可靠,具有一定的学术创新性和必要的学术深度。

对实务的仔细研磨和对理论的深入剖析是法学研究走向精细化不可或缺的两面,因应时代发展,对新兴领域的探索亦已成为法学研究的发展重点。为此,本书将根据收稿情况,设置"学理新解""实务纵深""佳译专苑""各科专论"等主题版块。此外,欢迎来稿以对外文文献的充分阅读和认真研习为前提展开的"介绍性"研究,亦欢迎富有比较法基础和可行性的"启示性"研究,但反对不加甄别的"拿来主义"。

为提升学术品格及贯彻学术标准,公正、严谨地对待每一篇来稿,本书实行三审终审制。对所有符合基本学术规范、具有基本探讨价值的文章,无论录用与否,本书均会提出较为具体的书面审查意见和修改建议。作者可以对初审意见进行理性回应,若修改后达到"通过初审"要求,编辑委员会将对稿件进行复审。对于重要的或有争议的稿件，编辑委员会将在与编辑部之外的专门研究人员协商讨论后，以文章质量为依据决定是否录用。本书一贯坚持唯以文章学术质量论的用稿原则，请勿以任何方式影响审稿。

来稿请投递至本书知网采编服务平台：https：//zcfp.cbpt.cnki.net/，并附有作者姓名等身份信息。编辑部将在收稿后一个月内针对您的来稿回复初审意见以及修改建议。作者应当在收到"修改后用稿"意见后，按照本书要求做必要的内容和格式修订，本书编辑部保留对来稿进行文字性和技术性修改的权利。在确定用稿后，本书将通过邮箱向作者发送用稿通知书扫描件，在正式出版后向作者寄送样刊2册。

投稿人向《中财法律评论》投稿，即视为已知悉并接受此稿件征集公告。